INTERNATIONAL LAW

新 국제법

이재민

박영사

 2018년 2학기부터 서울대학교 학부생을 대상으로 하는 국제법 교양 강좌를 진행하게 되었다. 이 교양 강좌의 제목은 "주권국가와 국제법원"이다. 인문계, 이공계를 아우르는 여러 전공의 학생들을 대상으로 국제법과 국제분쟁을 가르치는 일은 쉽지 않은 과정이었다. 어떻게 하면 더 쉽고 피부에 와 닿게 가르칠 수 있을까 하고 계속 고민하게 되었다. 필자와 30년의 나이 차이가 나는 MZ 세대 학생들에게 어떻게 접근해야 마음을 사로잡을 수 있을까 생각하곤 했다. 국제법의 방대한 분량을 어떻게 체계적으로 설명해야 학생들의 머릿속에 자리를 잡을 수 있을까 다양한 실험을 해 보게 되었다. 학생들의 나이, 전공, 관심사가 모두 다르고, 앞으로의 진로 모색도 다양하였다. 국제법은 물론이고 법학을 처음 접해 보는 학생들이 대부분이었다.

 5년에 걸친 강의를 통해 가장 어려웠던 부분은 정해진 강의 교재가 없어 수강생들이 불편을 겪었다는 점이다. 교양 수업을 위한 교재를 찾는 학생들의 요구도 점점 커져 갔다. 유인물과 파워포인트 자료를 나누어 주는 것으로는 한계가 있었다. 그간의 강의 자료와 수업 내용을 정리해 책으로 간행하자는 용기를 내게 되었다. 이 책은 그러한 흐름의 결과물이다. 지난 5년간 교양 수업에 열심히 참여해 준 다양한 전공의 여러 학생들에게 감사의 마음을 먼저 전한다.

 이 책은 국제법의 기본 골격과 특징을 압축적으로 제시하는 데 초점을 두었다. 국제법의 여러 영역이 서로 유기적으로 연결되어 있음을 보여주고자 노력하였다. 외교와 구별되는 국제법의 특징, 국내법과 구별되는 국제법의 특징을 정리하였다. 동시에 외교와 밀접하게 연관되어 있고, 또한 국내법과 떼려야 뗄 수 없는 관계에 있는 국제법의 성격을 설명하였다. 이를 통해 국제법을 교양 과목으로 수강하는 학부생들뿐 아니라 국제법에 처음 입문하는 사람들이나 국제법 전체의 체계를 조망하고자 하는 사람들에게도 이 책이 조금이라도 도움이 될 수 있기를 기대해 본다. 국제법을 처음 접하는 로스쿨 학생들도 염두에 두었음은 물론이다.

국제사회는 지금 위기에 처해있다. 미중 분쟁은 전방위적으로 이어지고 있고, 남중국해와 대만 해협에서의 군사 충돌 가능성에 전세계가 촉각을 곤두세우고 있다. 러시아 침공으로 시작된 러시아-우크라이나 전쟁이 2년째 이어지더니 급기야 이스라엘-하마스 전쟁이 새로이 발발하였다. 아제르바이잔과 아르메니아는 다시 무력충돌을 시작하였다. 흑해와 발트해 상공에서는 미군 전투기와 러시아 전투기가 초근접 위협 비행을 하며 긴장을 높이고 있다. 기후변화는 이제 심각한 단계로 접어들었다. 코로나 19로 유례없는 팬데믹을 경험하였고 언제 다시 새로운 바이러스가 전세계를 마비시킬지 앞을 내다보기 힘든 상황이다. 우주 개발이 본격화되며 국가들간 각축은 격화되고 있다. 민간기업이 나서 우주 개발을 주도하는 것도 새로운 현상이다. 점점 녹고 있는 북극해에서의 경쟁도 치열해지고 있다. 국제사회가 복합위기에 직면해 있음에도 이를 관리하고 통제해야 할 유엔은 거의 보이지 않고 있다. 1945년 출범한 유엔 체제가 이제 근본에서부터 흔들리고 있는 모습이다.

이에 더해 디지털 시대의 도래는 우리 일상을 모두 바꾸어 놓았다. 특히 인공지능(Artificial Intelligence: AI)의 급속한 확산은 전세계적으로 경각심을 불러 일으키고 있다. 인간 관여 없이 여러 중요한 사회 활동과 의사 결정이 이루어질 수 있는 현실을 보며 이를 어떻게 이해하고 다루어야 할지 여러 국가가 고민하고 있다. 이러한 상황에서 국제경제 체제 역시 큰 변화를 겪고 있다. 기존의 국제경제 체제를 유지해 오던 기본 골격과 원칙이 급속히 바뀌고 있다. 자유교역과 투자확대를 모토로 추진되어 온 그간의 기본틀에 대한 신뢰가 흔들리고 있다. WTO 체제와 ICSID 체제에 대한 대폭적인 변화를 요구하는 목소리가 점차 커져 가고 있다.

이 모든 국제사회 현안의 중심에 '국제법 규범'과 '국제법적 사고'가 자리잡고 있다. 전쟁이든 평화이든, 아날로그이든 디지털이든, 지구이든 우주이든, 인간이든 AI이든, 미국이든 중국이든 지금 전개되는 여러 논의는 국제법을 중심으로, 그리고 국제법을 도구로 전개되고 있다. 국제법에 대한 관심과 이해가 더욱 요구되는 시대가 되었다. 국제법을 모르고선 우리의 이해관계를 지켜 나가기도 어렵고 국제사회를 올바른 방향으로 이끌어 나가기도 어렵게 되었다. 국제법의 중요성을 널리 알리고 그 핵심 내용을 쉽게 전파하는 데 있어 이 책이 조그마한 기여를 하였으면 하는 마음 간절하다.

저자가 국제법의 기본을 이루는 핵심 내용과 국제사회의 새로운 현상과 쟁점들을 서로 연결시켜 생각하고 글을 쓸 수 있게 된 것은 한국연구재단의 지원 덕분이다. 우수학자지원사업을 통해 인공지능과 디지털 사회 등 새로운 쟁점에 대해 체계적으로 살펴볼 수 있는 기회를 얻게 되었다.[1] 한국연구재단에 깊이 감사드린다.

무엇보다 여러 어려운 사정에도 불구하고 출간을 선뜻 결정해 주신 박영사 조성호 이사께 깊은 감사의 마음을 전한다. 새로운 책을 발간하는 결정이 쉽지 않았음에도 이 책이 빛을 볼 수 있게 성심성의를 다해 주셨다. 그리고 박영사 윤혜경 대리는 편집과정에서 꼼꼼하고 정확하게 작업을 진행해 주셨다. 지면을 빌려 역시 감사드린다. 수업 자료를 책으로 정리하는 작업은 지난 1년간 서울대학교 법학전문대학원 13기 김나영 학생이 큰 도움을 주었다. 김나영 양이 아니었다면 불가능한 작업이었다. 따뜻한 고마움을 전한다.

2023년 12월 서울대학교 연구실에서

이재민

---

1 한국연구재단 2022년 선정 우수학자지원사업 ("인공지능 시대 국제경제규범 및 분쟁해결절차", NRF-2022 S1A5B1082428).

목 차

필자 저술 논문·서적

그간 필자가 저술한 아래 논문과 글을 발췌, 정리한 내용이 이 책의 각각 관련되는 부분에서 활용되었음을 밝혀 둡니다.

『디지털 교역과 통상규범: 상품 서비스 교역 일체화의 통상협정에의 함의』	2018.07.	『국제경제법연구』, 제16권 제2호, pp.91-129
『'국제조정을 통한 합의서 집행협약'의 도입과 법적 쟁점』	2018.11.	『비교사법』, 제25권 제4호, pp.1259-1310
『인공지능 시대의 도래와 국제법: 국가행위 귀속 문제를 중심으로』	2018.12.	『국제법학회논총』, 제63권 제4호, ISSN 1226-2994, pp.281-307
『국가안보 예외의 사각(死角) 지대 - '정보제공 거부' 조항의 의미와 문제점』	2020.03.	『국제법학회논총』 제65권 제1호, ISSN 1226-2994, pp.125-160
『디지털 교역 시대의 아날로그 규범 - '개인정보'의 국경간 이전과 국가안보 예외』	2020.06.	『국제법학회논총』 제65권 제2호, ISSN 1226-2994, pp.227-262
『코로나 19의 세계적 확산과 국가책임 - 감염병 발생 통보와 정보 제공 의무를 중심으로』	2021.09.	『국제법학회논총』 제66권 제3호, ISSN 1226-2994, pp.243-272
『투자분쟁 역학관계의 재조명 - ISDS 절차 반소 제도 도입 움직임과 법적 함의』	2022.07.	『국제거래법연구』 제31집 제1호, ISSN 1229-3822, pp.133-169
『국가간 분쟁해결수단으로서 조정 - 효용성 제고와 제도적 확산을 위한 법적 쟁점』	2022.09.	『국제법학회논총』 제67권 제3호, ISSN 1226-2994, pp.185-224
『일본의 ICJ 소송절차 참여와 함의 - 남극해 포경분쟁 진행과 후속조치를 중심으로』	2023.03.	『국제법학회논총』 제68권 제1호, ISSN 1226-2994, pp.143-197
『WTO 개혁 쟁점 연구: 분쟁해결제도』	2019.12.	대외경제정책연구원, ISBN 978-89-322-7102-6
포스트 코로나 시대의 국제개발협력: 디지털편 (제4장: 디지털 경제의 도래와 새로운 통상규범의 도입)	2022. 12.	한국개발연구원, ISBN 979-11-5932-791-9

국제법적 사고의 순서

살다 보면 여러 국제법 문제를 만나게 된다. 국제법적 쟁점에 직면하면 다음의 순서대로 한번 사고를 해 보자. 이 교재를 끝까지 읽고 다시 돌아와 살펴보면 눈에 더 잘 들어올 것이다.

1. 분쟁이 존재하는가?

   ◉ 특정 이슈에 대해 국가 간 의견 대립이 명확하고 구체적으로 나타나야 분쟁(dispute)이 존재한다.

2. 법적 분쟁인가?

   ◉ 외교적·정치적 분쟁이면 아무리 중요하더라도 지금 살펴보는 법의 영역으로 들어오지는 않는다. 적지 않은 분쟁이 사실은 외교적·정치적 분쟁이다.

3. 국제법적 분쟁인가?

   ◉ 법적 분쟁의 대상이 무엇인지 따져보자. 국내법적 분쟁이면 국내법원으로 가야 한다. 단, 때로는 국내법원에서 국제법을 다루게 되는 경우도 있다. 주권면제가 대표적이다. 때로는 국내법의 출발점이 특정 조약이라면 그러한 조약을 살펴보는 경우도 있다.

4. 국제법의 법원(法源) 특정: 무슨 국제법 위반이 문제되는가?

   ◉ 문제를 제기하는 국가는 상대방 국가의 행위가 무슨 국제법을 위반했는지 구체적으로 특정해야 한다. 무슨 무슨 조약 몇 조, 그리고 무슨 관습국제법인지 제시하는 작업이다.

5. 실체법적 규범에 대한 동의가 있는가?

  ⊙ 특정된 국제법의 법원에 대해 상대방 국가의 동의가 있는지 확인해야 한다. 문제가 된 조약의 체약당사국인지, 문제가 된 관습국제법을 수용하였는지 밝혀야 한다.

6. 관할권: 절차법적 규범에 대한 동의가 있는가?

  ⊙ 실체법적 규범에 대한 동의와 별도로 이 문제를 특정한 국제법원으로 가져가기 위한 절차에 동의하였는지 여부를 별도로 따져 보아야 한다. 당해 사건에 대한 특별한 합의가 있는지 문제의 조약에 이러한 취지의 조항이 있는지 또는 여타 방식으로 동의한 바가 있는지 살펴야 한다.

7. 국가에 귀속되는가?

  ⊙ 국제법을 위반하였다고 주장되는 상대국 정부의 조치(작위나 부작위)가 있는지 물어야 한다. 국가책임법을 준거로 판단한다.

8. 조약 또는 관습국제법을 위반하였는가?

  ⊙ 조약 또는 관습국제법을 해석하고, 증거를 통해 사실관계를 확정하고, 해석된 조약 및 관습국제법을 해당 사실관계에 적용하여 결론을 도출한다. 이를 통해 위반 여부가 확정된다.

9. 위법성 조각사유가 있는가?

  ⊙ 국제법 위반이 있더라도 혹시 위법성 조각사유가 있는지 다시 한번 확인한다. 국제법은 위반하였지만 여러 이유로 그러한 위반이 정당화되는 경우가 여기에 해당한다.

10. 손해배상의 범위

  ⊙ 손해배상을 어떻게 얼마나 할 것인지 정한다. 손해배상까지 이루어지면 국제법 위반으로 인해 발생한 불균형 상태가 다시 균형점으로 돌아가고 분쟁 발생부터 시작된 모든 사이클은 이제 종결된다.

이 흐름을 도표로 표시하면 다음과 같다.

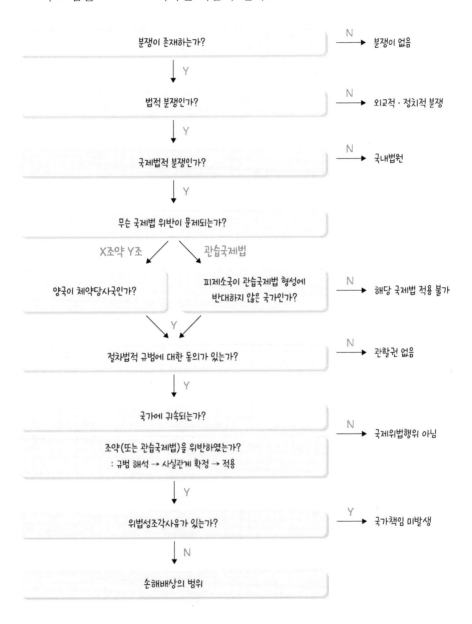

제1장

국제법의 의의와 역사

국제법의 의의와 역사 제1장

Ⅰ 국제법의 의의

법이란 무엇인가? 인간 사회에서 그 구성원들끼리 서로 지키기로 약속한 규범이다. 법을 지키지 않으면 징계와 처벌이 따른다. 한편, **도덕**은 법과 비슷한 듯 보이지만 지키지 않았을 때 공식적인 제재가 따르지 않는다는 점에서 법과 구별된다.

마찬가지로 **국제법을 공부할 때도 먼저 법과 도덕을 구별해야 한다. 국제법**(international law)은 국가 간의 관계에 적용되는 법규범이다. 따라서 국가가 국제법을 따르지 않으면 어떤 식으로든 징계와 처벌이 따른다. 반면, **국제예양**(international comity)은 국제사회의 도덕률이다. 국가가 국제예양을 따르지 않으면 도덕적·외교적 비난을 받을 뿐, 공식적인 제재를 받지는 않는다. 우리가 신문·TV 등을 통해 접하는 타국에 대한 비난은 상당 부분 도덕적 비난으로 외교의 영역에 속하는 문제이다. 물론 외교적 관점도 매우 중요하지만, 국제법 수업에서는 모든 사안을 법적 관점에서 바라보아야 함을 주의하자.

국제법은 다시 **조약**과 **관습국제법**으로 나눌 수 있다. 이에 대해서는 제2장에서 후술한다. 또한 국제법은 **실체법적 규범**과 **절차법적 규범**으로 다시 나눌 수 있다. '전시에 민간인을 포격하지 말라'는 규범은 '~하지 말 것'의 형식을 취하는 실체법적 규범이다. 반면 절차법적 규범은 실체법적 규범이 이행되지 않았을 때의 처리 방식에 관한 것이다. 대표적으로 분쟁해결절차, 즉 '상대국을 어떻게 국제사법재판소(International Court of Justice: ICJ)로 데려갈 것인가?'와 같은 문제는 절차법적 규범을 통해 다루어진다. 마지막으로 국제법은 또한 **자연법**과 **실정법**으로 나눌 수도 있다. 자연법은 '사람을 살해하지 말라'와 같이 선험적인 근거에서 출발해 모든 인간 사회에 공통적으로 주어진 법이다. 반면, 실정법은 '자동차 관세는 2.5%다'와 같이 선험적인 근거 없이 구성원의 합의에 따라 인위적으로 만들어 낸 법이다.

시사 **러시아의 우크라이나 침공**

아직 '국제법적 접근과 외교적 접근이 구별된다'는 말이 잘 와닿지 않을 것이다. 다음 사례를 통해 국제법적 관점을 체화해 보자.

> • "NATO 사무총장 '러, 국제법 금지된 집속탄 쐈다…대가 치를 것'"[1]
> - 집속탄: 한 개의 폭탄 속에 또 다른 폭탄이 들어가 있는 폭탄을 말하며, 넓은 지형에서 다수의 인명 살상을 목적으로 하는 대표적인 비인도적 무기다.
> - 기사 내용: 우크라이나를 전면 침공한 러시아가 비인도적 살상무기를 사용하고 있다는 의혹이 제기되고 있는 가운데, 옌스 스톨텐베르그 북대서양조약기구(North Atlantic Treaty Organization: NATO) 사무총장이 러시아가 집속탄을 사용, 우크라이나를 공격하고 있다고 밝혔다. 스톨텐베르그 사무총장은 기자회견에서 "러시아의 우크라이나 침공은 노골적인 국제법 위반"이라며 "우리는 러시아가 집속탄을 사용하고 있는 것을 확인했다"고 밝혔다.

혹시 위 기사를 읽고 '러시아가 집속탄을 사용한 것이 국제법 위반'이라고 간단히 이해하지는 않았는가? 그렇다면 기사의 단순한 표현으로 인해 오도당한 것이다. **러시아의 집속탄 사용은 분명 잘못된 일이지만, 이를 간단히 국제법 위반이라고 볼 수는 없다.** 위 결론을 도출하기까지의 과정을 차근차근 검토해 보자.

먼저, 해당 영역에 **국제법이 존재하는가**를 따져보아야 한다. 단순히 국제예양이 있는 것으로는 부족하다. 국제법이 존재한다고 하기 위해서는 **조약** 또는 **관습국제법**이 있어야 한다. 그렇다면 집속탄 사용을 금지하는 조약이 있는가? 그렇다. **집속탄 금지 협약 제1조**는 "그 어떤 경우에도" 집속탄을 사용, 개발, 제조, 취득, 보관해서는 안 된다고 규정하고 있다.[2] **집속탄 사용을 금지하는 국제법이 존재**하는 것이다.

다음으로, 그 **국제법에 대한 관련 국가의 동의**(consent)**가 있는가**를 따져보아야 한다. **모든 법**

---

1 정지섭, "NATO 사무총장 러, 국제법 금지된 집속탄 쐈다…대가 치를 것", 『조선일보』, 2022. 3. 5., <https://www.chosun.com/international/international_general/2022/03/05/YYJSZIFHMVCCRCY62HHHOGPD3U/> (최종방문: 2023. 8. 31).

2 Convention on Cluster Munitions, 2008. 5. 30. 채택, 2010. 8. 1. 발효, 2688 U.N.T.S. 94. (이하 "집속탄 금지 협약")

규범은 당사자의 동의를 필요로 한다. 그것이 국제법이든 국내법이든 동일하다. 국내법에 대한 동의는 어떻게 이루어지는가? 국민이 선거를 통해 입법부를 구성하면, 입법부가 만든 법률에 대해 동의가 있는 것으로 의제된다. 한편, 국제사회는 국내사회보다 구성원이 훨씬 적기 때문에 동의가 상대적으로 명백하게 표시될 것이 요구된다. 따라서 국가는 조약에 가입하거나 관습국제법을 수락함으로써 자신의 동의를 표시한다.

'모든 법에는 동의가 필요하다'는 원칙에 대한 유일한 **예외는 자연법**, 즉 '인간의 본성에 비추어 도저히 어기지 못할 규범'이다. 자연법의 성립에 동의가 필요하지 않은 이유는 그것이 이미 인간 사회의 당연한 규범으로 여겨지기 때문이다. 국제법에서 자연법은 **강행규범**(*jus cogens*)으로 나타난다. 국제법은 국제공동체 모두가 동의하는 핵심 원칙들인 강행규범에 일반 국제법 규범보다 상위의 효력을 인정하여, 국가들이 그에 반하는 국제법을 만들거나 그러한 원칙들로부터 벗어나는 것을 금지하고 있다. 이에 해당하는 예시로는 침략 금지, 집단학살 금지, 노예 금지 등이 있다.

비록 비인도적 행위이기는 하나 집속탄 금지 협약은 선험적으로 주어진 규범은 아니기 때문에, 강행규범이 아닌 일반 규범으로서 관련 국가의 동의가 필요하다. 러시아가 집속탄 금지 협약에 동의했는지 알아보려면 '러시아가 이 협약에 가입했는지' 물어야 한다. 안타깝게도 **러시아는 집속탄 금지 협약의 체약국이 아니므로, 협약에 동의했다고 볼 수 없다.**[3] 집속탄 금지 협약은 체약 당사국인 110개국에 대해서만 적용될 뿐이다.

그러므로 **러시아가 집속탄을 사용한 것이 비인도적이라고 비판할 수는 있을지언정, 국제법 위반이라고 비판하는 것은 적절하지 않다.** 이와 같이 언론 보도를 읽을 때도 주의해야 한다. 법적 시각과 도덕적·외교적 시각을 분리하여 비판의 논거를 정확히 해야 할 것이다. '정의롭지 못한 국가'와 '국제법을 위반한 국가'가 반드시 일치하는 것은 아니며, 양자의 괴리를 지속적으로 줄여나가는 것이 앞으로의 국제법의 과제이다.

이제 국제법적 관점이 충분히 체화되었는가? 그렇다면 이제 **러시아가 전시에 민간인을 공격한 행위가 국제법 위반인지** 스스로 판단해 보자.

> • 1949년 8월 12일자 제네바협약에 대한 추가 및 국제적 무력충돌의 희생자 보호에 관한 의정서 (제1의정서) (이하 "제1의정서")
>
> 제48조 기본규칙
> 민간주민과 민간물자의 존중 및 보호를 보장하기 위하여 충돌당사국은 항시 민간주민과 전투원, 민간물자와 군사목표물을 구별하며 따라서 그들의 작전은 군사목표물에 대해서만 행하여지도록 한다.

---

3 러시아 외에도, 대한민국, 미국, 중국, 북한 등 교전 가능성이 있는 국가들은 대부분 집속탄 금지 협약에 가입하지 않았다.

제51조 민간주민의 보호

1. 민간주민 및 민간개인은 군사작전으로부터 발생하는 위험으로부터 일반적 보호를 향유한다. 이러한 보호를 유효하게 하기 위하여 기타 적용 가능한 국제법의 제규칙에 추가되는 아래 규칙들이 모든 상황에 있어서 준수된다.

2. 민간개인은 물론 민간주민도 공격의 대상이 되지 아니한다. 민간주민 사이에 테러를 만연시킴을 주목적으로 하는 폭력행위 및 위협은 금지된다.

3. 민간인들은 적대행위에 직접 가담하지 아니하는 한, 그리고 그러한 기간동안 본 장에 의하여 부여되는 보호를 향유한다.

4. 무차별공격은 금지된다. 무차별공격이라 함은,

   가. 특정한 군사목표물을 표적으로 하지 아니하는 공격

   나. 특정한 군사목표물을 표적으로 할 수 없는 전투의 방법 또는 수단을 사용하는 공격

   다. 그것의 영향이 본 의정서가 요구하는 바와 같이 제한될 수 없는 전투의 방법 또는 수단을 사용하는 공격을 말하며, 그 결과 개개의 경우에 있어서 군사목표물과 민간인 또는 민간물자를 무차별적으로 타격하는 성질을 갖는 것을 말한다.

5. 그 중에서도 다음 유형의 공격은 무차별적인 것으로 간주된다.

   가. 도시, 읍, 촌락 또는 민간인이나 민간물자가 유사하게 집결되어 있는 기타 지역 내에 위치한 다수의 명확하게 분리되고 구별되는 군사목표물을 단일군사목표물로 취급하는 모든 방법 또는 수단에 의한 폭격

   나. 우발적인 민간인 생명의 손실, 민간인에 대한 상해, 민간물자에 대한 손상, 또는 그 복합적 결과를 야기할 우려가 있는 공격으로서 소기의 구체적이고 직접적인 군사적 이익에 비하여 과도한 공격 (후략).

먼저, **제1의정서 제48조와 제51조는 군사작전 시 교전 당사국이 민간인을 공격해서는 안 된다**고 규정하고 있다. 전쟁 내지 국제적 무력충돌 시 **민간인 공격을 금지하는 국제법이 존재**하는 것이다. 또한 **러시아는 제1의정서에 가입함으로써 이러한 국제법 규범에 대해 동의하였다.**[4] 결론적으로 **러시아가 민간인을 공격한 행위가 사실이라면 이는 국제법 위반**이라고 평가할 수 있다.

---

4 '전시에 민간인을 공격하지 말라'는 규범은 자연법적 규범으로서 동의가 필요하지 않다는 주장이 있을 수 있다. 그러나 현재의 규범상 민간인 공격 금지는 강행규범이 아닌 조약상의 일반적 규범으로 여겨지고 있다. 전쟁 범죄의 성격과 규모에 따라 동의가 요구되지 않는 자연법의 영역으로 갈 수도 있고, 동의가 요구되는 실정법의 영역으로 갈 수도 있을 것이다. 예컨대 자연법의 영역으로 간다는 것은 아래에서 설명하는 "강행규범"의 영역으로 진행한다는 것이다. 집단학살 (Genocide) 수준에 이르는 민간인 공격이라면 여기에 해당할 것이다.

상기 사안에서는 간단한 사안을 중심으로 쉽게 결론을 이끌어냈지만, 실제 분쟁에서는 사실관계 다툼이 매우 복잡하다. '과연 민간인 지역에 포격이 있었는가?'에 대해 국가 간에 치열한 공방이 벌어지고, 증거를 통해 사실관계를 확정한 뒤에야 관련 국제법을 적용하게 된다.

이제 법과 도덕이 어떻게 구별되는지, 국제법적 관점에서 사안을 바라보는 것이 어떠한 과정을 거치는지 조금이나마 알게 되었을 것이다. 아마 누군가는 러시아의 우크라이나 침공을 보며 국제법 규범에 대해 실망했을 수도 있을 것이다. 국익 앞에 국제법은 무용하다는 생각이 들 수도 있기 때문이다.

그러나 법 위반 행위는 국내법 질서에서도 무수하게 반복된다. 국제법이 존재하는데도 A국이 B국을 침공하는 것은, 마치 형법이 존재하는데도 강력 범죄가 발생하는 것과 같다. 법 위반은 국내법에도 공통되는 문제인데, 유독 국제법에 대해 엄격한 잣대를 들이대는 이유는 무엇인가?

국제법이 강대국에 유리하다는 지적에도 유사한 구조적 문제가 있다. 국내에서 부유한 사람과 가난한 서민 사이에 소송이 벌어진다고 상상해 보자. 부유한 사람은 여러 유능한 변호사를 선임할 것이다. 그러니 어찌 보면 국내법에서도 강자는 약자보다 구조적으로 유리할 수밖에 없다. 법적 취약계층이 직면하는 구조적·제도적 문제는 국내법이든 국제법이든 똑같이 발생한다. 국내법에 대해서는 크게 문제 삼지 않으면서, 유독 국제법만을 '종이호랑이'라든가 '강대국을 위한 도구'라고 깎아내릴 이유는 없다.

물론 법 집행 측면에서 국제법이 국내법보다 낮은 수준의 강제력을 갖는 것은 사실이다. 그러나 지난 100여 년간 국제법에는 많은 진전이 있었다. 앞서 살펴본 집속탄 금지 협약만 보더라도, 협약이 존재하기 전과는 다르게 무려 110개국이 집속탄 사용 금지 의무를 부담하고 있다. 협약에 가입하지 않은 국가들도 집속탄을 사용할 때마다 아마 여론의 눈치를 살필 것이다. 이 자체를 진전으로 볼 수 있을 것이다.

오늘날 거의 모든 국가는 국제법을 구속력 있는 '법'으로 수용하고 있다. 국제사회에서 국제법 위반 국가라는 악명은 중대한 불이익으로 돌아오기 때문에, 국제법을 위반한 국가조차도 자국의 행동을 국제법의 테두리에서 어떻게든 변명한다. '자신의 행위가 사실은 국제법에 합치'한다는 등 최대한 법을 통해 자국의 행위를 옹호하려고 노력하는 것이다.[5]

　우리는 국제법을 '물이 반 밖에 안 찼다니!'라는 관점에서 바라보기보다는, '물이 반이나 찼네!'라는 관점에서 바라보아야 할 것이다. 이는 국제법을 맹목적으로 숭상하자는 이야기가 아니다. 국제법이 단숨에 세계 평화를 가져올 것이라거나, 국제사회의 모든 문제를 해결할 것이라고 낙관하는 것은 적절치 않다. 그러나 국제법을 지나치게 비관적으로 바라볼 필요도 없다. 국제법의 기여를 정확히 평가하되, 현실과 한계를 냉정하게 인식하고 그 빈틈을 채워 나가고자 노력하는 작업이 지금 필요한 시점이다.

시사　대(對)러 제재

　러시아의 우크라이나 침공으로 말미암아 미국과 유럽연합(European Union: EU)을 비롯한 여러 국가들이 금융거래 중단, 여행 제한 등 대러 제재를 시작하였다. 제재 대상은 러시아의 대통령, 외무장관, 은행, 반관반민[6]의 기업들을 포함한다. 이러한 **제재 조치의 법적 근거**는 무엇인가? 러시아가 자국에 대한 내정간섭 혹은 주권침해라고 주장한다면 어떻게 대응할 수 있겠는가? '러시아의 팽창 전략을 견제하기 위해', '미국과의 동맹을 중시해서' 등을 비롯한 외교적 근거는 일단 차치하고 법적 근거를 생각해 보자.

　우크라이나의 대응은 법적 측면에서는 명확하다. 우크라이나는 러시아 정부의 조치, 즉 무력공격이라는 작위를 통해 영토주권을 침해받은 국가이므로 자위권을 행사할 수 있다. 그 외 국가들은 자위권을 주장할 수는 없다. 대신 이들 기타 국가들은 **주권국가로서 당연히 할 수 있는 조치**라고 주장할 수 있다. 우리는 개인적으로 세상을 살면서 모든 사람과 친하게 지낼 법적 의무가 없다. 국가들도 마찬가지로 **한 국가는 모든 국가와 친하게 지낼 법적 의무가 없다.** 미국과 EU는 자신의 주권을 행사하여 러시아에 대해 불만과 비난을 표시하는 것뿐이다. 미국과 EU는 별다른 관련 조약이 없는 한 얼마든지 자국민에게 '러시아와 거래하지 말라', '러시아에 여행 가지 말라'고 요구할 수 있고, 러시아 국민이 여행을 오지 못하도록 차단할 수도 있다. 이러한 조치들은 애초에 법적 영역으로 들어오기 이전에 외교적 영역의 조치들이다. **정부의 조치 중 일부만이 법적 사안으로서 국제법의 영역에 들어오고,** 나머지는 외교적 사안이라는 점을 상기하자.

　그런데 일부 조치는 드디어 국제법의 영역으로 들어온다. 미국이 러시아산 원유 금수조치를 부과하면, 상품에 대한 수출·수입금지를 제한하는 1994년 관세 및 무역에 관한 일반협정(General

---

5　정인섭, 『신국제법강의』 제12판, 박영사, 2022, 5-8면.
6　정부와 민간이 공동으로 출자·경영하는 사업 형태.

Agreement on Tariffs and Trade: GATT)에 대한 위반 문제가 발생한다. 아래 GATT 제11조 제1
항에서 보듯이 금수조치를 제한하는 국제법은 존재한다. GATT라는 조약은 세계무역기구(World
Trade Organization: WTO) 협정이라는 큰 조약 체계의 일부에 포함된다. 따라서 WTO의 회원국
인 미국과 EU 및 러시아는 GATT에도 동의를 표시한 것이 된다.

- GATT 제11조 수량제한의 일반적 철폐
  1. 다른 체약당사자 영토의 상품의 수입에 대하여 또는 다른 체약당사자 영토로 향하
     는 상품의 수출 또는 수출을 위한 판매에 대하여, 쿼타, 수입 또는 수출 허가 또는
     그 밖의 조치 중 어느 것을 통하여 시행되는지를 불문하고, 관세, 조세 또는 그 밖
     의 과징금 이외의 어떠한 금지 또는 제한도 체약당사자에 의하여 설정되거나 유지
     되어서는 아니된다.

만약 러시아가 미국 및 EU의 GATT 위반을 주장해 오면, 미국과 EU는 이를 그대로 수용할 것인
가? 그렇지 않을 것이다. 이들 국가들은 아마 GATT 상의 **국가안보 예외** 조항을 원용할 것으로
보인다. 즉, 러시아산 원유 수입 금지가 자국의 안보이익 보호를 위해 필요한 조치로서 정당화된
다는 것이다.

- GATT 제21조 안보상의 예외
  이 협정의 어떠한 규정도 다음으로 해석되지 아니한다.
  (a) 공개 시 자신의 필수적인 안보이익에 반한다고 체약당사자가 간주하는 정보를 제
      공하도록 체약당사자에게 요구하는 것 또는
  (b) 자신의 필수적인 안보이익의 보호를 위하여 필요하다고 체약당사자가 간주하는 다
      음의 조치를 체약당사자가 취하는 것을 방해하는 것
      (ⅰ) 핵분열성 물질 또는 그 원료가 되는 물질에 관련된 조치
      (ⅱ) 무기, 탄약 및 전쟁도구의 거래에 관한 조치와 군사시설에 공급하기 위하여
          직접적 또는 간접적으로 행하여지는 그 밖의 재화 및 물질의 거래에 관련된
          조치
      (ⅲ) 전시 또는 국제관계에 있어서의 그 밖의 비상시에 취하는 조치
  (c) 국제 평화 및 안보의 유지를 위하여 국제연합헌장하의 자신의 의무에 따라 체약당
  사자가 조치를 취하는 것을 방해하는 것

Q: 대러 제재가 러시아의 제1의정서 등 다른 국제법 위반에 대한 법적 '집행'이라고 주
   장할 수는 없는가?
A: 자위권 행사 등 피해국의 방어조치는 국제법에 따라 다양하게 허용되어 있으나, 그
   외의 국가가 관련 절차 —예컨대 국제형사재판소(International Criminal Court:

ICC) 판결에 따라 군사작전 책임자를 형사 처벌하는 등— 에 따르지 않고 독자적인 판단으로 세계 경찰과 같이 스스로 국제법을 집행하는 것은 자칫 그 자체로 국제법 위반에 해당할 가능성이 있다. 다만 합리화를 위한 논리 구성의 가능성이 아예 없는 것은 아니다. '러시아가 강행규범을 위반하였고, 강행규범 위반에 대하여는 모든 국가가 관할권을 가지므로 미국이든 EU이든 스스로 처벌할 수 있다'고 하여, '강행규범 위반에 대한 관할권 행사'로 논리를 세워볼 수는 있을 것이다. 강행규범의 중요성에 입각하여 강행규범을 위반하는 사건에 대해서는 모든 국가가 관할권을 행사할 수 있다고 주장할 근거가 있기 때문이다.

Q: 금수조치가 GATT 위반이라면, 러시아는 미국을 ICJ에 제소할 수 있는가?
A: ICJ에 제소할 수는 없다. GATT를 위반하면 ICJ로 진행하지 못하고, 오로지 WTO 분쟁해결절차를 통해 해결해야 하기 때문이다. WTO 협정은 조약 체제에 자체적 분쟁해결절차를 포함하고 있는데, 이처럼 어떤 조약이 1차 규범(실체법)과 그 운용을 확보하기 위한 2차 규범(제재 및 분쟁해결에 관한 절차법)을 모두 규정하는 경우를 두고 자기완비적 체제라 한다. GATT 외에도 한미 자유무역협정(Free Trade Agreement: FTA)을 비롯한 통상규범, 투자규범이 대체로 자기완비적 체제를 갖추고 있다. 이 경우 조약 위반 문제가 발생하면, 일반국제법보다 우선하여 그 체제 안의 절차를 따라야 한다. 요컨대 ICJ는 자기완비적 체제를 갖춘 조약을 위반한 경우를 제외하고는 당사국간 합의가 있다면 모든 국제법 위반 사안을 다룰 수 있다.

한편 우리나라도 러시아에 대해 비슷한 제재 조치를 취하고 있다.

• 국제사회의 對러시아 제재에 따른 한국 정부의 조치[7]
  - 금융제재: 러시아 은행과의 거래 중지, 러시아 국고채 거래 중단, SWIFT 배제
  - 무역제재: 대러시아 이중용도통제품목[8] 리스트 요건 강화, 돈바스 지역으로의 총체적인 수출 통제 등

이러한 조치 중 금융제재는 서비스 교역과 직접 관련되어 GATS 위반 소지가 있다. 반면 무역제재는 상품교역과 관련되어 GATT 위반 소지가 있는 조치들이다. 우리 정부는 '설사 GATS/

---

7 BKL, "국제사회의 對러시아 제재에 따른 한국 정부의 조치", 『BKL Legal Update』, 2022. 3. 4., <https://www.bkl.co.kr/law/insight/newsletter/detail?searchCondition=&searchKeyword=&searchDateFrom=&searchDateTo=&orderBy=orderByNew&pageIndex=1&whichOne=NEWSLETTER&menuType=law&lawNo=&expertNo=&newsletterNo=5232&memberNo=&fieldNo=&lang=ko> (최종방문: 2023. 8. 31).
8 미사일에 들어가는 반도체 부품 등, 군사물자로도 사용되는 품목.

GATT 위반이 문제되더라도, 국가안보 예외 조항을 통해 정당화할 수 있다'는 판단을 하고 있는 것으로 보인다.

무력분쟁은 흔히 다양한 파생적인 법적 분쟁으로 이어진다. 미국과 EU의 대러 항공제재에 대한 맞제재로 러시아 항공사인 '아에로플로트'가 미국의 '보잉사'와 유럽의 '에어버스사'의 리스 항공기를 돌려주지 않으면서, 상사분쟁, 투자분쟁, 심지어는 국가 간 분쟁이 촉발될 가능성이 커졌다. 한편 러시아의 우크라이나 침공은 2014년부터 이어진 ICJ 등에서의 법적 분쟁이 쌓이다가 결국 무력분쟁으로 이어진 결과로도 해석할 수 있다. 우크라이나는 2014년 크림반도 강제 병합이 발발한 이래, ICJ와 유럽인권재판소 등에 러시아를 상대로 다양한 소를 제기한 바 있다. 이처럼 무력분쟁과 법적 분쟁은 동전의 양면처럼 함께 진행된다.

2022년 2월, 러시아의 우크라이나 침공으로 양국 간의 갈등이 절정에 달하자, 우크라이나는 또다시 러시아를 ICJ에 제소했다. 말 그대로 본격적인 'Lawfare', 즉 법률 전쟁이 벌어진 것이다. 이와 같이 여러 국가들은 국제법을 통해 자국의 행동을 정당화 ―나쁘게 말하면, 법을 악용― 하려고 노력하고 있다. 마치 제국주의 시절 식민 지배가 법적 절차를 통해 진행된 것과 어찌보면 공통점이 있다. 이러한 흐름에 희생되지 않으려면 당하지 않으려면 우리부터 법을 잘 알고 주도 면밀하게 대응해야 한다.

국내에 국제법 전문가가 부족하여 국제분쟁에서 외국인 전문가가 우리 정부를 변호하는 상황이 자주 발생하고 있다. 세계 10위의 경제규모를 가진 국가, 세계 6위의 국력을 가진 국가에는 부합하지 않는 안타까운 현상이다. 언어 장벽을 뛰어넘고, 국내법과 국제법을 아우를 수 있는 전문가 양성이 국가적으로 필요하다.

시사 일본 정부의 대한(對韓) 수출 제한 조치

일본은 2019년 7월 1일 한국에 대한 수출제한 조치를 선언하고 7월 4일부터 이를 시행하였다. 일본은 이 조치가 한국과의 외교 현안, 즉 2018년 10월 30일 선고된 대법원 강제징용 판결에 대한 보복 조치라는 점은 부인하였다. 그러나 일본 관료가 '한국과의 신뢰 관계 저하'를 언급한 점 등에 비추어 볼 때 결국 양국의 외교 현안에 대한 불만 표출로 보는 것이 일반적인 시각이다.

우리 정부는 WTO에 일본을 제소하였다. 일본의 수출 제한 조치는 국제법 위반인가? 단순히 '일본이 강제징용을 해놓고 배상은 커녕 보복을 하니 부당하다'든가 '국민 감정이 허용하지 않는다' 등의 이유로 국제법을 위반하였다고 간단히 판단할 수는 없다. 법과 도덕은 구별되기 때문이다. 아래에서는 일본의 수출 제한 조치가 WTO 협정 위반 소지가 있는지 차근히 살펴본다.

Ⅰ. 일본 정부의 대한(對韓) 보복 조치 시행

일본의 제재 조치는 두 가지 항목을 포함한다. 먼저 **특정 품목에 대한 수출 제도의 변경**이다. **일본은 한국으로 수출되는 불화수소 등 3가지 필수 소재의 분류를 '포괄적' 허가 품목에서 '개별적'**

허가 품목으로 변경하였다. 원래는 한 번 허가를 받으면 3년간 별도의 허가 없이 한국으로 수출할 수 있었음에 비해, 이제는 매 수출 선적분마다 별도로 허가를 받아야 한다. 개별적 허가는 대략 90일의 시간을 요하며, 각 선적분에 대한 별도의 증빙자료 요청이나 확인이 진행된다면 그 기간은 더욱 늘어나게 된다. 수출 여부가 불확실해진다는 측면에서 해당 3개 품목에 의존하고 있는 우리 기업들은 상당한 부담을 안게 되었다. 일본 언론은 이 조치를 '사실상의 금수조치'로 설명한다. **나아가 일본은 우호 교역국 리스트 ―소위 '화이트리스트'― 에서 한국을 배제했다.** 이는 한국으로 수출되는 광범위한 품목에 대해 수출 제한 조치를 발동할 일본 국내법상 근거가 마련된다는 의미이다.

이에 **우리 정부는 3개 품목 수출 제한 조치에 대해 일본을 WTO에 제소하였다.**[9] 일본의 WTO 협정 위반 여부는 수출 제한 조치의 구체적인 양상에 따라 달리 판단될 것이다. 가령 수출 제도가 포괄적 허가제에서 개별적 허가제로 바뀔 뿐, 실제로는 신청분에 대해 대부분 수출 허가가 발급되는 방식으로 운용될 수도 있다. 이 경우 원래 상황과 차이는 거의 없고 단지 허가를 위한 기간만 90일 소요된다는 점에서 협정 위반이라고 보기는 어렵다. 반면에 수출 제도 변경을 사실상의 금수조치로 활용한다면 협정 위반 가능성은 한층 커진다.

II. 수출 제한 조치가 존재하는가?

돌이켜 보면 당시 일본은 수출 제한 조치 자체가 부재하다는 입장이었다. 한국을 예외적으로 포괄적 허가 제도로 빼주었던 것을 다시 개별적 허가 제도로 '원상 복귀'시키는 것이니만큼 새로운 조치가 없다는 것이다. 그러나 **조치의 외관과 별개로 실제 시장에서 수출 제한 효과가 발생한다면, 새로운 조치가 도입된 것으로 보아야 한다.** 특히 15년이라는 오랜 기간 동안 유지되던 제도가 별다른 설명 없이 전격적으로 변경되었다는 점에서 더욱 그러하다. 따라서 제도 변경 이후 3개 품목의 수출 물량이 현저히 감소하였음을 입증한다면, 수출 제한 조치가 GATT 제11조에 위반될 수도 있을 것이다. GATT 제11조 제2항에 예외 사유가 기재되어 있기는 하지만 ―가령, 국내적으로 공급 부족 사태에 직면한 품목에 대한 일시적 수출제한 조치는 가능하다― 일본은 공급 부족 등의 사유에 대한 언급 없이 한국의 '신뢰 저하'만을 언급하였다. 따라서 일본의 조치는 일단 GATT 제11조에서 금지하는 수량제한 조치에 해당할 가능성이 높다.

III. 한국으로 수출되는 상품만 차별하는가?

개별적 허가 제도가 3대 품목 중 한국으로 수출되는 상품에 대해서만 적용되고 다른 교역 상대국으로 향하는 상품에 대해서는 적용되지 않는다면, GATT 제1조가 규정하는 최혜국 대우 의무 위반으로 이어질 가능성도 높다. 최혜국 대우는, 일본이 여러 나라에서 물건을 수입하고 수출할 때, 모든 국가에게 동일한 혜택을 주어야 한다는 것이다. 우리나라의 수출품이나 우리나라로 향하는 일본 수출품이 일본 국경을 지날 때 다른 국가의 수출품 또는 다른 국가로의 수출품에

---

9 화이트리스트 제외에 대해서는 다른 대응 방안을 모색하겠다는 입장이다.

비해 불리한 취급을 당했다면 이는 일본의 최혜국 대우 의무 위반일 것이다.

따라서 여기에서의 비교 대상은 일본의 교역 상대국 중 한국과 유사한 환경을 가진 교역국이라 할 것이다. '모든 교역국에 대해서 수출 허가제가 적용되고 있으므로 차별적 대우가 없다'는 식으로 단순하게 파악할 것은 아니다. 일본이 다른 국가들에 대해서는 포괄적 허가 제도를 취하면서 유독 한국에 대해서만 개별적 허가 제도로 변경하여 차별적 효과를 초래하였다면 최혜국 대우 위반에 해당할 수 있다.

한편 GATT 제10조 제3항 (a)호는 모든 체약 당사국이 수출입과 관련된 통관 및 행정 절차를 "통일적이고, 공정하며 합리적인 방식"으로 운용하도록 규정한다. 그러므로 한국으로 향하는 상기 3개 품목에 대한 허가, 검증 및 통관 절차에서 **지연, 반려, 과도한 자료 요청, 불명확한 이유에 따른 거부 등이 발생한다면 위 조항에 대한 저촉이 문제될 수 있다.** 일본 정부는 제도 변경을 통해 사실상 한국으로의 수출을 차단하겠다는 의지를 표명하고 있다는 점에서 위 조항에 대한 위반 문제가 발생할 가능성도 적지 않다.

Ⅳ. 새로운 조치는 국가안보 예외 조항을 충족하는가?

본건과 관련하여 첨예하게 대립하는 부분은 일본의 수출 제한 조치가 과연 GATT 제21조상의 국가안보를 위한 조치로서 정당화되는지이다. 일본은 이 조치가 일본의 국가안보에 관한 조치임을 여러 차례 언급하였다. 그러나 **GATT 제21조의 해석상 본건 수출 제한 조치가 국가안보 예외 요건을 충족한다고 보기는 어려울 것**으로 보인다. 이 조항은 다음과 같이 규정한다.

> • GATT 제21조 안보상의 예외
> 이 협정의 어떠한 규정도 다음으로 해석되지 아니한다.
> (a) 공개 시 자신의 필수적인 안보이익에 반한다고 체약당사자가 간주하는 정보를 제공하도록 체약당사자에게 요구하는 것 또는
> (b) 자신의 필수적인 안보이익의 보호를 위하여 필요하다고 체약당사자가 간주하는 다음의 조치를 체약당사자가 취하는 것을 방해하는 것
> (ⅰ) 핵분열성 물질 또는 그 원료가 되는 물질에 관련된 조치
> (ⅱ) 무기, 탄약 및 전쟁도구의 거래에 관한 조치와 군사시설에 공급하기 위하여 직접적 또는 간접적으로 행하여지는 그밖의 재화 및 물질의 거래에 관련된 조치
> (ⅲ) 전시 또는 국제관계에 있어서의 그밖의 비상시에 취하는 조치
> (c) 국제 평화 및 안보의 유지를 위하여 국제연합헌장하의 자신의 의무에 따라 체약당사자가 조치를 취하는 것을 방해하는 것

먼저 일본의 조치가 (a)항의 정보 제공, (c)항의 국제연합(United Nations: UN) 안전보장이사회 결의 이행과 관련이 없다는 점은 분명하다. (b)항에 대해 살피건대, 이 조치가 (ⅰ)호의 핵물질 관

련 조치에 해당하지 않는다는 점 역시 명백하다. 그렇다면 (ⅱ)호나 (ⅲ)호에는 해당하는가? 먼저, 일본의 조치가 군수물자의 안정적 확보를 위한 조치에 해당한다고는 볼 수는 없을 것이다. 일본은 상기 3개 소재가 자국 내에서 공급이 부족하다든지, 군사 활동과 관련이 있다든지 하는 내용을 전혀 언급하지 않았다. 한국과의 '신뢰 저하'만을 언급하였을 뿐이다. 또한 본 조치가 전쟁 및 국가 긴급 사태 발생 시 채택되는 조치라고 볼 수도 없다. (ⅲ)호에서 말하는 '비상시'란 그 문맥에 비추어 전쟁은 아니지만 전쟁에 준할 정도의 긴급한 상황이 존재해야 한다는 점을 의미한다고 보아야 하기 때문이다.

　이에 대해 일본은 GATT 제21조는 '자기판단(self-judging)' 문제로, 어떠한 조치가 '국가안보를 위해 필요한 조치인지는 그 국가가 스스로 판단하는 것이다!'라고 주장할 가능성이 높을 것이다. 그러나 최근 Russia-Transit Case에서 WTO 패널은 'GATT 제21조 요건의 충족 여부를 당사국이 아니라 WTO 패널과 항소기구가 판단한다'는 점을 확인한 바 있다. 따라서 객관적인 기준에 따라 GATT 제21조의 요건 충족 여부가 결정된다 할 것이고, 단순히 국가안보사항이라고 주장한다고 하여 문제가 해결되는 것은 아니다.

Ⅱ 국제법의 역사

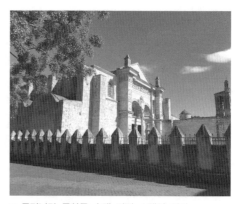

1618년부터 1648년까지 유럽에는 '30년 전쟁'이라고 불리는 큰 전쟁이 있었다. 로마 가톨릭교회를 지지하는 국가들과 프로테스탄트 교회를 지지하는 국가들이 유럽 전역에서 종교 전쟁을 벌인 것이다. 30년 전쟁에서 스페인을 중심으로 하는 가톨릭 세력이 패퇴함에 따라, 로마 교황이 최정점에 있던 유럽의 구체제가 무너지게 되었다. 그 결과 각국의 왕이 드디어 교황으로

🎧 도미니카 공화국 소재 과거 스페인 성당
(출처: 필자 소장)

부터 벗어나 독자적인 권위를 구축하면서 프랑스, 네델란드, 러시아, 스페인 등 오늘날 의미의 진정한 민족국가가 탄생했다. 이처럼 1648년에 체결된 30년 전쟁을 종료하는 동시에 민족국가들끼리의 관계를 규율하기 위해 등장한 조약이 '베스

트팔렌 조약'이다. 베스트팔렌은 오늘날의 독일 중서부 지역에 위치한 곳이다.

　　현재 우리는 베스트팔렌 체제에서 살고 있다. 베스트팔렌 체제는 주권평등의 원칙을 핵심으로 한다. 주권평등의 원칙은 정치·경제·사회·군사 등의 차이와는 상관없이 모든 국가가 법적으로 독립되어 있으며 서로 평등하다는 것을 의미한다.[10] 대한민국의 영토와 영해, 영공에서는 오로지 대한민국이 최고의, 절대적 힘을 가지며, 다른 나라는 대한민국 내의 문제에 간섭하거나 우리 영토에 지배력을 행사할 수 없다. **현대 국제법은 주권평등의 원칙에 따라 주권국가 간의 법적 관계를 규율한다.**[11] 오늘날 주권국가는 전 세계에 197개 존재한다.

Ⅲ 정부와 조치

　　국제법은 '국가 간의 관계'를 규율하는 바, 국제법적 이슈에 부딪히면 제일 먼저 개인이나 기업이 아닌 **정부**가 관계되어 있는지 먼저 살펴야 한다. 국가를 움직이는 것이 바로 정부이기 때문이다. 그러나 실제 분쟁에서 특정 행위자가 '정부에 해당하는지'는 때로는 명확하지 않은 문제이다. 정부란 무엇인가? 예를 들어 외교부나 국방부가 정부에 해당함은 명백하다. 그러나 공기업이나 국립대학교가 정부에 해당하는지는 애매한 문제이다.

　　이 때문에 실제 분쟁에서는 문제의 행위자를 '정부'로 볼 수 있는지에 대해 복잡한 다툼이 벌어진다. 가령 미중 분쟁의 핵심 이슈 중 하나는 '어디까지를 중국 정부로 볼 수 있는지' 여부이다. 미국은 중국의 당과 기업을 하나로 움직이는 정부로 파악하여 이들의 행위에도 중국의 국제법적 책임을 묻는다. 반면 중국은 '이들 기업이나 주체들은 정부 기관이 아닌데 왜 국제법을 적용하느냐'고 반문한다.

　　이와 같이 **국제법이 작동하려면 정부의 조치**(governmental measure), **즉 정부의 작위 또는 부작위가 있어야 한다.** 기초자치단체, 광역자치단체를 비롯해 대한

10　서은아, "국제법상 주권평등원칙의 재정립 -국제통상규범의 관계 및 개정방향을 중심으로- ", 『법학논총』 제38권, 제2호 (2018), 249면.

11　때로는 개인과 기업, 국제기구도 국제법상 권리와 의무의 주체가 된다. 그러나 이는 매우 제한적이므로, 국제법의 주체는 국가라고 이해하자.

민국 전역의 정부 기관에서 무수히 많은 조치가 오늘도 이루어지고 있다. 그중에서도 일부만이 국제적 이슈이자 법적 이슈로서 국제법의 시야로 들어온다.

시사 PMC의 법적 지위

- "EU, '푸틴 그림자부대' 용병업체 제재 합의"[12]
  - 유럽연합(EU)이 러시아 용병업체 바그너(Wagner)그룹을 제재하기로 했다. 바그너그룹은 세계 곳곳에서 사실상 러시아군을 대리해 활동하였으며, 푸틴 대통령의 '그림자 친위부대'로도 불린다. 바그너그룹은 전 세계 분쟁지역에서 친러시아 독재정권을 지원하고 있다는 비판을 받아왔다.
  - 바그너그룹은 특히 시리아 내전에서 친러 성향의 바샤르 알 아사드 정권을 지원하며 민간인 살해 등에 관여했다는 의혹을 받고 있다. 또한 러시아의 우크라이나 크림반도 강제합병, 리비아 내전 등에도 개입한 것으로 알려졌다.
  - 푸틴 정권은 러시아 정부와 바그너그룹의 연관성을 줄곧 부인해 왔다. 드미트리 페스코프 러시아 정부 대변인은 15일 "EU의 제재 조치는 러시아 정부와는 무관하다"라며 "서방 정상들은 바그너그룹이 전 세계 곳곳에서 전쟁에 개입하는 러시아 회사라며 비난하지만 여기에 동의할 수 없다"고 주장했다.

- "러시아, 외국인 용병 중심 증원군 투입 '만지작'"[13]
  - 우크라이나군의 저항으로 물적·인적 피해를 입은 러시아군이 외국인으로 구성된 용병 부대를 동원할 가능성이 거론된다.
  - 일부 전문가는 "러시아는 예기치 못한 고전을 겪으며 충분한 병력을 확보하려 할 것"이라며 "외국인 전투병은 러시아 징집병보다 자국 내 논란이 적고, 실전 경험이 풍부하다는 장점이 있어 증원군으로 유력하다."라고 말했다.
  - 영국 신문 텔레그래프는 러시아 민간군사기업(PMC) 바그너그룹 소속 용병을 러시아군의 지원군 후보로 제기했다.

민간군사기업(Private Miliatry Contractors: PMC)은 전투 활동이나 첩보 활동, 군사 훈련 및 기술 지원 등 전쟁과 관련된 일을 대행하는 민간 회사이다. 현대판 용병으로도 불리는데, 전쟁뿐만

---

12 김윤종, "EU, '푸틴 그림자부대' 용병업체 제재 합의", 『동아일보』, 2021. 11. 17., <https://www.donga.com/news/Inter/article/all/20211117/110281232/1>, (최종방문: 2023. 8. 31).

13 김서원, "'재래식 전략' 고수한 푸틴 굴욕…무기 4배, 병력 5배 잃었다 [그래픽]", 『중앙일보』, 2022. 3. 20., <https://www.joongang.co.kr/article/25056708#home>, (최종방문: 2023. 8. 31).

아니라 경호 업무를 포함한 복잡한 비즈니스 활동을 수행한다는 점에서 용병과는 성격을 약간 달리한다. 현재 수백 개의 민간군사기업이 전 세계 약 50여 개 국가에서 활동 중이다.

많은 국가는 정규군 수를 줄이는 대신 군사 업무를 민간회사에 맡김으로써 작전 수요를 메우고 있다. 정규군을 외국에 파견하려면 의회의 동의를 받아야 하는 등 절차가 복잡하고 정치적 부담도 크기 때문에 차라리 간편한 외주를 맡기는 것이다. PMC는 국제법 적용의 첫 번째 질문인 '과연 어디까지를 정부로 볼 것인가'와 관련해 복잡한 문제를 제기한다. **국가와 협력하고 있는 PMC의 활동을 정부의 활동으로 볼 수 있는가? 국가들은 PMC에 군사작전을 의뢰하고 국가와의 관련성을 부인함으로써 문제가 발생할 경우 국제법적 책임을 회피하려 든다.** 이에 따라 PMC의 법적 지위를 평가하는 문제가 국제법의 중요한 과제로 떠오르고 있다.

바그너그룹은 러시아 회사로서 세계적으로 유명한 PMC 중 하나이다. 잘 알려진 바와 같이 바그너그룹은 러시아 특수부대 출신들로 구성되어 있으며, 러시아–우크라이나 전쟁에 동원되는 등 사실상 러시아군을 대리하여 활동해왔다. 그럼에도 불구하고 러시아 정부는 줄기차게 바그너그룹과의 연관성을 부인하고 있다. 이는 국제법 적용 가능 영역에서 벗어나기 위함이다. PMC가 정규군이라면 전쟁법을 준수해야 한다. 군사작전을 의뢰한 국가는 ICJ에 제소당할 수 있고, 잔학행위에 관련된 PMC 고용원은 ICC에 소추될 수도 있다. 그러나 PMC가 민간기업에 불과하다면 이러한 국제법이 적용되는지 여부가 분명하지 않다. 일반적으로 개인이 해외에서 범죄를 저지른 경우처럼 관련 국가의 국내법에 따라 처벌받을 뿐이다.

현재로서는 PMC의 법적 성격과 PMC 활동의 국가 귀속 문제는 국제법의 사각지대에 남겨져 있다. PMC 간의 교전은 범죄 집단 간의 충돌처럼 국내법으로 규율하면 되는가, 아니면 전쟁에 준하는 행위로 보아 국제법으로 규율해야 하는가? PMC가 국가와 계약만을 맺은 채 독자적으로 움직인다면 국제법의 적용을 면할 수 있겠지만, 용병으로서 전쟁을 수행하는 경우처럼 사용국의 통제 하에서 움직이는 때에는 국제법의 적용을 받아야 할 것이다. PMC는 군복만 입지 않았을 뿐, 통신장비를 공유하는 등 정규군과 긴밀히 협력한다는 점에서 정규군과 유사한 점이 많다.

정부와 협력하는 비국가주체의 행위에 국제법적 책임이 따른다고 볼 것인가? 이러한 문제는 PMC뿐만 아니라 다른 분야의 민관협력 —예컨대 산업분야에서의 민간 협력— 을 비롯해 국제법 전반에 걸쳐 제기되는 문제로서, '**비국가주체의 국제법적 지위**'라는 주제로 중요하게 다루어진다.

시사 THAAD 배치

국제법 적용을 회피하기 위해 비국가주체를 동원한 사례는 최근 부쩍 늘어나고 있다. 미국과 한국의 고고도 미사일 방어체계(Terminal High Altitude Area Defense System: 이하 THAAD), 즉 **THAAD 배치에 대한 중국의 대한(對韓) 보복 조치**다. 중국은 THAAD 시스템에 포함된 레이더가 중국 본토를 탐지하고 감시할 수 있다는 점을 들며 그간 이 시스템이 한국에 배치되는 것에 대해 강력히 반대해 왔다. 2016년 7월 한미 양국 정부가 한반도 내 THAAD 배치를 결정하였고, 그로부터 9개월 만인 2017년 4월 28일 THAAD 2기의 한국 내 배치가 진행되었다. 그 이후 중국은 여러 분야에서 한국에 대한 보복 조치를 단행하였다.

중국 보복 조치의 면면을 들여다보면 한중 FTA가 무력화된 상황을 쉽게 이해할 수 있다. 중국은 다양한 방식으로 자국 관광객의 한국 여행을 사실상 제한 내지 금지하였다. 중국 관광객의 감소로 인하여 한국은 2017년 한 해에만 대략 7조 원에서[14] 15조 원에 이르는 피해를 입은 것으로 추정된다.[15] 또한 한국 연예인과 예술가들의 중국 내 공연 도 여러 명목으로 제한되거나 취소되었다.[16] 한국 상품에 대한 통관절차 역시 까다로워져 수출에 지장이 초래되었다. 한국 상품에 대한 중국 소비자들의 불매운동도 전개되었다.[17] THAAD 배치용 부지를 제공한 롯데에 대한 집중적인 견제도 뒤따랐다.[18]

중국의 보복 조치가 개시되자 곧바로 중국의 WTO 협정 위반 문제가 제기되었고, 우리 정부는 필요한 경우 중국을 WTO 분쟁해결절차에 제소할 것을 검토하였으나, 결국 제소에 이르지는 못하였다. 이러한 상황에 대해 중국은 제한 조치의 존재 자체를 부인하며 **민간회사나 소비자 단체의 자발적인 의사결정의 결과임을 여러 차례 언급**하였다. 제한 조치들이 민간회사나 소비자 단체의 자발적인 결정이라면 이는 정부 조치에 해당하지 않으므로 WTO 협정이든, 한중 FTA이든 결과적으로 통상협정·투자협정의 적용 대상에서 벗어난다. 중국이 주장하는 바는 정확하게 현재 통상협정·투자협정의 사각지대를 짚고 있다.

외국 정부가 전면에 나서지 않은 상황에서 교역 상대국인 한국 정부가 통상협정·투자협정 위반 문제를 제기하는 것은 실로 어려운 일이다. 외국 정부의 관여를 입증하는 것이 어렵기 때문이다. 이러한 상황에서는 WTO 협정이든 FTA 협정이든 통상 조약이 사실상 무의미해진다. 결국 우

---

14 현대경제연구원, "최근 한중 상호간 경제손실 점검과 대응방안", 『현안과 과제』, 17-10호 (2017), 8면.

15 산업연구원, "중국 정부의 한국 여행제한조치가 국내 소비재산업에 미치는 영향분석," 『i-KIET 산업경제이슈』, 2017-9호 (2017), 7면.

16 2017년 3월을 기점으로 중국 TV와 신문 내 한국 연예인 및 영화 소개 내지 기사가 일제히 사라진 것으로 파악되고 있다. 연합뉴스, ""한국영화 절대 못 건다"…中, 베이징영화제서 상영차단", 2017. 3. 28., <http://www.yonhapnews.co.kr/bulletin/2017/03/28/0200000000AKR20170328106300083.HTML.> (최종방문: 2023. 8. 31).

17 예를 들어 2017년 6월 현재 중국 현지 롯데마트 및 중국내에서 생산되는 현대·기아차 등에 대한 중국 소비자들 내 불매 운동이 확산되고 있다. 한겨레, "중국 롯데 제재 본격화…도 넘은 '사드' 맹폭", 2017. 3. 1., <http://www.hani.co.kr/arti/international/china/784767.html> (최종방문: 2023. 8. 31).

18 롯데 측의 사드 부지 계약(2.28) 직후 세무·위생·소방 점검을 실시하고 주요매장에 영업정지 등 행정처분 실시하고 있다. 특히 중국 랴오닝(遼寧) 성 선양(瀋陽)에 추진 중인 선양 롯데월드 공사가 작년 11월 말 이후 석 달째 중단된 상황이다. 중국 당국은 사드 논란이 불거진 2016년 11월 말부터 중국에 진출한 롯데 계열사 전 사업장에 대해 세무조사, 소방 및 위생점검, 안전점검 등을 실시하였고, 선양 롯데월드도 이러한 일련이 행정압박조치에 따라 공사중단 명령을 받은 것으로 판단된다. KBS News, "中 외교부 "선양 롯데월드 공사중단, 사드와 관련 없어", 2017. 2. 8., <http://news.kbs.co.kr/news/view.do?ncd=3425391> (최종방문: 2023. 8. 31).

리 정부는 WTO 제소 여부를 검토하다 유야무야되고 말았다. 우리나라가 상당한 피해를 입었음에도 불구하고 WTO 분쟁해결절차를 진행하지 않은 것은 다소 이례적이다. 2023년 9월 현재 우리나라는 총 21차례에 걸쳐 다른 나라의 협정 위반 문제를 WTO 분쟁해결절차에 회부하였다.[19] 이와 비교하면 그 피해가 상당한 THAAD 배치로 인한 중국의 보복 조치를 WTO에 제소하지 않은 것은 곱씹어 볼 필요가 있다.

중국 시장에서의 우리 기업에 대한 여러 차별 조치도 THAAD 배치 이후 두드러졌다. 가령 중국 정부는 자국산 전기자동차에 대해 상당 수준의 정부 보조금을 교부하며 자국 산업 진흥에 노력하고 있다. 그런데 자국 자동차 중 한국 기업이 생산한 배터리를 사용하는 자동차에 대하여는 보조금을 교부하지 않았다. 이는 중국에 진출한 우리 배터리 생산기업의 영업에 상당한 부담으로 작용하고 있다. 전체 자동차 판매 가격의 50% 정도까지를 정부 보조금으로 지원하고 있을 정도로 보조금 규모가 상당한 액수에 이르는 까닭이다. 보조금 수혜를 받지 못하는 기업은 사실상 전기차 제작에 나설 수 없기 때문에, 전기차 제작 업체들은 품질 및 가격과 상관없이 중국산 배터리를 사용할 수밖에 없게 되었다. 이에 중국에 진출한 우리 기업들은 상당한 타격을 입었다.

중국 정부는 안전 문제를 언급하며 국산 배터리 사용 전기차에 대해 보조금 교부를 거부하고 있다. 여기에 주목할 필요가 있다. 2016년 1월, 중국 정부는 같은 달 발생한 전기차 화재를 이유로 '삼원계 배터리'를 탑재한 전기버스를 보조금 지급 대상에서 제외하였다. 그런데 사실 '삼원계 배터리'는 니켈, 코발트, 망간을 주원료로 하는 배터리로서 한국과 일본 업체가 주로 제작하는 고품질의 배터리이다. 중국 정부는 이 배터리를 보조금 교부 대상에서 제외함으로써 위 기업들의 중국 내 활동을 제한하고 자국 기업의 활동을 지원하는 효과를 노리고 있는 것으로 전문가들은 평가하였다. 만약 이것이 사실이라면 외국인 투자자를 차별한다는 맥락에서 전형적인 한중 FTA 투자 챕터 위반에 해당하는 사항 중 하나이다. 하지만 표면적으로는 소비자 안전 문제를 내세우고 있어서 피해국이 협정 위반에 해당하는 조치라고 주장하는 것도 쉽지 않다. 대표적인 우회 조치 중 하나인 셈이다.

이 사례가 제시하는 시사점은, 협정 문언에서 규정되는 바와 상관없이 결국은 다양한 우회 조치가 협정상 권리를 사실상 무력화할 수 있다는 점이다. 그러므로 앞으로의 협정 문언에는 '우회 조치를 어떻게 확인하고 이에 대응할 수 있는지'에 대한 구체적인 내용이 담겨야만 할 것이다. 이러한 문제에 대해 지금까지 해당 협정들은 특별한 역할을 하지 못하였다. 앞으로의 관련 협정들에는 우회 조치를 정확하게 견제할 수 있는 장치가 필요하다.

---

[19] World Trade Organization, Disputes by Member, *available at https://www.wto.org/english/tratop_e/dispu_e/dispu_by_country_e.htm* (최종방문: 2023. 8. 31).

아래 기사들을 보자. 여러 다양한 분야에서 민관협력이 이뤄지고 있다. 현재 국내외 위기 극복을 위해서는 민관협력이 필요한 것이 물론이다. 그러나 국제법적 관점에서 민관협력은 **비국가주체의 국제법적 지위**와 관련하여 다양하게 생각해 볼 문제를 제기한다.

여러 국가들의 정부는 민관협력을 홍보하고 있는데, 문제는 **정부가 기업과 함께 움직일수록 그 기업들까지도 '정부'라고 볼 여지가 커진다**는 점이다. 자칫하면 이들 기업들이 마치 중국 국영기업처럼 정부 의사대로 움직이는 주체라고 평가될 여지가 있기 때문이다. 그 경우 기업의 개별 행위에 대해서도 국제법이 적용되어 일일이 국가가 법적 책임을 지는 상황으로 귀결될 수도 있다.

특히 각국 정부와 기업이 "원 팀(one team)"이라고 홍보하는 것은 조심해야 한다. 그 기업이 정부의 일부라는 증거가 되기 때문이다. 이러한 협력을 위한 산업 정책적 필요성은 이해되지만, 과연 법적 함의를 제대로 평가한 것인지 의문이 든다. 민관협력은 그 법적 함의를 인식하고 철저한 준비 하에 진행되어야 한다.

이러한 현상은 전 세계적으로 목도되지만, 최근 우리나라의 사례를 몇 건 살펴보면 다음과 같다.

- "'K반도체' 민관협력으로 美·中 압력 넘는다"[20]
  - 정부와 기업이 'K-반도체' 위기 극복을 위한 연대 협력을 선언했다. 전 세계적 반도체 공급난으로 자동차, 스마트폰, 가전 등의 생산 차질이 계속되며 반도체 패권 전쟁도 심해지고 있는 만큼 정부와 기업이 손을 잡고 반도체 산업 생태계 경쟁력 강화에 나서기로 한 것이다.
  - 정부와 주요 기업 경영진은 '반도체 연대·협력 협의체' 출범식을 열고 양해각서(MOU)를 체결했다.
  - 새로 출범한 협의체는 첨단 소재·부품·장비를 공동 개발하는 데 힘을 모으기로 했다.

- "'김치 수출 위기' 민관협력으로 돌파… 유럽 수출액 35.1% ↑"[21]
  - 정부가 EU 수입 규제에 따른 김치 수출 위기를 민관협력으로 돌파하면서 유럽 김치 수출액이 전년 동기 대비 35.1% 늘었다.
  - EU가 일부 식품에 대해 EU 인증을 의무화함에 따라, EU 인증 젓갈을 구할 수 없었던 우리 중소기업 16개가 피해를 보았다. 이에 정부는 대기업에서 생산하는 EU 인증 젓갈을 중소기업에 공급하는 상생 협력을 유도하면서 수출에 물꼬를 텄다.

---

20 이종혁·오찬종·박재영, "'K반도체' 민관 협력으로 美·中 압력 넘는다", 『매일경제』, 2021. 9. 28., <https://www.mk.co.kr/news/economy/view/2021/09/923682/> (최종방문: 2023. 8. 31).

21 박효정, "'김치 수출 위기' 민관협력으로 돌파… 유럽 수출액 35.1% ↑", 『서울경제』, 2021. 10. 7., <https://www.sedaily.com/NewsView/22SNCWJK2C> (최종방문: 2023. 8. 31).

- "정부와 기업은 원 팀"[22]
  - 2021년 10월 7일 정부와 주요 기업은 회의를 거쳐 수소경제로의 전환을 '거스를 수 없는 대세'로 규정하고 이 영역에서 서로 힘을 합쳐야 한다고 강조했다. 신산업 분야에서 세계시장을 선도하려면 정부와 기업이 '원 팀'으로 호흡을 맞춰야 한다는 것이다.
  - 또한 정부는 2021년 9월, 15개 기업이 수소기업 협의체를 발족해 협력하기로 한 점을 높이 평가하며 정부의 지원 의지를 밝혔다.

시사 한국 국적자 우크라이나 참전

- 전직 군인인 A씨 입국 확인한 외교부, 경찰청에 고발[23]
  - 외교부가 A씨의 우크라이나 입국을 확인했다. 외교부는 여권에 대한 행정제재뿐 아니라 형사 고발도 추진하는 등 강경한 조치를 취할 방침이다.
  - 외교부 대변인은 "우크라이나는 현재 매우 엄중한 전시 상황"이라며 "이에 따라 정부는 우리 국민의 생명과 안전을 보호하기 위한 예방적 조치로서 우크라이나 전역에 대해 지난 2월 13일 제4단계 여행경보, 즉 여행 및 방문 금지 조치를 발령한 바 있다. 정부는 이른바 의용군 참가 문제 관련, 정부의 사전 허가 없이 무단으로 우크라이나에 입국하는 일이 발생하지 않도록 다시 한번 국민 여러분께 당부 말씀을 드린다."라고 강조했다.

러시아의 우크라이나 침공 당시, 전직 군인인 A씨가 우크라이나 의용군 부대의 일원으로 참전하였다. 가상의 상황이지만 이에 대해 러시아가 다음과 같이 주장한다고 상상해 보자. "한국이 러시아를 상대로 합법적으로 교전행위에 나설 수 있는 방법은 자위권을 행사하거나, UN 안전보장이사회 결의에 따라 필요한 군사적 조치를 취하는 것뿐이다. 그런데 러시아는 한국을 침공한 바 없고, UN 안전보장이사회가 대러 군사활동을 위한 결의를 채택한 바도 없다. 위 두 가지 방법에 의하지 않은 한국의 교전행위 수행은 설령 러시아가 우크라이나 침공 과정에서 관련 국제법을 위반했더라도 정당화될 수 없다. 그런데도 A씨가 러시아를 상대로 참전하였으므로, 한국은 러시아와의 교전행위를 개시하였으므로 UN 헌장 제2조 제4항과 관습국제법을 위반하였다." 러시아가 이러한 주장을 제기한다고 상정해 보자. 먼저 UN 헌장 제2조 제4항은 다음과 같이 규정한다.

---

22 임형섭, "기업 총수들 만난 문대통령…"정부와 기업은 원팀"", 『연합뉴스』, 2021. 10. 7., <https://www.yna.co.kr/view/AKR20211007160800001> (최종방문: 2023. 8. 31).

23 김아름, "이근 대위 입국 확인한 외교부, 경찰청에 고발", 『파이낸셜뉴스』, 2022. 3. 8., <https://www.fnnews.com/news/202203081505040843> (최종방문: 2023. 8. 31).

이처럼 **A씨의 개입을 이유로 러시아가 한국의 국제법 위반을 주장하는 것이 타당한가?** 다시
한번 상기하자. **국제법은 국가에 적용되는 것이지 개인과 기업에 적용되는 것이 아니다.** 여기에
서도 **한국 정부의 조치가 없었으므로, 한국은 러시아의 국제법 위반 주장에 쉽게 맞설 수 있다.**[24]
한국 국적의 홍길동 씨가 LA 여행을 가서 범죄를 저질렀다고 하여 한국 정부가 책임지지 않는
것처럼, 민간인 몇 명이 우크라이나 측에 참전하였다고 하여 한국 정부가 국제법적 책임을 지지
는 않는다.[25]

그러나 만약 한국 정부가 일부 국민의 참전 사실을 알았으며 이를 막을 수 있었는데도 막지 않
고 가만히 있었다면 어떻게 되는가? 나아가 오히려 참전을 독려하였다면 어떻게 되는가? **민간인들
이 다른 국가의 분쟁에 체계적·지속적으로 개입하는 사실을 알면서도 방치하는 경우, 정부가 부작
위에 따른 책임을 질 수 있다.** 아마 무력 행사까지는 아니더라도 타국 내정에 대한 간섭이나 주권
침해 주장으로 이어질 수 있을 것이다. 예컨대 외국인이 이태원에서 정부 관헌이 아닌 자에게 피해
를 입은 경우 한국 정부는 원칙적으로 책임을 지지 않는다. 그러나 정부가 체계적·반복적으로 외국
인을 보호하지 않는다면 외국인 보호에 대한 법적 의무를 게을리했다는 이유로 국제법적 책임을 질
수 있다.

사실 러시아는 개인의 행위를 이유로 국제법적 책임이 발생하지 않는다는 사실을 누구보다 잘
알고 있을 것이다. 러시아가 우크라이나 전쟁 개시 이전에 군복을 입지 않고 계급장을 달지 않은
군인들을 우크라이나 영역 내로 파견하였다는 보도가 있었다. 이는 러시아 정부와의 관련성을 부
인하기 위함일 것이다.

마지막으로, A씨는 이제 어떻게 될 것인가? 이 질문도 앞으로 국제법 시간에 배울 내용과 관
련이 있으므로 간단하게나마 생각해 보자.

우선 A씨가 ICJ로 갈 일은 없다. ICJ는 '국가' 간 법적 분쟁을 다루는 곳인데 A씨는 명백히 개
인이기 때문이다. 원칙적으로 개인은 국제법의 적용 대상이 아니고 전쟁범죄·집단학살 등 국제
범죄를 저지른 경우에만 예외적으로 ICC에서 처벌받을 수 있다. 미국과 EU 국가들 사이에서 푸
틴과 러시아 군부 지휘관들을 ICC에 소추한다는 이야기가 나오는 것도 이러한 이유이다.

다음으로, A씨가 타국에 머무는 한 한국 정부는 A씨를 처벌할 수 없다. 한국 정부는 대한민국
의 주권이 미치는 곳에서 관할권을 행사할 수 있는데, 대한민국 주권은 대한민국 영토·영해·영공

---

24 러시아의 주장은 마지막 문장을 제외하고는 모두 맞는 말이다.
25 물론 대한민국 군인 중 한 명이 참전했다면, 문제가 달라졌을 것이다.

에만 미치기 때문이다. 물론 A씨가 서울로 돌아온다면 한국 정부는 A씨를 처벌할 수 있게 된다.

마지막으로, A씨가 러시아군에 체포되어 러시아에 의해 처벌받을 가능성은 열려 있다. A씨가 우크라이나 정규군의 일원이라면 러시아는 그를 1949년 제네바 협약에 따라 우크라이나의 포로로 대우할 것이다. 하지만 그렇지 않다면 반란·테러행위 등 다양한 죄목으로 러시아 형법을 적용하려 할 것이다.

시사 주UN 한국 외교관 폭행 피해

- "한국 외교관, 맨해튼 한복판서 '묻지마 폭행' 당해"[26]
  - 외교부는 2022년 2월 10일 "UN 주재 한국대표부 외교관 1명이 맨해튼 시내에서 신원 불상의 남성으로부터 공격을 받아 부상을 입었다."며 "병원에서 치료를 받은 뒤 퇴원해 안정을 취하고 있다."고 밝혔다. 이어 "(아시아계 겨냥) 증오 범죄 여부를 파악해 나갈 것"이라며 "현지 경찰의 신속하고 철저한 수사를 촉구할 것"이라고 했다.
  - 현지 신문은 "이 외교관이 9일 오후 8시 10분경 친구와 함께 길을 걸어가다가, 범인으로부터 갑작스레 공격을 당했다."고 뉴욕 경찰 소식통을 인용해 보도했다. 이 신문은 "한국 외교관은 범인에게 어떤 말도 하지 않았고 폭행을 당하는 중 외교관 신분증을 보여줬다."고 전했다. 도주한 범인은 아직 잡히지 않은 상태다.

한국 외교관이 맨해튼 한복판에서 정체불명의 괴한으로부터 '묻지마 폭행'을 당했다. 이에 대해 미국에 국제법적 책임을 물을 수 있을 것인가?

앞에서도 언급한 바와 같이 개인의 행위에 대하여 국가에게 국제법적 책임을 물을 수 없다. 뉴욕 경찰국 소속 경찰관이 외교관을 폭행했다면 사안이 달라졌겠지만. 지나가던 괴한이 외교관을 폭행한 것을 두고 미국이 국제법을 위반했다고 평가할 수 없다.

그러나 뉴욕 경찰이 해당 지역에서 외국 공관직원에 대한 신체적 위해 가능성이 점증하고 있다는 점을 사전에 인지하고 있었다면 이야기는 달라진다. 1961년 외교관계에 관한 비엔나협약 및 관습국제법상 외교관 보호 의무를 게을리 했다는 이유로 미국의 부작위에 따른 국가 책임이 문제될 수 있다.

---

26 김성모·최지선, "한국 외교관, 맨해튼 한복판서 '묻지마 폭행' 당해", 『동아일보』, 2022. 2. 11., <https://www.donga.com/news/Inter/article/all/20220211/111712762/1> (최종방문: 2023. 8. 31).

현재 **디지털 사회의 도래로 인해 공적 영역과 민간 영역의 구분이 더욱 어려워지고 있다.** 정부와 민간은 함께 빅데이터를 구축하고 기술과 정보를 공유한다. 애초에 AI는 사회의 다양한 주체들이 하나의 네트워크에 함께 참여하는 것을 전제하고 있다. 기업과 개인은 정부가 수집하고 구축한 데이터를 적극 활용하고 다양한 활동의 기초로 삼는다. 정보 수집 및 처리 과정의 투명성 확보가 중요해지는 만큼, 정부가 민간의 개인정보 활용에 개입하여 필요한 규제를 부과하기도 한다. EU의 개인정보보호법(GDPR)이 대표적이다. 한편으로 **정부가 민간 영역의 정보와 자료에 대거 의존**하여 움직이기도 한다. 이러한 상황은 민관의 분리가 과거에 비해 어려워짐을 의미한다. 디지털화가 진전되면 정부와 민간 영역의 일체화는 더욱 촉진될 것이다. 그렇다면 양자의 구별에 방점을 두고 구축된 현재의 규범은 위 일체화 현상과 괴리를 보일 가능성이 크다. 이는 앞으로 새로운 규범에 대한 고민이 필요하다는 점을 시사한다.

Ⅳ 동의

앞서 강행규범을 제외하고는 국제규범이 형성되기 위해서는 국가들의 동의가 표시되어야 한다고 설명한 바 있다. **조약에 대한 동의는 명백하게 표시된다.** 대통령 또는 외무장관이 정해진 시간과 장소에서 방송사 카메라 앞에서 조약에 서명하기 때문이다. 그러나 **관습국제법에 대한 동의는 상당 부분 묵시적으로 표시된다.** 관습국제법은 관행이 축적됨으로써 형성되는데, 그 과정에서 특정 국가가 명시적으로 **반대하지 않고 가만히 있으면 동의한 것으로 간주**된다. 이와 같이 관습국제법에 대한 동의는 눈에 잘 보이지 않는다.

그렇다면 국가들은 어떻게 동의나 반대를 표명하는가? 모든 사안에 대한 **국가들의 공식적 입장 표명은 외교공한(diplomatic note)을 통해 문서로써 이루어진다.** 기억하기 쉽도록 예시를 들어보자. 1941년 일본의 진주만 공격은 선전포고 없는 기습공격으로 국제법을 위반한 사례로 두고두고 회자된다. 당시 일본이 진주만 공격 직전 선전포고문을 작성하려 하였다. 그러나 일요일 오전 주미 일본 대사관 내에서 당시 전문적 기술이 요구되던 타자기를 다룰 인원이 없어 대사관 담당자가 '독수리 타법'으로 느리게 타자하는 바람에 선전포고 전달이 늦어졌다는 일화가 있다. 이와 같이 국가들의 입장 표명은 전화나 SNS 또는 이메일이 아니라 외교공한을 통해 이루어져야 함을 기억하자.

우리가 지금까지 논한 것은 **실체법적 규범에 대한 동의, 즉 규범을 형성하는 데 대한 동의**이다. 그런데 우리가 새롭게 살펴볼 또 하나의 동의가 있다. 바로 **절차법적 규범에 대한 동의, 즉 분쟁해결절차로 나아가는 데 대한 동의**이다. 예시를 들어보자. 국가들은 WTO에 가입함과 동시에 '이제부터 GATT의 적용을 받겠다', '이제부터 GATT가 금지하는 행위를 하지 않겠다'와 같은 **실체법적 규범에 대한 동의**를 한다. 더불어 이와 함께 'GATT를 위반하면 WTO 분쟁해결절차로 가겠다'와 같은 절차법적 규범에 대한 동의를 동시에 하게 된다. 이 두 가지 동의를 합쳐 '이중의 동의(double consent)'라 하자.

국내법에서는 이중의 동의가 항상 함께 간다. 국민이 선거를 통해 입법부를 구성하면 입법부가 제정한 법률에 대해 모든 국민의 동의가 있는 것으로 의제된다. 예컨대 민법뿐만 아니라 민사소송법에 대해서도 형법뿐 아니라 형사소송법에 대해서도 동의가 있는 것으로 의제되므로, 사람들 간에 분쟁이 생기면 법원의 관할에 관한 규정에 따라 문제없이 해당 법원으로 가져갈 수 있다.

그러나 국제법에서는 이중의 동의가 항상 함께 가는 것이 아니다. 실체법적 규범에 대한 동의가 존재하더라도 **절차법적 규범에 대한 동의가 없으면 법원이 그 분쟁에 대해 심판할 수 없다.** 이를 해당 법원이 관할권을 갖고 있지 않다고 설명한다. 가령, 한국이 ICJ 관할권에 동의하지 않는 이상 일본이 독도 영유권 분쟁에 관해 한국을 ICJ에 제소하여도 ICJ로 진행하지 않는다. 분쟁의 다른 당사국인 한국이 분쟁을 ICJ로 회부하는 문제에 동의하지 않았기 때문이다. WTO 협정의 경우, 모든 회원국이 반드시 실체법적 규범과 WTO 절차법적 규범, 즉 분쟁해결기구의 관할권에 동의하도록 한다. 따라서 WTO는 이중의 동의가 한 번에 자동적으로 확보되는 것이다. 이와 대조적으로 ICJ의 경우 분쟁마다 사전이든 사후이든 별도로 ICJ 관할권을 확보하는 작업이 필요하다.

ICJ 관할권이 인정되기 위해서는 다음 네 가지 중 한 가지가 필요하다. 1) 사건이 발생한 이후 그 사건을 ICJ에 회부하기로 당사국간 **특별한 합의**를 하거나, 2) 사건과 관련된 조약에 이미 조약에 관한 분쟁이 발생하면 분쟁을 ICJ에 가져가도록 하는 **특별한 조항**이 있거나, 3) 당사자 모두 ICJ의 **강제관할권**에 관한 선택 조항(ICJ 규정 제36조 제2항)을 수락하였거나, 4) 피제소국이 관할권 불성립 항변을 포기하고 소송에 참여할 의사를 간접적으로 표시하여 **확대관할권**이 인정되어야 한다. (ICJ의 관할권 성립 요건은 제9장에서 보다 자세히 다룬다.)

이쯤에서 아마 의문이 들 수도 있다. 국제법원의 심판을 위해 국가가 절차법적 규범에 동의하여야만 한다면, 국제법 위반국이 법원에 가지 않겠다고 버티면 모든 실체법적 규범이 쓸모없어지는 것이 아닌가? 국내 형법을 위반한 자는 법원에 가기 싫어도 강제로 끌려가는데 말이다.

그러나 우려와 달리 **우리가 생각하는 것보다 훨씬 많은 국가가 절차법적 규범에 동의하고 있다.** A국이 B국을 침공했는데도 A국 대통령이 처벌받지 않은 사례가 흔히들 떠오른다. C국이 D국 민간 여객기를 격추했는데도 국제법원이 아무런 조치를 취할 수 없었던 점이 먼저 뇌리에 떠오르기도 한다. 의외일지 모르지만 실제 이런 사례들은 얼마 되지 않는다. 국제사회에는 국가가 국제법을 준수하거나 국제법 위반 시 국제법적 절차에 따른 책임을 이행한 예가 통계적으로 훨씬 많다. 마치 항공기 사고와 유사하다. 항공기 사고가 날 확률은 희박하지만, 사고의 규모가 크고 언론에 크게 보도되기 때문에 사람들의 뇌리에 오래 남는다. 몇 가지 사례만 보고 국제법 위반이 자주 발생하고 이에 대한 법적 절차가 이행되지 않는다고 오해해서는 안 된다.

무엇보다 오늘날에는 환경, 기술, 의료, 안보 등 다양한 분야의 사안들이 긴밀하게 연결되어 있다. 이 때문에 **당해 분쟁 자체에 관해서는 ICJ 관할권에 동의한 적 없더라도 다른 연관된 협약으로 인해 ICJ에 가게 되는 일이 흔히 발생한다.** 예컨대 A국은 B국과 전개 중인 영토 분쟁에 관해 ICJ 관할권에 동의한 바 없지만, 모든 형태의 인종차별 철폐에 관한 국제협약(이하 "인종차별철폐협약")과 아동의 권리에 관한 협약(이하 "유엔아동권리협약")에 대해서는 ICJ 관할권에 동의했을 가능성이 높다. 즉, A국이 인종차별철폐협약이나 유엔아동권리협약을 위반하면, 그와 관련된 분쟁은 사후 동의 없이 B국이 ICJ에 회부될 수 있는 것이다. B국은 일단 인종차별철폐협약을 발판 삼아 A국을 제소한 후 재판과정에서 이와 관련된 영토 분쟁과 같은 굵직한 이슈를 문제 삼을 방법을 강구하게 된다. 이 경우 A국은 준비되지 않은 상태로 ICJ에 갈 수밖에 없다. 국제법원에서의 법적 분쟁에 항상 대비되어 있어야 하는 중요한 이유다.

　이처럼 오늘날 국제사회에서는 생각보다 광범위하게 국제재판소의 관할권에 대한 동의가 확보되고 있다. 관련 협약으로 인해 ICJ에 가게 된 또 하나의 사례를 살펴보자.

시사　우크라이나의 러시아 제소

　2022년 2월 러시아가 우크라이나를 침공했다. 이에 대해 러시아가 "우크라이나 침공에 관해 우리를 제소해도 좋다"라며 ICJ 관할권에 동의하였을 리 만무하다. 그런데도 우크라이나는 침공 2일 후 러시아를 ICJ에 제소하여 잠정조치 명령을 성공적으로 얻어냈다. 어떻게 이런 일이 가능했을까? **ICJ가 러시아에 대해 관할권을 행사할 수 있었던 근거는** 무엇인가?

　해답은 바로 집단살해의 방지와 처벌에 관한 협약(이하 "제노사이드 협약")에 있다. 제노사이드 협약은 2차 대전 중 발생한 홀로코스트에 대한 반성으로 만들어진 조약으로, 러시아와 우크라이나뿐만 아니라 대한민국, 미국, 일본 등 세계 거의 모든 국가가 가입해 있다. 제노사이드 협약에는 해당 협약의 해석과 적용에 관한 분쟁이 생길 시 반드시 ICJ로 가게 하는 강제 관할권 조항이 있다. 그러므로 당사국인 **러시아는 제노사이드 협약 관련 분쟁에 대해 ICJ 관할권에 동의하였다고** 볼 수 있다.

　그런데 러시아의 우크라이나 침공이 제노사이드와 무슨 관련이 있단 말인가? 우크라이나는 러시아를 제소하기 위해 러시아의 침공과 제노사이드 사이 연결고리를 찾아냈다. 그 근거가 상당히 논리적이다. 러시아는 우크라이나 정부가 자국 내 러시아계 주민들을 집단적으로 핍박하고 있다고 끊임없이 주장해 왔다. 전쟁 분위기를 고조하고, 자신들이 행하는 이른바 '특별군사작전'의 명분을 세우기 위해서다. 당연히도 우크라이나는 그러한 핍박 조치를 한 적이 없다는 입장이었다. 이에 **우크라이나는 러시아와 제노사이드 협약의 해석, 적용 또는 이행에 관한 분쟁이 현재 존재하고 있다면서 ICJ에 러시아를 제소하였다.** 침공이 있은 지 불과 이틀 만이다. 러시아는 침공과는 관련 없어 보이는 제노사이드 협약을 이유로 ICJ에 가게 되리라고 예상하였을까? 아마 예상하였다면, 당초 '우크라이나가 러시아계 주민을 집단적으로 핍박하고 있다'고 주장하지도 않았을 것이다. 이 사례는 **ICJ 분쟁이 생각보다 우리 가까이에 있음을** 보여준다.

　러시아는 '우크라이나와의 분쟁은 무력충돌에 관한 것이지, 제노사이드에 관한 것이 아니다'라는 이유로 ICJ의 **관할권 없음만을 주장하며 재판에 불참했다.** 관할권이 없다는 주장이 인정되면 본안(merit) 심리로 들어가기도 전에 재판을 끝낼 수 있기 때문이다. 이처럼 '관할권 없음' 주장은 국제재판에서 가장 중요한 방어선 중 하나이다.

이 분쟁에서 우크라이나는 ICJ에 본안 판결과 더불어 **잠정조치**(provisional measures)를 요청했다. '판결 선고까지 기다리다가는 러시아가 우크라이나에 상당한 타격을 가할 것으로 보이니 긴급하게 보호 조치를 취해 달라'는 것이다. 이처럼 잠정조치란 법원에 분쟁 해결이 요청된 후 최종 판결이 이루어질 때까지 당사국의 권리를 보전하거나 상황의 중대한 악화를 방지하기 위해 임시로 행하는 조치를 의미한다. 잠정조치는 회복할 수 없는 침해의 위험, 긴급성 등을 요건으로 한다. 국내법원이 발하는 가처분 조치를 떠올리면 된다.

국제재판에서 심사는 보통 관할권의 존부(preliminary objection) → 본안(merit) → 손해배상의 범위(compensation) 순서로 이루어진다. 잠정조치 결정은 이 중 첫 번째 단계인 관할권 존부 심사로 들어가기도 전 단계이다. 본안 심리를 위해 관할권이 필요하듯이, 잠정조치를 명할지 심리하기 위해서는 **일응의 관할권**(*prima facie* jurisdiction)이 있어야 한다. 즉, 일응의 관할권 존부 확인 → 잠정조치 결정 후에 관할권 존부 이하의 절차를 밟는 것이다. 여기서 '일응'이란 '100% 확실하지 않지만, 겉으로 보기에 그런 것 같다' 정도의 의미이다. 잠정조치는 신속하게 판단해야 하므로 본안 전 일반적인 관할권 심사보다 요건을 완화하여 '일응의' 관할권만을 간략히 심사한다고 보면 된다.

제노사이드 협약 제9조[28]는 "본 협약의 해석, 적용 또는 이행에 관한 분쟁이 존재할 경우 ICJ가 관할권을 갖는다."고 규정하고 있으므로, ICJ는 일응의 관할권이 존재하는지 판단하기 위해 분쟁의 존부를 심사한다. 적지 않은 사안에서 '분쟁이 존재하는지' 자체가 다툼의 대상이 된다. 제

---

27 Allegations of Genocide under the Convention on the Prevention and Punishment of the Crime of Genocide (Ukraine v. Russian Federation), Provisional Measures Order, *ICJ Reports* 2022 (March 16). (이하 "ICJ의 잠정조치 명령")

28 집단살해죄의 방지와 처벌에 관한 협약, 1948. 12. 9. 채택, 1951. 1. 12. 발효, 제9조.

소당한 국가가 분쟁의 존재 자체를 부인하는 경우가 많기 때문이다. ICJ는 분쟁이 존재한다고 보기 위해서는 사실문제나 법적 문제에 대해 양 당사국이 서로 충돌하는 입장을 가져야 한다고 설시하였다. 위 사안에 대하여는, 우크라이나가 민족적 배경을 이유로 특정 그룹을 집단적으로 박해를 하였는지에 대해 양국 간 입장 차이가 확인되므로 제노사이드에 대한 분쟁이 존재하며, 따라서 일응의 관할권도 존재한다고 결론지었다.

- ICJ의 잠정조치 명령 - 잠정조치에 대한 판단(일부 발췌)

Ⅱ. 일응의 관할권

1. 개설

26. 제노사이드 협약 제9조는 다음과 같이 규정한다: 본 협약의 해석, 적용 또는 이행에 관한 체약국간의 분쟁은 집단살해 또는 제3조에 열거된 기타 행위의 어떤 것이라도 이에 대한 국가책임에 관한 분쟁을 포함하여 분쟁 당사국의 요청에 의하여 국제사법재판소(ICJ)로 제출된다.

2. 제노사이드 협약의 해석, 적용 또는 이행에 관한 분쟁의 존부

32. 러시아는 다음과 같이 주장한다: 제노사이드 협약은 국가 간 무력행사를 규율하는 조약이 아니므로, 관할권의 근거가 되지 못한다.

43. 현 단계에서 제노사이드 협약 위반이 있는지 확정적으로 판단할 필요는 없다. 그러한 판단은 이 사건 본안에서 다루어질 것이다.[29]

45. 러시아와 우크라이나 국가 기관 및 고위 관료들의 각 주장은, 우크라이나가 루한스크와 도네츠크 지역에서 한 행위가 과연 제노사이드 협약에 위반하는 조치인지 관한 입장 차이를 보여준다.[30]

46. 러시아는 자신의 "특별군사작전"이 UN 헌장 제51조[31] 및 관습국제법에 기한 것이라고 주장한다. 그러나 특정한 행위는 둘 이상의 조약과 관련되는 분쟁을 초래할 수 있다. 따라서 러시아의 위 주장만으로는 제노사이드 협약의 해석, 적용 또는 이행에 관한 분쟁이 존재한다는 법원의 판단에 영향을 미치지 아니한다.[32]

47. 제노사이드 협약의 해석, 적용 또는 이행에 관한 분쟁이 일응 존재한다.

---

29 본안과 달리 잠정조치를 검토하는 단계에서는 아주 기본적 요건만 심사하겠다는 의미이다.

30 러시아 국가기관 및 고위 관료들은 '러시아가 우크라이나의 제노사이드를 막기 위해 특별군사작전을 펼친다.'고 주장해 왔다. 반면, 우크라이나는 '제노사이드를 한 적 없다'는 입장이었다.

31 자위권에 관한 규정이다.

32 UN 헌장 제51조가 적용된다고 하여 제노사이드 협약의 적용이 배제되는 것은 아니라는 의미이다.

ICJ는 마지막으로 긴급성 요건까지 심사한 결과, 재판관 15명 중 13명의 찬성으로 잠정조치 명령을 내렸다.[33] 러시아와 중국 국적 재판관이 반대하였다.

기본적으로 ICJ 재판관은 15명이다. 그런데 15인 중 러시아 국적 재판관은 있는데 우크라이나 국적자는 없었다. 따라서 우크라이나가 **임시재판관**(judge *ad hoc*) 1인을 임명하였다. 임시재판관 을 반드시 자국 국적으로 임명할 필요는 없으므로 우크라이나는 프랑스 국적의 저명한 국제법 교 수를 임시 재판관으로 임명하였다. 그렇다면 재판관이 총 16명이어야겠지만, 기존 재판관 중 1인 이 확인되지 않은 사유로 재판에 참여하지 않았다. 아마도 이해상충 때문에 회피한 것으로 추측 된다.[34]

러시아에 대해 잠정조치로 군사작전 중지 명령이 내려졌지만, 러시아가 이를 이행할 가능성은 없어 보인다. 이러한 상황에 대해 아니나 다를까 ICJ가 '종이호랑이'라는 취지의 언론 보도가 잇 따랐다. 그러나 잠정조치 명령을 따르지 않고 군사작전을 펼친 선례가 거의 없는 만큼, 러시아로 서는 두고두고 상당한 압박감을 느끼게 될 것이다. ICJ 명령이 내려졌다는 것은 러시아에 대한 법적 평가의 기록이 영원히 남게 되었음을 의미한다. 나아가 러시아를 향한 유·무형의 제재가 법 적 토대를 얻게 되었음을 의미한다. 이는 러시아에 상당한 타격이다. 물론 완전한 집행력을 가진 세계정부를 이상향으로 여길 수도 있겠지만, 아직 그에 이르지 못하였다고 하여 모든 국제법과 국제법원 절차를 '종이호랑이'로 평가하는 태도는 타당하지 않다.

---

[33] 판결(judgment)이 아닌 명령(order)이다.

[34] ICJ 재판관은 분쟁 당사국의 국적자라는 이유만으로는 제척되지 않는다. 이 때문에 많은 나라가 자국 국 적 재판관을 임명하기 위해 노력하고 있다.

Ⅴ 각국은 왜 국제법을 준수하는가

앞서 조약에 대한 국가들의 동의는 생각보다 광범위하게 이루어지고, 국제법 위반 사례는 생각보다 드물다고 언급하였다. 그렇다면 본질적인 질문이 남는다. 각국은 왜 국제법을 준수하는가? 국제법에 대한 동의나 국내사회와 같은 강도로 국제법 집행을 강제할 세계정부가 없는데도 말이다.

국가들이 되도록 국제법을 준수하려고 하는 이유는 **신뢰와 평가**가 국제사회에서 매우 중요한 자산이기 때문이다.[35] 국제법 위반자라는 낙인과 그에 따른 **국제사회에서의 위상** 추락은 각국에 큰 부담이 된다. 어찌 보면 배상금 지급, 대통령과 외무장관 등 의사결정자에 대한 처벌보다도 더 강력한 부담이다. 국제법을 위반하면 그 행위의 전후 사정과 국제법원의 평가가 영원히 판결문에 남고, 국제법 교과서에 등장하며, 학위 논문이 작성되고 세미나에서 거론된다. 눈에 보이지는 않겠지만 국가는 오랜 기간 동안 이로 인해 엄청난 타격을 입는다. 우크라이나를 침공한 러시아 역시 국제사회의 부정적 여론으로 인해 타국과의 거래와 교류에 차질을 빚는 등 앞으로 두고두고 큰 비용을 치르게 될 것이다.

국제법 위반에 따른 국가의 부담을 보여주는 단적인 예가 바로 제2장에서 살펴볼 니카라과 사건(Nicaragua Case)이다. 이 사건은 국제법원에서 미국의 가장 뼈아픈 패배 중 하나이자 미국이 ICJ에서 패소한 후 판결을 이행하지 않은 유일한 사례이다. ICJ 판결을 이행하지 않으면 UN 안전보장이사회에서 미이행국에 대한 징계를 내리는데, 안전보장이사회의 징계 조치에 대해 미국은 5대 상임이사국 중 하나로서 거부권을 행사하였다. 이 사건 이후 국제법의 한계를 지적하며 한스 모겐소(Hans Morgenthau) 식 현실 정치만 남았다는 등 국제법에 대한 비판이 줄을 이었다.[36] 그러나 사실 미국의 패소 및 판결 미이행은 국제사회에서 계속 거론되며 미국에 큰 부담을 안겼다. 그간 이 판결과 후속 조치로 인해 미국이 부담한 국격에 대한 부담과 보이지 않는 비용은 천문학적 수준에 이를 것이다.

---

35 정인섭, 앞의 주 5, 8면.

36 한스 모겐소는 독일 출신의 국제정치학자이다. 그는 현실주의 학자의 대표주자 중 한 명으로 국제정치에서 국제법의 기능과 역할에 회의적인 태도를 보였으며, 국가들의 권력 지향성을 강조했다.

- "슬로바키아 외무 '72시간 내 러 대사관 직원 3명 추방'"[37]
  - 슬로바키아 외무부는 성명을 통해 "러시아 대사관 외교직원들이 외교관계에 관한 비엔나협약에 따라 활동할 것을 강력히 촉구한다."면서, 72시간 이내에 러시아 대사관 직원 3명을 추방하기로 결정하였다고 밝혔다. 슬로바키아는 우크라이나 난민들이 러시아군의 공격을 피하기 위해 대피하는 여러 나라 중 하나다.

슬로바키아는 NATO 회원국이자 EU 회원국으로서 러시아와 적대관계에 있다. 러시아 외교관들이 슬로바키아 내에서 군사 관련 첩보 활동에 관여하자 국제법 절차에 따라 퇴거 요청을 한 것으로 보인다. 이처럼 한 나라의 국제법 위반은 다른 나라와 지속적인 외교적 마찰을 빚는다. 결국 우크라이나 침공에 대해 러시아는 여러 명목과 루트로 지속적인 비용을 치루고 있다.

- 국가승계
  - 1993년 1월, 체코슬로바키아가 체코와 슬로바키아로 분리되었다. 한 국가가 쪼개지거나 두 국가가 합병되어 새로운 국가가 생기는 경우 국제법적으로 국가승계의 문제가 발생한다. 체코와 슬로바키아는 합의에 따라 각각 체코슬로바키아의 법적 권리와 의무를 나누어 승계하였다. 가장 자연스럽게 국가분리와 국가승계가 이루어진 사례 중 하나이다.

---

37 동아일보, "슬로바키아 외무 "72시간 내 러 대사관 직원 3명 추방"" 2022. 3. 15., <https://www.dong a. com/news/Inter/article/all/20220315/112331515/1> (최종방문: 2023. 8. 31).

제2장

국제법의 법원

I 조약과 관습국제법

국제법에는 **조약**과 **관습국제법**이 있다.[1] 이 둘은 서로 동일한 위치에 있는 규범으로, 어느 하나가 다른 하나보다 우선하지 않는다. 조약과 관습국제법을 합쳐 국제법의 **법원**(source of law)이라고 한다. '법원(法源)'이란 국제법을 구성하는 요소, 즉 국제법의 원천이라는 의미로, 사법기관으로서의 법원(法院, court)과는 구별해야 한다.

조약이 국가 간의 명시적 합의로 체결되는 반면, **관습국제법은 관행**(practice)**과 법적 확신**(*opinio juris*)**이 결합함으로써 성립한다.** 다음과 같은 상황을 상상해 보자. A국은 비 오는 월요일마다 인접국에 선물을 제공한다. 다른 국가들은 처음에 이를 보고 이상하게 여긴다. 그런데 차츰 A국을 멋있다고 생각하는 국가가 늘어난다. 오랜 시간이 흘러 어느 순간부터는 A국을 따라 하지 않는 국가가 이상한 국가 취급을 받을 정도로 꽤 많은 국가가 비 오는 월요일마다 인접국에 선물을 제공한다. 종국에는 모든 국가가 비 오는 월요일마다 주변에 선물을 안기고, 그렇게 하는 것이 자국의 법적 의무라고 확신한다. A국이 처음 이를 시작한 지 근 100여 년 만의 일이다.

위 상황을 법적 용어로 설명해 보자. 우선 다른 국가들이 A 국가를 따라 하자 국가들 사이에는 비 오는 월요일마다 주변 국가에 선물을 제공하는 일반적 관행이 형성되었다. 시간이 흘러 국가들 사이에서 그러한 관행을 따르는 것이 단순

---

1 법의 일반원칙도 국제법의 법원이라는 견해가 있으나, 법의 일반원칙은 ICJ의 재판 준칙일 뿐 국가를 구속하는 법원은 아니라고 보는 것이 타당하다.

히 문화나 전통을 따르는 것이 아닌 '법적 의무'라는 확신이 생겨났다. 무려 백여 년을 넘어서는 세월 동안 관행이 축적되고 법적 확신이 자리한 결과 비로소 관습국제법이 성립되었다. 이때 관습국제법이 형성되는 동안 반대 의사를 표명하지 않은 국가는 규범 형성에 동의한 것으로 간주된다. 관습국제법이 성립한 이후로는 비 오는 월요일에 인접국에 선물을 주지 않은 국가는 국제법을 위반한 것이 된다.

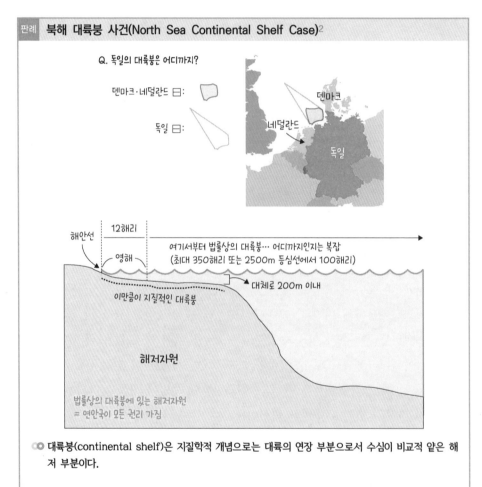

판례 **북해 대륙붕 사건(North Sea Continental Shelf Case)**[2]

Q. 독일의 대륙붕은 어디까지?

덴마크·네덜란드 ⊟:

독일 ⊟:

덴마크

네덜란드

독일

해안선

12해리

영해

여기서부터 법률상의 대륙붕… 어디까지인지는 복잡
(최대 350해리 또는 2500m 등심선에서 100해리)

대체로 200m 이내

이만큼이 지질적인 대륙붕

해저자원

법률상의 대륙붕에 있는 해저자원
= 연안국이 모든 권리 가짐

ᴄᴑ 대륙붕(continental shelf)은 지질학적 개념으로는 대륙의 연장 부분으로서 수심이 비교적 얕은 해저 부분이다.

북해대륙붕 사건(North Sea Continental Shelf Case)은 **관습국제법의 성립요건**을 설명하는 데 가장 자주 활용된다. 덴마크와 독일, 네덜란드와 독일 사이 대륙붕 경계획정에 대해 다툼이 발생

---

2 북해대륙붕 사건에 대한 설명은 정인섭, 앞의 주 5, 47-48면 참조.

하자 해당 사건이 ICJ로 회부되었다. ICJ 재판에서 덴마크와 네덜란드는 1958년 제네바에서 체결된 대륙붕에 관한 협약 제6조의 등거리선 원칙에 따라 경계가 획정되어야 한다고 주장했다.[3] 독일은 당해 협약의 가입국이 아니었지만, **덴마크와 네덜란드는 등거리선 원칙이 이미 관습국제법으로 발전하였으므로 이에 명시적으로 반대하지 않은 독일에도 적용될 수 있다는 입장이었다.** 그러나 등거리선 원칙은 독일에게 매우 불리한 기준이었다. 그러므로 독일은 등거리선 원칙이 관습국제법이 아니며, 따라서 이를 따를 필요가 없다는 입장을 취했다. 대신 정당하고 형평한 배분 원칙에 따라 경계를 획정해야 한다고 주장했다.

ICJ는 1958년 대륙붕에 관한 협약 제6조의 등거리선 원칙이 관습국제법으로 발전하였는지를 분석했다. 재판부는 조약이 채택된 후 관습국제법으로 발전하는 경우가 자주 있다고 말하면서, **관습국제법이 성립하려면** 1) 해당 조항이 규범창설적인 성격을 지녀야 하며, 2) 이해관계 있는 국가를 포함한 광범위한 국가들이 조약의 당사국으로 참여해야 하고(**일반성**), 3) 단기간에 관습국제법이 성립되는 것도 이론적으로 가능하긴 하나 일정 기간 동안 관행이 지속되어야 하며, 4) 각국의 실행이 그 기간 동안 일반적 승인을 나타낼 정도로 일관되어야 하며(**일관성**), 5) 국가들이 그러한 실행을 **법적 의무**라고 판단해야 한다고 설명하였다. **관행(일반성·일관성을 요한다)과 법적 확신**이라는 관습국제법의 성립요건이 드러나는 대목이다.

재판부는 다음과 같이 판단했다. 첫째, 대륙붕에 관한 협약 제6조상 등거리선 원칙은 '특별한 사정'이 있는 경우 적용된다고 되어 있다. 그러나 '특별한 사정'의 의미와 범위가 명확하지 않으므로 명확성이 생명인 규범성을 인정하기 어렵다. 둘째, 이 조약을 비준한 국가의 수도 충분하지 않다. 셋째, 조약이 발효한 지 5년밖에 지나지 않은 데다가 적용례도 부족하다. 넷째, 법적 확신의 존재를 인정할 증거도 없다. 그러므로 재판부는 **등거리선 원칙이 관습국제법에 해당하지 않는다**고 결론내렸다.[4]

판례 **Nicaragua Case**[5]

1979년 니카라과에 좌익 산디니스타 정권이 수립되자, 미국은 니카라과 내 친미 게릴라 단체인 콘트라(Contra) 반군을 지원하며 좌익 정권의 붕괴를 시도하였다. 이에 니카라과는 미국이 무력행사 금지의 원칙을 위반하고 있으며 니카라과 내정에 간섭함으로써 주권을 침해하고 있다고 주장했다. 니카라과는 ICJ에 미국을 상대로 위 행동의 즉각 중지와 손해배상을 요구하는 소송을

---

3 양 국의 각각의 기선상의 가장 가까운 점으로부터 같은 거리에 있는 모든 점을 연결한 중간선.

4 김승호, "North Sea Continental Shelf 사건 (West Germany v. Denmark, Netherlands, 1969. 2. 20. 판결)", 『국제법 판례·통상법 해설 포털』, 2019. 10. 16., <https://disputecase.kr/80>, (최종방문: 2023. 8. 31).

5 니카라과 사건에 대한 설명은 정인섭, 앞의 주 5, 50면 참조.

제기하였다. 반면 미국은 ICJ 강제관할권에 관한 선택조항 (ICJ 규정 제36조 제2항) 수락 시 UN 헌장과 관련된 일정한 분쟁에 대해 ICJ 관할권을 수락하지 않는다는 유보를 첨부하였다며, 이 사건이 거기에 해당한다며 이에 대한 ICJ의 관할권 성립을 부인하였다. (유보에 대해서는 제4장에서 후술한다.) 그러자 **니카라과는 내정 불간섭의 원칙과 무력행사 금지의 원칙이 UN 헌장뿐 아니라 관습국제법에도 근거하고 있다고 반박하였다. 재판부는 니카라과 측의 주장을 받아들여 관할권 성립을 인정했다.**

판결문 중 관습국제법에 관한 설시 부분을 요약하면 다음과 같다: 이 사건에 적용할 수 있는 관습국제법이 무엇인지 판단하려면 **관행**과 **법적 확신**을 살펴야 한다. 물론 광범위한 국가들이 내정 불간섭의 원칙과 무력행사 금지의 원칙을 관습국제법으로 인정한다는 데에 동의하고 있지만, ICJ 규정 제38조는 '법으로 수락된 일반관행의 증거로서의 국제관습'을 법원으로서 적용해야 한다고 규정하는 바, 동의만으로는 불충분하고 일반적 관행이 확인되어야 한다. 이때 관행이 완벽하게 일관될 필요는 없다. 한 국가의 어긋난 실행이 '새로운 규칙의 승인'이 아닌 '규칙 위반'으로 취급될 정도로 관행이 일반적으로(in general) 일관되면 충분하다. 어떤 국가가 일응 어떤 규칙과 양립할 수 없는 행위를 한 것으로 보이나 자신의 행위가 그 규칙의 예외에 해당한다는 식으로 항변한다면(이러한 항변은 그 규칙을 인정한다는 전제 위에 가능하다), 이러한 입장은 규칙을 약화하기는커녕 오히려 그 규칙을 더욱 확실히 인정하는 태도라 할 것이다.

판례 **비호권 사건(Asylum Case)**[6]

Haya de la Torre (이하 '토레')는 1948년 페루 리마에서 쿠데타를 시도하였다가 실패한 후 페루 주재 콜롬비아 대사관으로 피신하였다. 페루 정부는 콜롬비아 대사관에 이 사람의 인도를 요청하였으나, 콜롬비아 대사관은 이를 거부하였다. 양국은 오랜 교섭 끝에 결국 사건을 ICJ에 회부하였다. 콜롬비아는 토레에 대한 외교적 비호권(right of diplomatic asylum)을 행사하고 있음을 주장했다. 즉, 페루 정부로부터 정치적 박해를 피해 자국 대사관으로 도피해 온 토레에 대해 외교공관이 토레를 보호할 '권리'가 있다는 것이다. 이어서 콜롬비아는 자국이 토레를 외교적 비호권에 따라 보호하는 것이 합당한지 여부 ―쿠데타의 성격, 즉 토레가 일반 범죄자에 불과한지 아니면 정치적 피난자인지에 따라 달라진다― 를 일방적으로 결정할 수 있고, 그 결정은 페루를 구속하므로 토레를 페루에 인도할 의무가 없다고 주장하였다. 콜롬비아는 외교적 비호권을 행사하려는 국가가 보호 대상을 결정할 권리를 갖는다는 근거 중 하나로 중남미 국가 간의 지역관습법을 들었다.

ICJ는 **지역관습법의 성립 가능성 자체는 인정**하였으나, 그러한 **지역관습법의 존재를 콜롬비아가 입증해야 한다**고 지적했다. 구체적으로, 재판부는 ICJ 규정 제38조[7]를 근거로 콜롬비아가 1)

---

6 비호권 사건에 대한 설명은 상게서 56-57면 참조.
7 앞서 니카라과 사건에서 살펴보았듯이, ICJ 규정 제38조는 ICJ가 국제법에 따라 재판하여야 한다고 규정

관련 국가 간에 일관된 **관행**이 존재한다는 점, 그리고 2) 그러한 관행이 외교적 비호권 행사국의 **권리** 및 상대국의 **의무**가 발현된 결과라는 점을 입증해야 한다고 보았다. 재판부는 외교적 비호권의 행사에 관한 여러 사례를 검토한 결과 각국의 실행이 모순되는 경우가 많고, 정치적 편의에 따라 공식 입장을 결정한 사례도 적지 않아 일관된 관행을 확인할 수 없다고 판단하였다. 요컨대 콜롬비아가 주장하는 지역관습법의 존재를 부정한 것이다.

관습국제법은 복잡다단한 현대 사회에 적합하지 않은 측면이 많다. 사회가 빠르게 변화하는 오늘날에는 50년, 100년씩 관습국제법의 형성을 기다릴 수 없다. 나아가 관행과 법적 확신은 그 존재가 시야에 분명하게 드러나지 않으므로 관습국제법의 존부에 대한 분쟁이 생기기도 쉽다. 이와 더불어 법정에서 관습국제법의 존재를 증명하는 것도 상당히 곤란할 작업이다. 이 때문에 **오늘날 국가들은 이제 중요한 사항들을 대부분 조약으로 처리한다.**

앞으로 새로운 관습국제법이 만들어질 가능성은 상당히 희박하다. 그런데도 왜 우리는 관습국제법에 대해 상세히 배우는가? **이전에 형성된 관습국제법이 현재의 규범으로 자리**하고 있기 때문이다. 관습국제법의 영역이 점점 축소되어가고 있긴 하지만, 국제법은 여전히 조약과 관습국제법의 양대 축으로 이루어져 있다. 법률가로서 상대방의 국제법 위반을 주장할 때는 조약과 함께 관습국제법에 대한 검토를 잊어서는 안 된다.

하면서 국제법 중 하나로 '법으로 수락된 일반관행의 증거로서의 국제관습'을 명시하고 있다.

제3장

국제법과 국내법의 관계

국제법과 국내법의 관계 제3장

I 국제법과 국내법의 관계

제3장을 체계적으로 이해하기 위해 먼저 국제법과 국내법이 어떤 관계에 있는지에 대해 큰 틀을 잡을 필요가 있다. 아주 개략적으로 설명하면, **국제법과 국내법은 별개의 영역을 각각 규율하고 있지만(국내영역 vs. 국제영역) 서로 영향을 주고받는 관계에 있다.**

간단히 말해 국제법은 국제사회에 적용되는 규범이고, 국내법은 국내사회에 적용되는 규범이다. 한 국가의 영토, 영토로부터 12해리까지 바다로 뻗어 있는 영해, 영토와 영해로부터 수직으로 올라가 대기권 끝까지 올라가는 영공을 하나의 거대한 큐빅박스(cubic box)라고 상상해 보자. 전 세계 197개국은 모두 각자의 큐빅박스가 있다. 각 큐빅박스 안에서는 각국의 국내법이 독자적으로 그리고 유일하게 적용된다. 대한민국 큐빅박스 안에 있는 개인은 대한민국 법의 규율을 받기 때

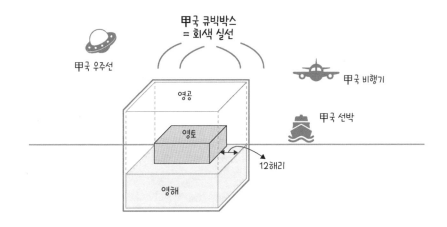

문에 설령 외국인일지라도 대한민국 법을 따라야 한다. 한편, 서로 다른 큐빅박스끼리의 관계에는 국제법이 적용된다. 국제법은 국가 간 관계를 규율한다는 점에서 국내법과 적용 국면을 달리한다.

국가 대 국가의 관계, 즉 국제법의 적용 국면에서는 국내법이 규범력을 갖지 않는다. 가령 미국을 국제사법재판소(ICJ)로 데려가려면 국제법 위반을 주장해야지, '미국이 대한민국 국내법을 위반했다'고 주장하는 것은 허용되지 않는다. 미국이 대한민국 국내법을 따르기로 하는 별도의 조약이 없는 한 그러하다. 국제재판에서는 국제법 위반 여부를 심사할 뿐, 국내법은 적용 규범이 아니다. **국제재판에서 각국 국내법은 사실관계(factual information)로 활용될 뿐이다.**

그러나 국제재판에서 국내법이 사실관계에 불과하다고 하여 그 중요성이 떨어지는 것은 아니다. 아래 Barcelona Traction Case는 국제재판에서 국내법이 어떻게 활용될 수 있는지 보여준다. 또한 Diallo Case는 국제재판에서 국내법이 활용될 경우, 국내법의 1차적 해석권자는 해당국 법원임을 보여준다.

판례 Barcelona Traction Case

캐나다에서 설립되어 캐나다 국적을 가진 '바르셀로나 전기전력회사(Barcelona Traction)'가 스페인에서 파산하였다. 그런데 파산절차에서 스페인 정부가 이 **회사**에 대해 취한 일련의 조치들로 인해 주주들이 막대한 손실을 보게 되었다. 벨기에 정부는 회사의 주주였던 자국민들이 입은 손해를 배상받기 위해 스페인을 ICJ에 제소하였다. 이 사안에서는 **주주**의 국적국인 벨기에가 바르셀로나 전기전력**회사**에 대해 **외교적 보호권**을 행사할 수 있는지 문제되었다.

외교적 보호권은 국가가 외국에서 피해를 본 자국민을 보호하는 관습국제법상 권리로, 자연인뿐 아니라 법인에 대하여도 행사될 수 있다. (외교적 보호권은 제8장에서 상세히 다룬다.) **회사**의 국적국인 캐나다가 바르셀로나 전기전력회사를 위해 외교적 보호권을 행사할 수 있음은 의문의 여지가 없었다. 그러나 **주주**의 국적국인 벨기에가 이와 별도로 외교적 보호권을 행사할 수 있는지는 의문이었다. 스페인의 조치는 주주가 아니라 **회사**에 대해 취해진 것이었기 때문이다.

ICJ는 회사에 대한 권리 침해를 주주에 대한 권리 침해로 볼 수 있는지, 즉 회사와 주주를 동일시할 수 있는지 여부를 판단하여야 했다. ICJ는 '**회사'라는 개념을 순전히 국제법을 통해 파악하기보다 각국 국내법을 참조하여 파악**하는 것이 적절하다고 보았다. 회사에 관한 국내법상 개념을 무시하면 국제재판이 현실과 괴리가 발생할 것이라고 생각하였기 때문이다. 이 문제에 대한 일반적인 국내법을 참조한 결과 **ICJ는 회사와 주주가 서로 구별되는 법적 주체라고 판단**하여, 주주의 국적국에 불과한 벨기에가 바르셀로나 전기전력회사에 대해 외교적 보호권을 행사할 수는 없다고 보았다. 결과적으로 ICJ는 벨기에의 당사자적격을 부인하였다.

Diallo Case

디알로(Ahmadou Sadio Diallo)는 콩고에 거주하며 회사를 경영하던 기니 국적의 사업가이다. 디알로가 콩고 정부에 의해 추방당하자, 국적국인 기니는 추방 행위가 시민적·정치적 권리에 관한 국제규약(이하 "B규약")에 위반된다며 콩고를 ICJ에 제소하였다.

B규약 제13조는 "합법적으로 이 규약의 당사국의 영역 내에 있는 외국인은, 법률에 따라 이루어진 결정에 의해서만 그 영역으로부터 추방될 수 있다."고 규정하고 있다. 이에 디알로를 추방한 행위가 콩고의 국내법을 준수한 것인지 문제되었다. 기니는 '콩고 국내법상 추방령의 서명권자는 대통령인데, 디알로에 대한 추방령에는 총리가 서명하였다.'고 지적했다. 콩고는 이에 대해 자국 국내법상 대통령의 권한 일부가 총리에게 이전되었다고 응수했다.

ICJ는 국내법의 해석권자가 누구인지에 관해 "당해 국가가 **자국의 이익 등을 위해 명백히 잘못된 해석을 내리는 경우가 아닌 한, 국내법의 해석은 1차적으로 해당국 법원에 맡겨져 있다.**"고 설시하였다. ICJ는 콩고가 자국 법령에 대해 명백히 잘못된 해석을 한 것은 아니라고 보고, 총리가 추방령의 서명권자라는 콩고의 주장을 인정하였다. (다만, 추방 행위가 다른 국내법상 요건을 충족하지 못했다고 판시하였다.)

Diallo Case를 소개한 주된 이유는 국내법의 해석권자에 대한 판시 때문이다. ICJ 관할권에 대해 아래에서 추가로 살펴볼 지점이 있으므로 여기서는 간략히 언급하기로 한다. B규약은 경제적·사회적·문화적 권리에 관한 규약(이하 "A규약")과 함께 국제연합(UN)에서 채택된 국제인권규약이다. B규약에는 협약 관련 분쟁 발생 시 반드시 ICJ로 회부한다는 관할권 조항이 없다. 그럼에도 불구하고 기니가 콩고를 ICJ에 제소할 수 있었던 이유는 무엇인가? 콩고와 기니는 **ICJ 강제관할권에 관한 선택조항(ICJ 규정 제36조 제2항)**을 수락한 국가이기 때문이다. '분쟁이 발생하면 얼마든지 우리나라를 ICJ에 제소해도 좋다'고 선언한 셈이다. 나아가 기니와 콩고는 모두 B규약의 당사국이므로, 실체법적 규범에 대한 동의도 있어 '이중의 동의'가 확보되었다.

- ICJ 규정 제36조
  2. 재판소규정의 당사국은 다음 사항에 관한 모든 법률적 분쟁에 대하여 재판소의 관할을, 동일한 의무를 수락하는 모든 다른 국가와의 관계에 있어서 당연히 또한 특별한 합의없이도, 강제적인 것으로 인정한다는 것을 언제든지 선언할 수 있다.
     가. 조약의 해석
     나. 국제법상의 문제
     다. 확인되는 경우, 국제의무의 위반에 해당하는 사실의 존재
     라. 국제의무의 위반에 대하여 이루어지는 배상의 성질 또는 범위

Diallo Case와 같은 사례에서는 인권규약과 외교적 보호권이 모두 문제될 수 있다. 이 경우 무엇으로 법적 주장을 제기할지는 제소국이 결정한다. 인권규약과 외교적 보호권을 모두 문제 삼을지, 둘 중 하나만 문제 삼을지에 대해 오랜 시간 고민하여 가장 유리한 방법으로 제소하는 것이

다. 조약에 비해 외교적 보호권이 갖는 뚜렷한 단점은 이를 행사하기 위해서는 조치 시행국(국적국 입장에서는 상대방인 외국)의 국내구제절차를 피해를 입은 외국인이 모두 소진해야 한다는 점이다. 즉, 디알로가 추방 행위에 대해 콩고에서 모든 사법 절차를 거쳐야만 그제서야 기니가 콩고를 상대로 외교적 보호권을 행사할 수 있다.

외교적 보호권 행사는 시간이 오래 걸린다는 단점으로 인해 최근 들어 급속히 힘을 잃어버렸다. 이에 따라 제소국은 별도의 조약이 있을 경우 외교적 보호권을 행사하기보다는 조약 위반을 직접적으로 주장하는 것을 선호한다. 또는 대부분의 투자협정에서는 투자자 대 국가 간 분쟁해결절차(Investor-State Dispute Settlement: ISDS)를 둠으로써 개인 또는 기업이 상대방인 외국에 대해 직접 국제중재신청을 하도록 하여 외교적 보호권 발동을 통한 국가의 개입을 사전에 배제하고 있다.

국제법 적용 국면에서는 국내법이 규범력을 갖지 않는다는 이야기를 이어서 해 보자. **국제관계에서 국가는 국내법을 이유로 국제법의 불이행을 정당화할 수 없다.** 즉, "우리나라에서는 국내법이 국제법보다 위에 있는데, 국내법을 지키느라고 조약을 못 지킨 것이니 우리는 국제법 위반 책임을 지지 않는다."라고 주장할 수 없다는 것이다. 이러한 원칙은 **조약법에 관한 비엔나협약 제27조**에서 선언하고 있다.

조약법에 관한 비엔나협약 제27조 (국내법과 조약의 준수)

어느 당사국도 조약의 불이행에 대한 정당화의 방법으로 그 국내법 규정을 원용해서는 아니된다. 이 규칙은 제46조를 침해하지 아니한다.

국내법을 이유로 국제법 위반을 정당화할 수 없다는 원칙 덕분에 우리는 신경 쓸 것이 많이 줄어들었다. 조약 상대국이 그 조약과 충돌되는 신법을 제정하여도 문제없다. 상대국이 신법을 지키느라 조약을 이행하지 않으면, 국제법원이나 관련 절차에서 국제법적 책임을 물으면 되기 때문이다. 상대국 대법원이나 헌법재판소가 조약을 위헌이라고 판단하여 실효시켜도 문제없다. 조약이 국내법상 무효라는 이유로 이를 지키지 않으면, 국제법 적용 국면에서 조약 위반에 따라 손해배상책임을 물으면 되기 때문이다. 상대국이 조약을 이행하는 데 필요한 입법을 하지 않아도 역시 문제없다. 조약 위반에 따른 책임을 추궁하면 그만이다.

같은 이유로, 상대국이 국내 헌정 질서에서 국내법 우위론을 취하든 국제법 우위론을 취하든 이는 문제되지 않는다. 네덜란드와 같이 국제법을 헌법보다 우위에 두는 나라들이 있는가 하면, 우리나라를 비롯한 많은 나라들은 헌법을 국제법보다 우위에 두고 있다. 국내법을 국제법보다 우위에 둔 국가라 하더라도 국내법을 지키기 위해 조약을 위반하면 국제법적 책임을 피할 수 없는 것은 마찬가지다. 국제법원에서는 위반국이 국내법 우위론으로 대항할 수 없기 때문에, 오늘날 국제법 우위론과 국내법 우위론은 현실적인 차이가 없다.

지금까지 국제법과 국내법이 서로 별개의 영역을 규율하기 위해 존재한다는 점을 설명했다. 지금부터는 **국제법과 국내법이 서로 떼려야 뗄 수 없는 관계에 있다**는 점을 설명하고자 한다.

국가가 조약을 체결하는 이유는 무엇인가? 상대국의 행동 양식을 바꾸기 위해서이다. 한 나라의 행동 양식이 바뀌기 위해서는 그 나라의 법률과 시행령, 즉 법령이 바뀌어야 한다. 법령은 그 자체로 정부의 행위, 즉 조치에 해당하는 경우가 많고 그렇지 않은 경우에도 중요한 정부 조치의 근거가 된다. 민주국가에서 정부는 법령에 근거하여서만 움직일 수 있다. 경찰의 수사행위 등 법령이 아닌 조치를 바꾸고 싶더라도 결국 형사소송법이나 경찰관 직무집행법 등 관련 법령을 수정하여야 한다.

따라서 **조약 체결은 상대방 국내법의 변경을 기대하는 작업이다.** 예를 들어 미국은 왜 한국과 자유무역협정(FTA)을 체결하는가? 한국이 관세에 관한 국내 법률을 제·개정하여 미국 상품에 대한 관세를 낮추길 기대하기 때문이다. 결국 조약이 제대로 이행되기 위해서는 국내법이 조약에 맞게 변경되어야 한다. 국제분쟁에서 주로 국내 법령이 조약에 위반되는지가 쟁점이 되는 이유이다. 국제법이 움직이면 국내법이 함께 움직이고 반대로 국내법이 움직이면 국제법이 움직이므로 양자는 하나의 축에 달린 두 바퀴와도 같다.

A국과 B국이 각자 자국민에게 매년 빵 100개씩을 주기로 약속하는 조약을 체결했다고 해보자. 조약만으로는 A국 정부가 자국민에게 빵을 줄 수 있는 권한이 없다. 민주국가인 A국 정부는 A국 국내법에 따라서만 움직일 수 있기 때문이다. 그렇다면 A국은 조약을 국내법으로 만들기 위해 무엇을 할 수 있는가? 체결한 조약 그 자체를 국내법의 일부로 여길 수도 있고, 해당 조약을 그대로 복사한 국내법을 다시 제정할 수도 있다. 둘 중 어떤 방식을 취하든 조약을 실제 이행하기 위해 더 구체적인 사항 —가령, 빵을 나눠주는 일시와 장소— 에 관하여 추가적인 입법을 진행하여야 할 수도 있다. 이 모두는 국제법이 움직임에 따라 국내법

도 영향받을 수 있음을 보여준다. 각 상황이 무엇을 의미하는지는 바로 다음 절에서 살펴볼 것이다.

Ⅱ 일원주의와 이원주의

어떻게 새로이 만들어진 국제법을 국내법으로 가지고 올 수 있는가? 이것이 현실적으로 모든 국가의 숙제이다. 국제법을 국내법으로 받아들이는 방식은 세상에 197개나 존재한다. 국가마다 서로 다르기 때문이다. 이 197개를 한번 범주화해 보면 크게 일원주의(monism)와 이원주의(dualism)로 나눌 수 있다.

일원주의와 이원주의는 좋고 나쁨의 문제라기보다 선택의 문제이다. 일원주의는 간편하고 실용적이다. 한국, 중국, 일본, 프랑스, 독일 등 대륙법계 국가에서는 주로 일원주의를 택하고 있다. 이원주의는 상대적으로 번거롭고 복잡하다. 미국, 영국, 호주, 뉴질랜드, 캐나다 등 영미법계 국가가 주로 이원주의를 택하고 있다. 크게 분류하면 이렇지만, 197개국은 각기 일원주의와 이원주의를 변형하거나 혼합한 형태로 독자적인 시스템을 구축하고 있다.

먼저 **일원주의 국가는 조약 자체를 그대로 국내법으로 '수용'한다.** 우리 헌법 제6조 제1항을 보자.

대한민국헌법 제6조
① 헌법에 의하여 체결·공포된 조약과 일반적으로 승인된 국제법규는 국내법과 같은 효력을 가진다.

'일반적으로 승인된 국제법규'란 관습국제법을 의미한다. 이 조항은 대한민국이 조약과 관습국제법을 그대로 국내법 질서로 받아들이는 일원주의 국가임을 보여준다. 조약이 관보에 게재되어 발효되는 순간, 그 조약은 별도의 입법 조치 없이도 대한민국의 국내법의 일부가 된다. 일원주의는 국제법과 국내법이 전체로서 하나의 통일적 법질서를 이룬다는 시각에 기초해 있다.

우리나라 법관이 재판에서 특정 조약을 적용한다고 상상해 보자. 그 법관은 국제법을 적용하게 되는가? 그렇지 않다. 담당 법관은 우리 국내법만을 적용한다. 이 법관은 이미 국내법으로 변화된 조약을 적용하게 된다. 만일 조약이 기존 법률과 모순되면 어떻게 하는가? 서로 모순되는 두 개의 국내법이 있을 때처럼 상하 관계에 따라 처리할 것이다. 이 경우 상위법 우선의 원칙, 특별법 우선의 원칙, 신법 우선의 원칙이 적용된다.

판례 **지방자치단체 조례에 대한 조약의 우위**[1]

대법원 2005. 9. 9. 선고 2004추10 판결은 "1994년 관세 및 무역에 관한 일반협정(GATT)과 정부조달에 관한 협정 모두 **조약으로서 헌법 제6조 제1항에 따라 국내법과 동일한 효력을 가지므로, 지방자치단체가 제정한 조례가 위 각 조약에 위반되는 때에는 그 효력이 없다.**"고 판시하였다. 이를 통해 알 수 있는 것은 국내법으로 수용된 조약인 GATT와 정부조달에 관한 협정이 지방자치단체가 제정한 조례보다 우위의 효력을 갖는다는 것이다.

재판부는 이 사건 조례안이 국내산품의 생산 보호를 위해 수입산품을 국내산품보다 불리하게 대우하고 있으므로, GATT상의 내국민대우원칙에 위반된다고 판단하였다.[2]

그런데 일원주의 국가와 달리 **이원주의 국가는 자신이 체결한 조약과 똑같은 국내법을 별도로 제정한다.** 조약 발효일에 맞추어 의회가 조약을 그대로 복사한 국내법을 만드는 모습을 상상하면 된다. 조약과 동일한 내용의 국내법을 제정하는 것을 두고 '**변형**(transformation)'이라 한다. 조약이 그 자체로 국내법 질서로 들어오는 일원주의와 달리, 이원주의는 국내법 제정이라는 별도의 절차를 요한다는 점에서 상대적으로 복잡하다. 이원주의에서는 국제법과 국내법이 따로 움직이는데 이는 양자가 각기 독립적인 법질서를 구성한다는 생각에 기초한 것이다.

이원주의 국가에서는 조약을 그대로 반복하는 국내법을 제정하지 않는 한 조약이 그 자체로 국내법 질서로 수용되지 않는다. 따라서 별도의 국내법 제정 작업 없이는 조약이 이행될 방도가 없다. 그렇다고 해서 그럼 일원주의 국가인 우리가

---

1 전북 급식조례 사건에 대한 설명은 정인섭, 앞의 주 5, 133면 참조.
2 최혜국 대우는 한 국가의 수입품이 국경을 넘어 들어올 때 다른 국가의 수입품보다 불리한 대우를 받으면 안 된다는 원칙이었다. 내국민 대우는 이미 국경을 넘어 들어온 수입품이, 국내 시장에서 국내 상품보다 불리한 대우를 받으면 안 된다는 원칙이다.

걱정할 게 있는가? 전혀 없다. 위에서 살펴보았듯이, 조약법에 관한 비엔나협약 제27조가 있기 때문이다. 어떤 국가도 국내법을 이유로 국제법의 불이행을 변명할 수 없다. 조약을 반복하는 국내법 입법작업을 게을리한 국가는 조약 위반에 따른 책임을 질 따름이다.

한미 FTA 당시 '통상 협정에 관한 한 이원주의 국가인 미국이 조약 이행을 위한 입법을 하지 않으면 어떡하나' 하는 우려가 일부에서 있었다. 미국이 이행입법을 하지 않으면 조약을 이행할 수 없는 것이 사실이다. 그러나 어차피 미국은 **조약법에 관한 비엔나협약 제27조로 인해 이원주의 성향을 이유로 우리나라에 대한 조약 위반을 정당화하지 못한다.** 일원주의와 이원주의는 각국이 국제법을 받아들이는 방식일 뿐, 그 자체로 인하여 조약상 의무의 범위가 늘어나거나 줄어들지는 않는다. 미국이 이행 입법을 하지 않아 종전 관세율이 적용된 결과, 우리나라가 수출에 타격을 입는다면 미국은 국가책임을 지게 된다.

그리고 일원주의와 이원주의는 국제법 중에서도 '조약'을 국내법으로 들여오는 방식에 대한 논의이다. 관습국제법은 어느 국가에서든 별도의 입법 조치 없이도 국내법으로 수용된다. 아래 Paquete Habana Case는 관습국제법이 미국 국내법으로 수용된 모습을 보여준다.

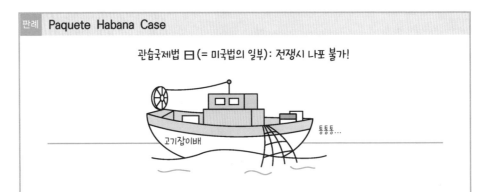

판례 **Paquete Habana Case**

관습국제법 日(= 미국법의 일부): 전쟁시 나포 불가!

1898년 미국–스페인 전쟁 당시, 쿠바 거주 스페인인이 소유하던 작은 어선인 파켓트 하바나 호는 고기잡이를 위해 스페인 깃발을 달고 출항하였다. 쿠바 연안에서 고기잡이를 마치고 돌아오던 중, 이 배는 불행히도 미국 해군에 나포되어 전시금제품으로 몰수되고 말았다. 파켓트 하바나 호의 선주는 '비록 적국 선박이라도 민간 어선은 국제법상 전시 몰수 대상으로부터 제외된다'고 주장하며, 미국 정부를 상대로 미국 연방 법원에 손해배상청구소송을 제기하였다.

미국 연방 대법원은 파켓트 하바나호 선주의 손을 들어주었다. 첫째, 연방 대법원은 당시 관습 국제법이 '비무장 상태에서 평화적으로 고기잡이에만 종사하는 어선은 전시 포획 대상이 되지 않는다'는 입장임을 확인하였다. 둘째, 연방 대법원은 그러한 관습국제법이 미국 법의 일부라고 보았다. (결론이 달라지지는 않았으나, 관습국제법을 국내에 적용하기 위해서는 관련 조약이나 의회 제정 법률이 없어야 한다는 제한도 부과되었다.)

Paquete Habana Case는 미국 연방 대법원이 **관습국제법의 국내적 효력을 인정**한 대표적인 판결이다. 관습국제법이 미국법의 일부라는 연방 대법원의 입장은 현재까지도 유지되고 있다.

여기서 파켓트 하바나호 선주는 왜 미국 법원에 소송을 제기하였는가? 자신의 국적국인 스페인에 소송을 제기했으면 더 유리한 것이 아닌가? 선주가 스페인 법원으로 가지 않은 이유에는 '주권면제'가 자리하고 있다. 미국을 상대로 압도적인 권한을 행사할 수 있는 국가는 오직 미국뿐이다. 국가는 다른 국가의 집행관할권에 복종하지 않기 때문에, 스페인에서 소송을 한다고 해도 스페인은 미국에 대해 강제집행을 할 수 없다.

시사 미국의 관타나모 수용소 활용

쿠바 소재 관타나모 수용소는 미국이 테러와의 전쟁에서 체포한 자들을 가둬 두는 곳이다. 미국은 관타나모 수용소를 통해 국내법 및 국제법 적용을 회피하고 있다. 먼저, 미국은 이 수용소가 자국 영토 밖인 쿠바에 있음을 이유로 자국 헌법상 보장되는 적법절차 원칙을 준수하지 않고 있다. (물론 관타나모 수용소도 미국의 관할권 내라는 점에서 미국 헌법이 적용되어야 한다는 주장도 존재한다.) 또한, 미국은 강화된 심문 기법(enhanced interrogation technique)이라는 이름으로 사실상 고문을 자행하고, 수용자들을 군인(soldier)이 아닌 외국인 교전자(foreign combatant)라고 칭함으로써 전시 군인에 대한 보호를 규정한 1949년 제네바 협약을 역시 회피하고 있다.

Ⅲ 자기집행적 조약과 비자기집행적 조약

"일원주의 국가에서는 이행입법(조약의 이행을 위한 국내법의 제·개정)이 전혀 필요하지 않고, 이원주의 국가에서는 언제나 이행입법이 필요하다." 과연 이는 옳은 말인가? 일원주의 국가에서도 조약이 명시적으로 국내법의 제·개정을 요구하거나 조약이 국내법과 충돌하는 경우에는 당연히 이행입법이 필요하다. 예컨대 한국은 한미 FTA로 말미암아 관세법을 포함한 20여 개의 법률을 단계적으로 개정해야 했다. 마찬가지로 이원주의 국가에서도 조약의 내용이 이미 국내적으로 여하한 법령을 통해 실행되고 있는 경우에는 이행입법이 필요하지 않다. 이행입법이 필요한지의 문제는 일원주의 또는 이원주의와 많은 부분 같이 가지만, 언제나 일치하는 것은 아니다.

비자기집행적 조약(non-self-executing treaty)**의 경우 일원주의 국가에서도 이행입법이 요구된다.** 비자기집행적 조약은 추상적인 원칙만을 규정한 채 구체적인 이행 방식을 국내법에 위임하고 있기 때문이다. 가령, '접수국[3]은 파견국[4]의 외교공관을 보호해야 한다'는 조문은 조약에 포함되어도 지나치게 추상적이어서 그대로 집행되기 곤란하다. 체약당사국은 외교공관을 어떠한 방식으로 보호할지, 경비인력을 배치할 경우 그 규모는 어느 정도로 할지 등을 국내법으로 자세히 정해야 한다.

반면 **자기집행적 조약**(self-executing treaty)은 세부적인 내용까지 일일이 규정하고 있어서 곧바로 국내에 그대로 적용할 수 있다. '접수국은 파견국 외교공관 앞에 항상 10명의 경찰관을 두어야 한다'는 조약 조문이 있다면, 이는 자기집행적 조약이라 할 것이다. 주로 FTA를 비롯한 국제경제·거래 관련 조약들의 경우 세세한 내용까지 규정하고 있어서 자기집행적 조약에 해당한다.

판례 **Sei Fujii Case**[5]

캘리포니아의 외국인토지법은 "미국 시민권을 취득할 자격이 봉쇄된 외국인은 캘리포니아에서 토지를 취득할 수 없다."라고 규정하고 있었다. 외국인토지법은 원래 아시아계의 토지 취득을 막으려는 취지로 제정된 법이었다. 이 사건이 캘리포니아주 대법원에서 문제될 무렵 필리핀, 중국, 인도인들은 시민권 취득에 별문제가 없었기 때문에 사실상 일본인이 주된 적용 대상이었다.

원고인 Sei Fujii는 위와 같은 규정이 UN 헌장 전문 및 제1조, 제55조, 제56조 —인종의 구별 없이 인권과 기본적 자유를 존중할 것을 요구하고 있다— 에 위반되어 무효라고 주장하였다. 이 사건에서의 쟁점은 UN 헌장의 해당 조항들이 미국 내에서 자기집행력을 갖는지였다. 재판부는 해당 조항들의 자기집행성을 부인하였다. 대신 외국인토지법 규정이 미국 연방헌법 수정 제14조 평등보호조항 위반이라는 이유로 무효라고 판단하였다.

---

3 외교관을 맞이하는 국가.
4 외교관을 파견하는 국가.
5 Sei Fujii Case에 대한 설명은 정인섭, 앞의 주 5, 114-115면 참조.

한편, 조약에서 요구하는 바가 이미 국내적으로 이루어지고 있는 경우에는 비자기집행적 조약이라도 이행입법이 필요하지 않다. '접수국은 파견국의 외교공관을 보호해야 한다'는 조약을 다시 생각해 보자. 접수국이 이미 파견국 대사관 앞에 경찰을 배치해서 건물을 적절히 지키고 있다면, 굳이 법을 만들 필요 없이 그간 하던 일을 계속하면 된다. '외교공관을 보호한다'는 합의 내용이 이미 달성되고 있기 때문이다. 어떤 방식으로든 조약이 요구하는 결과를 도출하면 국제법 위반이 발생하지 않는다.

　　조약은 그 의무를 이행하는 방법에 대해 각국에 광범위한 재량권을 주는 경우가 대부분이다. 아래 주한 가봉 대사관 사례는 별도의 이행입법 없이도 조약이 이행되는 모습을 보여주며, LaGrand Case는 국제법상 의무를 이행하는 방법이 각국의 선택에 맡겨져 있는 상황이 많다는 점을 보여준다.

시사 　주한 가봉 대사관 경비

　　광화문 소재 주한 미국 대사관 앞에 경찰들이 상주해 있는 모습을 보았을 것이다. 이와 다르게 이태원에 소재한 주한 가봉 대사관 앞은 한산하기 그지없다. 그렇다면 대한민국은 주한 가봉 대사관을 차별하고 있는 것인가? 접수국이 파견국의 외교공관을 보호할 의무를 우리 정부가 방기하고 있는 것인가?

↑ 주한 가봉 대사관(출처: 필자 소장)

　　1961년 외교관계에 관한 비엔나협약은 '외교공관을 적절히 보호해야 한다'고 지시하고 있을 뿐,[6] '모든 외교공관에 동일한 규모의 경비 인력을 배치해야 한다'는 식의 구체적인 방법을 정하고 있지 않다. 관습국제법도 마찬가지다. 요구되는 보호의 정도가 경우마다 다르므로 각국이 재량껏 외교공관을 보호하라는 뜻이다. 국제법 위반 여부는 '외교공관이 제대로 보호되었는가' 하는 결과만을 갖고 평가된다.

　　대한민국은 별도로 '외교공관경비법'과 같은 특별법을 제정하지 않고도 외교공관 보호 의무를 충실히 이행하고 있다. 조약의 존재와 무관하게 이미 경찰의 조직에 관한 법령에서 주요시설을 보호하도록 하고 있기 때문이다. 비자기집행조약이 별도의 이행입법 없이도 이행되고 있는 사례

6　외교관계에 관한 비엔나협약, 1961. 4. 18. 채택, 1964. 4. 24. 발효, 제22조.

이다. 대한민국 경찰은 시위 정보가 있거나 파견국이 전쟁 중일 때 기존 국내 법령에 근거하여 경비인력을 증강 배치하고 있다. 미국, 일본 등과 달리 가봉 대사관은 위협 요소가 적으므로 평상시에는 경비인력이 배치되지 않는다.

판례 **LaGrand Case**

독일인인 라그란드 형제는 1982년 미국에서 살인 및 은행 강도 혐의로 체포되어 1999년 사형이 집행되었다. 1963년 영사관계에 관한 비엔나협약 제36조 제1항에 따르면 이들은 체포 직후 본국 영사의 조력을 받을 수 있음을 지체 없이 고지 받았어야 했으나, 미국 관헌은 1998년에야 비로소 이 사실을 통지하였다. 독일은 미국이 영사관계에 관한 비엔나협약을 위반했다고 주장하며 미국을 ICJ에 제소하였다.

• 외교관계에 관한 비엔나협약
  제36조 파견국 국민과의 통신 및 접촉
  1. 파견국의 국민에 관련되는 영사기능의 수행을 용이하게 할 목적으로 다음의 규정이 적용된다.
     (a) 영사관원은 파견국의 국민과 자유로이 통신할 수 있으며 또한 접촉할 수 있다. 파견국의 국민은 파견국 영사관원과의 통신 및 접촉에 관하여 동일한 자유를 가진다.
     (b) 파견국의 영사 관할구역 내에서 파견국의 국민이, 체포되는 경우, 또는 재판에 회부되기 전에 구금 또는 유치되는 경우, 또는 기타의 방법으로 구속되는 경우에, 그 국민이 파견국의 영사기관에 통보할 것을 요청하면, 접수국의 권한 있는 당국은 지체없이 통보하여야 한다. 체포, 구금, 유치 또는 구속되어있는 자가 영사기관에 보내는 어떠한 통신도 동 당국에 의하여 지체없이 전달되어야 한다. 동 당국은 관계자에게 본 세항에 따른 그의 권리를 지체없이 통보하여야 한다.

ICJ는 미국이 라그란드 형제에게 영사접견권을 고지하지 않고 독일 영사에게도 통지하지 않은 것이 국제법 위반임을 확인하였다. 재판부는 이러한 **영사접견권의 성격이 국가의 권리임과 동시에 개인의 권리**라고 보고, 미국이 라그란드 형제 **개인**의 권리 침해에 대한 책임도 져야 한다고 판시하였다. '영사접견권은 국가의 권리인바 독일 **정부**에 대한 미국의 사과만으로 충분하다'는 미국 주장을 배척한 것이다.

재판부는 미국이 위와 같은 권리를 존중하지 않은 채 독일 국민에게 중형을 선고하는 일이 다시 발생할 경우, 미국은 단순히 사과하는 것을 넘어 해당 판결을 다시 검토해야 한다고 판시했다. 즉, 영사관계에 관한 비엔나협약을 준수하였다면 상황이 어떻게 되었을지를 다시 평가한 후 석방

할지 아니면 형을 그대로 집행할지 결정하라는 것이다. 이때 ICJ는 미국이 스스로의 판단으로 적절한 방식을 택하여 판결을 재검토하면 된다고 판시하였다. 즉, 이 협약과 관련되는 한 **국제법상 의무를 국내적으로 어떻게 이행할지에 관한 방법의 선택은 기본적으로 미국에 맡겨져 있다**고 밝힌 것이다.

제4장

조약법

이 장은 1969년 채택된 조약법에 관한 비엔나협약(이하 본 장에서는 "비엔나협약" 으로 약칭)을 풀어 설명한다. 이 내용은 국제법에서 배우는 가장 중요한 주제 중 하나이다. 아래는 본 장에서 배울 주요 내용들이므로 교재를 읽고 다시 돌아와서 보아도 좋다.

⌒ UN 비엔나 사무소(출처: 필자 소장)

현대국가는 상호 간 수많은 형태의 '문서'에 의한 합의를 도출한다. 이러한 **문서에 의한 국가 간 합의**가 바로 **조약**(treaties)이다. 국가들이 조약을 통해 달성하고자 하는 바는 당사국 간 특정 분야에 적용될 **국제법 규범을 새로이 창출**하는 것이다. 따라서 조약은 국제법의 법원으로서 중요한 지위를 차지하고 있으며, 심화되는 국제관계의 다양화와 복잡화로 인해 문서상 합의의 필요성이 증가함에 따라 그 중요성은 날로 부각되고 있다.

조약의 교섭, 체결, 발효, 적용, 해석 등에 적용되는 국제법 규범 일반을 **조약법**(law of treaties)이라고 한다. 조약법에 관한 규율은 전통적으로 관습국제법을 통해 이루어져 왔으나, 국제법의 법원으로서 조약의 중요성이 점증함에 따라 UN 국제법위원회(International Law Commission: ILC)는 **조약법에 관한 비엔나협약**을 성안하였다. 1969년 채택된 위 비엔나협약은 주로 기존의 관습국제법을 법전화한 것인데, 동 협약에서 새로이 도입된 조항들도 추후 국제사회의 광범위한 수용을 통해 대부분 관습국제법의 지위를 획득하게 되었다. 따라서 비엔나협약의 내용은 이제 그 당사국에 대해서 뿐 아니라 여타 국가에 대해서도 관습국제법의 지위를 통해 조약법에 관한 국제법상 기본 원칙을 제시하고 있는 것으로 평가된다.

조약은 비엔나협약에 정해진 **절차**를 거쳐 체결된다. 조약이 체결되어 발효된 이후라도, 일정한 사유가 있으면 **무효**로 확인되거나 **종료**된다. 조약은 원칙적으로 체약당사국에 대해서만, 그리고 발효일 이후 장래에 대하여 효력을 발한다. 다자간 조약은 **유보**(reservation)라는 독특한 제도를 도입하는 경우가 많다. 유보는 조약 내용의 일부 변경을 허용함으로써 당사국 수를 증가시키는 장점도 있는 한편 조약 관계를 복잡하게 하는 단점도 있다. 조약에 관한 분쟁이 발생하면 **조약 해석의 일반 원칙**에 따라 문언의 통상적 의미, 조약의 대상과 목적, 그리고 문맥을 '총체적'으로 고려하여 해당 조약을 해석하여야 한다.

I 조약의 의의

비엔나협약 제2조 (용어의 사용)

1. 이 협약의 목적상,
   가. "조약"이란, 단일 문서에 또는 두 개 이상의 관련 문서에 구현되고 있는가에 관계 없이 그리고 그 명칭이 어떠하든, 서면형식으로 국가 간에 체결되며 국제법에 따라 규율되는 국제 합의를 의미한다.

비엔나협약 제2조 제1항은 ① 국가 간에 체결되어 ② 국제법에 의해 규율되는 ③ 서면 형식의 ④ 국제적 합의는, 그 명칭 또는 그것을 구성하는 문서의 수와 관계없이 비엔나협약의 적용을 받는 조약으로 규정한다. 그렇다면 국가와 국제기구 간의 합의는 조약이라 볼 수 없는가? 구두조약은 조약이 아닌가? 그렇지 않다. 비엔나협약은 국가 외의 국제법 주체가 체결한 조약이나 **구두조약의 효력을 부인하지 않는다.** 위 ①~④를 갖추면 **비엔나협약의 적용 대상인 조약이 된다는 의미이지,** 이를 갖추지 못하였다고 하여 조약 자체가 아니게 되는 것은 아니다.

따라서 일반적으로 **조약이 되기 위해서는 1) 국제법 주체에 의해 체결되어 2) 국제법에 의해 규율되는 3) 국제적 합의면 족하다.** 지금부터 조약의 개념 요소를 하나씩 살펴보자.

먼저, 조약은 국제법 주체에 의해 체결된다. 지금까지 우리는 '국제법의 주체는 국가'라고 배웠다. 국가의 압도적 중요성에 비추어볼 때 일단 그렇게만 생각하여도 무방하지만, 사실 국제기구도 제한적이지만 국제법 주체성이 인정된다. 따라서 국제기구도 조약을 체결할 수 있다. 단지 그 조약이 비엔나협약의 규율을 받지 않을 뿐이다. 이와 달리 국제법 주체가 아닌 단체와 개인에게는 조약 체결 능력이 아예 인정되지 않는다.

둘째로, 조약은 국제법에 의해 규율된다. 법적 구속력이 없어 국제법상 권리·의무를 창출하지 않는 **신사협정**(gentlemen's agreement)은 아무리 멋진 문서라 하더라도 **조약으로 볼 수 없다.** 가령, 우리 헌법재판소는 **남북기본합의서**가 "남북당국의 성의 있는 이행을 상호 약속하는 일종의 공동성명"에 불과하며, 법적 구속력을 갖지 않는다고 보아 이를 신사협정으로 파악한 바 있다.[1]

또 다른 예로 1975년 채택된 **헬싱키협정**을 보자. 당시 헬싱키협정은 30년간 지속된 유럽의 냉전을 적절히 관리하는 외교적 중요성이 큰 문서이다. 무려 35개국 정상이 서명하였으며, 동등한 주권 인정, 무력 사용 중단 등 여러 중요한 원칙을 선언하였다.[2] 그러나 협정문의 마지막에는 "이 협정은 조약 등록 대상이 되지 않는다."는 명시적 규정이 있다. 게다가 조약이 일반적으로 'shall', 'entry into force' 등의 문구를 사용하여 법적 구속력을 나타내는 것과 달리, 헬싱키협정에는 문서의

---

1 헌법재판소 1997. 1. 16. 선고 89헌마240 결정.

2 문성진, "[만파식적] 헬싱키협정", 『서울경제』, 2021. 12. 13., <https://www.sedaily.com/NewsView/22VA14Y2FA> (최종방문: 2023. 8. 31).

구속력을 부인하거나 약화시키는 표현들이 빈번하게 등장한다. 이 때문에 현재로서는 헬싱키협정이 신사협정에 불과하다는 데 이론이 없는 상황이다.3 이처럼 헬싱키협정은 비록 중요한 문서이지만, 조약이라고 볼 수는 없다.

1994년 10월 21일 체결된 **북미 제네바 합의**(Agreed Framework between the United States of America and the Democratic People's Republic of Korea)는 성격이 애매하다. 제목에 'Agreement'나 'Convention' 대신 "Agreed Framework"라는 용어가 쓰인 데에서 알 수 있듯이, 이 합의문은 조약에서 흔히 쓰이는 용어들을 의도적으로 회피하고 있다. 당사국을 지칭하는 'Parties' 대신 "Both sides(쌍방)"를 사용한 점도 그러하다.4 이는 북한과 미국이 서로를 국가로 '승인'하지 않아서 발생한 결과이다. 그러나 북한과 미국은 동시에 '미국이 북한에 경수로를 건설하고, 북한은 반대급부로 핵 개발을 중단한다'라는 구체적 의무를 법적 의무로 인식하고 있었다. 이들은 분명 국제법을 적용받기 위한 법적 구속력 있는 문서를 작성하였고, 이를 통해 서로의 권리와 의무를 확인하였다. 북한과 미국이 제네바 합의를 일반적인 조약으로 취급하는 데 부담을 느껴 하이브리드적 성격의 문서가 탄생하였으나, 북미 제네바 합의가 과연 조약인지 신사협정인지 이분법적으로 묻는다면 '조약'이라고 답하는 것이 옳을 것이다.

셋째로, 조약은 국제적 합의이므로 복수의 당사자를 전제로 한다. 반면 한 당사자의 일방적 선언은 비록 국제법적 구속력을 지닐지라도 조약이 될 수는 없다.5

그리고 1) 국제법 주체에 의해 체결되어 2) 국제법에 의해 규율되는 3) 국제적 합의라는 세 가지 요건을 구비하고 있으면 **명칭이 무엇이든 간에 조약으로 본다.** 합의 내용이 '협정', '협약', '각서'라고 불려도 상관없으며, 심지어 '편지(letter)'라고 불려도 상관없다. 본질이 조약이면 조약에 해당한다.

다만 명칭의 구분이 아예 의미가 없는 것은 아니다. 조약은 그 형식과 내용에 따라 일정한 명칭이 관행적으로 사용되는 경향이 있기 때문이다. '조약'이라는 명칭은 주로 정치적으로 중요한 비중을 지닌 양자조약에 사용된다.6 중요성이 덜

---

3 김민서, "헬싱키 프로세스와 미국의 북한인권법", 『국제법학회논총』 제50권 제3호 (2005), 57-58면.

4 정인섭, 앞의 주 5, 115-115면.

5 상게서, 282면.

6 상게서.

한 나머지 양자조약에는 '협정'이라는 명칭이 사용된다. '협약'이라는 명칭은 다자조약에 흔히 사용된다. 인종차별철폐협약, UN 아동권리협약 등이 대표적이다. 또한 중요한 규범을 담아 나아갈 방향을 제시하는 합의는 '헌장'이라고 부른다. UN 헌장이 하나의 예시다. A규약과 B규약처럼 국제사회의 일원으로서 반드시 지켜야 할 규범은 '규약'이라고 부른다. 선행 편지와 그에 동의한다는 답신이 합쳐져 하나의 조약을 이루는 경우, '교환각서(exchange of notes)'라고 부른다. 약속한 내용을 잊지 말자는 취지가 강조되는 경우에는 '양해각서(Memorandum of understanding)'라고 부른다. 마지막으로, 세부적이고 실무적인 내용을 규율하는 합의는 '의정서(Protocol)'라고 부른다. 이상의 내용이 항상 꼭 들어맞는 것은 아니므로 대강의 규칙이라고 생각하자.

●○ 조약명칭의 주요 유형[7]

조약 (Treaty)	가장 격식을 따지는 것으로 정치적·외교적 기본관계나 지위에 관한 실질적 합의를 기록 예 한·러시아 기본관계에 관한 조약(1993), 한·인도 범죄인 인도조약(2005)
규약 (Covenant) 헌장 (Charter) 규정 (Statute)	주로 국제기구를 구성하거나 특정 제도를 규율하는 국제적 합의에 사용 예 국제연맹규약, UN 헌장, ICJ 규정 등
협정 (Agreement)	비정치적인 전문적·기술적인 주제를 다루는 경우 예 한·호주 자원협력협정(2005)
협약 (Convention)	양자조약에서 특정분야·기술적 사항에 관한 입법적 성격의 합의에 사용 예 한·요르단 이중과세방지협약(2005) 국제기구 주관하에 개최되는 국제회의 또는 외교회의에서 체결하는 다자조약에 사용 예 담배규제기본협약(2005)

---

7 외교통상부, "알기쉬운 조약업무", 『서울: 외교통상부 조약국』, (2006), 18면 참조.

의정서 (Protocol)	기본적인 문서에 대한 개정 또는 보충적인 성격을 띠는 조약에 사용 예 한·루마니아 경제과학기술협력협정 개정의정서(2005), 제네바 제협 약에 대한 추가 및 국제적 무력충돌의 희생자 보호에 관한 의정서 (1949)
교환각서 (Exchange of Notes)	조약의 서명절차를 체결주체간의 각서교환으로 간소화함으로써 기술적 성격의 합의에 있어 폭주하는 행정수요에 부응하기 위해 사용 예 한·칠레 사증면제 교환각서(2004)
양해각서 (Memorandum of Understanding)	이미 합의된 사항 또는 조약본문에 사용된 용어의 개념을 명확히 하기 위해 당사자 간 외교교섭의 결과 상호 양해된 사항을 확인·기록하는 경우에 사용 최근에는 독자적인 전문적·기술적 내용의 합의에도 많이 사용 예 WTO DDA 국제신탁기금 출연에 관한 한-WTO 양해각서(2005)

일단 서면 형식의 조약만이 비엔나협약의 규율을 받지만, 비엔나협약이 구두
조약의 가능성을 부인하는 것은 아니다. 다만 현실적으로 구두로 조약을 체결하는
경우는 드물 것이다. 조약의 존재를 입증하기 어렵기 때문이다. 그러나 녹취나 녹
화의 방법으로 조약의 존재를 입증할 수만 있다면 구두조약의 효력을 인정하는
데에 아무런 문제가 없다. 비엔나협약은 관습국제법에서 출발하였으므로 설사 비
엔나협약의 규율 대상이 아니더라도 관습국제법에 따라 조약으로서의 효력을 인
정받을 수 있다. 아래 **동부그린란드 사건**(Eastern Greenland Case)**의 취지에 비추어
볼 때 판례 역시 구두조약의 효력을 인정하는 것으로 이해된다.**

판례 **Eastern Greenland Case**[8]

서기 982년 노르웨이인 Erik the Red가 그린란드로 유배되며 수백 명의 노르웨이인이 그를 따
라 그린란드에 정착하였다. 노르웨이인들은 그 후로 수백 년간 그린란드에서 살아남았으나 무척
이나 황량한 땅이었던 그린란드는 점차 사람들의 관심 속에서 멀어졌다. 그런데 16세기부터 항해
술이 발달하면서 덴마크 사람들이 그린란드로 진출하기 시작하였다. 17세기 이후 덴마크는 노르
웨이의 무관심 속에 주인 없던 그린란드를 아예 덴마크 영토로 편입하였다.

그런데 20세기 들어서면서 마냥 척박해 보였던 그린란드가 사실은 천연자원의 보고라는 사실

---

8 Legal Status of Eastern Greenland (Denmark v. Norway), Judgment, PCIJ Series A/B 1933 (April
5). (이하 '동부그린란드 사건')

이 알려졌다. 노르웨이는 그제서야 그린란드가 자신의 땅이라고 주장하기 시작하였다. 천 년 전에 Erik the Red가 살았다는 이야기를 다시 꺼내기 시작했다. 덴마크는 동의할 수 없다는 반응이었고, 결국 1919년 그린란드 영유권을 둘러싸고 덴마크와 노르웨이 간 분쟁이 발생하였다.

두 나라가 한창 다투던 시점에 중요한 일이 벌어졌다. 노르웨이 외무장관이 주노르웨이 덴마크 대사와 협상을 벌이던 와중, '덴마크 말이 맞다. 그린란드는 원래 덴마크 땅이다'라는 취지의 발언을 한 것이다. 협상에도 불구하고 분쟁은 계속되었고, 두 나라는 결국 1931년 ICJ의 전신인 상설국제법원(Permanent Court of International Justice: PCIJ)로 향했다. **덴마크는 PCIJ에서 '노르웨이 외무장관이 그린란드가 덴마크 땅이라고 발언하였다.'는 사실을 입증하였다. 위 발언이 노르웨이를 구속한다는 점을 결정적 근거로 하여 덴마크는 재판에서 승리를 거두었다.**

노르웨이 외무장관의 발언은 엄밀히 말하면 조약의 형태는 아니었지만, 판결의 취지를 확장하면 입증할 수만 있다면 **구두조약에도 법적 효력이 인정된다**고 충분히 해석할 수 있다. 구두합의의 성격을 파악하는 데에는 위 발언이 노르웨이 외교정책 총책임자인 **외무장관의 발언이었다는 점이 중요하게 작용하였다.** 단순히 대학교수, NGO 구성원, 환경부 장관, 또는 여당 의원의 발언이었다면 결과가 달라졌을 것이다.

이상에서 배운 내용을 바탕으로 아래의 합의가 조약에 해당하는지 살펴보자.

먼저, 우리나라 정부 부처는 소관 업무에 대해 다른 나라 정부 기관과 약정 (arrangement)을 체결할 수 있다. 이를 '기관 간 약정'이라 한다. **기관 간 약정은 조약인가? 그렇지 않다. 정부기관은 조약 체결 절차를 거치지 않고는 조약을 체결할 수 없기 때문이다.** 따라서 이 경우 한 기관이 기관 간 약정을 위반하는 경우에는 기업 간 계약 위반과 다를 바 없이 처리된다. 혼선을 피하고자 외교부는 애초에 기관 간 약정 문안 작성 시에 '이 약정은 국제법상의 어떠한 법적 의무도 창설하지 않는다.'는 문구를 삽입할 것을 권고하고 있다.[9]

다음으로, **고시류조약은 조약인가? 기존에 체결한 모(母)조약을 이행하기 위해 세부 사항을 합의해야 하는 경우**가 있다. 예컨대 대한민국이 미국과 매년 빵 100개씩을 교환하기로 하는 '한미 빵 상호 제공 조약'을 체결하면서, 제3조에 '대한민국 정부가 미국에 제공할 빵의 종류는 매년 연말 외교부가 정한다'라고 규정하였다고 해보자. 이 한미 조약을 이행하기 위해서는 매년 크림빵을 줄지, 소보로 빵을 줄지 결정하여야 한다. 만약 그때마다 법제처 심사, 국무회의 심의, 대통령

---

9 앞의 주 57, 53면 참조.

재가 등의 절차를 모두 거쳐야 한다면 상당히 번거로울 것이다. 따라서 이런 경우에는 외교부 장관이 관계부처와 협의를 거쳐 일정한 체결 절차를 간략히 진행한 후 그 내용을 관보에 고시한다.[10]

고시류조약에서는 조약 체결에 필요한 국내절차가 생략된다. 아래에서 보다 자세히 살펴보겠지만, 국가가 조약에 의해 구속되는 데 동의하기 위해서는 먼저 국내절차를 거쳐 자국 내 동의를 얻기 위한 절차를 거쳐야 한다. 고시류조약은 이런 절차를 거치지 않고서도 유효한 동의가 이미 있다고 보아 발효한다. 그 근거가 무엇인가? 바로 **모조약을 통해 이미 국내절차를 완료한 이상 위와 같은 외관상 흠결은 극복되기 때문이다.** 단일한 법적 관계에 대해 같은 절차를 반복하여야 한다면 매우 비효율적일 것이다.[11] 따라서 **고시류조약은 조약이라고 보는 것이 일반적이다.** 우리나라도 고시류 조약에 조약번호를 부여하여 관리하고 있다.

Ⅱ 조약의 체결

조약이 유효하게 성립하기 위해서는 일정한 체결 절차를 거쳐야 한다. **조약 체결은 '교섭 → 채택 → 인증 → 조약에 의해 구속되는 데 대한 동의'의 네 단계로 이루어진다.** '인증'과 '조약에 의해 구속되는 데 대한 동의' 사이에는 **조약 체결을 위한 국내 절차**가 진행된다.

1. 교섭

'교섭(negotiation)'이란 국가들이 만나서 **협상을 통해 조약문을 완성**해 가는 행위이다. 조약의 교섭은 각 교섭국가의 국가원수·정부수반[12]·외교장관이 임명하

---

10 상게서, 39면.

11 이호성, "우리나라의 조약체결절차 및 실무상의 새로운 문제들",『국제법평론』통권 제21호 (2005), 5-6면 참조.

12 대한민국의 국무총리는 정부수반이 아니다. 그래도 내각을 통할하는 인물이라는 점에서, 전권위임장 제시가 요구되는지에 대해 논란이 있다.

는 전권대표에 의해 이루어진다. 전권대표는 조약 체결을 위한 교섭 권한을 위임받은 사람이다. 전권대표는 자신이 국내법에 따라 국가원수·정부수반·외교장관으로부터 정당한 조약 교섭 권한을 부여받았음을 증명하는 문서인 **전권위임장**(full powers)을 교섭 개시 전에 교섭 상대국에게 제시하여야 한다. 그러나 국가원수, 정부수반 또는 외교장관이 국가를 대표하여 조약을 체결하거나 또는 외국에 파견된 대사가 자국을 대표하여 자신의 주재국과 조약을 체결하는 경우에는 전권위임장이 필요하지 않다. 이들은 그들의 직책으로부터 이미 국가를 대표하고 있음이 인정되기 때문이다.

2. 조약문의 채택

교섭의 결과 교섭 참가국이 제안된 **조약의 형식과 내용을 최종적으로 확정**하는 것을 '채택(adoption)'이라고 한다. 대부분의 조약은 크게 제목, 전문, 본문, 최종조항 및 부속서 등으로 구성되어 있다. 채택을 통해 조약의 이러한 형식적 요건과 또 거기에 포함될 구체적 내용이 최종적으로 확정된다. 조약의 채택은 당사국 간 만장일치가 기본 원칙이다. 이러한 원칙은 양자조약이나 또는 교섭 참가국이 소수인 경우에는 큰 문제가 없을 것이다. 그러나 다수의 국가가 참여하는 대규모 국제회의를 통해 다자조약을 채택하는 경우 이러한 만장일치를 요구하는 것은 현실적이지 않다. 따라서 이러한 경우에는 특별히 달리 합의하지 않는 한 협상에 참가하여 교섭하는 국가의 3분의 2의 찬성으로서 조약문이 채택되는 것이 보통이다.

3. 조약문의 인증

조약문의 '인증(authentication)'은 **채택된 조약문이 당사국 간 합의를 진정하고 정확하게 반영하고 있음을 전권대표가 공식적으로 확인**하는 절차이다. 이러한 인증 절차를 거쳐 조약문이 공식적으로 확정되므로 그 이후에는 교섭 상대국의 동의 없이 일방적으로 조약의 형식이나 내용을 수정할 수 없다. 인증은 조약 체결

협상을 마무리 지은 전권대표에 의한 서명(signature), 추후 본국 정부의 승인을 조건으로 하는 전권대표의 서명(signature ad referendum), 또는 전권대표의 가서명(initiating)의 방법 등으로 이루어진다. 이 중 일반적으로 가장 많이 사용되는 방법은 가서명이며, 이는 교섭 참가국의 전권대표가 각각 자신의 영문 성명의 알파벳 첫 글자를(즉, 이니셜을) 조약문의 각 페이지 하단에 서로 기재함으로써 문안을 공식적으로 확인하는 것이다.

TREATY BETWEEN ATLANTIS AND THE KINGDOM OF WAKANDA ON THE ATLANTEAN-WAKANDAN STATE BORDER

The Parties have agreed as follows:

Article 1
Scope of application

1. The Parties shall..
2. ...

RM   JK

🎧 (가상의) 아틀란티스-와칸다 국경조약 가서명본 (양측 대표가 두문자로 가서명)

4. 조약 체결을 위한 국내절차

인증이 끝나면 이제 **조약 체결을 위한 국내절차**가 기다리고 있다. 조약이 발효하는 순간 법적구속력이 적용되어 국가의 손발이 묶이기 때문에 그에 앞서 각국은 국내사회의 동의를 얻는 절차를 거쳐야 한다. 조약 체결을 위한 국내절차는 국가마다, 헌정질서마다 서로 다르다. 우리나라에서는 **조약 원본의 작성 → 법제처 심사 → 차관회의 심의 → 국무회의 심의 → 대통령 재가**의 순서로 절차가 진행된다. 아래에서는 우리나라를 기준으로 설명한다.

조약 체결 담당자들이 가서명된 문안을 각각 자국 국내로 갖고 들어오면 각국은 **조약 원본을 작성**하기 시작한다. 협상이 끝나 인증된 문안을(주로 영어로 작성) 각국 언어로 번역하여 해당 언어 정본을 완성하여 금빛 국장이 새겨진 종이에 인쇄하는 작업이다. 예컨대 양자조약의 경우, A국은 A국 언어로 된 원본을, B국은 B국 언어로 된 원본을 2부씩 작성하고 그중 1부를 상대국에 제공한다. 협상할 때 사용한 언어(대부분 영어)로 된 원본은 각자 작성하는 경우가 많다. 최종적으로 양국은 총 3부의 조약 원본 —A국 언어, B국 언어, 영어로 작성된 원본 각 1부씩— 을 갖게 된다.

조약 원본이 작성되면 이제 **법제처 심사**로 넘어간다. 법제처에서는 조약안이 기존 법률과 충돌하지는 않는지, 조약의 국내 시행을 위해 입법 조치가 필요한지, 국문본이 국내 법령 용어에 맞게 번역되었는지 등을 '기술적으로' 심사한다.[13] 법제처 심사가 완료되면 조약안은 차관회의 심의를 거쳐 대통령 주재의 **국무회의에 상정**된다. 국무회의에서는 외교장관이 5분 정도 제안 설명을 하고, 대통령 등 참석자들이 조약을 꼭 체결해야 하는지를 비롯하여 필요한 사항을 질의한다. 국무회의를 통과하면 비로소 **대통령의 재가**를 받게 된다. 대통령은 조약 체결을 승인한다는 취지로 결재하면서 조약에 서명할 사람(보통 외교장관이나 소관부처 장관)을 지정한다. 이 절차까지 거치면 비로소 조약에 의해 구속되는 데 대한 동의만이 남게 된다.

5. 조약에 의해 구속되는 데 대한 동의

'조약에 의해 구속되는 데 대한 동의(consent to be bound by a treaty)'란 교섭 참가국이 **조약 내용에 따른 법적 구속을 수락하기로 최종적으로 확인**하는 절차를 말한다. 즉, 조약의 발효를 위한 마지막 절차로서 이를 통해 조약이 발효되므로 실무적으로 '조약에 의해 구속되는 데 대한 동의'란 조약의 **발효와 사실상 동일**한 것으로 취급하여도 무방하다. 조약이 발효하면 각국에 조약을 준수할 의무가 생기고, 비엔나협약 제27조에 따라 국내법을 이유로 조약 위반을 정당화할 수도 없게 된다. 조약에 의해 구속되는 데 대한 동의를 표시하는 방법은 **서명**, 조약을 구성하는 문서의 교환(exchange of instruments constituting a treaty), **비준**(ratification), 수락(acceptance), 승인(approval) 및 가입(accession) 등이 있다.

가. 서명

'서명'은 당사국 간 교섭을 거쳐 채택과 인증이 이루어진 조약문에 대하여 전권대표가 서명함으로써 동 조약이 자국에 대하여 법적 구속력을 갖도록 하는 방법이다. 국내절차를 통해 조약서명권을 위임받은 대표가 조약문 말미에 자신의 성

---

13 박영태, "조약심사와 그 사례 소개", 『법제처』, 2009. 1. 1., <https://www.moleg.go.kr/mpbleg/mpblegInfo.mo?mid=a10402020000&mpb_leg_pst_seq=129539> (최종방문: 2023. 8. 31).

명을 기록함으로써 서명이 완료된다. 원래 조약 체결의 전통적 절차에 따르면 조약의 성립을 위해서는 전권대표의 서명 이외에 추가로 조약 체결권자 —대부분의 경우 국가원수— 의 비준도 필요한 것이 원칙이었다. 그러나 최근에는 조약 체결의 간결성과 신속성이 요구됨에 따라 비준을 생략하고 서명만으로 조약을 성립시키는 경우가 증가하고 있다. 이처럼 조약에 의해 구속되는 데 대한 동의가 서명만으로 성립하는 조약을 **약식조약**(treaty in simplified form)이라고 한다. 조약은 서명하는 순간 발효하는 것이 원칙이지만, 이렇게 되면 조약을 관보에 게재하는 등 실무적으로 조약 이행을 준비할 시간이 부족해진다. 따라서 서명이 끝난 다음 20~30일 정도 후에 발효하도록 버퍼 존(buffer zone) 조항을 두는 것이 오히려 일반적인 모습이 되었다.

어떤 조약을 정식조약으로 체결할지 또는 약식조약으로 체결할지 여부는 각국의 국내 사정과 국내법 원칙에 따라 달라질 수 있다. 가령, 우리나라의 경우에는 헌법 제60조 1항에서 국회의 비준동의를 획득하여야 하는 조약이 이미 나열되어 있으며 이러한 조약은 약식조약의 형식으로 체결될 수 없다. 이러한 점을 감안해 조약의 교섭단계에서 각 당사국은 자신의 국내 사정과 국내법 원칙을 상대방에게 전달하여 정식조약과 약식조약 중에서 어떠한 형식으로 체결할 것인지 사전에 협의하여 정하게 된다. 약식조약의 경우 대부분 가서명의 방법으로 인증이 이루어지고 조약에 의해 구속되는 데 대한 동의를 표시하기 위한 별도의 서명 절차가 필요하다. 그러나 때로는 한 번의 서명으로 인증과 조약에 의해 구속되는 데 대한 동의를 동시에 표시하는 경우도 이론적으로 불가능한 것은 아니다.

나. 조약을 구성하는 문서의 교환

'조약을 구성하는 문서의 교환'은 교섭 참가국 대표가 조약문을 상호 교환함으로써 조약에 의해 구속되는 데 대한 동의를 표시하는 방법이다. 조약문 자체를 교환하거나 조약문을 대표하는 문서를 서로 교환하는 공식적 행위를 통해 조약을 발효하는 것이다. 일반적으로 사용되는 방법은 아니다.

다. 비준

'비준'은 전권대표가 교섭, 채택, 인증 및 서명한 조약을 교섭 참가국의 **조약 체결권자인 국가원수가 재검토하고 그 승인 여부를 최종 결정**하는 절차를 의미한다. 즉, 교섭 참가국의 국가원수가 조약의 최종 발효 전에 자신이 임명한 전권대표가 권한을 부여받은 범위 내에서 조약을 제대로 교섭하였는지 또는 다른 문제점은 없는지에 관하여 심사하고 다시 한번 조약 내용을 세밀하게 검토할 기회를 갖는 것이다. 이 과정에서 때로는 변화한 국내 정치 환경을 고려할 필요도 있을 것이다.

대략 90%의 조약은 서명만으로 발효하지만, 나머지 10%의 조약은 너무나 중요해서 위와 같이 국가원수가 비준하여야만 발효한다. 우리나라에서는 국회의 비준동의를 거쳐 대통령이 비준하며, 영국에서는 국왕이 비준한다. 우리나라에서 비준동의 대상이 되는 조약은 헌법 제60조 제1항에 잘 나타나 있다.

대한민국헌법 제60조

① 국회는 상호원조 또는 안전보장에 관한 조약, 중요한 국제조직에 관한 조약, 우호통상항해조약, 주권의 제약에 관한 조약, 강화조약, 국가나 국민에게 중대한 재정적 부담을 지우는 조약 또는 입법사항에 관한 조약의 체결·비준에 대한 동의권을 가진다.

교섭 당사국 간 특약이 없는 한 비준은 **조약 내용 전체에 대하여 무조건적으로** 이루어져야 하며 비준에 대한 거부 역시 조약 전체에 대하여 이루어져야 한다. 따라서 조건부 비준 또는 부분적 비준은 비준의 거절 또는 새로운 조약 내용의 제안으로 간주하여야 할 것이다. 이와 관련하여 유념할 부분은 교섭 참가국이 반드시 비준을 해야 할 법률상 의무는 없다는 점이다. 오랜 기간의 진지한 교섭 결과인 조약에 대하여 마지막 단계에서 특별한 이유 없이 비준을 거부하는 경우 이는 정치적·외교적 비난의 대상이 될 수는 있을 것이나, 국제법 위반으로 간주되지는 않는다.

근대 국제법이 출발한 17세기 유럽에서는 서명뿐 아니라 비준까지 모두 거치는 것이 원칙적인 절차였다. 오늘날에는 국가원수가 조약 체결 상황을 실시간으로 보고받으며 수정사항을 곧바로 지시할 수 있다. 하지만 옛날에는 말을 타고 외국으로 떠난 신하가 무사히 돌아온다고 해도 수년이 걸렸다. 이 상황에서 국왕은 신하가 협상을 잘하고 있는지 알 도리가 없었고, 그렇다고 신하를 완전히 신뢰할 수도 없었다. 신하가 서명된 문안을 가져오면 국왕이 한 번 더 보고 확인하는 절차가 반드시 필요하였는데, 그것이 바로 비준이다.

지금은 비준의 현실적 필요성이 많이 사라졌지만, 조약 체결을 한 번 더 생각해볼 계기를 제공한다는 점에서 여전히 의미가 있다. 또한 많은 국가는 비준을 하기 전 의회의 비준동의를 거치도록 하고 있다. 비준동의는 변수도 많고 시간도 오래 걸린다. 의회는 대통령이나 국왕조차도 마음대로 할 수 없는 기관이기 때문이다. 따라서 오늘날 대부분의 국가들은 실무적으로는 서명만으로 끝내는 것을 선호하고, 아니면 우리나라처럼 중요 조약에 대해서만 비준을 거치도록 하고 있다. 비준을 완료한 국가는 상대국에 비준을 통보하거나 상대국과 만나 비준서를 교환한다.

라. 수락·승인

'수락' 또는 '승인'이란 조약 교섭국의 조약 체결권자가 서명이 이루어진 조약의 내용과 형식을 최종적으로 검토하고 '승인'하는 절차이다. 따라서 이 절차는 **비준과 실질적으로 차이가 없다.** 다만 제2차 세계대전 이후 일부 국가에서 비준이라는 용어 대신 이와 같은 다양한 용어를 사용하는 관행이 등장하였고 비엔나협약은 이러한 새로운 추세를 반영하고자 하였다. 비준이라는 용어가 갖는 무거운 법적 합의를 고려해 다른 용어를 사용하는 국가가 조금씩 등장한 까닭이다.

마. 가입

'가입'은 **이미 성립된 조약에 원 교섭 참가국이 아닌 국가가 신규 당사국으로 후발적으로 참여**하는 행위를 의미한다. 즉, 조약의 교섭, 채택 및 인증 등의 절차에 참여하지 않은 제3국이 해당 조약에 포함된 가입 절차조항에 따라 조약에 의해 구속되는 데 대한 동의를 추가적으로 표시하는 것이다. 조약이 새로운 국가의 가입 가능성에 대하여 명시적으로 규정하고 있거나 또는 다른 방법으로 가입에 대한 기존 당사국의 동의가 존재하여야 함은 물론이다.

6. 등록

조약의 '등록(registration)'은 국가 간 불신을 조장하는 비밀외교를 지양하고 조약 내용의 투명화를 위하여 국제연맹 시대부터 시작되었다. UN 헌장도 이를 계승하여 제102조에서 "회원국은 체결하는 모든 조약을 가급적 조속히 UN 사무국에 등록해야 하고, 미등록시 조약 당사국은 UN의 어느 기관에 대해서도 그 조약을 원용하지 못한다."라고 규정하고 있다. 이처럼 등록된 조약은 "UN 조약 목록(United Nations Treaties Series)"에 등재되어 공표된다.

UN 헌장 제102조에서 규정하고 있다시피 조약의 UN 등록은 조약의 성립요건도 아니며 효력발생요건도 아니다. 비엔나협약이 규정하는 절차에 따라 체결되고 발효된 조약은 그로부터 효력이 부여되며 등록을 통해 별도로 효력이 부여되는 것은 아니다. 따라서 미등록 조약도 체약 당사국 간에는 여전히 유효하게 적용된다는 점에 유의하여야 한다. 상기 제102조는 미등록 조약의 당사국은 이 조약을 UN 기관에서 원용할 수 없다고 규정하고 있을 따름이다. 그러나 미등록 조약이라고 하여 안전보장이사회 등 UN 기관에서 원용되는 데에 그간 실제에 있어 특별한 제한이 있지는 않았다는 점을 감안하면 이 문구 역시 주목할 만한 의미가 있는 것으로 보기는 힘들 것이다. 이와 상관없이 어쨌든 거의 대부분의 조약은 UN에 등록되고 있는바, 이는 조약의 투명성, 엄숙성, 공식성을 제고하는 데에 등록이 중요한 역할을 하고 있기 때문이다. 법적 효력의 유무와 상관없이 미등록 조약은 그 자체로 이미 신뢰도를 깎아먹고 있기 때문이다.

시사 조약의 성안 - 플라스틱 협약 도입 논의

• "플라스틱 오염 '끝내는' 국제 협약 만들어진다는데…"[14]
  - 플라스틱 문제의 심각성은 수년 전부터 지적되어왔다. 플라스틱 사용량은 코로나19로 비대면 사회에 접어들고 배달이 늘어남에 따라 더욱 급증하였다.

---

14 강은지, "플라스틱 오염 '끝내는' 국제협약 만들어진다는데… [강은지의 반짝반짝 우리별]", 『동아일보』, 2022. 3. 27., <https://www.donga.com/news/Society/article/all/20220327/112547541/1> (최종방문: 2023.. 8. 31).

- 2022년 3월 케냐 나이로비에서 열린 제5차 UN환경총회(UNEA)에서 '플라스틱 오염 문제를 해결하기 위해 전 세계가 동참한다'는 내용의 결의안이 통과되었다. 플라스틱 오염을 줄이기 위한 국제 협약 마련이 공식화된 것은 처음이다.
- 이 결의안에 따라 2024년까지 법적 구속력을 갖춘 협약이 탄생할 것으로 보인다.

위 기사는 '문제 제기 → 국제사회 컨센서스 → 법적 규범'의 순서로 조약이 만들어지는 모습을 보여준다. 1) 플라스틱 오염에 대해 사람들이 하나둘씩 문제를 제기하다가 2) 점차 많은 국가가 그 심각성을 인지하면서 플라스틱 오염을 어떻게든 막아야 한다는 컨센서스가 국제사회에서 자연스레 형성되었고, 3) 마침내 조약이라는 법적 규범이 만들어지는 단계까지 이른 모습이다. 아직 협약 자체가 아니라 협약 마련을 위한 결의안이 통과된 것이긴 하지만, 교섭을 시작한 것만으로도 일단은 큰 성과라 할 것이다.

Ⅲ 조약의 효력

1. 조약 효력 일반

조약이 발효하면 어떻게 되는가? 먼저 조약의 시간적 효력과 관련하여 주목하여야 할 것은 당사국 간 별도의 합의가 없는 한 **조약은 원칙적으로 소급하여 적용되지 않는다**는 점이다. 즉, 조약은 발효일로부터 미래에 대하여 적용되는 것이 원칙이다. 한편 영토적 효력과 관련하여서는 조약은 당사국 간 별도의 합의가 존재하지 않는 한 **원칙적으로 당사국의 모든 영역에 대하여 적용된다.**

또한 **조약은 원칙적으로 당사국에 대해서만 권리 및 의무를 창출하고, 제3국에는 효력을 미치지 않는다.** 이는 국제법상 주권평등 원칙의 당연한 귀결이다. 만약 제3국이 그러한 권리 및 의무 창출을 의도하였더라면 해당 조약의 교섭과 체결에 직접 참여하였을 것이다. 제3국이 여기에 참여하지 않았다는 사실은 그러한 권리 및 의무의 창출에 동의하고 있지 않다는 방증으로 볼 수 있다. 이러한 상황에서 제3국에 대하여 권리를 부여하거나 의무를 부과하는 것은 해당국 주권에 대한 중대한 제약을 구성할 것이다.

그러나 이러한 기본 원칙에도 불구하고 점차 복잡해지는 국제관계의 성격상 때로는 조약이 제3국에 대하여 **권리나 의무를 창출**하는 경우가 종종 있다. 이 경우 조약이 제3국에 대하여 의무를 부과하는지, 아니면 권리를 부여하는지 여부에 따라 서로 다른 원칙이 적용된다. 먼저 **의무를 부과하는** 경우, 조약 당사국이 제3국에 대한 의무 부과를 의도하고 제3국이 그러한 의무를 서면을 통해 **명시적으로 수락**한 경우에 한해 그 효력이 발생한다. 반면 제3국에 대하여 **권리를 부여**하는 조약의 경우에는 다소 완화된 기준이 적용된다. 권리 부여는 제3국에 대한 주권 제약의 소지가 상대적으로 적기 때문이다. 즉, 조약 당사국이 제3국에 대해 권리 부여를 의도하고 제3국이 이에 대하여 **명시적으로 반대하지 않는 한** ─즉 묵시적 동의만 있어도─ 그 제3국에 대해 권리가 발생한다. 그러나 일단 제3국에게 권리가 부여되면 특별한 사정이 없는 한 조약 당사국은 이러한 권리를 일방적으로 취소 또는 변경할 수 없다. 이때는 법적 안정성도 고려해야 하는 까닭이다.

2. 조약의 무효

형식적으로 유효하게 체결되어 발효된 조약이라고 하더라도 추후에 일정한 **흠결이 발견되는 경우 그 효력이 발효일로 소급하여 상실**되는 경우가 있다. 이를 조약의 '무효(invalidity)'라고 한다. 무효가 되면 조약이 처음부터 없는 것으로 취급되기 때문에 국내적 및 국제적 파급효과가 매우 크다. 가령 10년 전에 발효한 조약이 무효가 되는 순간, 10년 동안 그 조약에 기초해서 이루어진 모든 행위가 무효가 된다. 따라서 설사 무효 사유가 존재하더라도 국가들도 웬만해서는 조약을 무효화하지 않고 그 효력을 장래를 향해서만 상실시키는 방법 ─조약의 종료─ 을 택한다. 따라서 조약의 무효 사례는 매우 드물게 발생한다.

그럼 조약이 무효로 되는 사례를 현실에서 찾아보기 어려운데도 비엔나협약에 관련 규정이 상세히 도입된 이유는 무엇인가? 이는 1969년 비엔나협약에 신생 독립 국들의 입장이 적극 반영된 결과이다. 20세기 중반, 아프리카 대륙을 중심으로 식민지였던 국가들이 대거 독립하여 새롭게 UN에 가입하였다. 이들은 주권평등의 원칙에 따라 강대국과 마찬가지로 국제회의 논의·의결 과정에서 한 표씩을 행사할 수 있었는데, 과거 강대국과 체결한 조약으로 피해를 본 경험이 있었던 이들은 같은 일이 반복되지 않기를 바라는 마음으로 조약의 무효에 관한 상세한 조항을 요구하였다.

조약의 무효에는 **절대적 무효**와 **상대적 무효**가 있다. 절대적 무효 사유가 있는 경우 당사국의 원용 여부, 즉 무효 주장 여부와 상관없이 당연히 무효로 인정되는 반면, 상대적 무효 사유는 상대적으로 가벼운 흠결이므로 당사국의 원용이 있는 경우에만 무효로 인정된다. 다시 말해 상대적 무효의 경우에는 설사 흠결이 인정된다고 하더라도 당사국이 기존 조약의 효력을 계속 유지할 수 있는 선택권을 갖는 반면, 절대적 무효의 경우에는 그러한 가능성이 원천적으로 봉쇄되어 있다는 데 본질적인 차이가 있다. **절대적 무효와 상대적 무효의 차이는 당사국의 원용이 필요한지에 있으며 그 궁극적 효력은 차이가 없다.** 일단 무효로 확정되면 절대적 무효, 상대적 무효 구별 없이 해당 조약은 발효 시로 소급하여 무효로 처리된다.

조약의 **절대적 무효 사유**로는 1) **국가대표에 대한 강박**, 2) **국가에 대한 강박**, 3) **국제 강행규범**(*jus cogens*)**에 대한 위반**이 있다. 개념적으로는 강박 또는 강행규범 위반이 존재하는 순간 조약의 효력이 없어지지만, 현실에서는 과연 강박이나 강행규범 위반이 있었는지 사실관계를 확정하기 위한 분쟁을 거치게 된다.

비엔나협약 제51조 (국가 대표에 대한 강박)

국가 대표에 대한 행동 또는 위협을 통하여 그 대표를 강박하여 얻어진 조약에 대한 국가의 기속적 동의 표시는 어떠한 법적 효력도 없다.

비엔나협약 제51조를 보자. **국가대표에 대한 강박**은 일방 교섭 참가국이 타방 교섭 참가국의 전권대표에 대해 강박을 행사하여 동 대표가 진정하고 자유로운 의사 형성이 결여된 상태에서 조약을 체결하는 경우를 말한다. 여기에서 말하는 강박의 개념은 광범위하게 해석되며 전권대표 개인에 대한 물리적 폭력이나 위협뿐만 아니라 전권대표의 사생활 폭로나 그 가족에 대한 협박 등도 포함한다. 시대를 불문하고 개인의 자유의지 없는 행위에는 법률행위의 효과를 인정하지 않아 왔다. 조약체결 시 전권대표가 서명하도록 강제된 경우에도 마찬가지다.

비엔나협약 제52조 (무력의 위협 또는 사용에 의한 국가에 대한 강박)

조약이 「국제연합헌장」에 구현된 국제법 원칙을 위반하는 무력의 위협 또는 사용에 의하여 체결된 경우, 그 조약은 무효이다.

반면에 **국가에 대한 강박**은 전권대표 개인이 아닌 국가 자체에 대한 강박을 통하여 조약을 체결하는 경우를 의미한다. 예를 들어 타국을 군사력으로 압도하여 영토할양 조약, 금전배상 조약 등을 체결하는 경우를 생각해 볼 수 있다. 전권대표에 대한 강박과 달리 국가에 대한 강박은 원래는 조약의 무효 사유가 아니었다. 전쟁이 오랜 기간 합법적인 외교 수단으로 간주되었기 때문이다. 가령 과거에는 승전국이 패전국을 군사력으로 굴복시킨 상태에서 체결하는 평화조약이 유효하였다. 우리 귀에도 익숙한 시모노세키 조약, 베르사유 조약이 대표적이다. 이처럼 국가 자체에 대한 강박은 조약의 효력에 영향을 미치지 않는다는 것이 통설이었다. 그러나 UN헌장 제2조 제4항에 의해 무력행사가 일반적으로 금지된 오늘날에는 이에 반하는 무력행사 또는 위협에 의해 조약이 체결되는 것은 절대적 무효 사유에 해당한다.

1848년 미국-멕시코 전쟁에서 패퇴한 멕시코는 미국과 과달루페 히달고 조약을 체결하여 영토의 상당 부분을 미국에 빼앗겼다. 일부 멕시코 학자들은 과달루페 히달고 조약이 무효라고 주장한다. 이러한 주장은 국제법적으로 타당한가? 멕시코 학자들의 심정을 이해 못 할 바는 아니나, 국가의 행위는 행위 당시의 국제법 규범으로 평가하는 것이 기본 원칙이다. 이를 **시제법의 원칙**이라 한다. 예전의 행위를 모두 현재의 시각에서 평가하면 전쟁에 따른 영토 획득이 전부 무효가 되어 전 세계가 대혼돈에 빠질 것이다. 이처럼 예전의 행위를 현재의 규범으로 평가하면 법률관계에 너무나 큰 변동이 생기기 때문에, 오늘날에는 국제관계의 안정을 위해 특히 영토문제에는 시제법의 원칙을 엄격하게 적용한다. 과달루페 히달고 조약 체결 당시 국가에 대한 강박은 조약의 무효 사유가 아니었으므로, 이 조약은 여전히 유효하다고 볼 수밖에 없다.

비엔나협약 제53조 (일반국제법의 절대규범(강행규범)과 상충되는 조약)

조약이 체결 당시 일반국제법의 절대규범과 상충되는 경우 무효이다. 이 협약의 목적상 일반국제법의 절대규범이란 어떠한 이탈도 허용되지 않으며, 동일한 성질을 가진 일반국제법의 후속 규범에 의해서만 변경될 수 있는 규범으로 국제공동체 전체가 수락하고 인정하는 규범이다.

국제 강행규범 위반 역시 절대적 무효 사유이다. '강행규범'이란 이에 대한 저촉 또는 위반은 국제법 질서의 근간을 훼손하는 결과를 초래하므로, 국가 간 특별한 합의에 의해서도 그로부터 일탈할 수 없는 국제법의 근본규범을 의미한다. ILC는 1) 침략 전쟁 금지, 2) 제노사이드 금지, 3) 인도에 반하는 죄 금지, 4) 국제인도법의 근본 규칙, 5) 인종차별 및 아파르트헤이트 금지, 6) 노예 금지, 7) 고문 금지, 8) 자결권을 현행 강행규범으로 예시하였다. 따라서 만약 일부 국가가 제노사이드를 조장하는 내용의 조약을 체결한다면 이는 절대적 무효 사유에 해당한다. 강행규범 위반으로 조약이 무효가 되기 위해서는 단순히 강행규범과 연관성이 있거나 강행규범의 이행을 저지하는 수준으로는 부족하며, 심각한 인권침해를 위한 조약을 체결하거나 전범 조장을 위한 조약을 체결하는 등 강행규범을 정면으로 위반하는 수준에 이르러야 한다. 따라서 현실에서는 이러한 조약의 무효 사례를 찾아보기 힘들다고 하겠다.

역사 일본의 영토 확대

일본은 1894년 청일전쟁을 거쳐 1895년 시모노세키 조약에 따라 대만을 자국 영토로 편입하였다. 또, 일본은 1904년 러일전쟁 이후 1905년 포츠머스 강화조약에 따라 사할린섬 남부를 자국 영토로 편입하였다. 이러한 평화조약은 지금의 시각으로는 절대적 무효이지만, 1895년과 1905년 당시에는 유효한 조약이었다. 앞서 말하였듯이 예전의 행위를 현재의 규범으로 평가하게 되면 법률관계에 너무나 큰 변동이 생기기 때문에 국가의 행위는 행위 당시의 국제법 규범으로 평가한다.

조선통신사는 조선이 일본에 파견한 외교 사절단으로, 19세기 초반까지만 해도 일본에 조선 문물을 전하며 일본으로부터 많은 환대를 받았다. 그러나 일본이 조선의 문물 대신 유럽 문물을 받아들이는 탈아입구(脫亞入歐) 정책을 펼치면서부터는 더 이상 조선통신사를 초대하지 않았다. 특히 일본은 유럽 문물을 접한 1840년대부터 국제법을 빠른 속도로 받아들이고 이를 활용하기 시작하였다. 잘 알다시피, 일본은 1910년 한일합방조약을 체결해 대한제국을 식민지로 만드는 등 국제법을 침략과 영토 확대의 도구로 삼았다. 특히 19세기 후반 일본이 가장 역점을 두었던 것은 류큐왕국을 비롯한 주변의 여러 섬을 복속시키는 것이었다. 그 덕분에 일본은 모든 섬이 각각 200해리의 배타적 경제수역을 갖게 되는 오늘날의 해양법 기준에 따라 넓은 바다 영토를 가질 수 있게 되었다. **일본이 유럽의 시각에서 국제법 논리를 동원하여 자국의 이익 확보를 위해 적극 활용한 것이다.**

이에 반해 조선은 19세기 후반 국제정세와 국제법에 상대적으로 무관심했다. **거문도 사건을**

들여다보자. 영국은 러시아의 남하를 견제하기 위해 1885년부터 약 2년간 거문도를 점령하였다. 영국이 거문도를 점령한 사실을 조선 정부는 한 달 가까이 모르고 있었다. 당시 영국이 상해에 있던 자국 통신망을 거문도와 연결할 정도로 통신기술이 발전하였던 것에 비해 조선의 대응은 미숙하였다. 러시아와 일본 등 조선 진출에 관심을 두고 있던 나라들이 먼저 위 소식을 듣고 청나라를 통해 조선에 점령사실을 알리자, 조선 정부는 대응에 나서게 되었다. 조선이 다른 나라의 영토를 지배하는 것이 국제법 위반이라는 외교문서를 작성해 영국에 정식으로 항의하자, 조선 및 인접 국가들의 반발에 부담을 느낀 영국은 거문도의 전략적 가치가 크지 않다는 판단과 더불어 1887년 거문도로부터 철수하였다.

일본의 영토 확대와 거문도 사건을 보며 생각해 볼 점은 무엇인가? 약소국들이 국제정세를 모르고 적절하게 대응하지 못하는 사이에 강대국들이 국제법을 활용해 여러 부당한 일들을 벌일 수 있다는 점이다. 도덕적 우월성을 강조하는 유럽 국가들도 자신들의 국익이 걸린 상황에서는 국제법을 악용하려 든다. 이러한 시도에 대응하기 위해서는 국제법을 잘 알고 이를 활용하는 것이 무엇보다 중요하다. 최근 우크라이나가 러시아의 침공에 대응해 방어 전쟁에 나서면서 동시에 ICJ에 러시아를 제소하는 모습으로부터 국제법적 대응의 중요성을 역시 포착할 수 있다.

절대적 무효와는 달리 조약의 **상대적 무효**는 그 흠결의 정도가 상대적으로 경미하다. 앞서 말하였듯이 상대적 무효의 경우에는 무효 사유를 원용할 수 있는 일방 당사국이 조약에 의해 구속되는 데 대한 동의를 취소 또는 추인할 수 있는 자유를 갖는다. 상대적 무효 사유로는 1) **조약 체결 권한에 대한 국내법 규정 위반,** 2) **국가의 동의 표시 권한에 대한 특별 제한 위반,** 3) **착오,** 4) **사기,** 5) **국가 대표의 부패**를 들 수 있다.

비엔나협약 제46조 (조약 체결권에 관한 국내법 규정)

1. 조약 체결권에 관한 국내법 규정의 위반이 명백하며 본질적으로 중요한 국내법 규칙에 관련된 경우가 아니면, 국가는 조약에 대한 자국의 기속적 동의가 그 국내법 규정에 위반하여 표시되었다는 사실을 그 동의를 무효로 하는 근거로 원용할 수 없다.
2. 통상의 관행에 따라 신의에 좋아 성실하게 행동하는 어떠한 국가에 대해서도 위반이 객관적으로 분명한 경우에는 명백한 것이 된다.

먼저 조약 체결이 **조약 체결 권한에 관한 국내법 규정에 위반**하여 이루어진 경우 해당 국가는 이를 조약의 무효 사유로 원용할 수 있다. 그러나 이러한 무효를 주장하기 위해서는 국내법 규정 위반이 **명백**하고 **기본적 중요성**을 가진 조항에 대한 위반이어야 한다. 자국 국내법상의 사소한 절차 규정 위반을 이유로 정상적으로 체결된 조약을 추후에 무효로 할 수 있도록 하는 것은 타방 당사국에 공평하지 않기 때문이다. 따라서 단지 '비준을 2주 안에 끝내야 하는데 3주가 걸렸다'는 정도의 사소한 사유가 아니라 국회의 비준동의나 국무회의 심의 누락과 같은 중대한 절차적 하자가 있어야 한다.

또한 위반을 주장할 수 있는 국내법은 조약 체결 '절차'에 관련된 법령에 국한된다. '국내법을 이유로 국제법 위반이 정당화되지 않는다'는 국제법의 기본 원칙을 감안하면 조약이 발효된 후 ——즉 국제법이 성립된 후— 내용상 상충되는 국내법 규정이 존재함을 이유로 조약의 무효를 주장할 수 없는 것은 당연하다고 할 것이다. 조약 체결 후 오랜 기간이 지나 국내법 위반이 확인되었음을 이유로 무효를 주장한다면 상대국은 매우 당황스러울 수밖에 없다. 국내법 위반 무효 원용은 과실 있는 국가가 원용하게 되는 사유이니만큼 중대하고 명백한 위반이 있는 경우로 요건이 엄격하게 한정된다고 이해하면 된다.

비엔나협약 제47조 (국가의 동의 표시 권한에 대한 특별한 제한)

특정 조약에 대한 국가의 기속적 동의를 표시하는 대표의 권한이 특별한 제한을 따른다는 조건으로 부여된 경우, 대표가 그러한 동의를 표시하기 전에 그 제한이 다른 교섭국에 통보되지 않았다면, 대표가 제한을 준수하지 않은 사실은 그가 표시한 동의를 무효로 하는 근거로 원용될 수 없다.

국가의 동의 표시 권한에 대한 특별한 제한의 위반도 상대적 무효 사유 중 하나이다. 이는 전권대표가 정부의 특별 지시나 훈령을 무시하고 독자적으로 조약 교섭을 진행하거나 조약을 체결하는 경우이다. 예를 들어 가서명까지만 위임받은 전권대표가 서명까지 실시한 경우를 생각해 볼 수 있다. 다만 이 경우에도 귀책 사유가 있는 국가는 문제 행동을 감행한 전권대표를 파견한 국가라는 점에서, 타방 당사국의 정당한 신뢰이익을 보호할 필요성이 있다. 따라서 월권행위를 한 전권대표의 권한에 그러한 취지의 **특별한 제한이 있었다는 사실을 타방 당사국이 사전에 알고 있었던 경우**에만 전권대표의 모국은 나중에 이를 무효 사유로 원용할 수 있다.

비엔나협약 제48조 (착오)

1. 국가가 조약의 체결 당시 존재한다고 상정했던 사실 또는 상황으로서, 그 조약에 대한 국가의 기속적 동의의 필수적 기초를 형성했던 것과 관련된 착오일 경우, 국가는 그 조약상의 착오를 해당 조약에 대한 기속적 동의를 무효로 하는 근거로 원용할 수 있다.
2. 해당 국가가 자국의 행동을 통해 착오에 기여했거나 착오의 가능성을 알 수 있는 상황이었다면, 제1항은 적용되지 않는다.
3. 조약문의 자구에만 관련된 착오는 조약의 유효성에 영향을 미치지 않는다. 그 경우에는 제79조가 적용된다.

　　조약 체결의 중요한 기초를 구성하는 사실 또는 사태에 관한 착오 역시 상대적 무효 사유로 원용될 수 있다. 가령 지중해에 아틀란티스 섬이 있다고 믿고 그 섬의 공동개발에 관한 조약을 체결하였는데 알고 보니 그러한 섬이 없었던 경우가 여기에 해당한다. 한편 조약의 자구(字句)에 관한 착오, 즉 **법률적 착오는 여기서 제외된다.** 법규범을 아는 것은 수범자의 의무이므로 '국제법 위반인 줄 모르고 조약을 체결하였다'는 등의 법률에 대한 무지(無知)는 보호하지 않겠다는 것이다. 마찬가지로 **착오가 자신의 귀책사유로 발생하였거나 착오를 사전에 알 수 있었던 경우 역시 이를 원용할 수 없다.**

비엔나협약 제49조 (기만)

국가가 다른 교섭국의 기만행위에 의하여 조약을 체결하도록 유인된 경우, 국가는 그 기만을 조약에 대한 자신의 기속적 동의를 무효로 하는 근거로 원용할 수 있다.

　　현대 국제사회에서 실제로 그 사례를 찾아보기는 힘들지만, **사기**(fraud) 또한 조약의 상대적 무효 사유이다. 일방 당사국의 허위 발언 등 기망행위에 의해 조약이 체결된 경우 이를 조약의 무효 원인으로 원용할 수 있다. 여기에서 말하는 사기는 협상 과정에서 일반적으로 나타나는 솔직하지 못함을 의미하는 것이 아니다. 단순히 유리한 결과를 얻기 위해 일부 명확한 설명을 하지 않거나 불리한 사실을 숨기고 유리한 사실을 확대하는 것으로는 부족하며, 허위나 날조에 이르는 정도의 부당한 행위를 요구한다. 따라서 사기를 이유로 조약이 무효화된 사례는 찾아보기 힘들다. 조약 체결 후 조약에 대해 국내적 논란이 생기거나 예상보다 조약으로 인

한 실익이 적을 경우 사기에 의한 무효를 주장하는 일이 심심찮게 벌어지지만, 그
것만으로 조약이 무효라고 볼 수는 없을 것이다.

비엔나협약 제50조 (국가 대표의 부정)

조약에 대한 국가의 기속적 동의 표시가 직접적 또는 간접적으로 다른 교섭국이 그 대표
로 하여금 부정을 저지르도록 하여 얻어진 경우, 국가는 그 부정을 조약에 대한 자신의
기속적 동의를 무효로 하는 근거로 원용할 수 있다.

마지막 상대적 무효 사유는 **부패**(corruption)이다. 일방 당사국이 직접 또는 간
접적으로 상대국 교섭 대표의 부패행위를 초래하였으며 그 부패행위에 의해 조약
이 체결된 경우 그러한 상대국은 이를 조약의 무효 원인으로 원용할 수 있다. 가령
전권대표가 상대국으로부터 금품이나 향응을 제공받고 조약을 체결한 경우이다.
사기와 마찬가지로, 부패를 이유로 조약이 무효화된 사례 역시 찾아보기 힘들다.
전권대표를 매수하는 일이 일반적으로 벌어지기 힘든 데다가 설사 그러한 일이 있
었다 하더라도 각국이 체면 때문에라도 자국 대표가 매수되었음을 공개적으로 시
인하지 않을 것이기 때문이다. 그럼에도 사기와 부패가 상대적 무효 사유로 비엔나
협약에 포함된 것은 자국 대표가 개인적 이익에 의해 상대국에 매수되거나 기망에
의해 조약을 체결할 가능성을 우려한 제3세계 국가들의 주장 때문이었다.

절대적 무효 사유 때문이건 또는 상대적 무효 사유 때문이건 특정 조약이 무
효라면 처음부터 조약 자체의 효력이 존재하지 않는 것이므로 이론적으로는 각
당사국은 별도의 조치를 채택할 필요 없이 해당 무효 사유의 확인과 원용(상대적
무효의 경우)만으로 모든 법률관계를 자동적으로 종료시킬 수 있어야 할 것이다.
그러나 조약의 무효는 당사국의 권리 및 의무에 중대한 영향을 미치며, 일방 당사
국이 주장하는 절대적 무효 또는 상대적 무효 사유의 존재 여부에 관하여 타방 당
사국이 동의하지 않는 경우에는 또 다른 국제분쟁의 소지가 될 수 있다. 이러한
점을 고려하여 비엔나협약은 조약의 무효와 관련하여 당사국의 일방적 행위를 배
제하고 일정한 무효화 절차를 거쳐 이 문제를 해결하도록 규정하고 있다.

Ⅳ 조약의 종료

조약의 종료(termination)는 정상적으로 발효되어 시행 중인 **조약이 당사국의 합의 또는 국제법상 일정한 사유에 의해 그 효력이 장래적으로 소멸**하는 것을 말한다. 따라서 조약의 종료는 조약 체결과정이나 내용상의 흠결로 인하여 처음부터 조약의 효력이 발생하지 않은 것으로 취급되는 조약의 무효와 구별된다. 조약의 종료는 다음의 경우에 발생하게 된다.

1. 당사국 간 합의에 의한 종료

조약에 유효기간이 이미 정해진 경우 그 **기간이 만료**함으로써 조약이 종료된다. 이 경우 조약상 별도의 규정을 두고 있지 않은 한 소멸 통고를 필요로 하지 않는다. 또한 조약 당사국은 조약 종료 규정 유무를 불문하고 새로운 **합의**에 의해 언제든지 조약을 종료시킬 수 있음은 물론이다.

> **시사** 한미 FTA 개정 협상
>
> 한미 FTA 체결 과정을 살펴보자. 2005년부터 약 2년간 교섭이 진행되었고, 2007년 4월 한국과 미국이 모든 문안에 합의하여 조약문의 채택과 인증이 이루어졌다. 이후 약 3개월간 양국은 서명을 위한 국내절차를 진행하였다. 2007년 6월. 양국 대표가 이 협정에 서명하여 비준만을 앞두게 되었다.
>
> 그런데 미국은 한미 FTA에 대한 미국 내 불만을 이유로 비준 절차를 지연하기 시작하였다.[15] 미국은 이후 환경과 노동 문제에 관해 한국에 여러 가지 요구조건을 내세웠고, 한국은 어쩔 수 없이 이를 받아들여야 했다. 미국은 환경 및 노동에 관한 조건을 강화함으로써 한국의 대미 수출량을 어떻게든 줄이려 한 것이었다. 선진국들이 겉으로 도덕적 우월주의를 표방하면서 실제로는 경제적 이해관계를 챙기는 모습의 일단이 여기에서도 보인다.
>
> 그렇게 한미 FTA는 서명 이후 약 5년이 지난 2012년 3월 15일에야 발효하였다. 트럼프 대통령 집권 이후 미국은 한미 FTA를 종료하겠다며 다시 한국을 압박하기 시작하였다. 처음에는 정치적 제스처라 생각했지만, 점차 미국이 종료와 관련된 구체적인 준비를 하고 있다는 사실이 보

---

15 국가에 조약을 비준할 의무는 없으므로, 비준 절차를 지연한 것은 국제법 위반이 아니며 외교적 파급효과가 있을 뿐이다. 법적 영역과 외교적 영역을 잘 구별하여야 한다.

도되게 되었다. 한국은 처음에는 미동도 하지 않았으나 블러핑이 아니라는 것이 확실해지며 결국 2018년에 개정 협상에 나서게 되었다. 결국 양국은 2018년 9월 개정에 합의하였다. 현재 적용되는 한미 FTA는 이때 개정된 협정이다.

FTA 종료를 앞세운 미국의 압박은 부당한가? 발효 후 6년 만에 개정을 요구해 외교적으로는 부당한 요구라 볼 수 있을 것이다. **한미 FTA에는 종료 조항이 있기 때문에 이에 따라 이를 종료하겠다고 한 미국의 조치는 법적으로는 문제가 없다.** 일방 당사국이 통보하면 6개월 후에 한미 FTA는 종료된다. 한미 FTA 사례를 통해서 조약의 종료가 구체적으로 어떤 국면에서 문제되는지 이해할 수 있을 것이다.

2. 중대한 의무 위반

조약의 일방 당사국은 타방 당사국이 조약 의무에 대한 중대한 위반(material breach)을 범하는 경우 이를 조약의 종료 사유로 원용할 수 있다. 여기에서 말하는 중대한 의무 위반이란 사소한 규정이 아닌 해당 **조약의 기초를 이루는 핵심 조항에 대한 결정적 위반**으로 조약 당사국 간 **상호신뢰에 중대한 침해**를 가져오는 경우를 말한다. 어떠한 정도의 위반이 '중대한 의무 위반'에 해당하는지에 관하여는 사안별로 평가되어야 한다.

판례 **Gabcikovo Case**[16]

1977년, 헝가리와 체코슬로바키아는 다뉴브강 공동개발에 관한 조약을 체결하였다. 그런데 1989년 헝가리가 환경 문제를 이유로 댐 건설 공사를 일방적으로 중단하였다. 이에 상류국인 체코슬로바키아는 사업 내용을 원래의 조약상 합의와 다르게 변경하여, 다뉴브강의 흐름을 봉쇄시킬 수도 있는 새로운 'C 계획'에 착수하기로 했다. 1992년 5월, **헝가리는 체코슬로바키아의 계획 변경이 이 조약의 중대한 위반이므로 조약을 종료한다고 체코슬로바키아에 통고하였다.** 양국간 분쟁이 발생하자 이들은 이 사건을 ICJ에 회부하기로 합의하였다.

ICJ는 **조약의 중대한 위반만이 조약의 종료 사유**가 될 뿐, 그에 이르지 못하는 위반은 대응조치(제8장에서 배울 것이다) 등의 근거가 될 수는 있을지라도 조약의 종료 사유는 되지 못한다고 설시하였다. 또한 **조약 위반의 결과가 실제로 발생한 이후에만 종료권을 행사할 수 있으며**, 위반

---

16 가브치코보-나기마로스 프로젝트 사건에 대한 설명은 정인섭, 앞의 주 5, 376-377면 참조.

의 결과를 예상하여 미리 종료시킬 수는 없다고 판단하였다.

ICJ는 체코슬로바키아가 실제로 강물을 우회로로 튼 1992년 10월에 이르러서야 이 사건 조약의 위반이 있었다고 할 것이므로, 'C 계획'을 실행하기 위한 작업 중이던 1992년 5월 당시에는 조약 위반이 없었다고 보았다. 이에 ICJ는 헝가리의 조약 종료 통고가 시기상조였다고 결론 내렸다.

3. 당사국의 소멸

조약 당사국이 소멸하면 조약도 동시에 종료한다. 그러나 소멸국가가 후속 국가에 의해 승계(succession)되는 경우 일부 조약은 종료하지 않고 승계되는 경우도 있다. 예를 들어, 소련은 1991년 소멸하였지만 소련이 체결한 상당수의 조약은 러시아가 승계하여 당사국이 되었고 지금에 이르고 있다.

4. 영구적·후발적 이행불능

조약의 대상인 **목적물이 영구적·후발적으로 멸실 또는 파괴되어 조약상 권리의 행사와 의무의 이행이 원천적으로 불가능**해진 경우 조약은 종료한다. 우리나라와 일본이 '아틀란티스 섬의 공동개발에 관한 조약'을 체결했다고 해 보자. 만약 원래부터 아틀란티스 섬이 존재하지 않았다면, 아틀란티스 섬이 존재한다는 착오에 따라 조약을 체결한 것이므로 조약의 상대적 무효 사유가 될 것이다. 그러나 조약 체결 당시에는 아틀란티스 섬이 실제 존재하다가 이후 해수면 상승으로 사라진 것이라면, 이는 원천적 이행불능이 아닌 후발적 이행불능이 발생한 것이므로 조약의 종료 사유가 된다. 그러나 이행불능 상태가 일방 당사국의 조약의무에 대한 위반에 의해 초래되었을 경우 그러한 위반국은 이행불능을 이유로 조약의 종료를 주장하지 못한다. 이 역시 타방 당사국의 정당한 신뢰이익을 보호하기 위한 것이다.

5. 전쟁

조약 당사국 간에 전쟁이 발생할 경우 이 역시 조약 종료의 사유가 된다. 대체로 동맹조약이나 우호통상항해조약과 같이 조약 당사국 간 **정치적 동맹이나 우호 관계를 전제로 한 조약은 종료**될 것이며, 영토할양조약 등과 같이 영구적 처분을 규정하는 조약과 1907년 헤이그 협약과 같이 국제법상 전쟁 행위를 규율하는 조약은 전쟁이 발생해도 존속하는 것으로 간주된다. 그 외 환경, 보건, 통신 관련 조약과 같이 비정치적·행정적 성격을 지닌 조약은 전쟁 기간 중 그 효력이 일시 정지될 뿐이라는 것이 일반적 입장이다.

6. 새로운 국제 강행규범의 출현

기존 조약이 새로이 출현하는 국제 강행규범에 저촉되는 경우 그 조약은 종료된다. 조약 체결 당시 존재하는 국제 강행규범에 저촉되는 조약은 처음부터 그 전체가 무효이다. 반면, 조약의 발효 기간 중 새로 등장한 국제 강행규범에 저촉되는 조약은 무효가 아니라 종료될 뿐이므로 **장래에 대하여만 효력을 상실**하게 된다는 점에 주의해야 한다. 따라서 종료 시점까지 동 조약에 기초하여 행하여진 제반 조치들은 여전히 효력을 보유한다.

7. 사정변경의 원칙

사정변경의 원칙(*rebus sic stantibus*)이란 **조약 체결 당시 미리 예견할 수 있었더라면 조약을 체결하지 않았을 중대한 사정 변화가 발생**한 경우 이러한 변화로 **크게 불이익을 받는 일방 당사국이 타방 당사국에 대하여 해당 조약의 종료를 요구할 수 있다는 원칙**을 말한다. 조약 체결의 기초가 되었던 당시 상황이 근본적으로 바뀌었는데도 불구하고 조약 당사국이 그 조약상 의무에 계속해서 구속되도록 하는 것은 불합리하기 때문에 이러한 원칙이 관습국제법에서 자리잡게 되었다.

하지만 그럼에도 불구하고 만일 **사정변경의 원칙이 지나치게 광범위하게 인정될 경우** 많은 당사국들이 이 원칙을 원용함으로써 조약상 의무로부터 벗어나려고 할 것이므로 **국제사회의 법적 안정성이 크게 위협받게 될 것이다.** 즉, 사정변경의 원칙이 지나치게 확대될 경우 '약속은 지켜져야 한다(*pacta sunt servanda*)'라는 국제법의 기본 원칙이 심각하게 위협받을 수 있다. 미래 상황을 정확하게 예측하는 것은 불가능한 일이며, 국가들이 특정 조약의 체결로 인해 예상치 못한 정치적, 경제적, 외교적 부담을 떠안게 되는 일들은 국제사회에서 비일비재하다. 이러한 모든 경우에 사정변경의 원칙의 적용을 인정하여 해당 조약을 일방적으로 종료하는 것을 인정하게 되면 다른 당사국의 이해관계를 심각하게 침해할 수 있다. 따라서 사정변경의 원칙의 기본적 필요성을 인정하더라도 그 **적용 범위는 극히 예외적인 경우에 국한**되어야 한다.

이에 따라 비엔나협약은 사정변경의 원칙을 인정하면서도 다음과 같은 일정한 요건들이 충족될 것을 요구하고 있다. 첫째, '**중대한**' 사정변경이 있는 경우에만 동 원칙을 원용할 수 있다. 즉, 상황의 변화로 인해 조약 당사국이 단순한 불이익이나 피해를 겪게 된 것이 아니라, 상황의 변화로 당사국 간 의무의 범위가 근본적으로 변경될 것이 요구된다. 둘째, 그러한 변경된 사정이 **조약 체결의 본질적 기초**를 이루고 있어야 한다. 다시 말해 조약 체결 당시의 상황이 그러한 변경된 사정과 같았다면 조약 당사국이 처음부터 동 조약을 체결하지 않았을 만한 상황이어야 한다. 셋째, **당사국 자신의 의무 위반으로 인해 그러한 사정변경이 발생하였다면, 그 국가는 사정변경 원칙을 원용할 수 없다.** 이 역시 형평성에 기초한 고려이다. 최근에는 국제화의 급속한 진전으로 모든 국가가 서로 연결되어 있어 어느 한 국가가 코로나19, 사이버범죄 등 특정 이슈에 대해 자신의 책임은 없다고 말하기 어려워졌다. 따라서 오늘날에는 사정변경의 원칙을 적극적으로 원용하는 것이 과거에 비해 더더욱 쉽지 않은 상황이다.

이와 함께 비엔나협약은 국경 획정조약에 사정변경의 원칙은 적용되지 않는 것으로 규정하고 있다. 국제관계 안정의 핵심인 국경획정 문제에 관하여 사정변경의 원칙을 적용하여 이미 합의된 국경조약의 효력을 부인하거나 변경하는 상황이 발생하면 국제사회에 심각한 혼란과 분쟁이 발생할 수 있기 때문이다.

Ⅴ 조약의 유보

1. 유보의 의의

조약의 유보(reservation)란 1) 특정 조약의 당사자가 되려는 국가가 조약의 서명·비준·수락·가입 시에, 조약 당사자가 되기 위한 조건으로서 2) 자국에 관한 조약의 일부 조항의 효력을 배제 또는 변경하고자 하는 3) 일방적 의사표시를 말한다.

다수의 국가가 참여하는 다자조약의 체결 교섭에서 모든 국가가 완전히 만족하는 조약에 합의하기란 쉬운 일이 아니다. 기본적인 내용에서는 합의가 이루어지더라도 세부적 사항에 관해서는 국가별로 서로 다른 입장을 내세울 가능성이 높기 때문이다. 193개국이 참여해서 'UN 우주 관광 협약'을 체결한다고 해 보자. UN 우주 관광 협약이 총 38개 조항이라고 하면, 193개국이 38개 조항에 전부 합의하는 것은 마냥 쉬운 일이라고 할 수는 없다. 특히 민감한 내용을 담고 있는 조약이라면 모든 참여국이 모든 조항에 전부 합의하는 것은 하늘의 별따기일 것이다. 그나마 옛날에는 국가들의 수가 적고 컨센서스의 기초가 넓었기 때문에 가능하였을지 모르지만, 오늘날처럼 국가들의 생각이 다 다른 상황에서는 이는 더욱 어렵다. 따라서 만약 모든 조항 전부에 대해 합의가 이루어져야만 한다면 아마도 조약이 체결될 수 없을 것이다. 그래서 나온 대안이 바로 유보 제도이다. 유보 제도는 조약의 기본 원칙에만 동의하면 소소한 부분에서는 일탈해도 봐주겠다는 것이다. **유보를 허용하면 조약의 일관성은 일정 부분 침해되지만, 체약당사국이 늘어난다는 장점이 있다.** 따라서 **유보는 기본적으로 다자조약에 적용**되는 것이며 양자조약에는 적용되지 않는다. 양자조약에서 유보는 조약 내용의 새로운 제안으로 여겨지는 것이 타당할 것이다.

비엔나협약은 유보에 관하여 상당히 융통성 있는 입장을 취하고 있다. 유보가 특별히 조약에 의하여 금지되어 있거나 조약의 대상과 목적에 반하지 않는 한 서명·비준·가입 시 어느 경우에도 유보는 가능한 것으로 규정하고 있다. 즉, **유보의 자유**가 원칙이다. 구체적 금지규정이 조약에 존재하지 않는 한 조약의 어떠한 조항에 대해서도 유보가 가능하며, 유보의 철회도 언제든지 가능하고 그 시기에 제한은 없다. 다만 유보가 초래하는 조약상 권리 및 의무의 변경을 감안하여 유보에 관계된 모든 행위는 **서면으로** 이루어져야 한다.

2. 유보의 한계

유보의 이러한 형식적 융통성에도 불구하고 여기에는 중대한 내재적 제약이 있다. **ICJ는 1951년 "제노사이드 협약의 유보에 관한 권고적 의견"에서 유보의 제한 사유로서 '유보와 조약의 대상 및 목적**(object and purpose)**과의 양립성**(compatibility) **기준'을 제시하였다.** 즉, 유보는 해당 조약의 대상 및 목적과 양립하는 경우에 한하여 허용된다는 것이다. 조약의 당사국 수를 증가시키는 것도 중요하지만, 조약의 안정적 운용과 목적 달성을 위해서는 조약의 대상 및 목적과 양립하지 않는 유보를 첨부하려는 국가를 조약 당사국으로 참여시키지 않는 것이 타당하기 때문이다. 쉽게 말해 조약의 기본 원칙에도 동의하지 않는 국가를 체약당사국으로 삼을 필요는 없다는 것이다. 예컨대 193개국 간에 서로 빵을 교환하려는 목적으로 "UN 빵 교환 협약"을 체결하는 경우, 빵을 제공하기 싫은 국가는 애초에 이 협약에 가입하지 않는 것이 맞다.

비엔나협약도 ICJ의 의견을 받아들여 유보의 제한 사유로서 조약의 대상 및 목적과의 양립성 기준을 제시하고 있다. 그러나 동 협약은 조약의 대상과 목적을 어떻게 판단하는지, 어디까지가 조약의 대상 및 목적과 양립하는 유보인지에 관해 구체적 기준을 제시하고 있지 못하므로 결국 당사국들이 사안별로 검토할 수밖에 없다. 이에 관해 당사국 간 이견이 발생하여 상호 협의를 통해 해결하지 못하는 경우 여타 분쟁과 마찬가지로 관할권을 보유한 법원(예를 들어, ICJ 등)에 회부되어 해결되어야 할 것이다.

조약의 대상 및 목적은 어떻게 파악할 수 있는가? 주로 조약의 전문, 제1조, 제2조 정도에 조약의 대상 및 목적이 나타나 있다. 따라서 UN 빵 교환 협약에 가입한 국가가 "본 협약의 당사국은 서로에게 빵을 제공한다."라고 규정한 제1조를 거부하는 것은 조약의 대상 및 목적과 양립하지 않는 것으로서 허용되지 않을 것이다. 반면 "빵을 매년 100개씩 체약 당사국에 제공한다."라고 규정한 제5조를 변경하여 80개씩만 제공하겠다고 하는 것은 허용될 가능성이 크다. 물론 매년 80개 이상의 빵을 제공하는 것 자체가 조약의 목적이라면 이러한 유보는 허용되지 않을 것이다. 결국 조약의 대상 및 목적을 어떻게 파악하는지가 중요하다. 조약의 대상 및 목적과의 양립가능성이라는 외연을 벗어나지 않는 한 유보는 전부 허용된다는 점에서 유보의 허용 범위는 상당히 넓다.

판례 **제노사이드 협약에 대한 유보**

1948년 제노사이드 협약 가입 시 러시아를 포함한 일부 동구권 국가들이 동 협약 제9조에 대한 유보를 첨부하였다. 제9조는 "본 협약의 해석, 적용 또는 이행에 관한 체약국 간의 분쟁은 ... 국제사법재판소에 부탁한다."고 하여 제노사이드 분쟁에 관한 ICJ의 강제 관할권을 규정하고 있었다. 일부 국가들이 이러한 유보에 반대하자, UN 총회는 '일부 당사국이 반대하더라도 유보국이 조약의 당사국이 될 수 있는지', 그리고 '유보국과 다른 당사국 간의 법적 관계는 어떻게 되는지'에 관하여 ICJ에 권고적 의견을 구하였다.

ICJ는 제노사이드 협약이 기본적 인권을 보호하기 위한 협약으로서 범세계적 적용을 지향하는 점에 주목하여, 가능한 한 많은 국가를 참여시키기 위해서는 일부 조항을 배제하려는 국가를 조약 체제에서 제외시킬 필요가 없다고 판단하였다. 이에 ICJ는 **첨부된 유보 내용이 조약의 대상과 목적과 양립할 수 있다면 일부 국가의 반대에도 불구하고 유보국 또한 조약 당사국이 될 수 있다**고 설명하였다.

권고적 의견은 법적 구속력과 기판력이 없다는 점에서 당사자간 분쟁에 대한 재판과 다르다. 그러나 ICJ는 국제법에 대한 최고의 권위를 갖는 기관이므로, 권고적 의견도 판결만큼이나 중요하며 파급효과가 크다. 실제 ICJ가 담당하는 사건의 약 4분의 1이 권고적 의견에 해당하고 나머지 4분의 3이 분쟁 당사국간 재판이다.

판례 **Belilos Case**[17]

이 사건은 유럽인권재판소에서 다뤄진 Belilos와 스위스 간의 분쟁이다. Belilos는 자신이 스위스에서 재판받을 당시 유럽인권협약 제6조에 따른 공정한 재판을 받지 못했다고 주장하였다.

• 유럽인권협약 제6조 (공정한 재판을 받을 권리)
1. 모든 사람은 민사상의 권리 및 의무, 또는 형사상의 죄의 결정을 위하여 법률에 의하여 설립된 독립적이고, 공평한 법원에 의하여 합리적인 기한 내에 공정한 공개심리를 받을 권리를 가진다. (후략)

---

17 Belilos Case에 대한 설명은 상게서, 311면 참조.

그런데 스위스는 유럽인권협약을 비준할 당시 제6조의 적용을 사실상 배제하는 '해석적 선언'을 첨부한 바 있었다. 재판소는 이 해석적 선언이 법적으로 유보에 해당할 뿐 아니라, 그 내용이 유럽인권협약 구 제64조상 허용되지 않는 일반적 성격의 유보이므로 무효라고 판단하였다. 유럽인권협약 구 제64조는 '협약의 당사국은 일반적 성격의 유보는 첨부할 수 없고, 오직 자국의 기존 국내법과 충돌되는 부분에 한하여만 해당 조항을 유보할 수 있다'고 규정하고 있었기 때문이다. 재판부는 스위스가 유보의 혜택 없이 원래의 유럽인권협약 제6조를 그대로 적용받아야 한다고 보고, 제6조상의 권리를 침해당했다는 청구인의 주장을 받아들였다.

3. 유보의 효력

다수의 국가가 참여하는 다자조약에서 일방 당사국의 유보에 대한 타방 당사국들의 반응은 다양하다. 가령 甲이라는 조약이 다수의 국가가 참여한 교섭 과정을 거쳐 채택·서명되어 이제 각 국가의 비준을 마지막으로 기다리고 있다고 가정해 보자. 만약 甲 조약에 유보를 금지한다는 별도의 조항이 존재하지 않는다면 위에서 살펴본 양립성 기준을 충족하는 한 유보는 허용되는 것으로 간주될 것이다. 이제 교섭 참가국 중 하나인 A국이 비준과정에서 자국 국내법과의 조화문제로 甲 조약 제5조의 적용을 특정한 경우에 배제하고자 하는 취지의 유보를 하고자 한다고 가정하자.

이때 다른 교섭 당사국들은 아마 유보에 대하여 다양한 반응을 보일 것이다. 이는 문제의 유보가 양립성 기준을 충족할 것인지에 대해 각 당사국이 독자적으로 판단할 수 있기 때문이다. A국의 유보에 대하여 1) B국은 동 유보가 조약의 대상 및 목적과 양립하지 않는 것이라며 반대의사를 표하고, 2) C국은 A국의 유보가 조약의 대상 및 목적과 양립하지 않는 것은 아니나 적절치 않은 것이라며 반대의사를 표하고, 3) 다른 교섭 당사국들은 A국의 유보에 대하여 별다른 의사를 표시하지 않고 있다고 상정하여 보자.

1) 가장 심각한 이견을 보이고 있는 A국과 B국은 서로를 조약의 당사국으로 간주하지 않을 수 있다. 2) 한편, A국과 C국의 관계에서는 제5조, 즉 문제가 된 해당 조항을 제외한 甲 조약이 적용된다. C국은 제5조의 유보와 관련하여서는 이견이 있지만 이것이 조약의 목적 및 대상과 양립하지 않는 것으로 보지는 않기 때

문이다. 결국 해당 조항을 배제하려 한 유보국의 의사대로 흘러가게 되므로, 당사국들은 유보에 대해 기민하게 반응하려 하지 않을 수 있다. 3) 마지막으로 특별한 의사를 표시하지 않은 대다수의 당사국들은 유보에 대해 **묵시적 동의**를 한 것으로 간주된다. 따라서 다른 당사국들과 A국 사이에는 A국의 **유보대로 적용** ―즉, 제5조가 특정의 상황에서는 배제된 채로 적용― 될 것이다. **A국은 유보국으로서 이들 국가에 대하여 동 유보를 원용할 수 있으며, 동시에 이들 국가도 A국에 대해서 이러한 유보를 원용할 수 있다.** 이와 같이 유보가 존재하는 경우 당사국 간 법률관계가 통일적이지 않고 각 당사국별로 다양한 양상을 띠게 된다. 유보의 맹점으로 조약의 효율적인 운용이 곤란하여진다는 지적은 바로 이러한 현실에서 기인한다.

◌◌ 유보의 법률관계

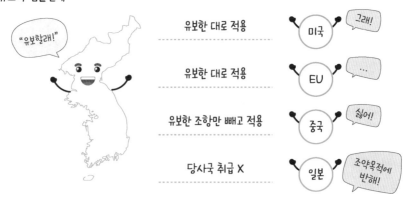

4. 해석적 선언과의 관계

유보의 파급력이 큰 만큼 국가들은 유보를 선언하는 데 부담을 느낀다. 다른 당사국들이 유보국을 반길 리가 없을 뿐더러, 다른 국가들도 유보국에 상응해 유보를 선언하는 경향이 있기 때문이다. 따라서 국가들에게는 유보를 마치 유보가 아닌 것으로 포장하고자 하는 유인이 때로는 생긴다. 국가들이 유보 대신 법적 부담이 없는 해석적 선언(또는 정책 선언)을 발표하고 이를 비준서 등에 첨부하게 되는 이유이다.

원칙적으로 이러한 해석적 선언은 조약의 **특정 조항의 해석과 운용에 관한 자국의 구체적 시행 방침을** 밝히는 것에 불과하므로 그 자체가 **조약 규정 내용을 변경 또는 배제시키는 것은 아니라는 점에서 유보와는 구별**된다. 그러나 만약 해석적 선언 또는 정책 선언이라는 이름으로 실시되더라도 그 **실제 취지나 효과가 조약의 특정 조항의 변경 또는 배제를 도모하는 것이라면, 이는 그 명칭과 상관없이 유보와 동일하게 취급**된다.

특정 조항을 변경 또는 배제한다 함은 물리적 변화를 가한다는 뜻이다. "UN 빵 교환 협약" 예시를 다시 생각해 보자. 어떤 국가가 '우리는 빵을 소보로빵으로 해석하겠다'고 선언한다면, 이는 빵이라는 단어의 의미를 물리적으로 벗어나는 것은 아니므로 해석적 선언에 해당한다. '빵을 100개씩 제공한다'는 표현을 '빵을 연말에 100개씩 제공한다'는 표현으로 구체화하는 것 또한 해석적 선언에 해당한다. 그러나 '빵을 100개씩 제공한다'는 표현을 '빵을 최소 80개 이상 제공한다'는 의미로 해석한다면, 이는 협정문에 존재하는 100이라는 단어에 물리적 변경을 가하는 것이므로 유보에 해당한다.

5. 유보제도에 대한 평가

교섭 당사국의 수가 증가하고 또 교섭 내용이 복잡해지고 있는 오늘날, 유보 제도는 분명 그 실익이 있다. 유보제도를 도입함으로써 조약의 당사국 수가 획기적으로 증가하여 **조약의 보편성 확보**에 큰 기여를 하고 있음은 부인할 수 없다. 그러나 유보제도로부터 파생되는 문제점 역시 상당하다. 먼저 조약상 **법률관계가 복잡**하게 되어 조약의 시행이 그만큼 어려워지게 된다. 또한 **유보된 범위만큼 조약의 효력이 제한**되므로 조약의 효과도 그만큼 감소될 것이다. 특히 당사국이 관심을 갖고 유보를 시도하는 조항은 대부분 조약의 시행에 있어 중요한 의미를 갖는 권리·의무에 관한 것이 다수이므로 이 경우 조약의 효과는 그만큼 줄어들 것이다.

유보의 이러한 문제점을 고려하여, 오랜 교섭기간을 거쳐 각 교섭 당사국의 다양한 이해관계의 면밀한 균형을 도모하려는 조약의 경우에는 아예 유보 자체를 금지하는 경우도 나타나고 있다. 예를 들어, 세계무역기구(WTO) 협정은 유보를 전면적으로 금지하고 있다. 1986-1994년간 우루과이 라운드를 통해 근 10여 년에 걸친 면밀한 교섭의 결과 채택된 WTO 협정에 대하여 유보를 인정할 경우 어렵게 달성된 국가 간 이익의 균형이 무너질 것을 우려하였기 때문이다.

Ⅵ 조약의 개정과 변경

조약의 **개정**(amendment)이란 **이미 체결되어 발효한 조약의 내용을 당사국의 합의로 바꾸는 것**을 의미한다. 따라서 조약이 발효하기 전에 수정하는 것은 개정이 아니다. 가령 한미 FTA에서 미국이 비준하기 전 2011년에 한국에 환경 및 노동 관련 조건을 제시하여 문안에 반영시킨 것은 개정이 아니며, 한미 FTA 발효 후 2018년에 미국이 한국을 압박하여 협상 끝에 문안을 수정한 것은 개정에 해당한다. 많은 조약은 개정 조항을 가지고 있는데, 그와 같은 조항이 없는 경우에는 당사국들이 별도로 합의하여 개정 절차를 거치게 된다.

조약의 **변경**(modification)이란 **다자조약의 당사국 중 일부가 자신들끼리 별도의 규칙을 만드는 것**을 의미한다. A협약에 가입한 100개국 중 20개국끼리 별도의 그룹을 만든다고 생각하면 된다. 이때 **변경이 해당 조약에서 허용되고 있어야 하며, 다른 당사국들의 권리와 의무에 영향을 주지 않아야 하고, 조약의 대상 및 목적에 배치되어서는 안 된다.** 상식적으로 생각해보아도 스터디 그룹에 속한 일부 학생들이 별도의 하위 그룹을 조직하며 '우리는 공부를 하지 않기로 한다'는 별도의 규칙을 만드는 것은 어불성설일 것이다.

조약을 변경하는 사례는 찾기 쉽지 않다. 국가들이 상호 밀접한 관계를 맺고 있는 상태에서 조약의 변경은 영향받는 다른 국가들의 큰 반발을 초래하기 때문이다. 또한 여러 조항이 유기적으로 연결된 조약에서는 특정한 변경이 그 조약의 대상 및 목적과 배치된다는 주장이 받아들여질 가능성이 크다. 따라서 국가들이 법적 부담을 안고 정치적, 외교적으로 궁지에 몰릴 위기를 감수하면서까지 조약을 변경하기는 쉽지 않다.

1966년 채택된 국제투자분쟁해결(International Centre for Settlement of Investment Disputes: ICSID) 협약이 있다. 이 협약은 국제투자분쟁을 해결하기 위해 '중재절차

(ISDS)'를 거친다는 내용을 핵심으로 한다. 그런데 최근 ISDS 제도에 대한 비판이 커지면서 유럽을 중심으로 '국제투자법원'을 만들자는 논의가 활발하게 진행되고 있다. 유럽 국가들은 이를 두고 국제투자법원 논의에 동조하는 국가들끼리 조약을 '변경'하는 것일 뿐이라고 주장한다. ICSID 협약 당사국으로서의 지위는 문제없이 유지할 수 있다는 뜻이다. 그러나 미국은 '중재'를 하는 것이 ICSID 협약의 본질이므로, 국제투자법원을 통해 '재판'을 하려는 것은 ICSID 협약의 대상 및 목적에 반한다고 주장한다. 별도의 그룹을 ICSID 협약 내에서 만들 수 없다는 뜻이다.

Ⅶ 조약 해석의 원칙

1. 조약 해석의 어려움

정당하게 체결 및 발효된 조약은 그 목적 달성을 위해 각 당사국에 의하여 시행된다. 이러한 조약의 구체적 시행 과정에서 당사국 간 여러 가지 형태의 분쟁이 발생할 수 있다. 즉, 조약의 일방 당사국은 타방 당사국의 특정 조치가 조약 규정 위반이라고 주장하고, 동시에 타방 당사국은 동 조치가 조약 규정에 의해 허용되는 것이라고 주장할 수 있다. 조약의 시행 과정에서 발생하는 이러한 분쟁의 해결은 결국 조약의 특정 조항이 규정하는 구체적 권리와 의무의 내용이 과연 무엇인가에 대한 고찰을 필요로 하며, 결과적으로 이는 조약의 '해석'에 관한 문제로 귀결된다. **조약의 구체적 이행과 조약 관련 제반 분쟁의 해결은 결국 조약의 해석에 기초**하고 있는 것이다.

그러나 조약 해석 작업은 용이하지 않다. **언어 자체의 본질적 모호성**으로 인해 그러한 언어로 이루어지는 조약 문언 역시 항상 어느 정도의 모호성을 가지게 되기 때문이다. 동일한 단어와 문장에 대해서도 때로는 다의적 해석이 가능하다. 이에 각 당사국은 가급적 자신에게 유리한 방향으로 조약을 해석하려고 노력하므로, 대부분의 분쟁은 결국 조약의 해석 문제로 귀결된다.

조약 해석의 어려움을 보여주는 한 가지 사례를 살펴보자. 지금에 와서도 여전히 1965년 대한민국과 일본국 간의 기본관계에 관한 조약(이하 "한일기본조약")과

청구권협정의 주요 조항의 정확한 의미에 대하여 한국과 일본 간 의견 대립이 발생하고 있다. 한일기본조약 제2조는 "1910년 8월 22일 및 그 이전에 대한제국과 일본제국간에 체결된 모든 조약 및 협정이 이미 무효임을 확인한다."고 규정하고 있다. 여기에서 "이미 무효"의 의미를 두고 대한민국은 한일병합조약이 1910년부터 원천 무효라고 해석하지만, 일본은 1910년에는 유효하다가 1945년 해방을 기점으로 무효가 되었다고 해석한다. 한일병합조약이 당초부터 무효이면 일제 식민 통치가 불법이 되지만, 해방 이후부터 무효이면 합법이 되므로 두 해석 간에는 큰 차이가 존재한다.

문제는 이러한 해석상 차이가 단지 추상적인 차원에서의 이견으로 그치는 것이 아니라 중요한 고비마다 양국 관계에 계속되는 부담을 초래한다는 점이다. 이 문제가 지속적으로 그리고 다양한 측면에서 난제로 대두되고 있다는 점은 최근 진행된 대법원의 강제징용 소송 과정에서도 여러 차례 목도된 바 있다. 아마 이러한 어려움은 앞으로도 다양한 맥락에서 제기될 것으로 보인다.

양국 간 이견의 기본적인 원인은 조약 체결 당시, 여러 이유로 정확한 의미를 협정에 구현하는 것이 용이하지 않자 양측이 서로 유리하게 해석할 여지를 둔 애매한 문안을 채택한 데에 있다. 당시 대한민국은 한일병합조약이 '처음부터 무효(are *ab initio* null and void)'라는 문구를, 일본은 '무효로 되었다(have become null and void)'라는 문구를 사용할 것을 주장하였다. 14년에 걸친 1,500회의 회의 끝에도 타협점을 찾지 못하자, 양국은 결국 중의적 표현인 "이미 무효(already null and void)"라는 문언을 채택하였다. 이는 쌍방의 주장을 절묘하게 타협시킨 것으로서 양국의 어느 쪽으로도 유리한 방향으로 해석할 수 있는 여지를 남긴 것이다.[18] 이처럼 일부러 조약문을 모호하게 남겨두는 것을 **전략적 모호성**(strategic ambiguity)이라 부른다.

조약 체결 당시의 사정을 감안하면 분명 불가피한 측면이 있었을 것이나, 이러한 문안의 채택을 조약의 해석과 적용이라는 법적 기제에서 바라본다면 처음부터 구조적 문제점을 내포하고 있었던 것으로 볼 수 있다. 원래 조약이란 서로 간 이견이 발생할 경우 이를 해결하기 위한 준거 규범을 제시하는 것이나, 이와 같이

---

18 이원덕, "한일관계 '65년 체제'의 기본성격 및 문제점", 『국제, 지역연구』, 제9권 제4호 (2000), 48면.

처음부터 서로 상이한 방식으로 해석하는 것을 예정하고 문안을 채택한 경우에는 조약이 준거 규범으로서의 역할을 수행하는 데에 기본적인 한계가 있을 수밖에 없다. 당시 상황을 고려하면 양국 간 타협안을 모색하고 또 이 문제를 경제적 관점에서 접근하는 것이 불가피하기도 했다. 하지만 이러한 '법적인 측면에서의 미봉합' 상황은 결국 국교 정상화 이후 60년에 가까운 세월이 지난 후에도 양국 간 과거사 문제가 완전히 정리되지 않은 이유 중 하나로 자리매김하였다고 볼 수 있을 것이다.

한편, **사회 변화와 기술 발전**으로 기존에는 명확했던 언어가 더 이상 명확하지 않게 되는 경우에도 조약 해석에 어려움이 발생한다. 예를 들어 무인자동차가 등장하면 '자동차를 운전하는 자'라는 문언은 이제 어떻게 해석하여야 할까? '컴퓨터는 반드시 지정된 장소에 설치하여야 한다'고 할 때 스마트폰이 컴퓨터에 포함되는가? 외국 대사의 배우자(spouse)에게는 외교관의 특권·면제가 인정되는데, 최근 성별 전환이나 무성(無性)을 비롯한 제3의 성도 떠오르고 있는바 동성의 '배우자'는 어떻게 처리할 것인가? 여러 조약에는 무언가를 반드시 '문서로(in writing)' 처리하라고 규정하는 조항이 많다. 오늘날 이메일·문자메시지·SNS를 여기에서 말하는 '문서'라고 할 수 있겠는가?

비슷한 예시를 하나 더 살펴보자. 최근 코로나19 및 디지털 경제의 확산으로 해외 직구 규모가 증가함에 따라 우리나라에서 한미 FTA의 면세 혜택 규정을 남용하는 사례가 늘고 있다. 그 결과로 한미 FTA 제7.7조의 '면세 범위'에 관한 새로운 해석상 난점이 제기되고 있다. 동조 (g)항[19]은 **"200달러 이하의 해외 직구 품목에 대해 관세 및 세금을 면제한다."**고 규정하고 있다. 그런데 이 규정이 **원래 '단발성' 거래**를 염두에 두고 도입된 것과 달리 최근에는 큰 규모의 거래를 **여러 소액 거래로 쪼개어 연간 누적 3~4만 불 이상의 면세를 받는 사례**들이 등장하였다. 이에 **면세 혜택 범위에 이러한 '반복성' 구매도 포함되는지**에 관한 해석을 명료히 할 필요성이 대두되었다.

상기 한미 FTA 제7.7조의 (g)항을 살펴보면, '어떠한 경우에도' 항상 면세

---

19 한미 FTA 제7.7조 (g)항은 "통상적인 상황 하에서, 미화 200달러 이하 특송화물의 경우 관세 또는 세금이 부과되지 아니할 것이고 공식적인 반입서류도 요구되지 아니할 것임을 규정한다."라고 되어 있다.

조치를 부여한다고는 규정되어 있지 않고 **"통상적인 상황**하에서(under normal circumstances)" 면세를 부여한다고 규정되어 있다. 다시 말해, 해외 직구 거래가 제7.7조가 상정하고 있는 "통상적인 상황"이 아니라면 면세를 부여하지 않는 것도 가능하다는 것이다. 그렇다면 여기에서 "통상적인 상황"이란 과연 무엇을 의미하는지에 대하여 확인이 필요하다. 이 부분은 한미 FTA 협상 당시 이 조항을 도입하게 된 기본 목적 및 취지를 반추하여 그 의미를 되새겨야 한다. 앞서 언급한 바와 같이 이 조항은 **일회성, 단발성, 개인 소비성 물품의 해외 구매에 대하여 이를 일반적인 상품 수입과 달리 취급하여 면세를 부여한다는 것이 기본 목적이자 취지이다.** 그렇다면 여기에 부합하지 않는 **반복적, 재판매용 구매는 면세 조치에서 배제**하는 것이 이 조항의 해석에도 부합하는 것으로 이해할 수 있다.

상기 조항에서 (g)항에 첨부된 각주 2[20]의 의미도 아울러 살펴보는 것이 필요하다. 우리 정부가 위 각주 2를 근거로도 면세 한도를 제한할 수 있는가? 이 각주에서 특정 "수입제한 상품에 대하여(for restricted goods)" 면세를 부여하지 않을 수 있다는 취지를 규정하고 있으므로, 일견 면세 범위를 축소할 법적 근거를 제시하는 것으로 볼 여지도 있다. 그러나 이 각주는 일부 '품목'에 대하여 면세 조치를 제한한다는 의미일 뿐 일반적인 수입 물품 전반에 대하여 일정 '한도'를 정해서 제한한다는 의미는 아니다. 현재 이러한 논의 과정에서 우리 정부가 달성하고자 하는 바는 물품의 범위를 제한하는 것이 아니라 개인이 구매하는 한도를 제한하자는 것이므로, 이 각주의 의미와는 일치하지 않는다.

이 조항의 명확화와 관련하여 협상 당시 공식적인 기록이 남아있는 경우 그 기록을 참조하고, 그러한 기록이 부재하다면 한미 FTA 공동위원회를 통해 이 문구에 대한 명확화 작업을 진행하면 될 것이다. 필요하다면 한미 FTA 개정도 이론적으로는 검토할 수 있는 대안이나, 이미 존재하는 규정의 의미를 명확하게 하는 작업으로도 문제를 해결할 수 있는 이상, 개정으로 나갈 필요까지는 없을 것이다.

---

20 각주 2는 "(g)항에도 불구하고, 당사국은 특송화물이 항공 화물운송장이나 그 밖의 선하증권을 수반하도록 요구할 수 있다. 보다 명확히 하기 위하여, 당사국은 수입제한 상품에 대하여 관세 또는 세금을 부과할 수 있고 공식적인 반입서류를 요구할 수 있다."라고 명시되어 있다.

만약 미국과의 협의가 여의치 않거나 여러 가지 이유로 이 문제를 다시 제기하는 것이 어색한 부분이 있다면, 우리 측이 일방적으로 조정 조치를 취하여도(가령 면세 부여 조건을 연간 구매 4000 달러 미만으로 지정) 충분히 그 합리성과 타당성을 미국 측에 설명할 수도 있을 것이다. 물론 미국이 한미 FTA 제7.7조를 들어 우리 측에 이의를 제기하거나 문의를 할 수는 있을 것이다. 그래도 현재 문안에 비추어 볼 때 우리 측이 명확한 기준과 논거를 가지고 설명한다면 미국도 이러한 조정 조치를 수용할 가능성이 커 보인다. 물론 가장 자연스러운 과정은 한미 FTA 공동위원회를 통해 이 문제를 양국간 순조롭게 논의하여 정리하는 작업일 것이다. 이러한 상황은 조약 해석의 어려움을 잘 보여주고 있다.

2. 조약 해석의 일반 원칙

조약을 어떻게 해석하느냐에 따라 분쟁의 향배가 달라지는 만큼 적절한 해석 기준이 필요하다. 조약 해석의 원칙은 **비엔나협약 제31조와 제32조**에서 규정하고 있다. 국가 간 분쟁이 발생하면 이 원칙에 따라 조약을 해석해서 답을 끌어내야 한다. 법률가는 단순히 'A국이 B국보다 정당하게 보이니까 A국의 말이 맞을 것이다.'와 같은 직감(hunch)이 아니라 법적 분석(legal analysis)에 따라 판단하여야 하기 때문이다.

이때 두 가지 유의할 점이 있다. 먼저, 비엔나협약은 국가 간 별도의 합의가 없는 경우에 적용된다는 점이다. 당사국들은 강행규범에 저촉되지 않는 별도의 합의를 통해 비엔나협약의 규정을 배제할 수 있다. 또한, 비엔나협약은 관습국제법에서 출발한 조약이므로 **비엔나협약의 당사국이 아닌 국가들도 관습국제법에 따라 동일한 규범의 적용을 받을 수 있다.**

비엔나협약 **제31조 제1항**을 보자. 이 조항은 반드시 이해하여야 한다.

비엔나협약 제31조 (해석의 일반 규칙)

1. 조약은 조약문의 문맥에서 그리고 조약의 대상 및 목적에 비추어, 그 조약의 문언에 부여되는 통상적 의미에 따라 신의에 좇아 성실하게 해석되어야 한다.

정리하면 **조약은 신의성실의 원칙에 따라 1) 통상적 의미, 2) 조약의 대상과 목적, 3) 문맥을 종합적으로 고려하여 총체적으로 해석하여야 한다.** 여기에서 말하는 **신의성실의 원칙**(good faith)이란 상대방을 곤란한 상황에 빠뜨리려는 의도 대신 선의를 갖고 조약을 해석하여야 한다는 대원칙이다. 한편, 문언의 **"통상적 의미**(ordinary meaning)"란 일반적으로 그 문언에 부여되는 '사전적' 의미를 말한다. 가령 '자동차'라고 규정하고 있는 경우 이는 '여객과 화물의 운송에 사용되는 내연기관의 동력으로 움직이는 사륜의 기계장치'를 의미하는 것으로, 승용차와 버스는 포함되나 비행기나 선박은 포함되지 않는다고 해석하는 것이 통상의 의미에 따른 해석이다. 조약의 **"문맥**(context)"을 고려한 해석이란 해당 조약 여타 조항의 규정 내용과 방법을 고려하여 문제가 된 조항의 해석을 도출하고자 노력하는 것이다. **"조약의 대상과 목적**(object and purpose)"을 고려한 해석이란 조약이 달성하고자 하는 목표와 기본 취지에 부합하게 해당 조항을 해석하여야 한다는 의미이다. 조약의 대상과 목적은 주로 조약의 전문(preamble) 등에서 확인할 수 있다. 비엔나협약은 이러한 해석 방법들을 모두 동원하여 조약을 **총체적**(holistic)으로 해석할 것을 요구한다. 만약 이러한 방법으로도 조약 문언의 의미가 불명확하거나 또는 명백히 불합리한 경우에는 조약 체결의 준비문서 및 관련 사정 등을 **보충적 수단**으로 참조할 수 있다.

　이하에서는 가상의 사례를 통해 조약 해석의 원칙이 어떤 식으로 작동하는지 살펴보고자 한다. 대한민국이 미국과 "한미 빵 교환 조약"을 체결하였다고 가정해

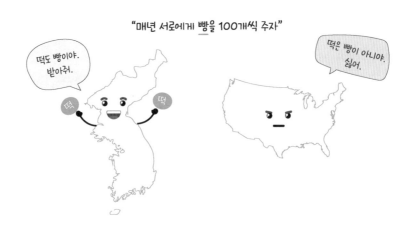

보자. 한미 빵 교환 조약 제3조는 "양국은 매년 서로에게 빵(bread)을 100개씩 제공한다."라고 규정하고 있다. 그런데 한국이 빵 대신 찹쌀떡을 제공하면 문제가 발생한다. 미국은 "찹쌀떡은 빵이 아니다. 빵을 제공하지 않은 대한민국은 한미 빵 교환 조약 제3조를 위반하였다"라고 주장할 것이다. 반면 한국은 "찹쌀떡도 빵이다. 우리는 빵 100개를 제공하기로 하는 의무를 다하였다"라고 주장할 것이다. 과연 대한민국은 한미 빵 교환 조약 제3조를 위반하였는가?

먼저, 빵의 **통상적 의미**를 살펴보자. 공인된 사전에서 빵을 '밀가루를 주원료로 하여 소금, 설탕, 버터, 효모 따위를 섞어 반죽하여 발효한 뒤에 불에 굽거나 찐 음식'이라고 정의하고 있다면, 쌀로 만든 찹쌀떡은 밀가루로 만드는 빵의 사전적 의미에서 벗어난다고 보아야 할 것이다.

하지만 이게 끝이 아니다. 다음으로 **조약의 대상과 목적**을 살펴보자. 전문(preamble)을 읽어 보니 "상대국의 고유한 음식을 음미하며 배고픔을 잊고자 한다."고 되어 있다고 생각해 보자. 찹쌀떡은 대한민국의 고유한 음식이다. 게다가 배고픔을 잊고자 하는 목적은 찹쌀떡으로도 충분히 달성할 수 있다. 목적이 이러하다면 한국이 조약을 위반하지 않았다는 주장에 설득력이 생긴다. 이와 대조적으로 전문에 '밀가루로 만든 빵의 다양한 변형을 연구하고자 한다.'고 쓰여 있다면, 찹쌀떡은 밀가루로 만든 빵의 변형이 아니므로 한국이 조약을 위반하였다고 볼 여지가 커질 것이다.

마지막으로, **문맥**을 살펴보자. 한미 빵 교환 조약에서 "빵"이라는 단어가 등장하는 제5조와 제9조를 펼쳐봤더니 빵을 밀가루가 아닌 곡물로도 만들 수 있다는 점이 시사되어 있다. 제5조에서는 보리로, 제9조에서는 귀리로 빵을 만드는 방법을 기술하고 있다. 이러한 조항들까지 고려하면 빵을 꼭 전통적인 방법으로만 만들 필요는 없고, 쌀로도 빵을 만들 수 있다는 주장에 힘이 실릴 것이다.

앞서 사전적 의미를 살펴볼 때는 대한민국이 조약을 위반하였다고 보아야 할 것만 같았으나, 조약의 대상과 목적 및 문맥을 고려한 결과 상황이 반전되었다. 조금 더 그 내용을 살펴보자. 다시 **통상적 의미**로 돌아와서, 떡은 영어로 rice cake 이다. 그런데 공인된 유명 사전에 cake이 'a kind of bread'라고 설명되어 있다. 상황이 이러하다면 심지어 통상적 의미를 고려할 때도 대한민국이 조약에 위반하지 않았다고 볼 여지가 커진다.

실제 분쟁에서도 국가들은 이와 같이 '티키타카'식으로 공격과 방어를 주고받는다. 법원은 양측의 주장을 들어보고 통상적 의미, 조약의 대상과 목적, 문맥을 종합적으로 고려하여 재판부가 승패를 결정한다.

한편 비엔나협약 **제31조 제2항**은 **문맥**에 관한 것이다.

비엔나협약 제31조 (해석의 일반 규칙)

2. 조약 해석의 목적상, 문맥은 조약의 전문 및 부속서를 포함한 조약문에 추가하여 다음으로 구성된다.
   가. 조약 체결과 연계되어 모든 당사자 간에 이루어진 조약에 관한 합의
   나. 조약 체결과 연계되어 하나 또는 그 이상의 당사자가 작성하고, 다른 당사자가 모두 그 조약에 관련된 문서로 수락한 문서

문맥을 고려함에 있어서는 **조약문**뿐만 아니라 **전문** 및 **부속서**도 함께 살펴보아야 한다. 이와 함께 조약 체결에 관해 모든 당사국이 **합의**하여 작성한 문서, 나아가 작성은 일부 국가가 하였지만 **다른 국가가 수락한 문서**도 함께 살펴봐야 한다.

이어서 비엔나협약 **제31조 제3항**을 보자.

비엔나협약 제31조 (해석의 일반 규칙)

3. 문맥과 함께 다음이 고려된다.
   가. 조약 해석 또는 조약 규정 적용에 관한 당사자 간 후속 합의
   나. 조약 해석에 관한 당사자의 합의를 증명하는 그 조약 적용에 있어서의 후속 관행
   다. 당사자 간의 관계에 적용될 수 있는 관련 국제법 규칙

요컨대 **문맥과 함께 참작되어야 할 사항**으로 1) **후속 합의**, 2) **후속 관행**, 3) **관련 국제법 규칙**이 언급되고 있다. "문맥과 함께"라고 되어 있는 것으로 보아 위세 가지는 '문맥'은 아니다. 문맥은 제31조 제2항에 규정되어 있는 것들이 전부이고, 제31조 제3항은 조약 외적인 사항들을 다룬다. 여기에 규정된 것들은 비록 조약 외적인 사항이더라도 '참작할 수도 있는 것'에 그치지 않고 '반드시 참작해야하는 것(shall)'에 해당한다는 점에 주의하자.

먼저, **후속 합의**란 조약 체결 이후 조약의 해석이나 적용에 관해 이루어진 당

사국 간의 합의를 말한다. 후속 합의는 반드시 조약의 형식을 취할 필요는 없지만, 당사국들의 공통의 의사가 확인될 수 있어야 한다. 후속 합의의 예시를 들어보자. 1982년 해양법에 관한 UN 협약 제6부속서 제4조 제3항에서는 최초의 해양법재판소 판사를 뽑기 위한 제1차 선거가 동 협약의 발효일로부터 6개월 이내에 실시되어야 한다고 규정하고 있다. 그러나 조약이 발효될 무렵, 당사국들은 선거 시기가 지나치게 빠르다고 판단하였다. 결국 당사국 총회는 선거 시기를 연기하기로 결정하였고 이 결정은 회의록에만 기록된 채 그대로 연기되어 실시되었다.[21] 만일 총회 결정 이후 제1차 선거를 언제 하여야 할지에 대한 다툼이 생겼다면, 조약 문언 그대로 판단하지 않고 후속 합의를 고려하여 연기된 일자를 기준으로 판단하여야 했을 것이다.

다음으로, **후속 관행**이란 조약 체결 이후 조약의 적용에 관해 이루어진 행위로서 조약의 해석에 관한 당사국의 합의를 표시하는 실행을 의미한다. 후속 관행이 조약 해석 시 중요한 요소로 고려되는 현상은 국제법원의 확립된 관례이다. 실제 실행을 살펴봄으로써 당사국들이 조약을 어떻게 이해하고 있는가에 대한 지침을 얻을 수 있기 때문이다.[22] 예컨대 한국과 미국이 "양국은 매년 서로에게 빵을 100개씩 제공한다."라는 조약을 체결해 놓고 오랜 기간 별다른 이의 없이 서로 찹쌀떡을 주고받았다면, 빵이 찹쌀떡을 포함하는 개념이라고 해석하여야 할 것이다.

마지막으로, 조약을 국제법 전반과 조화되도록 해석하기 위해 **관련 국제법 규칙**을 참작하여야 한다. 후속 합의나 후속 관행과 달리 '관련 국제법 규칙'은 상당히 포괄적인 용어여서 분쟁의 소지를 내포하고 있다. 한미 FTA의 해석이 문제되는 상황이라면, 한미 FTA 협정문뿐만 아니라 출입국, 문화교류, 기술교류와 관련된 조약 및 관습국제법이 모두 참작 대상으로 포함될 수도 있는 것이다.

그러나 **제31조 제3항이 언제나 적용되는 것은 아니다.** 앞서 언급하였듯이 비엔나협약은 당사국 간 별도의 합의를 통해 배제할 수 있기 때문이다. 상당수 조약에서는 이미 교통정리조항을 두어 후속 합의, 후속 관행, 관련 국제법 규칙이 조약과 충돌하는 경우 무엇을 우선시할 것인지 규정하고 있다. 예컨대 '특정 이슈에

---

21 정인섭, 앞의 주 5, 339면.
22 상게서.

관해 A조약의 해석이 문제될 시 이와 관련된 B조약은 고려하지 않는다'는 합의가 있다면, 그 합의에 따라 A조약을 해석하면 되고 그 한도 내에서 제31조 제3항은 적용되지 않는다. 또한 체약당사국이 많은 다자조약의 경우 제31조 제3항이 적용될 가능성이 거의 없다. 모든 체약당사국이 합의한 사항이어야 제31조 제3항에 따른 참작 대상이 되는데, GATT와 같이 체약당사국이 100개가 넘는 경우 모든 체약당사국이 합의한 별도의 규칙이나 관행이 존재하기란 실질적으로 불가능하기 때문이다.

마지막으로 비엔나협약 **제31조 제4항**은 당사자들이 특정 용어에 특별한 의미를 부여하기로 한 경우 그러한 의미로 해석한다고 규정하고 있다.

비엔나협약 제31조 (해석의 일반 규칙)

4. 당사자가 특정 용어에 특별한 의미를 부여하기로 의도하였음이 증명되는 경우에는 그러한 의미가 부여된다.

비엔나협약 제31조를 정리해 보자. 조약의 해석을 '과일 주스 만들기'에 비유할 수 있다.

거대한 믹서기가 있다. 이 믹서기는 '**선의**(good faith)의 믹서기'라서, 이 믹서기에 여러 가지 과일을 갈면 무조건 넣은 과일의 원래의 맛을 담은 주스가 만들어진다. 귤을 넣었는데 까나리 맛이 나면 얼마나 당황스럽겠는가? 배를 넣었는데 취두부 맛이 나면 또한 얼마나 당황스럽겠는가? 이 믹서기는 절대 사람을 곤란한 상황에 빠뜨리거나 배신하지 않으므로 오렌지를 넣으면 오렌지 맛이, 키위를 넣으면 키위 맛이 난다. 이와 같이 조약을 해석할 때는 여러 요소를 고려하여 '선의'에 따라 해석하여야 한다. '빵'이라는 용어의 의미를 해석할 때 '발효과정을 거치는 음식'이라는 사전적 의미를 보고서도 엉뚱하게 "빵은 요구르트를 포함한다"라고 우길 수 없다. 즉, **조약을 상대방을 골탕 먹이려는 의도로 자의적으로 해석해서는 안 된다**.

또 이 믹서기는 **총체적 해석**의 믹서기라서 어느 한 과일만 편애하지 않는다. 오렌지와 키위를 넣으면 오렌지 맛과 키위 맛이 섞여 나지, 순도 100% 오렌지 주스가 만들어지지는 않는다. 마찬가지로 조약을 해석할 때는 통상적 의미와 문맥 등 제31조에 규정된 여러 가지 요소를 모두 고려하여야 하며, 어느 한 가지 요소만 고려해서는 안 된다.

그렇다면 이 믹서기에는 어떤 과일들이 들어가는가? 먼저 **제1항**에 따라 오렌지(통상적 의미), 바나나(조약의 대상과 목적), 그리고 키위(문맥)가 들어간다. 이때 키위(문맥)는 한 가지 품종이 아니다. 제31조 **제2항**을 보면 우리가 아는 그린키위(조약문)뿐만 아니라 골드키위(전문), 레드키위(부속서), 소위 '동양의 키위'인 다래(조약 체결에 관한 문서들)도 문맥에 포함된다고 규정하고 있다. 제31조 **제3항**은 '다른' 믹서기에서 갈아 둔 딸기주스(후속 합의, 후속 관행, 관련 국제법 규칙)도 때로는 함께 첨가해야 한다고 규정한다.[23] **제4항**은 당사국이 특정 용어에 특별한 의미를 부여하기로 의도한 경우, 그러한 의미가 부여된다고 하고 있다.

이상의 비유를 도식화하면 아래와 같다. 오렌지라고 쓰고 사과라고 읽는 경우이다.

◎◎ 비엔나협약 31조에 따른 조약의 해석

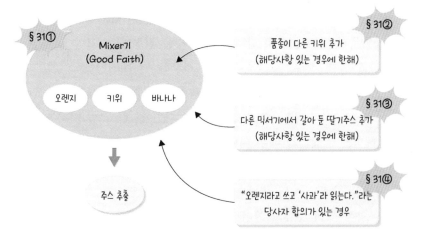

---

23 후속 합의와 후속 관행은 '조약을 이렇게 해석하자'는 당사국의 합의 자체 또는 그러한 합의를 보여주는 실행이므로, 조약 해석 '결과'의 면모가 있다는 점에서 과일 자체보다는 주스로 표현하였다.

마지막으로, 비엔나협약 **제32조**는 **해석의 보충적 수단**을 규정하고 있다.

비엔나협약 제32조 (해석의 보충수단)

제31조의 적용으로부터 나오는 의미를 확인하거나, 제31조에 따른 해석 시 다음과 같이
되는 경우 그 의미를 결정하기 위하여 조약의 준비작업 및 체결 시의 사정을 포함한 해
석의 보충수단에 의존할 수 있다.
가. 의미가 모호해지거나 불명확하게 되는 경우, 또는
나. 명백히 부조리하거나 불합리한 결과를 초래하는 경우

제32조는 어디까지나 1) **제31조에 따른 해석을 확인**(confirm)**하거나, 또는 2)
제31조에 따라 해석해 보아도 도대체 무슨 말인지 모르겠거나 말도 안 되는 결과
가 도출되는 경우** 적용되는 규정이다. 교섭 기록은 조약의 해석에 있어 우리가 생
각하는 것만큼 중요하지 않다. 가령 빵이 아니라 떡을 주고받고 싶다면 조약문에
'떡'이라고 기술하여야지, '빵'이라고 적어 놓고 '교섭 기록에 떡 이야기가 오갔으
니 떡도 포함하는 방향으로 해석하는 데 도움이 될 것'이라고 생각하면 큰 오산이
다. 결국 조약문과 당사국 간의 합의가 모든 것을 결정하며, 교섭 당시 각국 정부
가 무엇이라고 말했는지는 제31조에 따라 결론을 낸 뒤에야 ―그것도 예외적인
경우에만― 적용될 수 있다. 단순히 제31조에 따른 결론이 자신에게 불리하다는
이유만으로 제32조를 동원할 수 없음은 물론이다. 이처럼 교섭 기록을 통해 제31
조에 따른 해석을 뒤집기가 매우 어렵기 때문에, 교섭 당시 논의 내용과 상관없이
무엇보다 조약문을 정확하게 작성하는 것이 중요하다. 문안을 확정하는 순간 미래
의 법적 쟁점의 향배는 이미 끝났다고 보아야 한다.

한편 조약이 여러 종류의 언어로 작성된 경우 이러한 각 언어본은 모두 정본
(authentic text)이 되지만, 각 정본 간 해석상 이견이 존재하는 경우에는 특정 정본이
우선한다는 규정을 두는 것이 일반적이다. 가령 한국과 중국이 조약을 체결하는 경우
정본은 한국어본·중국어본·영어본이 작성되는 것이 일반적인데, 한국어본과 중국어
본 간 해석상 이견이 존재하는 경우 영어본을 따르기로 하는 조항을 조약에 포함시키
게 된다. 두 나라 모두 영어를 모국어로 사용하지는 않지만, 교섭 자체는 영어로 진행
되는 것이 일반적이므로 정본간 충돌이 발생하는 상황에서 교섭 과정에서 정확히 어
떠한 의미로 논의되었는지 확인하기 위하여 부득이 영어본을 참조하게 되는 것이다.

제5장

국가의 관할권 행사

관할권(jurisdiction)은 국가가 어떤 사람이 나 사건에 대해 영향력을 행사할 수 있는 권한으로, 국제법상 국가주권이 발현되는 가장 대표적인 모습이다. 이때의 관할권은 **광의의 관할권**으로서, 국제법원이나 국내법원이 구체적인 사건에 대하여 재판할 권리를 의미하는

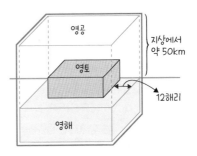

협의의 관할권과 구별된다. 국가가 관할권을 행사할 때는 '**관할권 원칙**'이라 불리는 기본적인 원칙을 지켜야 한다. 예컨대 국가는 자국 영역 ─앞에서 '큐빅박스'라고 시각화한 바 있다─ 내에서만 사람을 체포하고 처벌할 수 있다. 관할권 원칙은 조약이 아닌 **관습국제법**의 중요한 내용으로서 국제법의 핵심 사항을 구성한다.

Ⅰ 입법관할권과 집행관할권

1. 의의 및 관계

국제법상 관할권 원칙은 다시 두 가지로 나뉜다. 바로 입법관할권(prescriptive jurisdiction)과 집행관할권(enforcement jurisdiction)이다. **입법관할권**이 자연인과 법인 등에 대해 법을 만들고 적용할 수 있는 관할권을 말한다면, **집행관할권**은 그렇게 형성된 법을 집행할 수 있는 관할권을 말한다.[1]

---

1 정인섭, 앞의 주 5, 209-211면 참조.

- "'우크라 참전' 탈영·무단출국 한 해병대원 체포…구속될 듯"[2]
  - 휴가 도중 무단 출국해 우크라이나 입국을 시도했던 해병대 병사 A씨가 25일 한 달여 만에 체포됐다. 해병대 수사단은 이날 인천국제공항을 통해 입국한 A씨를 공항에서 체포한 뒤 포항으로 압송했다.
  - 무단출국 이후 군 당국은 한때 A씨의 행적을 파악하는 데 어려움을 겪었으나, A씨와 연락이 닿은 후로는 지속적으로 그에게 귀국을 설득해 왔다.
  - A씨는 "러시아군이 우크라이나 어린이집을 포격했다거나 민간인을 무차별 학살한다는 뉴스를 계속 봤다"며 "한국법을 어기더라도 일단 가서 도와야 한다는 생각밖에 안 들었다"고 출국 배경을 설명했다.

실제 사례를 보며 생각하는 것이 도움이 될 것이다. 2022년 3월 해병대원 A씨가 러시아-우크라이나 전쟁에서 의용군으로 참전하고자 무단으로 출국했다. A씨는 폴란드에서 우크라이나 진입을 시도하다 해병대의 설득에 따라 귀국했다. 여러 기사에 의하면, 우리 사법 당국이 국외에 있는 A씨를 체포·압송해 올 수 없었다고 한다. A씨를 설득해서 국내로 데려오는 것이 유일한 방법이었다는 것이다. **왜 당장 폴란드에 있는 A씨를 체포하지 못하고 설득할 수밖에 없었는가?** 바로 대한민국 큐빅박스 밖에는 **대한민국의 집행관할권이 미치지 않기 때문이다.** 이 경우 A씨를 데려오기 위해서는 1) 큐빅박스의 주권자인 폴란드가 자신의 권한으로 A씨를 체포해서 우리나라로 보내도록 하거나, 2) A씨를 설득하여 자발적으로 우리나라로 돌아오게 해야 했다.

현실에서는 둘 다 상당히 곤란한 방법이다. 폴란드는 옆 나라에서 전쟁까지 난 마당에 A씨를 체포해서 보내주는 데에 관심이 있을 리 만무하다. 설령 관심이 있다 하더라도, 유럽 국가들은 인권침해 요소에 민감하기 때문에 외국인을 체포, 추방하는 데에 복잡한 절차가 소요된다. 또, 이 사안에서는 A씨가 자발적으로 귀국하긴 하였으나 무단으로 출국한 자가 처벌을 감수하면서까지 스스로 걸어 들어오는 일은 많지 않을 것이다.

그렇다면 대한민국이 A씨를 잡아 올 수는 없어도 **돌아온 A씨를 처벌할 수 있는 이유**는 무엇인가? 바로 **입법관할권은 대한민국 외에도 미치기 때문이다.** 폴란드에서도 대한민국 법률 위반은 일어난다. A씨는 폴란드에 있는 와중에 부대로 복귀하라는 상관의 명령을 어김으로써 대한민국의 군형법을 여러 차례 위반했다. 그렇기에 A씨가 국내로 들어와 신병이 확보되면 처벌이 가능한 것이다.

---

2 이혜영, ""우크라 참전" 탈영·무단출국한 해병대원 체포...구속될 듯", 『시사저널』, 2022. 4. 25., <https://www.sisajournal.com/news/articleView.html?idxno=237358> (최종방문: 2023. 8. 31).

위 사례에서 볼 수 있듯이 '그곳에 대한민국 법이 적용되는가?'의 문제와 '그곳이 대한민국 법을 집행할 수 있는 큐빅박스 안인가?'의 문제는 서로 다른 문제이다. 다시 말해 입법관할권은 그곳에 있는 사람이 우리나라 법을 위반할 수 있는가의 문제인 반면, 집행관할권은 우리나라가 그곳에 있는 사람을 체포·구금·기소·처벌할 수 있는가의 문제이다. **입법관할권과 집행관할권이 결합되어야** —즉 대한민국 법 위반이 발생하고 그 위반자의 신병을 확보(체포·구금)할 수 있어야— **처벌이 가능하다.**

입법관할권과 집행관할권은 상당히 밀접한 관계에 있다. 애초에 법 위반이 발생하여야 그 위반자를 체포·구금할 수 있기 때문에 입법관할권이 없으면 집행관할권은 행사될 여지가 없다. 즉 **입법관할권이 먼저 형성되어야 집행관할권이 형성**되며, 입법관할권 행사에 문제가 있다면 이를 토대로 한 집행관할권은 자동적으로 문제가 있게 된다.

반면 집행관할권이 없어도 입법관할권이 있는 경우는 많다. 위에서 봤던 A씨의 사례처럼 말이다. 입법관할권이 있어도 집행관할권에 흠결이 있으면 내국인의 국외범을 처벌하지 못하는 문제가 있는데, 이를 극복하기 위한 장치가 바로 범죄인인도조약(extradition treaties)이다. 이에 관해서는 후술할 것이다.

2. 입법관할권 행사의 기본 원칙

입법관할권이 있는지는 '**연관성**(nexus)'이라는 개념을 통해 판단한다.[3] 법 위반이 발생하였을 때, 그 위반 행위가 대한민국과 합리적 '연관성'이 있다면 대한민국 법률을 적용할 수 있다. 연관성이 인정된다는 것은 속인주의(nationality principle), 속지주의(territoriality principle), 수동적 속인주의(passive personality principle), 보호주의(protective principle), 그리고 보편주의(universality principle)의 5가지 중 하나에 해당된다는 것을 의미한다. 관습국제법상 연관성은 이 5가지 외에는 없다. 후술하겠지만 일부 국가들이 관할권을 확대하기 위해 연관성을 무리하게 6~7가지로 확

---

3 반면 집행관할권은 영토와 부착되어 있어 판단이 매우 간단하다. 가령, 기술력이 발달한 요즘에는 GPS를 통해 중국 어선이 한국의 영해에 들어왔는지, 러시아 군용기가 한국 영공을 침범하였는지 바로 확인할 수 있다.

장하려고 하면서 문제가 되고 있다.

속인주의는 자국민이 국내외 어디에 있든 그 **국민**의 행위에 대해 국적국가가 입법관할권을 행사한다는 원칙이다.[4] 대한민국은 속인주의에 따라 한국인이 저지른 범죄에 대해 입법관할권을 행사할 수 있다.

속지주의는 행위자의 국적과 관계없이 국가가 **자국 큐빅박스 내**에서 발생한 사건에 대해 입법관할권을 행사한다는 원칙이다. 이때 큐빅박스는 영토, 영해, 영공 및 자국 선박과 비행기, 우주선을 포함한다.[5] 범죄가 한국에서 발생한 경우 대한민국은 범죄자의 국적을 불문하고 속지주의에 따라 입법관할권을 행사할 수 있다.

수동적 속인주의는 외국인이 외국에서 **자국민을 대상**으로 행한 범죄에 대해 국적 국가가 입법관할권을 행사한다는 원칙을 말한다.[6] 이 원칙은 때로는 '피해자 국적주의'라고도 불린다. 범죄의 피해자가 한국인인 경우 대한민국 정부는 수동적 속인주의에 따라 입법관할권을 행사할 수 있다.

보호주의는 외국에서 외국인이 행한 행위가 **중대한 국가적 이익을 침해**하는 경우 국가가 관할권을 행사할 수 있다는 원칙이다.[7] 이는 개인이 아닌 국가 자체를 상대로 범죄를 계획하고 실행하는 경우이다. 예컨대 누군가 해외에서 대한민국의 원화를 가짜로 찍어내거나, 인터넷 망과 금융망을 해킹하거나, 정부를 전복시킬 음모를 꾸미거나, 국가중요시설에 대해 폭탄 테러를 계획하는 경우 보호주의가 적용된다.

보편주의는 **강행규범과 연관된 사안**에 대해 세계 **모든 국가**가 입법관할권을 가진다는 원칙이다. 범죄 발생지나 행위자의 국적과 관계없이 해당 범죄의 성격으로 인해 어느 국가나 관할권을 행사할 수 있게 된다.[8]

위의 연관성 개념에 비추어 다음 사례들에서 입법관할권이 있는지 생각해 보자. 이태원에서 미국 국적자 두 명이 싸우다가 서로를 폭행한 경우, 대한민국은 입법관할권이 있는가? 그렇다. 행위지가 대한민국 영토이므로 속지주의가 적용되

---

4 정인섭, 앞의 주 5, 218면.

5 상게서, 216면.

6 상게서, 222면.

7 상게서, 220면.

8 상게서, 225면.

기 때문이다. 반대로 텍사스에 있는 삼성전자 공장에서 한국 국적자 둘이 싸우다 서로 폭행한 경우 미국은 입법관할권이 있는가? 그렇다. 마찬가지로 행위지가 미국 영토이므로 속지주의의 적용이 있기 때문이다.

위 사례들에서는 사실 대한민국과 미국 모두가 입법관할권을 행사할 수 있다. 행위자가 한국인일 경우 대한민국이, 미국인일 경우 미국이 속인주의에 따라 입법관할권을 행사할 수 있기 때문이다. 예컨대 미국인이 독일에서 프랑스인을 폭행한 경우 미국은 속인주의에 따라, 독일은 속지주의에 따라, 프랑스는 수동적 속인주의에 따라 입법관할권을 중첩적으로 행사할 수 있다. 특히 지금과 같이 국제화된 시대에는 **입법관할권의 경합**이 더욱 빈번하게 발생한다. 입법관할권이 경합하는 경우 결국 행위자의 신병, 즉 집행관할권을 확보한 국가가 궁극적으로 행위자를 처벌하게 된다.

판례 **Eichmann Case**[9]

아이히만은 유태인을 집단 학살하였던 나치 친위대의 고급 장교이자 홀로코스트 범행 참여자이다. 2차 대전 종결 이후 아르헨티나에 숨어 살던 아이히만은 이스라엘 비밀요원에 의해 납치되어 이스라엘에서 재판에 회부되었다.[10]

아이히만은 이스라엘은 자신의 범행 당시 존재하지 않았던 국가이므로 재판권이 있을 수 없다고 주장했다. 그러나 재판부는 **이스라엘이 아이히만의 범행에 대해 보편주의적 관할권을 갖는다**고 판단하였다. 또한 재판부는 **유태인 피해자에 대한 보호주의적 관할권 역시 인정**하였다. 아이히만의 범죄는 유태인에 대한 범죄인데, 이스라엘은 유태인의 국가이므로 아이히만의 범죄와 이스라엘 사이에 연관성이 인정된다는 논리였다.

---

3. 집행관할권 행사의 기본 원칙

이제 입법관할권과 구별되는 집행관할권을 살펴보자. 크게 두 가지 측면에서 집행관할권의 특징을 이해할 필요가 있다.

---

9 Eichmann Case에 대한 설명은 상게서, 220면 참조.

10 납치 부분은 아래 위장된 인도에 관한 부분에서 살펴볼 것이니, 여기서는 입법관할권 문제에 초점을 맞추기로 한다.

먼저 **집행관할권은 반드시 입법관할권에 의존한다.**[11] 집행관할권은 입법관할권이 타당하다는 전제에서만 그 타당성이 인정되므로 집행관할권만 별도로 존재할 수는 없다. 그렇기에 관할권 원칙을 위반한 입법관할권 행사는 그 자체가 문제일 뿐만 아니라, 집행관할권과도 연결된다. 이를 통해 만들어진 법을 구체적인 사안에 적용해 강제력을 행사한다면 이러한 '집행'도 당연히 관할권 원칙에 위반되기 때문이다.

다음으로, **집행관할권은 원칙적으로 관할권 행사국의 큐빅박스 내로 국한된다.**[12] 큐빅박스 밖에서는 설사 자국민을 체포한다 하더라도 관습국제법 위반이다. 당연하지만 서울에는 미국 경찰이 없고, 워싱턴에는 한국 경찰이 없다. 물론 공해상의 해적선이나 노예매매선은 어느 국가든 단속할 수 있긴 하지만, 이러한 예외적인 경우를 제외하고는 집행관할권은 해당국의 영역 내에서만 행사할 수 있다. 바로 이러한 집행관할권의 한계를 극복하기 위해 우리나라를 포함한 여러 국가는 최근 범죄인인도조약이나 형사사법공조조약(mutual legal assistance treaties)을 체결하고 있기도 하다. 주권의 공간을 넘어서는 영역에서의 법 집행을 위해서는 다른 국가의 도움이 필요하기 때문이다.

그런데 이런 의문이 들 수도 있다. 언론에 보도되는 바와 같이 한국 경찰이 필리핀 경찰과 함께 마닐라에서 한국인 범죄자를 찾으러 다니지 않는가? 이는 어떻게 설명할 수 있는가? **주권**은 권리이고, 모든 권리는 원칙적으로 **양도와 포기가 가능**하다. 따라서 필리핀 정부가 자국의 필요에 따라 한국 정부에 자발적으로 요청하여 한국 경찰이 마닐라에서 범죄자를 추적·체포하게 되는 것은 법적으로 문제될 것이 없다. 심지어 한국·일본·독일에는 수만 명의 미군이 주둔해 있기도 하다. 이러한 외국군대의 주둔은 주권이라는 압도적인 권한을 가진 각각의 국가가 동의한 것이므로 법적으로 문제되지는 않는다.

또한 권리 위에서는 누구나 잠을 잘 수도 있다. 관할권 행사 역시 국가가 지닌 권리의 하나로, 관할권을 가진 국가가 그 권한을 행사하지 않으면 외교적·정치적으로는 문제가 될지언정 법적으로는 문제가 없다. 소말리아 해적을 떠올려 보

---

11 정인섭, 앞의 주 5, 210면.
12 상게서.

자. 보편주의에 따라 모든 국가는 강행규범 위반인 해적행위에 대해 입법관할권을 가진다. 그런데 많은 국가는 해적이 심지어 자국 큐빅박스 안으로 들어오더라도 집행관할권을 행사하지 않는다. 해적을 일일이 처벌하기 힘들고 비용도 많이 들기 때문이다. 우리 정부도 2011년 석해균 선장을 비롯한 우리 국민이 소말리아 해적들로부터 직접 피해를 보았을 때 움직였을 뿐, 그 외의 경우에는 굳이 나서서 사법 인력을 동원하려 하지 않는다는 점도 이러한 현실을 반영한다. 국가들의 이러한 태도가 정치적으로 비판받을 수 있음은 별론으로 하더라도 국제법 위반은 아니다. 보편주의가 적용되는 사안에서 국가들이 실제 행위자를 처벌할 유인이 없다는 점은 국제사회의 큰 문제이다.

시사 **중국 공안 살해범 송환**

- "조선족 → 한족 → 한국인 신분 세탁한 30년 전 중국 공안 살해범 송환"[13]
  - 조선족인 김모 씨는 1993년 복수심에 중국 공안을 살해한 후 도피 생활을 이어갔다. 김 씨는 한족 왕 씨로 신분을 세탁하고 위조여권으로 2012년 한국에 들어와 일용직을 전전했으며, 유전자 검사로 한국 국적자이던 어머니의 친자인 점을 확인받아 한국 국적을 취득했다.
  - 김 씨가 한국으로 출국했다는 첩보를 입수한 중국 공안은 한국 경찰에 그 사실을 통보했다. 한국 경찰은 조사를 거쳐 왕 씨가 중국에서 범죄를 저지른 김 씨임을 확인하고 2019년 김 씨를 체포해 대전출입국외국인사무소로 넘겼다.
  - 출입국외국인사무소는 김 씨가 국내 입국 과정에서 서류를 위조한 혐의 등을 적용해 그를 중국으로 추방하려 했으나, 김 씨가 행정심판을 청구함에 따라 바로 추방하지는 못하였다. 중국에서 공안 살해범은 통상 사형을 선고받기 때문에 김 씨는 어떻게든 송환을 피하려 했다. 하지만 2022년 대법원이 심리불속행기각 판결을 내리며 김씨는 결국 중국으로 송환되었다.
  - '한 명 보내면 한 명 받는다'는 국제 공조수사의 암묵적 원칙에 따라 향후 중국에서 도피 중인 한국인 범죄자를 유사한 방식으로 송환받을 수 있을 것으로 기대된다.

---

13 김기윤, "[단독]조선족→한족→한국인 신분 세탁한 30년 전 중국 공안 살해범 송환 [사건 Zoom In]", 『동아일보』, 2022. 5. 18., <https://www.donga.com/news/Society/article/all/20220518/113468246/1> (최종방문: 2023. 8. 31).

중국 공안이 한국에 있는 김 씨를 직접 체포할 수 없어 한국 경찰에 수사 공조를 요청한 사안이다. 기사에 범죄인인도조약이 언급되지 않은 것으로 보아, 김 씨가 범죄인인도조약과 관계없이 송환된 것으로 보인다. 아마도 허위 신분으로 한국 국적을 취득한 사실이 밝혀져 국적이 박탈된 후 불법체류자로서 강제추방 형식으로 송환되었을 것이다. **중국 공안은 한국 정부의 동의 없이는 한국 영역 내에서 강제력을 행사할 수 없다**는 점, 범죄인을 송환하는 방법은 범죄인인도조약으로 한정되지 않는다는 점을 알 수 있다.

판례 **I'm Alone Case**

이 사건은 미국과 캐나다 간 중재(arbitration)[14] 사건이다. 20세기 초 미국의 금주령 시대, 미국의 갱단들은 밀주를 제조하거나 밀수한 후 판매함으로써 많은 돈을 벌어들였다. 특히 캐나다와 멕시코로부터 활발하게 밀수가 이루어졌는데, '아임 얼론'호는 이러한 밀수에 동원된 캐나다 선박이었다.

1919년, 금주령이 최정점에 이르렀을 때 아임 얼론호는 미국 영해 내에서 밀수에 관여하다 미국 해안경비대 선박에 발각되었다. 아임 얼론호가 그대로 도주하자, 미국 해안경비대 선박인 월콧호가 추적을 개시하였다. 그러나 이윽고 연료 소진으로 추적은 한계에 부딪혔고, 덱스터호가 바톤을 넘겨받아 아임 얼론호를 추적하기 시작했다. 덱스터호는 결국 아임 얼론호를 공해상에서 발견하고 격침시켰다. 이 과정에서 사망자가 발생하면서 미국과 캐나다 사이에 분쟁이 발생하였다.

문제되었던 사항은 **추적권**이 적절히 행사되었는가 하는 점이다. 추적권이란 무엇인가? 각국은 원래 자국 큐빅박스 내에서 집행관할권을 행사할 수 있다. 이 때문에 원칙적으로는 자국 영해 내에서만 선박 나포가 가능하다. 공해는 어떤 국가의 전속적 관할에도 속하지 않고, 공해상의 선박에 대해서는 기국주의가 인정되어 기국(그 선박이 소속되어 그 국기를 게양하고 있는 국가)이 관할권을 갖기 때문이다.[15]

추적권은 기국주의의 예외로, **추적국의 영해에서 법령을 위반한 외국 선박을 공해상까지 계속 추적하여 나포할 수 있는 권리**다. 추적권이 영어로 "right of hot pursuit"이라는 데에서 알 수 있듯이 추적권의 핵심은 '추적의 계속(hot)'이다. 추적이 끊이지 않고 계속되면 영해에서 형성된 관할권이 그대로 연결되어 공해까지 확장된다는 개념이다. 이러한 권리는 아임 얼론호 사건 당시에는 관습국제법으로 인정되고 있었고, 현재는 1982년 해양법에 관한 UN 협약 제111조에 규정되어 있다.

---

14 중재를 비롯한 분쟁해결절차에 대해서는 제9장에서 다룬다.

15 김종구, "UN해양법협약상 추적권 행사의 요건에 관한 고찰 - 상선 사이가(M/V Saiga)호 및 불심선 사건과 관련하여 -", 『해양환경안전학회지』, 제14권 제2호 (2008), 197면.

- 해양법에 관한 UN 협약 제111조 (추적권)
  1. 외국선박에 대한 추적은 연안국의 권한있는 당국이 그 선박이 자국의 법령을 위반한 것으로 믿을 만한 충분한 이유가 있을 때 행사할 수 있다. 이러한 추적은 외국선박이나 그 선박의 보조선이 추적국의 내수·군도수역·영해 또는 접속수역에 있을 때 시작되고 또한 추적이 중단되지 아니한 경우에 한하여 영해나 접속수역 밖으로 계속될 수 있다. (후략)

캐나다는 월콧호가 추적을 중단하고 이를 승계한 덱스터호가 나포하였으므로 추적이 계속되지 않았다고 주장했다. 그러나 재판부는 **월콧호가 추적을 중단한 후 덱스터호가 곧바로 추적을 이어갔으므로 추적의 계속이 인정된다**고 판단하였다. 요컨대 도중에 선박을 바꾸어도 추적권 행사가 합법적이라는 것이다. 미국은 이렇듯 추적권에 관한 핵심 쟁점에서는 이겼지만, 결과적으로는 아임 얼론호를 침몰시켜 사망자까지 발생하게 한 것이 과잉대응이라는 이유로 국가책임을 부담하여야 했다. 결국 미국은 손해배상을 하였다.

이때 월콧호의 추적 중단 후 하룻밤이 지난 뒤 덱스터호가 추적에 나섰다면 어떤 결과가 발생하는가? 아마 추적의 계속이 인정되지 않았을 것이다. 그러나 오늘날에는 GPS로 24시간 추적이 가능하기 때문에 GPS만 걸어두면 배 자체는 하룻밤을 쉬어도 추적의 계속이 인정될 수도 있을 것이다. 기술 발전에 발맞추어 추적권도 이에 부합하게 발전적으로 해석될 수도 있을 것이다.

Ⅱ 국내법의 역외적용

1. 의의

세계 여러 국가는 어떻게 하면 자신의 큐빅박스를 계속 넓힐 수 있을지 고민한다. 관할권을 넓혀야 자국법의 효용성을 높이고 규제권도 행사하고 과세권도 확대할 수 있기 때문이다. 어찌보면 전쟁을 통해 침공 영토를 확장하려는 것도, 국가들이 북극해를 개발하거나 달에 가려고 하는 것도 각각 자신의 큐빅박스를 넓히기 위함이다. 이와 동시에 국가들은 타국이 근거 없이 관할권을 확대하려 하는 것을 탐탁지 않아 한다. 가령 우리나라가 미국인이 미국에서 미국인을 상대로 일으킨 행위를 처벌하려 한다면, 미국은 이에 반대하며 한국이 관습국제법상 관할권 원칙을 위반하고 있다고 주장할 것이다.

따라서 관할권에 관한 여러 형태의 국가들간 다툼 중 가장 흔한 형태는 '혹시 A국이 연관성(nexus) 없이 입법관할권을 행사하고 있지는 않는가'에 관한 것이다. 어떤 사건과 국가 사이에 연관성이 인정되는 경우는 속지주의, 속인주의, 수동적 속인주의, 보호주의, 보편주의의 5가지뿐이다. 이 5가지 외의 사유로 연관성이 있다고 주장하면서 입법관할권을 행사하면 전형적인 관습국제법 위반이 된다. **국내법의 역외적용**은 이와 같이 **연관성 없이 입법관할권을 행사**하는 것을 일컫는 말이다.16 많은 국가들이 애매하게 자국 역외에 적용되는 법을 만들고서는 위 5가지에 포함된다고 강변하고 있는데, 이에 대해 다른 국가들은 이러한 법률이 위 5가지를 벗어난다고 주장함에 따라 서로 분쟁이 발생하는 것이다.

전통적으로 어떤 국가의 입법관할권 행사가 국내법의 역외적용에 해당하는지 여부는 물리적 국경을 기준으로 논의되어 왔다. 그러나 오늘날 국제화가 가속화되어 국경 없는 시대가 도래함에 따라 국내법의 역외적용인지를 가리는 작업도 점차 어려워지고 있다. 이를 보여주는 대표적인 사례가 **OECD에서 논의되어 2021년 10월 합의에 이른 해외 ICT 기업에 대한 과세**이다. 한국 정부가 미국의 ICT 기업에 대해 세금 및 소비자보호 조치를 부과하려고 하자 미국은 국제법 위반이라면서 반대하였다. 한국 정부는 이들 ICT 기업이 한국에서 벌어들이는 수익에 비해 세금을 거의 납부하지 않고 있고, 소비자보호 조치도 제대로 하고 있지 않으므로 한국 국내법에 따라 세금 등을 부과하고 규제하겠다는 입장이다. 반면 미국 정부는 이들 기업들과 한국 간 영토적 연결성이 없으므로, 한국법을 적용하여 세금을 부과하는 것은 연관성이 없는 입법관할권 행사로서 부당한 국내법의 역외적용이라는 입장을 견지하였다.

---

16 언어적으로만 보면, 마치 '국내법의 역외적용'이란 외국에서 벌어진 법 위반 행위에 국내법을 적용하는 모든 경우, 즉 국내법에 합치하는 입법관할권 행사까지 포함하는 것으로 읽힐 소지가 있다. 그러나 국내법의 역외적용은 기본적으로 국제법 위반이라는 전제를 담고 있는 표현임에 유의하자.

나는 한국에 간 적도 없긍시령..
한국인들에게 우리 영화를 보라고 한 적도 없긍시령..
사이버 공간에 콘텐츠를 올려두었더니
한국인들이 스스로 접속해서 돈 내고 가져간 것뿐이긍시령..

위와 같은 상황에 대해 누구의 말이 맞는지 판가름할 선례가 없다. 이전에 국내법의 역외적용은 물리적 국경을 기준으로 논해졌지만, 시대가 변화하면서 역외적용이라는 개념도 새로운 환경에 직면하게 되었다. 디지털 사회의 도래에 따른 중대한 변화이다.

2. 영향이론의 형성

최근 국제사회에서 국내법의 역외적용과 관련하여 주로 검토되는 것은 속지주의 원칙이다. 속지주의는 주관적 속지주의와 객관적 속지주의 두 가지로 나뉜다. **주관적 속지주의**란 범행의 시작과 결과가 각기 다른 국가에서 발생한 경우, 범행이 시작된 국가가 관할권을 행사하는 것이다. 반대로 **객관적 속지주의는 범행의 시작과 결과 발생이 다른 국가에서 이루어진 경우, 결과 발생 지점의 국가도 관할권을 행사할 수 있다는 것이다.** 캐나다에서 총을 쏘아 나이아가라 폭포 저편인 미국 영토에 있는 사람을 맞힌 경우, 범행 시작 지점은 캐나다이지만 결과 발생 지점은 미국이 된다. 이때 캐나다는 주관적 속지주의에 따라 입법관할권을 갖지만, 미국은 객관적 속지주의에 따라 입법관할권을 갖는다. 객관적 속지주의도 속지주의로서 5가지 연관성의 범주 내에 포함되므로 이때 부당한 국내법의 역외적용 문제는 발생하지 않는다.

문제는 미국을 비롯한 국가들이 수십 년에 걸쳐 이 **객관적 속지주의 개념을**

확대해 왔다는 점이다. 미국은 **외국에서 벌어진 행위가 자국에 '영향을 끼치면' 객관적 속지주의에 따라 관할권을 행사할 수 있다고** 주장하였다. 이러한 미국의 태도에 대해 외국 정부는 국내법의 역외적용이라고 비판하였다. 국가들끼리 많은 다툼을 벌였지만, 점차 많은 국가가 미국의 모델을 좇아가게 되었다. 객관적 속지주의의 확대가 차츰 양성화된 것이다. 오늘날 독점금지법, 반부패처벌법, 증권시장규제법 등 화이트칼라 범죄에 있어서는 많은 국가들이 자국에 영향을 미친다는 이유만으로 관할권을 행사해 이를 처벌하고 있다. 이처럼 화이트칼라 범죄에서 국내법의 역외적용에 대해 관대한 태도가 자리함에 따라 그 자체가 새로운 규범이 되었다. 이렇게 확대된 객관적 속지주의 개념에는 '**영향이론**(effect doctrine)'이라는 이름이 붙었다. 자국에 영향만 미쳐도 관할권을 행사할 수 있다는 취지가 바로 드러나는 이름이다. 현시점에서는 이미 많은 국가가 영향이론을 원칙적으로 받아들이고 있으며, 영향이론을 어느 영역에까지 적용할지와 같은 구체적 문제만이 남은 상태이다.

영향이론이 적용되면 어떤 일이 발생하는가? 세탁기 시장에서 압도적 세계 1위인 A국 기업 알파사와 베타사의 대표이사가 내년도 세탁기 가격을 자국 땅에서 합의하였다고 가정해 보자. 이러한 행위는 전형적인 가격 담합이다. 가격담합행위는 우리나라 등 여러 나라에서 독점규제 및 공정거래에 관한 법률(이하 "공정거래법")에 의해 처벌받지만, 일단 위 담합행위가 A국에서는 처벌되지 않는다고 가정해 보자. (실제로 화이트칼라 범죄 중 일부 국가에서만 처벌받는 행위도 많다.) 알파사와 베타사는 A국 영토 내에서 A국 국내법에 합치하는 방식으로 가격을 논의했다. 그런데 영향이론에 의하면 이 행위로 인해 자국 세탁기 가격에 영향을 받은 B국도 높은 확률로 알파사와 베타사를 처벌할 수 있게 된다.[17] 전 세계가 연결된 오늘날에는 두 기업의 수출 행위로 인해 B국 시장에 가격 합의의 효과가 미칠 수밖에 없기 때문이다.

국내법의 역외적용은 항상 다른 국가와의 갈등을 초래하는 쟁점이라 아니할

---

17 물론 집행관할권이 확보되어야 처벌할 수 있고, 영향이론에 따라 입법관할권이 있다고 하여 반드시 집행관할권이 있는 것은 아니다. 다만 대기업은 해외에 많은 자회사를 두고 있기 때문에 타국이 집행관할권을 행사할 수 있는 경우가 일반적이다.

수 없다. 역외적용을 시도하는 국가는 국외적·국제적 요소를 갖는 행위를 처벌할 필요성에 초점을 두는 반면, 상대국은 자국에 대한 주권 침해를 우려할 수밖에 없기 때문이다. 국내법의 역외적용이 민감한 문제이니 만큼 그 이론적 기초를 제공하고 있는 영향이론을 정확하게 이해할 필요가 있다.

3. 영향이론의 이해

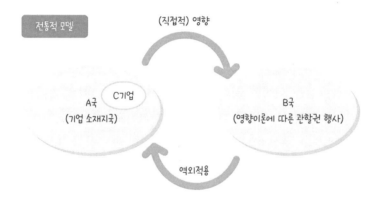

이에 따라 영향이론의 전통적 모델을 도식화하면 위와 같다. 여기에서 B국이 A국에 소재한 C기업에 대해 입법관할권을 행사할 수 있는 근거는 C기업의 행위가 B국에 영향을 초래한다는 점이다. 그렇다면 이러한 전통적 모델에서 '**영향**'이란 무엇을 의미하는가?

먼저, **영향은 직접적이고 침해적이어야 한다.** 원래 객관적 속지주의가 영토를 넘어서 이루어지는 범죄행위 —가령, 국경을 넘는 총격 행위— 를 그 출발점으로 하는 만큼, 전통적 모델은 이에 준하는 정도의 직접적이고 물리적인 영향을 전제한다고 할 것이다. 영향이 직접적·침해적이라고 평가되기 위해서는 현실적으로 행위와 영향 간에 최소한의 **인과관계**가 존재하여야 한다.

국제법에서 말하는 '영향'이 일체의 영향, 추상적 영향 내지 상정 가능한 모든 형태의 영향이 아니라는 점은 여러 곳에서 확인되고 있다. 일례로 '초국경적 손해'의 개념에 대한 UN 국제법위원회(ILC)의 판단을 살펴보자. 최근 국제 하천의 상류국이 하천을 개발하여 하류국에 피해를 주거나, 오염물질이 다른 나라에 전해

지거나, 타국에 팬데믹 바이러스가 확산되는 등의 일들이 벌어지고 있다. 이에 따라 국경을 넘어 주변국에 피해를 준 국가가 법적 책임을 부담하는지에 관해 국가 간 다툼이 이어지고 있다. 이에 대해 ILC는 '초국경적 손해' 개념이 국가의 "사회·경제적 영역 또는 이와 유사한 영역에서의 국가정책(state policies in…socio-economic or similar fields)"에 따른 국경을 넘는 '파급효과를 포함하는 것은 아니라고' 설명하고 있다.[18] 요컨대 **일국의 사회·경제 분야 국가정책에 따른 파급효과로 인접국에 손해가 발생한 경우 '초국경적 손해'에 해당하지 않는다**는 것이다. 이는 **광범위하고 추상적인 손해에 대해 국제법적 책임을 묻는 것이 적절하지 않다**는 취지이다. 급속한 국제화로 모든 국가들이 밀접하게 연결된 사회에서 추상적인 손해 개념을 인정하면, 결국 모두가 모두에 대해 책임을 물을 수 있게 된다는 불합리한 결론에 이른다는 점을 인식한 것으로 보인다. 이러한 논의는 '손해'뿐만 아니라 영향이론이 말하는 **'영향' 개념에 대해서도 마찬가지로 타당하다.**

특히 광범위하고 추상적인 영향에 기초한 관할권 행사의 또 다른 문제점은, 위법성을 인식하지 못하는 외국인과 기업에 대해 관할권을 행사할 수 있게 된다는 점이다. 외국시장에서 활동하는 외국인과 기업은 자신들의 행위가 특정 국가의 관할권 아래 놓일 수 있음을 생각하지 못하는 경우가 있을 것이다. 그러므로 자신들의 행위가 다른 국가에서는 위법일 수 있다는 것을 고려하지 않는 경우도 많을 것이다. 이런 상황에서 영향이론을 확장해 관할권을 행사하면 해당 기업의 국적국과 관할권 행사국 간 분쟁이 발생할 가능성이 그만큼 높아지게 된다.

다음으로, 영향이론에서 말하는 **영향은 관할권 행사국에 대한 영향만을 의미한다.** 한 국가의 관할권이 국내를 넘어 제3국, 인접국, 또는 전 세계까지 영향을 미친다면 어떤 결과가 발생하겠는가? 미국 연방준비위원회가 기준금리를 0.50% 포인트 인상한 다음 날 우리 증시에 미치는 영향을 생각해 보자. 국제화 시대에는 한 국가에서 일어난 일이 다른 국가에 영향을 미치지 않는 상황을 상정하기 어렵다. 결국 영향 개념의 확대는 모든 국가가 모든 이슈에 대해 관할권을 행사할 수

---

18 *See* International Law Commission, Draft articles on Prevention of Transboundary Harm from Hazardous Activities, with commentaries, Yearbooks of the International Law Commission, Vol. II, Part Two (2001) (이하 "초국경적 손해 방지에 관한 규정 초안") para. 16.

있는 일종의 '보편주의'로 잘못 이어질 공산이 크다. 국제법상 보편주의는 오로지 강행규범 위반 사안에 대해서만 제한적으로 적용된다는 점에서, 위 논의의 귀결은 관할권 원칙의 기본 골격에서 벗어나게 된다.

한편, 자국 기업이 해외시장에서 피해를 보고 있으므로 확대된 관할권을 행사할 수 있다는 논리를 내세우게 되면 이는 자칫 '수동적 속인주의'의 발현으로 이어질 수도 있다. 보편주의와 마찬가지로 수동적 속인주의 역시 영향이론과는 상관없는 별도의 관할권 원칙이다. 그러므로 피해자 구제의 개념으로 영향이론을 구성하는 것 역시 국제법상 기본원칙과 구조적인 충돌 문제를 야기한다.

그렇다면 영향이론을 근거로 입법관할권을 행사하는 경우 **입법관할권과 집행관할권의 유기적 관계**가 어떻게 되는지 살펴보자. 앞서 보았듯이 입법관할권의 행사가 타당한 한도 내에서만 집행관할권의 행사도 타당할 수 있다. C기업에 적용되는 법을 만들 수 있다는 전제하에 그 법을 C기업에 대해 집행할 수 있기 때문이다. 이러한 논리의 연장선상에서 생각해 보면, B국이 'C기업이 특정한 법률을 위반하였다'는 것을 근거로 입법관할권을 확보해 놓고 전혀 다른 이유로 처벌 조치를 부과하는 것은 허용되지 않는다. 가령 C기업이 B국 인터넷망을 해킹했다는 이유(보호주의)로 B국 정보통신망법을 적용하겠다고 해 놓고서는, 집행 단계에서 이를 벗어나 C기업 대표이사를 사기죄(수동적 속인주의가 문제 될 것이다)로 처벌할 수는 없는 노릇이다.

영향이론에 관해서도 마찬가지로 최초 **입법관할권 행사의 근거가 영향이론이었다면 집행 조치도 그 근거하에 이루어져야 한다.** 예컨대 C기업이 담합 행위를 통해 B국 시장에 '영향'을 끼쳤다는 이유로 입법관할권을 확보해 놓고 집행 단계에서 담합과 전혀 관련이 없는 성격의 제재를 해서는 안 된다. 사실 이러한 부분은 우리 공정거래위원회 운영지침에도 반영되어 있다. 위반 행위를 시정하기 위해 부과되는 시정조치는 실효성, 연관성, 명확성과 구체성, 그리고 이행 가능성을 담보하여야 하고, 나아가 위반 행위의 내용과 정도에 비례한 것이어야 한다는 점을 밝히고 있다.[19]

정리하면 관할권 문제를 다룸에 있어서는 최초 입법관할권 행사의 근거가 무

---

19 공정거래위원회 시정조치 운영지침 (2018. 8. 21. 공정위 예규 제307호, V. 1. 가, 마항).

엇인지가 결정적으로 중요하다. 그 여부에 따라 후속적인 모든 관련 사항의 '전체적인 범위(universe)'도 순차적으로 확정되기 때문이다. 일단 영향이론이 선택된 다음에는 중도에 영향이론 적용에 따른 문제점이 제기된다고 하더라도 이를 극복하기 위해 다른 입법관할권 원칙(가령 속인주의 또는 속지주의)을 차용하거나 다른 원칙으로 이전할 수 없다. 이미 영향이론을 입법관할권으로 선택한 기본 틀이 형성되어 후속적으로 집행관할권으로 이어지는 사이클이 시작되었기 때문이다.

그렇다면 만약 다른 입법관할권 원칙을 원용하고자 한다면 어떻게 해야 하는가? 처음으로 다시 돌아가 입법관할권 행사 단계에서 이들 원칙을 원용하는 수밖에 없다. 가령 속지주의를 원용하고자 한다면, 최초 입법관할권을 행사하는 단계에서 영향이론 대신 속지주의를 원용하고 여기에서부터 후속 조치를 시작해야 한다. 결국 **입법관할권이 한 번 확보되었다고 하여 모든 형태의 집행 조치가 동일하게 정당화되지는 않는다.** 모든 후속 결정과 조치는 그 출발점이 된 입법관할권의 테두리 내에서 움직일 때 그 법적 타당성이 확보된다.

여기에서 유념할 부분은 **입법관할권이 확보되었다고 하여 자동으로 집행관할권도 확보되는 것은 아니라는 점**이다. 영향이론은 어디까지나 입법관할권에 관한 논의이지, 집행관할권에 관한 것은 아니다. 집행관할권은 여전히 영토적 한계를 넘어설 수 없다. 따라서 영향이론의 요건을 모두 충족하여 입법관할권이 문제 없이 행사되더라도, 법 집행 대상이 관할권 행사국의 '큐빅박스' 밖에 있는 이상 처벌이 불가하다. A국 기업의 대표이사 갑이 담합을 한 경우, B국은 자국 영역 내에 없는 갑을 당장 처벌할 수는 없다. 언제가 될지는 모르지만 갑이 우연히 B국 공항에 나타날 때까지 기다렸다가 체포하는 수밖에 없다. 다만 A국 기업이 Apple과 같은 다국적 기업이라면 아마 B국에 자회사를 두고 있을 것이므로, 자회사 자체에 대한 제재조치를 취할 수는 있다.

4. 국제사회의 변동과 영향이론

가. 디지털 사회의 도래와 국제법

디지털 경제의 도래가 지금 새로운 화두가 되었다. 기존의 경제 활동 및 사업 방식과 본질적 차이를 보이는 새로운 움직임이 여러 국가에서 나타나고 있으며, 이를 통한 경제적 부의 창출 또한 확대되고 있다. 특히 2020년 1월부터 시작된 코로나 바이러스의 확산으로 디지털 경제는 그 깊이와 폭의 측면에서 더욱 가속화하였다. 이러한 변화는 단지 특정 국가 혹은 특정 산업에만 국한된 것이 아니라 국제사회 전체, 산업 전반에 걸쳐 발생하고 있다. 현재 모든 국가들이 새롭게 도래한 디지털 경제를 어떻게 관리하고 활용하며 나아가 자신들의 경제적 이해관계를 어떻게 극대화할 수 있을지 고민하고 있다. 이에 따라 국제적 차원에서, 그리고 각국 국내적 차원에서 **디지털 경제를 규율하기 위한 새로운 규범**에 대한 논의가 서서히 시작되고 있다.

그러나 새로운 규범에 대한 논의는 여전히 초기 단계에 머물러 있다. 그간 디지털 경제와 관련해서는 주로 일부 단편적인 사안 —가령, 개인정보의 보호 등— 에 국한해서만 논의가 전개되어 왔다. 디지털 경제의 도래가 초래하는 국제·국내 사회의 근본적인 변화를 반영하기 위해서는 새로운 규범의 도입 및 기존 규범의 업그레이드를 위한 입체적인 논의가 필요하다. 그러나 이는 아직 미흡한 실정이며, 관련 쟁점에 대한 깊이 있는 연구도 전반적으로 부족한 상황이다. 이에 따라 국가 간, 산업 간 또는 기업 간 다양한 이견이 발생하여 여러 형태의 분쟁으로 이어지고 있다.

현재 우리 사회에서 디지털 관련 규범을 도입함에 있어 가장 직접적으로 체감되는 변화는 기존 규범의 기저를 이루는 **'영토적 연관성**(territorial nexus)**'이 사실상 무력화되었다**는 점이다. 그간 정보통신 기술(Information and Communication Technology: ICT)이 비약적으로 발전하여 인터넷을 매개로 한 사이버 공간에서의 인간 활동이 가능해졌다. 그 결과 각국 주권 행사의 기본 전제였던 물리적 국경의 의미가 급속히 퇴색하였다. 이제 국경 안에서의 통제, 국경에서의 통제, 나아가 영토적 개념에 기초한 통제는 그 실효성에 대한 의문이 제기되고 있다.

구조적 긴장관계

영토개념의 강화
(COVID-19)

영토개념의 해체
(디지털 경제)

　　이에 따라 여러 국가들은 점차 영토적 연관성을 벗어나 **새로운 규제 조치**를 도입하고자 노력하고 있고, 이러한 움직임은 국가 간 이견과 분쟁을 촉발하고 있다. 예컨대 앞서 언급한 여러 ICT 기업 등 국경을 넘어 활동하는 기업에 대해 기존에는 '영업장이 위치하는 국가'에서 과세하였지만, 이제는 영업장의 위치와 관계없이 '매출이 발생하는 국가'에서 세금을 거두려는 움직임이 나타나고 있다. 규제 조치를 시행하는 국가는 이제 이와 같은 새로운 규제 조치가 필요하다고 주장하는 반면, 반대쪽 국가는 이를 기존의 영토적 규범에 근거한 국제규범 —조약이든 관습국제법이든— 의 위반으로 파악하는 까닭이다.

나. 영향이론의 한계

　　영향이론 역시 국제사회의 급격한 변화로 이제 새로운 과제에 직면하게 되었다. 상술하였듯 국제화의 급속한 진전과 디지털 사회의 도래로 새로운 형태의 인간 활동과 영업 방식이 등장한 까닭이다. 지금의 디지털 시장 상황과 기존의 영향이론은 상당한 간극을 보이고 있고, 그러한 간극은 더욱 확대되고 있다.

　　무엇보다 중요한 부분은 **국제화의 급속한 진전**이다. 사회의 전 영역에서 국제화가 급속히 진전됨에 따라 한 국가에서의 상황은 대부분 다른 국가에도 어떤 형태로든 영향을 초래하게 되었다. 이는 주권국가들의 접촉이 미미하거나 제한적이었던 과거와는 구별된다. 국제화 시대에 영향이론을 기계적으로 적용하면 그 요건이 매우 쉽게 충족될 우려가 있다. 그렇기에 국제화의 진전은 관할권 행사를 위해 어느 정도의 영향을 요구해야 하는지 살펴볼 계기를 제공한다. 지금의 영향이론은 이러한 부분을 충분히 고려하지 못하고 있다. 물론, 영향이 어느 정도 구체적이어야 한다는 점을 제시하고는 있으나, 그 기준을 체계적이고 면밀하게 제시하는 데는 미치지 못하고 있기 때문이다. 이러한 부분에 대한 검토가 있어야 앞으로 변화한 현실에 부합하는 영향이론의 체계적 발전을 기대해 볼 수 있을 것이다.

이와 동시에 **디지털 사회의 도래**는 영향이론에 또 다른 중요한 과제를 제시하고 있다. 기존 국제법 규범이 전제하던 영토적 경계가 허물어졌기 때문이다. 객관적 속지주의가 국경 너머의 영역에 대한 물리적 결과의 발생 —가령, 국경 너머에 있는 사람에 대한 총격이나 공해상에서의 선박 간 충돌[20]— 을 전제한 논의이니만큼, 영향이론 역시 이에 준하는 정도의 직접적 영향을 요구한다고 할 것이다. 그러나 디지털 시대에는 물리적 접촉 자체가 거의 부재하므로, 물리적 영향이 미미하거나 혹은 사라진 상황에서 영향을 어떻게 확인하고 평가할 것인지에 대한 새로운 고민이 생겨나게 되었다. 아마존, 구글, 넷플릭스, 애플 등 ICT 기업들이 초래하는 '비물리적'인 영향을 확인하고 평가하는 것은 실로 어려운 과제이다. 국가들은 미미한 영향을 침소봉대하여 큰 영향이라고 우길 수도 있고, 반대로 상당한 영향을 미미한 영향인 양 축소할 여지도 있다.

디지털 시대에 전개되는 새로운 상황을 도식화하면 다음과 같다.

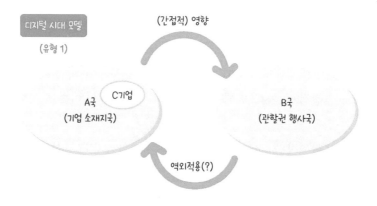

---

20 S.S. 'Lotus' (France v. Turkey), Judgment, PCIJ Series A 1927 (September 7) 참조.

ICT 기업의 영업으로 인한 영향은 다양한 형태로 드러난다. 전통적인 의미의 직접적 영향도 있겠으나, 사이버 공간을 매개로 하는 간접적인 영향도 있다. 모든 ICT 기업은 인터넷을 통해 사이버 공간에서 동시에 영업한다. 한 기업의 활동은 특정 국가에 대해 직접적인 영향을 초래하기보다 사이버 공간에 참여하는 모든 국가에 대해 간접적·이차적 영향을 초래한다. 따라서 **간접적·이차적 영향도 영향 이론이 요구하는 기준을 충족할 수 있는지**가 당장 문제된다. 그 답은 사안별로 다르고, 산업별로 다르며, 또 기업별로 다르다.

그 다음으로 상정할 수 있는 상황은 ICT 기업들이 활동하는 **세계시장**이 있는 경우이다. 이때는 각 기업의 활동이 세계시장에 영향을 미치고, 세계시장을 통해 여러 국가에 동시에 영향을 미친다. 예컨대 A국 기업의 불공정경쟁행위가 B국을 대상으로 한 것이 아님에도, 그 행위가 세계시장에 자체에 파급효과를 불러옴에 따라 B국에도 간접적·이차적 피해를 발생시키는 경우이다. 이를 도식화하면 위와 같다.

그렇다면 비물리적·간접적 영향이 발생하는 상황까지도 포섭할 수 있는 **대안**을 찾는 것이 영향이론이 당면한 과제이다. 영향이론의 전통적 모델은 소위 '아날로그' 규범이므로, '디지털' 시대에 부합하는 법리 조정이 필요한 것이다. 예를 들어 먼저 대두되는 문제는 기존 영향이론의 틀을 유지할 것인지 아니면 기존의 틀을 깰 것인지의 결정이다. 각 접근 방법은 장단점이 있다. 전자는 현재의 틀을 유지함으로써 안정성을 도모할 수 있으나 문제의 본질을 다루는 데에는 한계가 있다. 후자는 새로운 틀을 도입함에 따라 근본적인 변화를 꾀할 수 있다는 장점이 있지만, 단기적으로는 혼란을 발생시켜 국가 간 분쟁을 야기할 수도 있다.

전자를 선택할 경우 관할권 행사를 위해 여전히 '영향'이 요구될 것이기에 디지털 시대의 '영향'을 어떻게 평가할 것인지가 핵심 과제가 된다. 후자를 선택할 경우, 관할권 행사에 대한 새로운 기준을 설정하는 것이 핵심 과제가 된다. 2021년 10월 국제사회는 ICT 기업에 대한 과세 문제와 관련하여 OECD에서의 논의를 통해 ICT 기업에 대한 과세 원칙을 새로 정립하였다(제10장에서 후술할 것이다). 기존의 국제 조세 제도를 디지털 기업에 그대로 적용할 수 없다는 결론에 이른 것이다. 디지털 시대를 맞이하여 관할권 문제에도 새로운 조정이 필요하다는 점에서 기존의 틀을 바꾼 ICT 기업 과세 논의는 시사하는 바가 크다. 다만 새로운 기준을 마련하는 작업은 상당한 시간이 소요될 것이므로, 일단 현재의 틀 내에서 문제를 포섭할 수 있는 방안을 모색할 필요가 있다. 따라서 아래에서는 전자의 시각에서 문제를 살펴보고자 한다.

전자를 택할 경우 전통적 모델에서의 '영향'(직접적이고 침해적인 영향을 전제한다)과 디지털 시대에 실제로 발생하는 영향(비물리적이고 간접적이다) 간의 괴리를 메울 방법을 찾아야 한다. 이에 어떤 성격의 영향을 요구할 것인지, 영향의 성격과 규모는 어떤 기준으로 판단할 것인지, 영향이 존재한다고 판단되는 경우 후속 조치는 어느 수준까지 허용할 것인지 등 다양한 문제가 제기된다.

만약 특정 기업의 행위 —가령, 담합— 가 세계시장에 영향을 줌으로써 각국에 미치는 이차적 피해까지 '영향'에 포함시킨다면, 사실상 모든 국가가 해당 기업에 대해 관할권을 행사할 수 있게 된다는 결론에 이른다. 그러나 앞서 지적했듯 이는 보편주의와 다를 바 없으므로 '영향'의 범위를 한정할 객관적 지표가 필요하다. 가장 쉽게는 시장 점유율, 판매량 등을 기준으로 일정 규모 이상의 영향을 받은 국가만이 관할권을 행사할 만큼 충분한 영향을 받는 것으로 판단할 수 있을 것이다. 이러한 기준은 조약 등 국제적 합의를 통해 마련하는 것이 이상적일 것이나, 특정 국가가 관할권 행사의 내부적 기준을 마련하고 이에 대해 객관적인 평가를 하는 것도 부족하나마 나름 하나의 대안이 될 수 있다. 앞으로 공정거래 규범 등을 역외적용할 때는 기존 영향이론의 한계를 인식하고 논거를 보완해야 입법 및 후속 집행 조치의 법적 정당성을 확보할 수 있을 것이다.

5. 영향이론의 적용

'흑연전극봉 국제카르텔 사건'은 우리나라가 영향이론을 본격적으로 받아들이는 신호탄이었다. 2002년 우리 공정거래위원회가 일본, 미국, 독일의 6개 흑연전극봉 생산업체들이 외국에서 행한 가격담합행위에 대해 사상 최초로 공정거래법을 역외적용하여 각 시정명령 및 도합 112억 원 상당의 과징금 부과처분을 한 것이다. 위 업체들이 제기한 소송에서 우리 대법원은 "외국사업자가 외국에서 다른 사업자와 공동으로 경쟁을 제한하는 합의를 하였더라도, 그 합의의 대상에 국내시장이 포함되어 있어서 그로 인한 영향이 국내시장에 미쳤다면 그 합의가 **국내시장에 영향을 미친 한도 내에서 공정거래법이 적용된다**고 할 것이다."라고 판시하였다.[21]

나아가 2004년에는 공정거래법에 역외적용에 관한 규정이 신설되어 현재 공정거래위원회가 외국 기업에 대해 관할권을 행사하는 바탕이 되고 있다. 공정거래법 제3조는 **"국외에서 이루어진 행위라도 그 행위가 국내 시장에 영향을 미치는 경우에는 이 법을 적용한다."**라고 규정한다. '국내시장' 그리고 '영향'이라는 두 키워드를 사용하여 전형적인 영향이론을 채택하고 있는 모습이다.

여기에서 주목할 부분은 세계시장이나 외국시장이 아니라 오로지 **국내시장**만이 그 평가대상이 된다는 점이다. 이는 영향이론의 법리를 정확하게 반영한 것이다. '영향'이란 관할권 행사국의 영토에 대한 영향을 의미하는 것이지, 인접국, 주변국 또는 전 세계에 대한 영향을 의미하는 것은 아니기 때문이다. 이에 대해 대법원은 "'국내시장에 영향을 미치는 경우'는 문제된 국외행위로 인하여 국내시장에 **직접적이고 상당하며 합리적으로 예측 가능한 영향**을 미치는 경우로 제한 해석해야" 한다고 판시하고 있다.[22] 단순히 영향이 발생하였는지 여부를 따지는 것이 아니라 '구체적'인 영향의 존재를 요구하는 것이다. 결국 이를 반대 해석하면 '간접적이거나, 미미하거나, 추상적인 추론에 따른 영향'은 영향이론 적용에서 배제한다는 의미이다. 이러한 기준 역시 영향이론의 전통적 모델과 부합한다. 이상

---

21 대법원 2006. 3. 24. 선고 2004두11275 판결.
22 대법원 2014. 5. 16. 선고 2012두5466 판결.

을 종합하면 **우리 공정거래법 및 판례는 영향이론을 정확하게 이해**하고 반영하고 있는 것으로 정리할 수 있다.

다만 앞에서 살펴본 바와 같이, 이러한 기준을 **ICT 기업**에 적용함에 있어서는 어려움이 야기된다. ICT 기업은 성격상 세계시장을 대상으로 영업하기 때문에 특정 국가의 영토에 대한 영향만을 한정적으로 평가하기에는 구조적 어려움이 있다. 또한 '영향'이 어떤 성격의 영향을, 그리고 어느 정도의 영향을 의미하는지도 모호하다. 오늘날 국제사회에서 영향은 문화적, 정치적, 외교적, 경제적 측면에서 다양하게 발현된다. 물론 모든 형태의 영향이 중요하겠지만, 영향이론의 맥락에서는 문제의 사안에서 관할권을 행사하는 기본 목표가 무엇인지 살펴보고 이를 토대로 어떤 영향이 유의미한지 결정해야 할 것이다. 전술한 바와 같이 오늘날 ICT 기업은 사이버 공간 및 세계시장을 매개로 간접적·이차적 영향을 야기하는바, 이러한 영향에 기초하여 관할권 행사 기준의 충족 여부를 판단하는 것은 매우 어려운 문제이다.

생각건대 공정거래 규범은 경제 분야의 규제에 해당하고 그 목적도 시장에서의 공정 경쟁 질서 확보라고 이해할 수 있으므로, 여기에서 말하는 영향은 일단 **경제적 영향**을 의미한다고 보아야 할 것이다. 거시경제 측면의 경제적 영향이 아니라 **해당 품목 시장에서의 구체적인 경제적 영향**을 평가하여야 한다. 거시경제, 연관 업종 및 연관 품목에 대한 파급효과 또한 국내적으로는 중요한 현안이겠으나, 이것으로 영향이론을 충족한다고 보기는 어려울 것이다. **영향의 정도** 면에서는 간접적인 영향이 아니라 **직접적인 영향**, 그리고 미미한 영향이 아니라 **상당한 영향**이 있어야 영향이론을 충족할 수 있다. 그리고 그러한 영향이 우연의 일치로 발생한 것이 아니라, 외국 기업의 해외에서의 불공정 거래행위와 우리 국내시장에의 영향 간에 **상당인과관계**가 인정되어야 한다. 일견 상관없는 일들이 우연의 연속으로 상당한 영향을 초래한 경우 자연과학적 인과관계는 있을 수 있겠으나, 법적 측면에서의 상당인과관계는 없다고 봐야 할 것이다.

최근 영향이론을 근거로 국내법을 역외에 적용하려는 시도로는 EU가 2016년 제정한 일반 개인정보 보호법(General Data Protection Regulation: **GDPR**)이 대표적이다. EU는 회원국 국민의 개인정보를 처리하는 기업이라면 역내 기업과 역외 기업을 가리지 않고 GDPR을 적용한다. 그런데 국제화된 사회에서 외국인의 개인정보를 처리하지 않는 기업은 찾기 어렵다. 단적으로 EU 회원국 국민이 Apple, 구글, 아마존, 삼성, LG 등 다국적 기업의 웹사이트에 접속하는 것만으로도 이들 기업은 개인정보를 처리하게 된다. 따라서 만약 이들 비유럽 기업들이 GDPR을 따르지 않으면 EU는 이들을 처벌할 것이다. 우리나라를 비롯한 여러 국가는 이를 국내법의 역외적용이라고 비판하지만, EU는 개인정보 처리 행위의 영향이 EU에 미친다는 이유로 영향이론을 토대로 입법관할권을 행사할 수 있다고 주장한다.

6. 국내법의 역외적용이 아닌 경우

그리고 영향이론을 원용하는 사례들은 명백하게 국내법의 역외적용이 아닌 사례들과 구별하여야 한다. 예컨대 한국 기업과 연관되어 있으나 미국에 상장되어 있고, 사무실 등의 물적 시설이 있으며, 주재원 등 인력이 파견되어 있는 기업은 미국 역내 기업으로서 미국법의 적용을 받는다. 미국이 미국에 있는 우리 기업 자회사들에 대해 입법관할권을 행사하는 경우 이는 주관적 속지주의에 입각한 것으로서 국내법의 역외적용에 해당하지 않는다. 우리나라 역시 관할권 행사에 필요한 연관성을 확보하려는 목적으로 외국 기업으로 하여금 서울에 사무소를 설립하거나 또는 대리인(주로 로펌의 담당변호사)을 지정하도록 요구하고 있다.

국내법의 역외적용처럼 보이지만 의외로 연관성을 주장할 수 있는 사례들이 존재한다. 일례로 우리나라 대학에서 Zoom을 통해 진행하는 국제법 수업에 대해 미국 교육부가 미국법을 적용하려 한다고 생각해 보자. 미국 입장에서 볼 때 이 수업은 일견 외국(대한민국)에서 외국인(한국 교수)이 또 다른 외국인(한국 대학생)을 대상으로 하는 행위인 것으로 보인다. 이때 미국이 연관성을 주장할 수 있는 방법은 무엇인가? 해답은 바로 Zoom에 있다. 미국은 "Zoom 서버가 미국에 있고, 한국의 대학교가 미국에 돈을 지불하며, 또한 녹화된 수업은 미국에 저장되는바 이 수업은 디지털적으로는 미국에 존재하고 있다"고 말할 수 있다. 이렇게 주관적 속지주의를 주장하는 것이 영향이론을 주장하는 것보다 법리적으로 유리하다. 다만 미국이 우리 대학교의 수업을 규율할 수 있다고 하여도 집행관할권은 별도로 확보되어야 하므로, 난데없이 한국에 있는 담당 교수를 체포할 수는 없다.

또 다른 사례로 미국은 이란과 거래하는 타국 기업들을 오랜 기간 제재해 왔다. 미국이 자국 역내에 있지 않은 기업에 대하여 UN 안전보장이사회 결의 내용을 초과하는 수준의 조치를 취할 수 있었던 법적 근거가 무엇인가? 답은 바로 달러 거래에 있다. 기업이 이란산 원유를 사기 위해 미국 달러로 결제하는 순간 미국 영토 내에 있는 미국 연방준비제도의 결제 시스템을 극히 짧은 시간이나마 거치게 된다. 이것이 바로 미국이 주관적 속지주의에 기한 관할권을 주장할 수 있었던 이유이다. 이처럼 미국은 기축통화국으로서 가진 힘을 활용해 러시아를 비롯한 여러 국가들을 압박하고 있다. 최근 중국이 디지털 위안화를 도입함으로써 달러 체제에서 벗어나려고 하는 데에는 관할권 행사에 관한 이러한 이유도 포함된다고 할 것이다.

Ⅲ 범죄인인도조약

지금 국제사회에서는 입법관할권이 있어도 집행관할권에 흠결이 있어서 범죄자를 처벌하지 못하는 경우가 많다. 이러한 집행관할권의 흠결을 극복하기 위한 법적 장치가 바로 **범죄인인도조약**(extradition treaties)이다. 아래에서는 대한민국 정부와 미합중국 정부 간의 범죄인인도조약(이하 "한미범죄인인도조약")을 통해 범죄인인도조약의 내용인 **최소중요성의 원칙, 자국민 불인도의 원칙, 정치범 불인도의 원칙, 인권고려의 원칙, 특정성의 원칙**을 하나씩 살펴보자.

> **대한민국 정부와 미합중국 정부 간의 범죄인인도조약 제1조 인도의무**
> 체약당사국은 청구국에서 인도대상범죄에 대한 기소, 재판 또는 형의 부과나 집행을 위하여 수배된 자를 이 조약의 규정에 따라 상호 인도하기로 합의한다.

제1조를 보자. 각국은 **범죄인인도조약을 체결함으로써 비로소 상대국에게 범죄인을 송환할 법적 의무를 부담하게 된다.** 미국에서 범죄를 저지르고 도망친 피의자가 한국 이태원에서 숨어 지내고 있다고 하자. 조약이 없다면 여러 가지로 바쁜 한국 경찰이 굳이 이태원에서 미국법을 위반한 범죄자를 찾아 미국에 넘겨줄 유인이 없을 것이다.

대한민국 정부와 미합중국 정부 간의 범죄인인도조약 제2조 인도대상범죄

1. 인도대상범죄는 인도청구시에 양 체약당사국의 법률에 의하여 1년 이상의 자유형 또는 그 이상의 중형으로 처벌할 수 있는 범죄로 한다.

제2조에서는 **최소중요성의 원칙**에 따라 인도대상범죄를 중형으로 처벌할 수 있는 범죄로 한정하고 있다. 자질구레한 범죄자까지 모두 인도하게 된다면 사법 자원과 국고 낭비가 심할 것이다.

대한민국 정부와 미합중국 정부 간의 범죄인인도조약 제3조 국적

1. 어느 체약당사국도 자국민을 인도할 의무는 없으나 피청구국은 재량에 따라 인도하는 것이 적합하다고 판단되는 경우 자국민을 인도할 권한을 가진다.

제3조에서는 체약당사국이 자국민을 인도할 의무가 없다고 규정함으로써 **자국민 불인도의 원칙**을 규정하고 있다. 다만 인도가 필요하다고 판단하는 경우는 자국민에 대한 인도도 가능하다.

대한민국 정부와 미합중국 정부 간의 범죄인인도조약 제4조 정치적 범죄 및 군사적 범죄

1. 피청구국이 인도청구범죄를 정치적 범죄라고 판단하는 경우 인도는 허용되지 아니한다.

제4조에서는 **정치범 불인도의 원칙**을 규정하고 있다. 여기에서의 '정치범'은 흔히 '양심수'라고 표현되는 **순수 정치범만을 의미한다.** 정치적 동기에서 범행을 저질렀지만 실제 형법상의 범죄가 동시에 일어나는 경우 —예컨대 정치적 동기로 봉기 활동을 하다가 사람을 살해한 경우— 에는 혼합 정치범으로서 범죄인인도의 대상이 된다.

대한민국 정부와 미합중국 정부 간의 범죄인인도조약 제7조 사형

1. 인도청구된 범죄가 청구국 법률상 사형에 처해질 수 있으나 피청구국 법률상 사형에 처할 수 없는 경우 피청구국은 다음의 경우를 제외하고는 인도를 거절할 수 있다.

제7조는 **인권고려의 원칙**을 반영하고 있다. 피청구국은 범죄인이 청구국에 송환되어 사형에 처해지거나 고문 및 부당한 재판을 받을 염려가 있는 경우에는 인도하지 않을 수 있다.

대한민국 정부와 미합중국 정부 간의 범죄인인도조약 제15조 특정성의 원칙

1. 이 조약에 따라 인도되는 자는 다음 범죄 이외의 범죄로 청구국에서 구금되거나 재판 받거나 처벌될 수 없다.

   가. 인도가 허용된 범죄, 또는 다른 죄명으로 규정되어 있으나 인도의 근거가 된 범죄 사실과 같은 사실에 기초한 범죄로서 인도범죄이거나 인도가 허용된 범죄의 일부 를 이루는 범죄 (이하 생략)

제15조는 **특정성의 원칙**을 규정하고 있다. 범죄인을 인도받은 청구국은 범죄인인도를 요청할 때 적시하였던 범죄에 대해서만 범죄인을 처벌할 수 있고, 다른 범죄를 이유로 처벌하기 위해서는 다시 피청구국의 허락을 받아야 한다.

범죄인인도조약은 주로 양자조약으로 체결되는데, 대체로 이상에서 살핀 요소들이 공통적으로 들어가며 협의에 따라 조금씩 변주가 일어난다.

범죄인인도조약에 따라 범죄인을 인도받는 데에는 많은 비용과 시간이 소요된다. 범죄인인도는 사람의 신병을 구속해서 넘기는 문제인 만큼 구속적부심사와 같은 복잡한 절차적 조항들을 두고 있기 때문이다. 그런데 범죄인인도조약에 의하지 않고 사실상 자국민을 용이하게 인도받을 수 있는 방법이 있다. 바로 **여권 말소 조치**다. 여권 말소는 국적을 부여하는 것과 마찬가지로 각국 정부의 고유한 권리다. 대한민국의 아무개 씨가 범죄를 저지르고 미국으로 도피하면, 대한민국 정부는 아무개 씨의 여권을 말소시키고 그 사실을 미국 정부에 통보한다. 그 순간 아무개 씨는 미국에서 불법체류자가 된다. 여권이 말소된 경우 이를 전제로 하는 유효한 비자가 있을 가능성이 사라지기 때문이다. 미국이 불법체류를 이유로 아무개 씨를 추방하여 한국에 돌려보내면 그때 한국 경찰이 아무개 씨를 체포할 수 있다.

국제법 위반 소지가 크지만 **위장된 인도**(extradition in disguise), 즉 국가가 범죄인을 납치하거나 속여서 입국시키는 일이 종종 발생하기도 한다. 범죄인인도조약에 따라 범죄인을 인도받으려면 복잡한 절차를 거쳐야 할 뿐만 아니라 정치범 불인도 등의 예외 조항에 따라 신병을 인도받지 못하는 일도 발생하기 때문이다.

세월호 사건을 한번 떠올려 보자. 우리 정부는 한·프랑스 범죄인인도조약에 따라 세모그룹 회장 자녀의 신병을 프랑스로부터 인도받고자 하였으나, 프랑스 법원에서 '세월호 사건이 정치문제로 비화하여 한국에서 공정한 재판을 받기 힘들다'는 주장이 받아들여져 인도가 상당 기간 지연되었다. 또한 미국 정부가 미국·프랑스 범죄인인도조약에 따라 로만 폴란스키 —미국에서 미성년자에 대해 성범죄를 저지르고 프랑스로 도피한 영화감독이다— 의 신병 인도를 요청하자 프랑스는 처음에는 '미국에서 공정한 재판을 받기 힘들다'는 이유로, 나중에는 고령자에 대한 인도적 고려를 이유로 각각 인도를 거절하였다. 이러한 난점 때문에 국가들이 위장된 인도를 도모할 유인이 커진다.

해외에 있는 범죄인을 정부기관이 직접 납치한 경우, 납치 행위 자체가 위법할 뿐만 아니라 자국의 큐빅박스를 벗어나 집행관할권을 행사한 점 또한 타국의 영토주권 침해로서 국제법 위반이 된다. 대표적인 사례는 아돌프 아이히만이 아르헨티나로 도망하자 이스라엘 비밀정보기관인 모사드 요원들이 그를 납치한 경우이다. 아이히만은 이스라엘에서 재판받고 사형 당하였다. 이러한 위장된 인도는 아르헨티나의 영토주권 침해로서 국제법 위반이지만, 당시 아르헨티나는 이스라엘에 대하여 국제법적 책임을 추궁하지 않았다. 아이히만의 악행이 워낙 명확하다 보니 정치적으로 문제를 제기하지 않는 것이 낫겠다고 판단한 것으로 보인다.

반면 위장된 인도 중에서도 국제법 위반인지가 애매한 경우가 존재한다. 가령 한국 정부가 범죄를 저지르고 해외로 도망간 홍길동 교수를 입국시키기 위해 몇 년 후 가짜 학술행사를 개최해 그를 초청하였다고 해 보자. 이에 홍길동 교수가 실제로 입국하였다면, 이것이 자발적 입국인지 기망에 의한 입국인지 애매하기 때문에 국제법 위반 소지가 다소 옅어진다. 때로는 민간인을 고용하여 대상자를 납치하는 경우도 있다. 국가와 민간인 사이의 관계가 밝혀진다면 국제법 위반으로 판단되겠지만, 그 관계가 명확하게 밝혀지지 않은 경우 국제법 위반 여부가 애매한 채로 남을 수도 있다.

판례 **United States v. Alvarez-Machain**

미국 마약단속국(DEA) 직원이 멕시코 마약 조직에 잠입하여 활동하다 신분이 발각되어 고문 끝에 1985년 사망하였다. 알바레르-마셰인은 위 마약 조직에 고용되었던 멕시코 국적의 의사로서 고문 과정에 적극 참여하였다. 미국 정부에서는 사건의 전모를 알고 멕시코에 있던 마셰인을 처벌하기 위해 다각도의 노력을 기울였다. 미국 정부 관료가 범죄조직에 의해 살해된 관계로 수동적 속인주의든 보호주의든 입법관할권 행사 요건은 갖추어진 상태였으나, 집행관할권이 문제였다.

우선 미국은 멕시코와 체결된 범죄인인도조약을 통해 마셰인의 신병을 인도받으려고 하였다. 미국과 멕시코 간 범죄인인도조약이 있긴 하였지만, 멕시코는 '자국민 불인도 원칙'에 따라 인도를 거절하였다. 이에 미국은 결국 '위장된 인도'로 나아갔다. 미국은 멕시코의 민간인들을 고용하여 마셰인을 납치하였다. 이후 마셰인은 텍사스주로 압송되었다.

미국 재판정에 선 마셰인은 미국이 '납치'라는 불법한 방식으로 자신의 신병을 확보한 것이므로 정상적인 집행관할권을 행사할 수 없다고 주장하였다. 반면 미국 정부는 **마셰인이 이유 불문하고 일단 미국 영역 내로 들어온 이상 미국이 집행관할권이 있다**고 주장하였다. 1심과 2심을 거치며 상반된 판결이 내려지다 최종적으로 미국 연방 대법원은 관할권 문제에 있어 미국 정부의 손을 들어주었다. 이 판결은 미국이 국제법상 관할권 원칙을 위반한 판결로서 지금도 비난을 받고 있다.

흥미로운 것은 그 이후이다. 미국 법원에 관할권이 있다고 결론이 내려졌으니 이제 실체적 사항에 대한 재판을 진행하여야 했다. 다시 1심 법원으로 가서 재판한 결과, 마셰인은 증거불충분으로 무죄 판결을 선고받았다. 미국 정부 기관이 고도의 공작과 잠입으로 증거를 확보하다 보니 위법수집증거를 비롯한 여러 문제가 얽혀 핵심 증거가 형사재판에서 배제되었다. 미국 정부는 충격에 빠졌고, 마셰인은 멕시코 과달라하라로 돌아갔다.

그런데 마셰인은 몇 년 후 다시 미국으로 돌아왔다. 자신을 납치한 사람들을 상대로 손해배상을 청구하기 위해서였다. 그 경과를 아래에서 살펴보도록 하자.

판례 **Sosa v. Alvarez-Machain**

마셰인은 자신을 납치한 미국 정부기관(FBI, DEA 등)과 멕시코 국민인 소사를 상대로 미국 연방법원에 민사소송을 제기하였다. 왜 멕시코가 아니라 미국이었나? 주권면제로 인해 미국 정부기관에 대해서는 미국 국내법원만 집행관할권이 있으며, 소사는 마셰인의 무죄 방면 이후 이미 미국으로 도주해 있던 관계로 역시 집행관할권이 미국에 있었기 때문이다.

먼저, 마셰인은 **FTCA**(Federal Tort Claims Act)에 따라 **미국 연방정부**가 손해를 배상하여야 한다고 주장했다. FTCA는 미국 연방정부기관이 불법적인 방식으로 민간인에게 피해를 초래한 경우 정부가 책임지고 배상해야 한다는 법이다. 문제는 FTCA가 미국 영역 내에서만 적용된다는 것이다. 미국 정부는 납치가 멕시코 과달라하라에서 일어났으므로 이 사건은 FTCA의 적용 대상이 아니라고 주장하였다. 반면, 마셰인은 납치 당시 미국 정부가 캘리포니아에서 과달라하라로 연락하여 상황을 통제했기 때문에 미국에서 일어난 일로 간주할 수 있다고 주장했다. 역시 1심과 2심을 거치며 결론이 엎치락뒤치락하다 최종적으로 대법원에서 마셰인이 패소하였다. 먼저 **미국 연방 대법원은 불법행위가 미국에서 발생하지 않았다고 보아 미국 정부가 손해배상책임을 지지 않는 다고 판단하였다.**

둘째로, 마셰인은 **ATS**(Alien Tort Statue)에 근거하여 **소사**가 손해를 배상해야 한다고 주장하였다. 소사는 미국 정부기관이 아니므로 FTCA의 적용 대상이 아님이 명백하였기 때문이다.

여기에서 ATS는 무엇인가? **외국에서 외국인이 다른 외국인에 대해 저지른 국제법 위반 행위에 대해 미국 법원이 관할권을 갖도록 규정한 미국 국내법이다.** 아무 사건이나 ATS의 적용을 받는 것은 아니고, '국제법' 위반 사건이어야 한다는 점에 유의하자. ATS는 외국인의 국제법 위반에 대해 민사소송이 제기된 경우, 미국이 '연관성' 없이도 판결을 내릴 수 있도록 하는 관할권의 근거가 되어 왔다.[23] 이 법은 그 유례를 찾아보기 힘들다.

어째서 미국에 이런 독특한 법이 생기게 된 것인가? 미국은 1776년 독립을 선언한 이후 약 40~50년간 불안정한 지위에 있었다. 유럽은 미국을 인정하지 않으려 했고, 많은 이들이 과연 미국이 국제정치적으로 살아남을 수 있을지에 대해 의문을 제기하는 상황이었다. 미국이 국제사회에서 살아남기 위해서는 세계질서의 중심인 유럽에 자신도 국제법을 준수하는 국가라는 신호를 보내야만 했다. 이에 미국은 자국 영토 내에서 외국의 외교사절이나 외국인들이 폭행을 당하였을 때, 또는 해적행위를 비롯한 국제법 위반으로 피해를 입었을 때 미국 법원에 민사소송을 제기할 수 있도록 특별한 법을 제정하였다. '유럽 대사들이 피해를 보면 우리가 국제법을 철저히 적용해서 보호해 주겠다. 우리도 국제법을 준수하며 당신들과 같은 그룹이다'라는 신호를 보낸 것이다.

미국은 ATS를 만들고는 근 200여 년간 이 법을 잊고 있었다. 영미법계 국가인 미국은 대륙법계 국가인 우리나라와 달리 새 법을 만들 때 옛 법을 폐지하지 않고 그대로 두기 때문이다. 그런데 **1980년 Filartiga v. Pena-Irala 사건에서 ATS가 재발견되었다.** 이 사건은 파라과이에서 고문을 당한 파라과이인이 미국에 불법체류 중이었던 당시 고문 책임자를 상대로 미국 연방법원에 손해배상을 청구한 사건이었다. 그 근거가 ATS였다. 이 사건에서 항소법원은 '고문자는 이전 세대의 해적과 노예 무역상처럼 모든 인류의 적'이기 때문에 미국법원이 ATS에 따라 관할권을 갖는다고 판결하였다.

이 판결은 전 세계에 큰 반향을 일으켰다. 미국과 관련이 없고 미국 영토 밖에서 일어난 사건

---

23 ATS는 '국제공동체'라는 개념이 미약했던 18세기 말에 제정된 법률이다. 역외적용 문제에 대해 ATS를 미국 국내법이자 국제법의 일부로 이해하는 미국 법률가들의 견해가 있었고, 인도에 반하는 죄에 대한 보편관할권 행사라는 견해도 있었다(국제법상 인도에 반하는 죄에 대해 보편적 형사관할권이 인정된다는 점에 대해서는 이견이 없지만, 보편적 민사관할권이 인정되는지에 대해서는 논란이 존재한다). 그런데 어차피 2013년 미국 연방 대법원은 '미국 내에서 벌어진 국제법 위반 행위에 대해서만 ATS에 근거해 손해배상청구소송이 가능하다'며 ATS의 역외적용 가능성을 부인하는 판결을 내렸다.

이더라도 미국이 앞장서 세계의 경찰 역할을 하겠다는 의미였기 때문이다. 이 판결 이후 여러 지방법원과 항소법원은 정부 인사뿐만 아니라 다국적 회사에까지 ATS의 적용범위를 넓혔고, 2008년까지 약 185건의 인권 관련 ATS 소송이 미국 연방법원에서 진행되었다. 특히 가해자가 대통령, 총리, 경찰청장 등 공권력을 가진 자인 경우 그 국가에서 소송을 제기하여도 공정한 재판을 받지 못할 가능성이 컸기 때문에 미국으로 와서 미국 법원에 소를 제기하는 경우가 많았다. 우리나라 위안부 피해자들 또한 미국 법원에 일본 정부를 상대로 국제법 위반(전시 성범죄, 인권침해)에 대한 소송을 제기한 근거도 바로 ATS였다. 이 소송에서 미국 연방법원은 주권면제를 이유로 관할권 없음 결정을 한 바 있다.

Sosa v. Alvarez-Machain 사건은 ATS의 관심도가 최정점에 달하였을 때 제기된 사건이다. 마셰인은 소사가 마셰인을 납치 및 압송한 것이 1966년 국제인권규약을 위반한 것이므로 ATS의 적용 대상에 해당한다고 주장하였다. 그러나 미국 연방 대법원은 이번에는 마셰인의 손을 들어주지 않았다. 추측컨대 ATS가 지나치게 확산되자 교통정리가 필요하다고 판단한 결과 ATS의 해석 축소작업에 착수한 것이다. **미국 연방 대법원은 국제법 위반 중에서도 ATS가 제정된 1789년 당시의 국제법적 문제 —해적행위 금지, 외교관의 보호, 외교관의 특권·면제— 에 관한 사안만 ATS의 적용 대상이라고 제한적으로 해석하였다.** 현재의 국제인권규약은 1789년 당시 존재하지 않았으므로 국제인권규약 위반에 대해서는 ATS를 적용할 수 없다는 것이었다. 결국 마셰인은 미국 정부로부터도, 소사로부터도 손해배상을 받지 못하였다.

제6장

외교관의 특권 · 면제

외교관의 특권·면제 제6장

I 의의 및 근거

제6장에서 다룰 외교관(diplomatic staff)의 특권·면제, 또 제7장에서 다룰 주권면제는 **관할권 원칙의 예외**에 해당한다. 어떤 점에서 예외인가? 바로 '집행관할권'을 행사하지 않는다는 점에서 예외에 해당한다. 이때 외교관과 주권국가에 대해서 **입법관할권과 집행관할권은 모두 존재하지만, 단지 그중 후자인 집행관할권을 행사하지 못할 뿐**이라는 점에 유의해야 한다. 가령 주한 외국 대사관 직원인 A씨가 광화문에 있는 맥줏집에서 한국인 갑과 을을 폭행한 A씨에게 우리 형법상 폭행죄가 성립하는가? 그렇다. 속지주의, 수동적 속인주의라는 '연관성'이 있어 입법관할권이 존재하기 때문이다. 외교관이라는 신분은 A씨를 체포하는 등의 집행관할권 행사를 불가능하게 할 뿐이다.

종전에는 외교관의 특권·면제의 법적 근거를 치외법권으로 이해하였다. 치외법권이란 외국인이 자신이 체류하는 국가의 법을 아예 적용받지 않을 권리를 의미한다. 가령, 20세기 초 조선 말까지만 해도 서울에 설치된 외국 대사관은 외국 땅으로 여겨졌다. 주한 외국 대사관이 외국 땅이라면 한국의 관할권이 배제되고 그 외국의 관할권만 미치는 것이 당연할 것이다. 따라서 이 경우 입법관할권과 집행관할권을 불문하고, 한국의 외국 대사관에 대한 관할권의 존재 자체가 부정되었다. 당시에는 이런 식으로 외교관의 특권·면제가 치외법권에 기반해 있다고 생각되었다.

그러나 **치외법권은 이제는 사라진 개념이다.** 이제는 서울에 있는 외국 대사관 땅도 한국 땅이며, 한국의 입법관할권과 집행관할권이 미치는 영역이다. 다만 외교관에게 특권·면제를 부여하기로 하는 합의에 따라 집행관할권의 행사가 일정한 경우 제한될 뿐이다. 가령 대한민국 경찰 및 사법 당국은 공관장의 동의 없이 외국 대사관의 경내로 진입할 수 없다. 탈북자들이 북경에서 외국 공관으로 피신하면 중국 공안이 진입하지 못한다. 이런 경우에 대해 언론에서 흔히 '치외법권'이라고 일컫는다. 이는 잘못된 표현이다.

현재는 **외교관의 특권·면제의 법적 근거는 치외법권이 아니라 기능주의에 있다**고 보는 것이 다수설이다. 외교관의 직무 수행을 보호하고 지원하기 위함이라는 것이다. 여기에서 외교관의 직무란 1) (스파이 활동과 구별되는 공식적인 경로를 통해) 주재국의 상황을 확인하여 본국에 보고하며, 2) 자국민을 보호하고, 3) 주재국에서 자국을 대표하는 것 등이다. 외교관에 대한 특권과 면제는 오랜 기간 동안 관습국제법을 통해 인정되다가 1961년 외교관계에 관한 비엔나협약에 규정되었다.

Ⅱ 특권과 면제의 내용

외교관에 대해 어떤 특권과 면제가 있는지 그 구체적인 내용을 살펴보자. 외교관계에 관한 비엔나협약 제31조를 보자.

외교관계에 관한 비엔나협약 제31조
1. 외교관은 접수국의 형사재판 관할권으로부터의 면제를 향유한다. (후략)

우선, **외교관은 형사재판 관할권으로부터 완전히 면제된다**. 이때 범죄의 경중은 묻지 않는다. 아무리 심각한 범죄를 저질러도 접수국에 의해 처벌받지 않는다. 외교관이 접수국에서 범죄를 저지르면 접수국은 무엇을 할 수 있는가? **외교상 기피인물**이라는 의미의 **페르소나 논 그라타**(*Persona non grata*: PNG)로 지정할 수밖에 없다. 접수국은 파견국의 외교관이 음주운전, 중대한 범죄 등 적절하지 않은 활동에 관여하였다고 판단될 시 PNG로 지정해서 출국을 요청할 수 있다. 쉽게 말해, 시간적 말미 —가령, 48시간— 를 줄 테니 여기서 떠나라는 것이다. 물리력을 동원하지 않는다는 점에서 엄밀히 말하면 추방은 아니지만, 사실상 추방과 같은 효과를 거둘 수 있다. 아래는 접수국이 파견국 외교관을 PNG로 지정한 사례들이다.

- "학살 전범 처벌 받아야" 유럽, 이틀 새 러시아 외교관 200여명 추방"[1]
  - 러시아군이 우크라이나 부차 등에서 민간인을 학살한 정황이 드러난 이후, 48시간 동안 유럽 여러 국가에서 국가안보(국익과 안보를 위협한다)를 이유로 추방이 결정된 러시아 외교관이 200명에 달하는 것으로 알려졌다.
  - EU도 이날 일부 러시아 외교관들을 PNG로 지정했다.

물론 외교관은 아무렇게나 대우해서는 안 된다. PNG로 지정하여 출국을 요청하는 절차를 거쳐야 하고, 이마저도 외교관이 국내법 규정을 위반했다는 등의 합리적인 근거가 있어야 한다. 이 요건을 충족하지 않으면 외교관계에 관한 비엔나협약 위반에 해당한다. 위 사건의 경우 일부 러시아 외교관들이 첩보를 수집하는 등 러시아 정보기관과 군사기관을 지원했던 것으로 보인다. 아마 유럽 국가들은 러시아 정보기관 및 군사기관과 연관된 외교관들을 선별하여 출국을 요청하였을 것이다.

자국 외교관들을 출국시킨 데 대해 그럼 러시아는 어떤 반응을 보일지 생각해 보자. 아래 사례처럼 맞불 대응을 펼치는 경우가 많다.

- "러시아, 日 외교관 8명 국외 추방 발표⋯日 추방에 맞불"[2]
  - 일본 정부는 러시아군이 우크라이나 민간인들을 살해했다는 의혹이 나오자 자국 주재 러시아 외교관 등 8명의 국외 추방을 발표하였다.
  - 러시아 정부는 2022. 4. 27. 자국 주재 일본 외교관 8명의 추방을 발표하였다. 일본의 러시아 외교관 등 추방에 대한 맞불 조치다.
  - 러시아 외무부는 "일본 정권은 미국·유럽의 움직임에 올라타 러시아를 적극적으로 비난하고, 오랫동안 구축해온 상호 협력 관계를 깨트리는 전례 없는 조치를 취했다"며 "러시아와의 우호적, 건설적인 관계를 거부하는 선택을 한 일본 정부의 책임"이라고 비판하였다.
  - 이에 대해 모스크바 주재 일본 대사관은 "이번 사태를 초래한 것은 러시아 측이다. 책임은 전면적으로 러시아에게 있다"며 "일본 측에게 책임을 전가하는 듯한 러시아 측의 주장은 결코 수용할 수 없다"며 항의하였다.

---

1 백수진, ""학살 전범 처벌받아야" 유럽, 이틀새 러시아 외교관 200여명 추방", 『조선일보』, 2022. 4. 6., <https://www.chosun.com/international/international_general/2022/04/06/X66UN5OJCBG3BENUN6FNOUH64M/> (최종방문: 2023. 8. 31).

2 동아일보, "러시아, 日 외교관 8명 국외 추방 발표⋯日 추방에 맞불", 2022. 4. 28., <https://www.donga.com/news/Inter/article/all/20220428/113125015/1> (최종방문: 2023. 8. 31).

한려 외교관 상호추방사건[3]

외교관에 대한 상호 PNG 지정의 사례를 하나 더 보자. 1998년 7월 4일 러시아 정부는 주러시아 대한민국 대사관의 외교관이 부당한 방법으로 첩보수집활동을 했다는 이유로 PNG로 선언한 후 72시간 내 출국을 요구하였다. 이에 대응해 한국 정부도 주한 러시아 대사관의 참사관 한 명을 PNG로 선언하고 72시간 내 출국을 요구하였다. 당시 이 문제는 양국 간 심각한 외교 갈등으로 비화하였다. 러시아는 상호 균형을 이유로 한국 직원 다섯 명에게 추가 출국을 요청하였으며, 대한민국은 다시 러시아 직원 한 명의 추가 출국을 요구하였다.

다시 외교관계에 관한 비엔나협약 제31조를 보자.

외교관계에 관한 비엔나협약 제31조

1. (전략) 외교관은 또한, 다음 경우를 제외하고는, 접수국의 민사 및 행정 재판 관할권으로부터의 면제를 향유한다.
   (a) 접수국의 영역내에 있는 개인부동산에 관한 부동산 소송. 단, 외교관이 공관의 목적을 위하여 파견국을 대신하여 소유하는 경우는 예외이다.
   (b) 외교관이 파견국을 대신하지 아니하고 개인으로서 유언집행인, 유산관리인, 상속인 또는 유산수취인으로서 관련된 상속에 관한 소송.
   (c) 접수국에서 외교관이 그의 공적직무 이외로 행한 직업적 또는 상업적 활동에 관한 소송.

형사재판 관할권과는 달리 외교관은 **민사 및 행정재판 관할권부터 '원칙적으로' 면제된다.** 원칙적으로 면제된다고 함은 일부 예외적인 사항에 대해서는 집행 관할권의 적용을 받는다는 것을 의미한다. 그 예외에는 부동산 소송(가령, 외교관이 서울에서 부동산을 구매하였다가 이에 관한 분쟁이 생긴 경우), 상속에 관한 소송, 상업적 활동(가령, 외교관이 서울에서 사업을 운영하며 이윤을 취한 경우)에 관한 소송이 있다. 행정재판 관할권에 관한 가장 대표적 예시는 **과세권으로부터의 면제**이다. 외교관은 건강보험료 및 각종 직접세를 내지 않아도 된다. 다만 부가가치세를 비롯한 간접세는 부담하여야 한다.

외교관은 여러 가지 **불가침권**을 누린다. 첫째, 공관장[4]의 동의가 없는 한 접

---

3 한려 외교관 상호추방사건에 대한 설명은 정인섭, 앞의 주 5, 493면 참조.

수국 경찰 등 관헌이 대사관에 진입할 수 없으며, 접수국은 공관을 보호하기 위한 모든 적절한 조치를 취할 의무를 진다(**공관의 불가침**). 둘째, 외교관은 개인적 주거에 대해서도 공관과 사실상 동일한 보호를 받는다(**개인적 주거의 불가침**). 셋째, 접수국은 정당방위 목적이거나 외교관이 명정상태 —술이나 약물에 취한 상태— 에 있는 경우를 제외하고는 외교관을 체포·구속·구금할 수 없으며, 외교관의 신체·자유·품위가 침해되지 않도록 적절한 조치를 취하여야 한다(**신체의 불가침**). 넷째, 접수국은 통신문을 비롯한 외교관의 공적 서류뿐만 아니라 가족과의 편지 등 외교관의 개인적 문서도 강제로 열람할 수 없다(**문서의 불가침**). 다섯째, 접수국은 통신망을 도청해서도 안 된다(**외교통신의 불가침**). 현실에서 종종 일어나는 도청 사례는 사실이 확인된다면 모두 국제법 위반이다.

⋂ 주한 영국 대사관저
(출처: 필자 소장)

⋂ 주한 영국 대사관 경내

⋂ 과거 스페인 총독의 관저
(도미니카 공화국)

공관을 보호하는 것은 이해가 되나 거주지인 관저도 동일하게 보호하는 것은 다소 의아하게 느낄 수도 있다. 비록 외교공관은 아니었으나 상기 과거 스페인 총독 관저에서 보는 바와 같이 외국에 관헌을 파견하는 경우 건물 구조적으로는 공적인 영역과 사적인 영역이 구분되어 있지 않거나 통합되어 있는 경우가 많았다. 이에 따라 외교관계에 관한 비엔나협약에서도 외교관 개인의 관저와 사저도 동일하게 보호하기에 이르렀다.

---

4 오늘날에는 대사가 공관장이 되나, 구한말 베베르 공사처럼 예전에는 대사가 아닌 공관장도 있었다.

러시아 대사 피습 사건

- "폴란드서 헌화하려다… 빨간 물감 테러 당한 러시아 대사"5
  - 폴란드 주재 러시아 대사가 소련 전몰 용사 묘에 헌화하는 행사에 참여하였다가 폴란드 현지인들로부터 물감 세례를 받았다. 현지인들은 대사에게 "살인자들", "파시스트"라고 외쳤다. 대사 일행은 물감을 뒤집어쓰면서 피를 흘리는 것 같은 모습이 되었다.
  - 당시 현장에 경찰은 없었던 것으로 알려졌다. 외교관들은 이후 출동한 경찰의 도움으로 차량으로 이동했다.
  - 러시아 대사는 자신을 비롯한 외교관들이 큰 상처는 입지 않았다고 밝혔다. 그러면서 폴란드 당국에 헌화 계획을 미리 통보했지만 경찰이 뒤늦게 안전조치를 취했다며 불만을 나타냈다.

- 외교관계에 관한 비엔나협약 제29조
  외교관의 신체는 불가침이다. 외교관은 어떠한 형태의 체포 또는 구금도 당하지 아니한다. 접수국은 상당한 경의로서 외교관을 대우하여야 하며 또한 그의 신체, 자유 또는 품위에 대한 여하한 침해에 대하여도 이를 방지하기 위하여 모든 적절한 조치를 취하여야 한다.

외교관계에 관한 비엔나협약에 의하면 접수국은 파견국 외교관의 신체를 보호할 의무를 진다. 폴란드와 러시아는 모두 비엔나협약 가입국이다. 그렇다면 **러시아 대사의 신체가 공격당한 순간 폴란드는 국제법을 위반한 것인가?**

국제법이 적용되려면 작위든 부작위든 정부의 '조치'가 있어야 한다. 폴란드 경찰이 러시아 외교관에게 물감을 던진 것이라면 의심의 여지없이 정부의 조치가 있다고 할 것이다. 그러나 이 사안에서는 경찰이 아닌 시민이 물감을 던졌을 뿐이다. 그러므로 정부의 작위가 있다고 할 수는 없다.

하지만 부작위는 문제가 될 수 있다. 이 사건에서 폴란드가 자신의 국제법상 의무를 다하지 못했다고 볼 수 있는가? 러시아의 우크라이나 침공 직후, 당시 러시아에 대한 폴란드인의 반감이 심했으며, 통상 공식 행사에는 많은 사람이 집결한다는 것을 고려할 때 폴란드 정부가 물리적 충돌을 비롯한 위험 발생을 충분히 예견할 수 있었다고 평가할 수도 있다. 나아가 폴란드 정부는 경찰을 배치함으로써 이와 같은 위험을 충분히 방지할 수 있었음에도 불구하고, 현장에 경찰을 한 명도 파견하지 않았다. 이상의 논거는 폴란드 정부가 부작위로 외교관에 대한 보호 의무를 이

---

5 최아리, "폴란드서 헌화하려다… 빨간 물감 테러 당한 러시아 대사", 『조선일보』, 2022. 5. 10., <https://www.chosun.com/international/international_general/2022/05/10/6S2JFE43FJFB3LUPH5KFJTHTCQ/> (최종방문: 2023. 8. 31).

행하지 않았다는 러시아의 주장을 어느 정도 뒷받침할 수 있을 것이다.

그러나 폴란드 정부는 반대로 자신은 물감 테러를 예상할 수 없었으며, 설사 경찰을 배치하였더라도 갑작스러운 물감 세례를 막을 수는 없었을 것이고, 사태가 발생한 후 충분한 경찰 인력을 배치해 현장을 수습하였다고 주장할 수 있다. 결국 동일한 사태를 둘러싼 사실관계 싸움인 것이다.

다만 여기에서 **폴란드가 자국 시민의 물감 테러 행위를 대신 책임지는 것이 아님**에 유의하자. 폴란드 정부가 반러 정서에 편승해 물감 테러를 알고도 방기하였다면 폴란드는 부작위에 따른 법적 책임을 질 것이다. 하지만, 이는 어디까지나 **폴란드 자신이 비엔나협약 및 관습국제법상의 외교관 보호 의무를 해태한 데 따른 책임**일 뿐이다. 국제법과 국내법의 적용 영역은 다르다. 물감을 던진 폴란드인 개인은 폴란드 국내법에 따라 처벌받을 뿐이다.

시사 주UN 한국 외교관 폭행 피해

• "한국 외교관, 맨해튼 한복판서 '묻지마 폭행' 당해"[6]
  – 주UN 한국 외교관이 미국 맨해튼 시내에서 신원불상의 남성으로부터 공격을 받아 부상을 입었다.

이는 앞서 살펴봤던 사례이다. 미국 정부가 외교관 보호 의무를 게을리하였다면 부작위에 따른 법적 책임을 질 수 있겠으나, 이 사안의 경우 사실관계에 비추어 국제법 위반으로 평가하기는 어려울 것으로 보인다. 미국 정부가 이러한 형태의 폭행을 미리 예측할 수 있었다고 보기 어렵고, 현실적으로 외교관이 있는 곳에 매번 경찰을 파견할 수도 없기 때문이다.

사례 외교행낭 조사사건[7]

외교행낭(diplomatic bag)은 외교관의 본국 정부와 재외공관 사이에 문서나 물품을 주고받기 위해 사용되는 특별한 가방이다. 외교행낭은 관세 부과는 물론 통관 절차로부터도 자유롭고, 접수국에 의해 개봉되거나 유치될 수 없다(**외교행낭의 불가침**).

그런데 외교행낭은 언제나, 그리고 어떠한 상황에서도 불가침인가? 1984년 런던의 한 공항에서 발생한 사건을 살펴보자. 나이지리아 대사관으로 전달되는 화물 속에서 마취 상태로 납치된 나이지리아의 전직 장관 Dikko가 발견되었다. 다행히 이 화물에는 외교행낭임을 표시하는 봉인이

---

6 김성모 · 최지선, "한국 외교관, 맨해튼 한복판서 '묻지마 폭행' 당해", 『동아일보』, 2022. 2. 11., <https://www.donga.com/news/Inter/article/all/20220211/111712762/1> (최종방문: 2022. 8. 31).

7 외교행낭 조사사건에 대한 설명은 정인섭, 앞의 주 5, 512면 참조.

없어서 사전에 정보를 입수한 영국 경찰이 현장에서 이를 개봉할 수 있었다.

만약 이 화물이 공식 외교행낭이었다면 어떠한 상황이 벌어질지 생각해 보자. 당시 영국 외무장관과 하원 외교위원회 보고서는 **외교행낭의 불가침성보다 인간의 생명을 보호할 의무가 우선한다**고 판단하였다. 설사 외교행낭 안에 사람이 감금되어 있더라도 현지 관헌은 발송국의 반대에도 불구하고 이를 개봉할 수 있다는 것이다.

외교관계에 관한 비엔나협약에는 외교행낭의 불가침성에 대한 별다른 예외 사유가 규정되어 있지 않지만, 이러한 경우

◐ 외교행낭에서 들리는 신음소리..

현지 관헌에 의한 행낭의 개봉이 국제법 위반이라고 보기 어렵다는 것이 다수설이다. 앞으로 배울 위법성조각사유 중 '조난(distress)'에 해당하여 국제법 위반이 있더라도 그러한 위반이 치유될 것이기 때문이다. 다만, 신음소리가 들리는 등 외교행낭 안에 사람이 들어 있다는 합리적인 의심이 있어야 할 것이다.

그렇다면 외교행낭을 개봉하지 않고 외부에서 전자 장비를 통해 조사하는 것은 허용되는가? 외교관계에 관한 비엔나협약 제27조 제3항은 외교행낭이 "개봉되거나 유치되지 아니한다."고 규정하고 있을 뿐, 외부적 조사가 명문으로 금지되어 있지는 않다. 그러나 적지 않은 국가가 **전자 장비를 통한 내용물의 파악은 개봉과 마찬가지**라며 반대하고 있다. ILC도 정밀 장비를 통한 조사는 내용물의 비밀을 침해할 수 있다는 취지에서 전자 장비를 통한 조사를 원칙적으로 금지하는 입장이다. 그러나 탐지견의 후각을 통한 마약류 조사 등은 허용된다고 해석된다. 결국 외교행낭에 대한 침해의 정도와 방식의 문제라 할 것이다.

Ⅲ 특권과 면제의 인정범위

특권과 면제를 인정받는 외교관이란 **공관장과 공관의 외교직원**을 의미한다.[8] 외교관은 대사, 공사, 1·2·3등 서기관 등의 직급과 상관없이 모두 동일한 특권과 면제를 인정받는다. 외교관의 직계가족, 즉 같은 가구를 이루는 배우자와 미성년의 자녀 또한 동일하게 보호된다.

특권과 면제가 시작되는 시점은 외교관이 부임을 위해 **접수국 영역에 진입한**

---

8 상게서, 523면.

시점이다. 참고로 접수국의 큐빅박스에 들어온 외교관이 '공식적'으로 업무를 시작하기 위해서는 본국 대통령으로부터 수여받은 신임장을 접수국의 국가원수에게 제시하여야 한다. 이러한 공식적 임무 개시 이전에 이미 주재국 영공에 진입한 순간부터 특권·면제는 부여되는 것이다. 외교관이 업무를 모두 수행하면 직책에서 물러나게 되는데, 특권과 면제는 이 시점으로부터 상당한 기간 ―주로 2주에서 한 달― 이 지날 때까지는 계속 인정된다. 접수국을 떠날 때까지 시간적 말미를 주는 것이다.

한편, 외교관의 특권·면제는 **영사**의 특권·면제와 구별된다. 우리나라의 경우 외교부 직원이 외교관이 되었다 영사도 되었다 하지만, 사실 외교관과 영사는 법적으로 구별되는 직책이다. 외교관이 자국을 대표해 외교 업무를 수행하는 관헌이라면, 영사는 외국에서 자국민을 보호하는 관헌이다. 우리가 해외여행 중 위험한 일을 당하면 연락하는 곳이 바로 영사관이다. 앞서 LaGrand Case에서 잠깐 언급되었지만, 영사의 업무 중 핵심은 외국에서 체포·구금된 자국민에 대해 접견교통권을 갖고 이들을 필요한 한도에서 지원하는 것이다.

🎧 뉴욕 소재 UN 본부(출처: 필자 소장)

영사의 특권·면제는 별도의 조약인 1963년 영사관계에 관한 비엔나협약에 규정되어 있다. 영사가 특권·면제를 통해 주재국에서 보호되는 정도는 외교관에 비해 상대적으로 낮다. 가령, 외교관이 형사재판 관할권으로부터 완전한 면제를 누리는 데 비해 영사는 공적인 업무를 수행할 때만 면제를 누린다. 따라서 영사가 업무 시간 이후 범죄를 저지르는 경우 주재국 집행관할권의 적용을 받는다.

나아가 외교관의 특권·면제는 **국제기구**의 특권·면제와도 구별된다. 국제기구의 특권·면제는 관습국제법과 상관없이 주권국가와 국제기구 간 체결된 개별 조약에 따라 규율된다. (앞서 국제기구도 조약을 체결할 수 있음을 설명하였다.) 따라서 대한민국 정부는 A 국제기구에 대해 100만큼의 특권을 부여하면서도, B 국제기구에 대해서는 80만큼의 특권만 부여할 수도 있다.

판례 **Arrest Warrant Case**[9]

이 사건은 2000년 제기된 콩고와 벨기에 간 ICJ 분쟁이다. 벨기에는 네덜란드와 함께 국제법을 중시하는 대표적인 국가이다. 심지어 이 국가들은 헌법보다도 국제법을 우위에 둔다. 이러한 경향을 반영하여 **벨기에는 제노사이드, 인도에 반하는 범죄를 저지른 자들을 벨기에와의 연관성 여부와 상관없이 처벌하는 반 잔학행위법을 입법하였다.**[10] 보편주의를 적극적으로 내세운 것이다. 이는 앞서 여러 국가들이 실제에는 해적행위를 처벌하는 데 소극적이라고 말한 점과 대조적이다.

입법관할권은 보편주의를 통해 확보한다고 해도, 집행관할권은 어떻게 확보하는가? 반 잔학행위법을 만들어 놓고 범죄자가 자국 영역 내로 들어올 때까지 기다리는 것이다. 이에 따라 집단학살에 관여한 콩고의 현직 외무장관이 벨기에의 큐빅박스 안으로 들어왔다. 벨기에 법원은 이 기회를 놓치지 않고 인도에 반하는 죄와 전쟁범죄를 범한 혐의로 체포영장을 발부하였다. 콩고는 결국 벨기에를 ICJ에 제소하였다. (재판 당시에는 당사자가 이미 외교장관직에서 물러난 뒤였다.)

콩고는 벨기에가 외교관의 특권·면제에 관한 국제법을 준수하지 않았다고 주장했다. 재판부는 이러한 콩고의 주장을 받아들였다. 재판부는 **외무장관의 특권·면제에 관해서는 명시적인 조약이 없지만, 관습국제법이 적용된다**고 전제하였다. 그러면서 **현직 외교장관에게 체포영장을 발부한 행위 자체가 국제법 위반**이라고 판단했다. 나아가 재판부는 **주로 접수국 국가와의 관계에서 인정되는 외교사절의 특권·면제와 달리, 외무장관의 특권·면제는 성격상 접수국이 아닌 모든 국가들에서도 인정된다**고 지적하였다. 외무장관은 일국 외교관의 최선임자로서 현직에 있는 동안 자신이 방문하는 모든 나라에서 마치 파견국의 외교관과 같은 보호를 받는다는 것이다. 외교관은 범죄의 경중에 상관없이 모든 형사재판관할권으로부터 면제되므로 외무장관 역시 동일한 보호를 받아야 한다는 것이다.

---

9 Arrest Warrant Case에 대한 설명은 상게서, 487-488면 참조.

10 그러나 여러 국가와의 외교적 갈등으로 이 법은 대폭 개정되었다. 현재 벨기에는 자국과 어느 정도 관련이 있는 범죄자들만 처벌하고 있다.

제7장

주권면제

주권면제 제7장

I 의의

주권면제(sovereign immunity) ―국가면제(state immunity)라고도 불린다― 는 **주권국가가 타국의 집행관할권으로부터 면제**를 향유한다는 의미이다. 주권면제는 외교관의 특권·면제와 마찬가지로 관할권 원칙의 중대한 예외에 해당한다. 차이가 있다면 외교관의 특권·면제가 1961년 외교관계에 관한 비엔나협약에 규정된 것이라면 주권면제는 여전히 관습국제법으로 남아있다는 점이다. UN 주권면제에 관한 협약이 있긴 하나, 아직 큰 호응을 얻지 못하고 있는 실정이다.

주권면제는 국내법원에서 가장 빈번하게 제기되는 국제법 이슈이다. 개인이 국내법과 관련해 특정 국가와 다투는 일이 국제화의 진전에 따라 꽤 많이 있기 때문이다. 주권면제가 적용되면 개인이 외국을 상대로 다른 자국 법원에 제기하는 소송이 각하될 수밖에 없다. 이 때문에 주권면제로 개인이 피해를 보는 일도 자주 발생한다.

주권면제는 주둔군지위협정(Status of Forces Agreement: SOFA)에 따른 보호와는 구별된다. SOFA는 주둔군 자체가 아닌 개개 외국 군인이 부딪히는 사건·사고에 관해 체약당사국 간 형사재판관할권을 어떻게 배분할 것인지에 관한 문제를 다룬다. 예컨대 주한미군 병사 개인이 범죄를 저지른 경우 주한미군지위협정(한미 SOFA)에 따라 특정 사건에 대해서는 미군이 자체적으로, 다른 사건에 대해서는 한국이 관할권을 행사한다.

반면 주권면제는 주권국가의 공권력적 행위, 이를테면 주둔군 자체의 군사행위·군사활동에 관한 것이다. 예를 들어 한국 국민인 A씨가 주한미군이 중동 전쟁에 참여하는 것에 불만을 품고 주한미군사령관을 상대로 대한민국 법원에 소를 제기했다고 가정해 보자. 이는 주한미군사령관 개인이 아닌 주한미군의 공권력적 행위를 이유로 주한미군이라는 국가기관 자체에 대해 제기한 소이다. 그 사령관은 개인의 자격이 아니라 주한미군을 대표하는 지위에 있는 자이기 때문에 그 자격으로 제소당한 것이다. 따라서 주권면제의 대상이 된다.

Ⅱ 주권면제의 향유주체

"국가"?
• 국가 자체
  대한민국
• 국가의 주권적 권한을 행사하는 모든 하위기관
  중앙 정부뿐 아니라 입법부, 사법부, 지방자치단체,
  군함, 군용항공기, 주둔 중인 외국군대 등(공공기관은 어떻게?)
• 국가대표의 자격으로 행동하는 자연인
  대통령, 외교부장관

　　주권면제는 국가에게 부여되는 권리이므로, 그 **향유주체는 '국가'**이다. 이때 군함과 군용항공기는 물론 국가 대표의 자격으로 행동하는 자연인도 국가로 간주된다.[1] 즉, 국가, 국가를 구성하는 정부기관, 국가를 대표하는 자연인이 '국가'로서 한 행위에 대해 외국 법원에 '피고'로 서는 경우 주권면제가 적용된다. 피고로 서는 경우와 달리 원고로 재판에 참석하는 경우에는 본인이 원해서 소

↴ 과거 미국의 전투기. 군용항공기는 주권면제의 대상이다.
(출처: 필자 소장)

1　정인섭, 앞의 주 5, 244면.

를 제기한 것이므로 특별히 보호할 이유가 없다.

　　다음 사례들을 살펴보자. 미국 경찰이 직무 집행의 일환으로 한국 국적자 B를 폭행한 경우 B가 한국에 소를 제기해서는 손해배상을 받을 수 없다. 미국 정부가 '한국 법원의 관할권 없음'이라는 주장만 하면 주권면제에 따라 실체 판결로 나아갈 수 없기 때문이다. 결국 B가 승소하기 위해서는 불편하더라도 미국까지 가서 미국 법원에 소송을 제기하는 수밖에 없다. 이번에는 대한민국 해군 함정이 태평양 한복판에서 다른 배와 부딪혔다고 가정해 보자. 사고 책임은 우리 해군 함정에 있다고 역시 가정해 보자. 피해 선주가 우리 함정(또는 해당 함정의 함장)을 피고로 사고 해역 인근에 위치한 하와이에서 손해배상청구소송을 제기하면, 마찬가지로 주권면제에 따라 소가 각하된다. 이처럼 국가의 행위에 대해 적용되는 주권면제를 **물적 면제**라고 한다.

　　한편, 국가원수, 정부수반, 외무장관은 그 지위에 있는 동안에는 공적 행위는 물론 사적 행위에 대해서도 주권면제가 인정된다. 이를 **인적 면제**라고 한다. A국 대통령이 B국 방문 중 B국 수도의 시내에서 자신의 과실로 교통사고를 초래했다고 해 보자. 그리고 그 사고는 공식 일정 종료 후 개인적인 용무를 처리하는 과정에서 발생했다고 생각해 보자. B국 피해자는 그 대통령을 B국 법원에 제소하여도 실체 판결을 받을 수 없다. 대통령의 임기가 종료되어야 비로소 —그것도 공적 행위가 아닌 사적 행위에 대해서만— 실체 사항에 대한 재판이 가능하다. 물론 이마저도 대통령이 이미 본국으로 돌아간 뒤라서 집행이 불가능할 것이다. 이때 부통령 또는 단순히 내각의 최선임자로서의 국무총리는 행정부 수반은 아니므로 인적 면제의 대상이 아님에 유의하자.

Ⅲ 주권면제의 인정범위

　　주권국가에 대하여는 언제나, 그리고 어디서나 다른 나라 법원의 관할권이 없다는 것이 국제법의 오랜 원칙이었다. 이를 **절대적 주권면제**(absolute sovereign immunity)라고 부른다.

　　그런데 2차 세계대전 이후 상황이 크게 변화하였다. 냉전 시대 공산국가의 기업들이 '정부기관'임을 주장하며 타국 법원의 관할권에 복종하지 않겠다고 나섰기 때문이다. 이에 국제사회에서는 모든 경우에 주권면제를 적용할 것이 아니라, 사안별로 나누어 봐야 한다는 생각이 자리 잡았다. 그렇지 않으면 사회주의 체제 국가 출신 기업의 모든 행위에 대해 주권면제를 인정해야 할 판국이었기 때문이다. 앞서 제1장 '정부와 조치' 부분에서 정부의 범위를 어디까지로 볼 것인지에 관해 국가 간 다툼이 벌어진다고 언급한 바 있다. 주권면제는 대표적으로 정부의 범위와 관련된 문제이다.

먼저 국가의 행위는 '공권력적 행위'(*acta jure imperii*)와 '상업적 행위'(*acta jure gestionis*)로 분류된다. 그중 상업적 행위가 아닌 공권력적 행위에 대해서만 주권면제를 인정하자는 것이 바로 **제한적 주권면제이론**이다. 가령, 제한적 주권면제이론에 의하면 주한미군에 빵을 납품하고 대금을 청구하는 소송은 상업적 행위에 관한 소송이므로 주권면제가 적용되지 않는다. 물론 현실에서는 어떤 행위가 공권력적 행위인지 혹은 상업적 행위인지 판단하기 애매하여 다툼으로 이어지는 사례도 많다. 여러가지의 어려움에도 불구하고, 현재로서는 제한적 주권면제이론이 압도적 다수설이므로 우리나라를 비롯한 대부분의 국가 역시 이를 받아들이고 있다.

> **판례** **The Schooner Exchange v. McFaddon**
>
> 스쿠너 익스체인지호는 미국인이 소유하던 선박이다. 1810년, 스쿠너 익스체인지호는 나폴레옹 칙령 위반 혐의로 대서양 공해상에서 프랑스 해군에 나포됐다. 이 배는 아무런 대가지불도 없이 프랑스 정부에 몰수되었고, 이름도 발라우(Balaou)호로 개명되었다. 그런데 어느 날 이 배가 선박 수리를 위해 필라델피아항에 입항하였다. 이를 인지한 선박 주인인 미국인은 미국 법원에 스쿠너 익스체인지호에 대한 소유권을 주장하는 소송을 제기하였다.[2] McFaddon은 프랑스 해군 선박 발라우함의 함장이었다. 함장을 상대로 소를 제기한 것이다.
>
> 그런데 미국 연방 대법원은 미국인이 아닌 프랑스 정부의 손을 들어주었다. **프랑스 군함은 미국 법원의 집행관할권으로부터 면제된다**고 판단한 까닭이다. 미국 연방 대법원은 '주권자는 다른 주권자에게 복종하지 않는다. 그러므로 주권자는 주권면제가 부여된다는 신뢰 하에서만 다른 국

---

2 김종성, "국가는 범죄 저질러도 외국선 열외? 스가의 한물간 인식", 『오마이뉴스』, 2021. 1. 11., <http://www.ohmynews.com/NWS_Web/View/at_pg.aspx?CNTN_CD=A0002710112> (최종방문: 2023. 8. 31).

가의 영역으로 들어간다'고 전제한 다음, '외국 군함이 우호국의 항구에 입항했다는 사실은 곧 그 우호국이 관할권 행사를 면제하기로 동의하였다는 뜻'이라고 판단하였다.[3] 스쿠너 익스체인지호 사건은 **절대적 주권면제**를 보여주는 대표적인 사례로 꼽힌다.

판례 **Dralle v. Czechoslovakia**

나치 독일의 체코슬로바키아 점령으로 체코슬로바키아에는 여러 독일 공장들이 들어서 있었다. 독일의 유명한 화장품 브랜드인 드랄(Dralle)도 그중 하나였다. 2차대전이 끝나고 독일이 물러나고 체코슬로바키아는 독립하였으나 이 공장들은 계속해서 체코슬로바키아에 남아 있었다. 체코슬로바키아는 드랄 공장이 있음을 기화로 드랄 화장품을 계속해서 생산하였다. 그러자 독일에 있는 **드랄 본사는 체코슬로바키아를 상대로, 당시 화장품 시장 경쟁이 치열하던 오스트리아의 법원에 상표권 침해를 이유로 소송을 제기하였다.**

체코슬로바키아는 당연히 관할권 없음을 주장했다. 체코슬로바키아는 자신이 주권 국가이므로 주권면제에 따라 타국 법원에서 피고로 설 수 없다는 논리를 전개했다. 그러나 오스트리아 대법원은 **체코슬로바키아는 상업적 활동을 한 것이고, 상업적 행위는 제한적 주권면제이론에 따라 주권면제의 대상이 아니**라고 판단하였다. 결국 이 소송에서는 드랄이 승소하였다. 이 사건은 제한적 주권면제이론이 확산되는 대표적인 촉매제가 되었다.

판례 **Murphy v. KAMCO**

제한적 주권면제이론이 적용된 사례를 한 가지 더 살펴보도록 하자. 바로 존 머피와 KAMCO (이하 '캠코'; 한국자산관리공사) 간 분쟁이다.

한보철강은 한때 한국에서 포항제철 다음으로 큰 철강회사였는데, 무리한 사업 확장으로 IMF 때 부도가 났다. 당시 한보철강에 대해 채권을 갖고 있던 시중 은행은 총 35군데였다. 이들은 빌려준 돈을 다 받을 길이 없어 어떻게든 한보철강을 매각해 일부의 채권이라도 회수하여야 하는 상황이었다. 그중에서도 캠코는 한보철강에 대해 가장 많은 채권을 갖고 있던 채권자였다. 이에 캠코는 주채권은행으로서 본격적으로 한보철강 매각 작업에 나섰다.

처음에는 매각이 성공적으로 이루어지는 듯했다. AK캐피탈이라는 미국의 유명한 투자회사가 한보철강과 매매 본계약을 체결하는 데까지 이른 것이다. 그러나 AK캐피탈은 결국 한보철강을 인수하는 데 실패했다. 캠코 입장에서 보면 AK캐피탈이 계약을 제대로 이행하지 않아 —매각대금 분납 기일을 준수하지 않아— 계약이 파기된 것이었지만, AK캐피탈의 입장은 달랐다. **AK캐피**

---

3 정인섭, 앞의 주 5, 250면.

탈의 최대 주요 주주 중 한 명인 존 머피는 '한보철강 인수 추진 과정에서 캠코로부터 부당한 행위로 인해 손해를 입었다'며, 회사를 대표하여(derivative suit) 미국 뉴욕 남부 연방지방법원[4]에 캠코를 상대로 15억 5,000만 달러의 손해배상청구소송을 제기하였다.

캠코는 이 소송에서 주권면제를 주장하였다. 일견 캠코는 민간기업과 별다른 차이가 없어 보인다. 공무원이 아닌 일반인이 재직하는 회사이고, 경영평가와 성과에 따른 상여금 지급도 존재하기 때문이다. 이 사건에서도 캠코는 외국 회사에 한보철강을 매각하는 상업적 활동을 행한 것으로 보이는데, 왜 주권면제를 주장하였는가? AK캐피탈이 채무를 제대로 이행하지 않았으므로 캠코가 손해를 배상할 필요가 없다고 주장하면 되는 것이 아닌가?

이는 피고 입장에서는 주권면제가 가장 쉽고 간단한 방어 방법이기 때문이다. 캠코가 대한민국 정부라고 주장하여 이것이 수용되면 실체재판으로 나아가지도 않고 소가 각하되기 때문에, 시간과 비용을 절약할 수 있다. Murphy v. KAMCO 분쟁만 놓고 보면 캠코는 최선의 방어를 한 것으로 보인다. 실제로 이 사건에서는 캠코가 대한민국 정부라는 주장이 받아들여져 캠코가 결국 소기의 성과를 거두었다. 하지만 이게 마냥 좋은 일인가? 캠코는 성공적으로 분쟁을 마무리하였으나 후술하는 바와 같이 정작 한국 정부는 이후 유사한 사건에서 발목이 잡히게 되었다.

일단 미국 법원이 위와 같은 판단에 이른 과정을 따라가 보자. 미국 법원은 한보철강의 부도와 경매·매각 과정 등 사실관계를 파악한 후, 주권면제에 관한 미국법인 외국주권면제법(Foreign Sovereign Immunities Act: FSIA)의 법리를 검토하였다. 미국 법원은 FSIA가 따르는 제한적 주권면제이론에 입각해 다음과 같은 질문들을 제기하고 답하였다.

먼저, 캠코는 과연 한국의 정부기관인가? 세부적인 판단은 다음과 같았다: "1) 캠코는 한국의 국가적 목표 달성을 위해 창설되었는가? 그렇다. 캠코는 1962년 박정희 대통령 재임 당시 금융산업 및 국가경제의 발전에 이바지함을 목적으로 설립되었다. 2) 한국 정부가 캠코를 감독하는가? 그렇다. 한국 정부가 캠코 사장을 임명하고, 기획재정부가 운영 자금을 제공한다. 3) 한국 정부가 캠코로 하여금 공무원을 채용하게 하고, 그 급여를 정부에서 지급하는가? 그렇지 않다. 4) 캠코는 한국에서 독보적인 위치에 있는가? 그렇다. 부실채권을 사고 파는 용도로 공적자금이 투입되는 유일한 지위에 있다. 5) 한국 행정법 아래에서 캠코는 사적 주체인가, 공적 주체인가? 공적 주체이다. 미국의 FTCA ―앞서 Sosa v. Alvarez–Machain 사건에서 살핀 바 있다― 와 같은 한국의 국가배상법(KSCA)이 캠코에 대해서도 적용되기 때문이다." 위 세부 질문사항 중 3)은 원고에 불리한 판단이긴 하지만, 나머지 요소들을 바탕으로 미국 법원은 캠코가 한국의 정부기관이라고 결론내렸다.

그렇다면 다음 질문은 캠코의 행위가 공권력적 행위인지, 상업적 행위인지이다. 미국 법원은 캠코가 채권시장과 금융시장의 안정이라는 공적 목적을 위해 손해를 보면서도 자금을 대여한다는 점에 주목하여 캠코의 행위를 공권력적 행위로 평가하였다.

---

4 외국 사람이나 외국 기관과 관련된 분쟁은 연방법원 소관 사항이다.

결론적으로 미국 법원은 **캠코가 한국 정부기관으로서 공권력적 행위를 한 바, 제한적 주권면제이론에 따라서도 주권면제를 향유할 수 있다**고 판단하였다. 따라서 이 소송은 관할권 없음을 이유로 각하되었다. 항소심에서도 위 판결이 유지되어 최종적으로 캠코가 목표를 달성하였다.

해당 판결은 당장 캠코에게는 유리한 결과이나 장기적으로 우리나라에 상당히 부정적인 영향을 미쳤다. 잇단 국제분쟁에서 이제 반대로 **우리 정부가 기업의 행위에 대해를 국제법적 책임을 질 위험**에 처하였기 때문이다.

대표적인 사례가 **Mason v. Korea** 분쟁이다. 메이슨 캐피탈은 제일모직에 투자한 미국 투자회사인데, 2020년 '한국 정부가 삼성물산–제일모직 합병에 관여함으로써 한미 자유무역협정(FTA) 투자 챕터를 위반했다'는 이유로 ISDS 분쟁을 제기하였다. 한국 정부는 당연히 '국민연금공단은 주주로서 의사결정과정에 개입하였을 뿐, 정부가 개입한 적 없다'고 주장했다. 그러나 메이슨 캐피탈은 '국민연금공단 등 한국 정부가 투자한 공사·공단은 정부기관이므로, 삼성물산–제일모직 합병에 국민연금공단이 관여한 이상 이는 한국 정부가 관여했다고 보아야 한다'고 반박했다.

정부가 투자하였다는 이유만으로 해당 공기업이나 공단의 행위가 모두 정부의 조치라는 것은 어떻게 보면 설득력이 없는 주장이다. 그러나 앞선 Murphy v. KAMCO 판결 때문에 이 주장이 받아들여질 가능성이 상당히 높아지게 되었다. 근래 우리 공기업과 정부가 함께 엮여 있는 수많은 분쟁에서와 마찬가지로, 메이슨 캐피탈 역시 Murphy v. KAMCO 판결을 소송과정에서 적극적으로 원용하였다. 이 사건에서 한국 정부가 패소할 경우 상당한 액수의 손해배상을 해야 할 수도 있다. 만약 해당 분쟁에서 패소한다면 Murphy v. KAMCO 판결이 중요한 영향을 끼친 것으로 볼 수 있다.

우리 법의 해석에 대해 국제법원이나 중재판정부의 판결을 한 번 받아두면 그 해석을 뒤집기가 쉽지 않다. 그만큼 어떤 주장을 할 때는 앞으로 국제분쟁에 휘말릴 가능성까지 신중하게 고려하는 자세가 필요하다. 국제분쟁을 제기하는 주체들은 언제나 문제된 행위를 피제소국 정부와 관련 짓는 데 초점을 두기 때문이다. 대부분의 국제협정에서 결국 정부의 행위에 대해서만 국제법적 책임이 발생한다는 점을 상기하자. 개별 기업 입장에서야 자신이 정부라고 주장하여 당해 분쟁에서 "관할권 없음" 판결을 받으면 그만일지도 모른다. 그러나 한 번 우리 공공기업이 정부기관이라는 결정을 받고 나면 나중에 정부가 유사 분쟁에서 불리하게 끌려갈 위험이 있다. 이와 같이 주권면제 주장은 양날의 검인지라 정부와의 면밀한 조율(coordination)이 중요하다. 우리 정부가 아래 Dayyani v. Korea 분쟁을 마주하기 전까지 Murphy v. KAMCO 사건의 파장율 인지하지 못하였던 점은 아쉽다.

Murphy v. KAMCO 판결로 말미암아 우리 정부가 어려움을 겪을 수 있다는 우려는 **Dayyani v. Korea** 사건에서 현실화되었다.

사건의 전말은 다음과 같다. 다야니 일가는 이란의 재벌이자 투자자인데, 2010년 우리나라의 대우일렉트로닉스 인수·합병을 시도하였다. 당시 다야니는 우리은행 등 채권단에게 계약금 578억 원을 지급하였다. 그러나 채권단은 다야니의 추가 자금 여력 등이 부실하다며 계약을 해지했고, 다야니 측에 책임을 물어 계약금을 몰취하였다. 매각이 무산되자 다야니는 2015년 한국 정부를 상대로 ISDS 분쟁을 제기했다. 다야니는 '한국 정부가 우리은행의 지분을 다량 소유하고 있으므로 우리은행은 한국 정부'라며, '한국 정부가 BIT(한–이란 투자협정)상 공정·공평한 대우 원칙을 위반해 인수계약을 해지하고 계약금을 몰취함으로써 다야니 측에 손해를 입혔다'고 주장하였다.

국내외 전문가들은 대체로 한국이 승소할 것이라고 예상했다. 다야니 일가가 수차례의 잔금지급기일 연장에도 불구하고 잔금을 지급하지 않았기 때문이다. 그러나 예상과 달리 우리 정부는 이 분쟁에서 패소했다. 다야니가 Murphy v. KAMCO 사건을 원용하며 우리은행이 한국 정부라고 지속적으로 주장하였는데 결국 이 주장이 받아들여진 것이다. 나아가 본안에 관해서도 '다야니 측은 잔금을 납부할 수 있었는데, 한국 정부가 미국과의 외교관계 등 계약 외적 조건들을 고려하여 계약에 비협조했다'는 주장이 받아들여졌다. 우리 정부로서는 안타까운 결과이다.

대한민국은 다야니 측에 이자 포함 700억 원 가량을 배상하게 되었다. 문제는 이 돈을 지급할 길이 없었다는 것이다. 당시 UN의 이란 제재로 인해 다야니 측에 달러를 송금하는 것이 불가능하였기 때문이다. 앞서 관할권과 관련해 배운 내용이 있다. 우리 정부가 농협에 가서 이란으로 송금을 요청해도 농협이 송금하지 못하는 이유가 무엇인가? 미국이 이란과 거래하는 우리나라 은행들을 제재하고 있기 때문이다. 우리나라에서 해외로 달러를 송금하는 순간 그 달러는 짧은 순간이지만 미국 연방준비제도의 결제 시스템을 거쳐 간다. 이를 바탕으로 미국은 다른 나라의 개인과 기업에 대해 속지주의에 따른 입법관할권을 행사할 수 있게 된다. 국제법과 국내법을 얽어놓은 교묘한 체제이다. 실제 현장에서의 해답을 찾기 위해 국제법과 국내법을 두루 알아야 하는 이유이다.

결국 우리나라는 미국으로부터 이 사안에 대해 일회적으로 제재 면제를 인정받아 배상금을 지불할 수 있게 되었다. 그런데 또 다른 문제가 생겼다. 돈을 지불하려고 계좌를 열어봤더니 700억 원이 사라져버린 것이다. 알고 보니 우리은행 직원이 이를 횡령한 것이었다. 이 직원은 이후 처벌을 받게 되고 금전은 다시 대부분 회수되었다. 말 그대로 복잡다단한 분쟁에 횡령까지 얽인 장기간에 걸친 '법률 오디세이'였다.

Murphy v. KAMCO 사건은 거시적이고 입체적인 조망을 하지 못하고 단순히 당해 분쟁에서의 승소만 생각하는 접근법의 한계를 보여준다. 이 사건으로 인해 한국은 빠져나오기 힘든 어려운 상황에 처하게 되었다. 앞서 소개한 분쟁들뿐 아니라 앞으로 다른 분쟁에서도 마찬가지로 Murphy v. KAMCO 사건의 판결문이 자주 원용될 것으로 보인다.

Murphy v. KAMCO 사건의 판결문을 살펴보면 우리나라 법률에 대한 언급이 놀랄만치 자세하게 나와 있다. 즉, 국내법을 모르고 국제법을 이해한다는 것은 어렵다는 점을 보여준다. 이를 보면 동시에 국제분쟁에서 외국 변호사를 활용하는 것이 적절하지 않다는 점도 알 수 있다. 외국 변호사에게 우리나라 법령을 설명해 주면 되지 않느냐고 반문할 수 있겠지만, 아무리 유능한 사람이라도 제한된 시간 내에 외국의 법, 문화, 경제 등을 이해하는 것은 불가능하다. 물론 국내법뿐 아니라 국제법까지 숙지하는 것은 어려운 과정이다. 그러나 우리나라 법률가들이 이러한 어려움을 극복하지 못한다면 앞으로도 이러한 상황은 이어질 수밖에 없다. 국내법 일변도, 국제법 일변도로 공부하기보다는 양자 모두를 동시에 파악하고 이해하려는 태도가 필요하다.

제8장

국가책임

I 의의

지금까지 우리가 배운 조약과 관습국제법은 '어떻게 하면 국제법을 위반하게 되는가'에 관한 것이었다. 이 규범들이 '하지 말라'고 하는 것을 하고, '하라'는 것을 하지 않으면 국제법 위반이 된다. 이처럼 국가들이 어떤 법적 의무를 갖는지를 정한 조약 및 관습국제법을 '1차 법규'라고 한다.

그러나 이와 달리 국가책임법은 '국제법을 위반하면 그 다음에는 어떻게 되는가'를 알려준다. 즉, 하지 말라는 것을 한 국가에게는 어떤 책임이 생기며, 어떻게 해야 그 책임을 해소할 수 있는지를 규율한다. 이처럼 **국가책임법은 1차 법규를 위반한 결과를 시정하기 위해 적용되는 2차 법규**이다.[1] 따라서 2차 법규는 1차 법규에 해당하는 모든 조약과 관습국제법에 동일하게 적용된다.

ⓒⓞ 국가책임법의 법률관계

---

1 정인섭, 앞의 주 5, 406면.

국가책임법이 다루는 법률관계를 세 줄로 요약하면 다음과 같다. **어떠한 작위 또는 부작위 행위가 국가에 귀속되고 국제의무에 위반되는 경우, 국제위법행위가 존재한다. 국가의 모든 국제위법행위는 국가책임**(state responsibility)**을 발생시킨다. 그리고 국가책임은 반드시 해제되어야 한다.** 국가책임을 해제하는 방법 ―원상회복, 손해배상 등― 에 관해서는 후술한다.

이러한 **국가책임법은 모두 관습국제법에 나오는 내용이다.** 아직 따로 조약이 체결된 바가 없다. 그러나 ILC가 2001년 국제위법행위에 대한 국가책임 조문 초안(이하 **"국가책임법 초안"**)을 만들면서 법리가 잘 정리되었다. 국가책임법 초안은 그 자체로는 조약이 아니지만, 국제재판에서 관습국제법의 증거로 제출된다. 국가책임법 초안은 실제 분쟁에서 조약법에 관한 비엔나협약 다음으로 많이 원용되고 있다. 국가책임 법리는 워낙 이론의 여지 없이 확고히 자리 잡은 터라 국제법 학습에서도 매우 중요하다. 제9장에서는 국가책임법 초안을 조문별로 살펴보며 '국제위법행위 → 국가책임의 발생 → 국가책임의 해제' 단계를 따라갈 것이다.

시사 **포스코와 국민기업**

- "포스코 원로들 "국민기업 아니라고 한 경영진은 자성하라""[2]
  - 2022년 포스코 경영진은 사내 메일을 통해 "포스코그룹이 국민기업이라는 주장은 현실과 맞지 않으며 미래 발전을 위해서도 극복해야 할 프레임"이라고 밝혔다. 이는 포스코가 이윤 극대화를 위해 활동하는 민간기업이라는 취지로 새로운 사훈을 밝힌 것이다.
  - 이에 대해 포스코 창립 멤버 6명은 "포스코 정체성을 훼손하는 현 경영진의 진정한 자성을 촉구한다."는 성명서를 발표했다.

2022년, 포스코 기업의 원로들이 '포스코가 국민기업이 아니라고 한 경영진은 자성하라'는 취지의 성명서를 발표하였다. 내용을 보면 국제법적 측면에서 흥미로운 부분들이 많다. 포스코는

---

2 김강한, "포스코 원로들 "국민기업 아니라고 한 경영진은 자성하라"", 『조선일보』, 2022. 5. 16., <https://www.chosun.com/economy/industry-company/2022/05/16/243DHQ44BBDE7GJSLAW4KGVGK4/> (최종방문: 2023. 8. 31).

"선조들의 핏값인 대일청구권자금[3]으로 만들어졌으며, 제철보국(**製鐵報國** : 좋은 철로 나라를 이롭게 한다)의 기치를 내걸고 국가와 국민을 일해 온 만큼 '국민기업', '민족기업'이라는 수식어가 당연하다"는 것이다.

국가와 기업은 한 팀이라는 식의 시각은 아시아권 국가들에서 흔히 나타난다. 이는 미국이나 유럽의 시각과는 차이가 있다. 서양 국가들은 '나는 국가이고, 국가는 나다'라는 식으로 생각하기보다, '나는 나, 국가는 국가', '나는 내 몫만큼 국가에 기여하고, 국가는 내게 해주어야 할 것들을 해준다'라고 생각한다. 서양 국가들에서는 우리나라의 1997년 IMF 외환위기 때와 같이 국민들이 집에서 금붙이를 들고 와 국난을 극복하는 데 참여하는 광경을 찾아보기 힘들다. 그러다 보니 국가의 범위, 정부의 범위를 판단하는 데 있어 국가들마다 자연스레 시각의 차이가 생긴다. 우리나라에서는 국가와 기업이 별개의 주체여도 한 팀처럼 행동하는 것이 자연스럽다고 하더라도, 미국과 유럽은 국가와 한 팀처럼 움직인다면 그 기업은 국가의 일부라고 생각할 수도 있을 것이다.

포스코 원로들의 성명서처럼 '우리는 국민기업이다'라고 주장한다면 부지불식간에 우리 기업이 국가기관이라는 증거의 하나로 누군가가 활용할 우려도 있다. '국민기업', '기업과 정부는 한 팀', '팀 코리아' 등의 발언은 그 기업이 이윤 극대화보다 공익을 생각한다는 취지를 대내외에 공표하는 것이기 때문이다. 공적 기능을 강조하는 것은 의미 있고 좋은 일이지만, 동시에 우리의 경쟁 기업이나 경쟁 국가가 자신들의 필요에 따라 조약을 쉽게 적용할 수 있는 길을 열어주는 상황으로 이어질 수도 있음을 인지해야 한다.

이처럼 어디까지가 국가인지의 문제는 국가책임법의 핵심적 이슈이다. 국가책임이 발생하려면 '국가'에 의한 국제법 위반 행위가 있어야 하기 때문이다. 이를 염두에 두고 제9장을 살펴보도록 하자.

---

3 일제강점기에 수탈당한 한국인의 재산권에 대한 보상뿐 아니라 기타 징병, 징용 등 일본의 식민지 지배에 대한 포괄적인 배상으로서의 성격을 가진 자금이다. ; 배영목, "대일청구권자금", 『행정안전부 국가기록원』, 2007. 12. 1., <https://www.archives.go.kr/next/search/listSubjectDescription.do?id=006162&pageFlag=&sitePage=> (최종방문: 2023. 8. 31).

Ⅱ 국가책임의 성립

1. 일반원칙

국가책임법 초안은 제1부에서 국가책임의 성립요건인 국제위법행위에 대해 다루고 있다. 제1장 일반원칙부터 살펴보자.

초안 제1조 (국제위법행위에 대한 국가책임)
국가의 모든 국제위법행위는 그 국가의 국제책임을 발생시킨다.

모든 국제위법행위는 국가책임을 발생시키며, 예외는 없다(초안 제1조).

따라서 국제위법행위의 존부는 모든 분쟁의 핵심이다. 그렇다면 **국제위법행위**는 무엇인가? 어떤 행위 —작위와 부작위를 모두 포함한다— 를 국제위법행위라고 하려면 두 가지 요건이 갖추어져야 한다(초안 제2조). 먼저, 그 행위가 **국가에 귀속**되어야 한다. 즉 개인이 아닌 '국가'의 행위여야 한다. 다음으로, 그 행위가 **국제의무 위반** 행위여야 한다. 즉, 조약이나 관습국제법에 반해야 한다. 우리가 여태까지 '정부가 있는가?', '무슨 국제법 위반인가?'를 따져온 것은 결국 국제위법행위를 논하기 위한 핵심 요소를 살펴본 것이라고 할 수 있다.

초안 제2조 (국가의 국제위법행위의 요건)
국가의 행위가 다음과 같은 작위 또는 부작위를 구성하는 경우 국가의 국제위법행위가 존재한다.
(a) 국제법에 따라 국가에 귀속되고
(b) 국가의 국제의무 위반을 구성하는 경우

어떤 행위가 국제의무를 위반하였는지 판단하려면 관련된 조약과 관습국제법을 찾아서 적용 법리를 확실히 하고, 그 법리에 포섭될 수 있는 사실관계가 있는지 증거를 통해 확정하여야 한다. 법리에 사실관계를 적용하면 이로부터 국제법 위반여부에 대한 결론이 도출된다.

초안 제3조 (국가행위의 국제위법성의 결정)

국가행위의 국제위법성의 결정에는 국제법이 적용된다. 그러한 결정은 그 행위의 국내법상 적법성에 의하여 영향받지 않는다.

2. 행위의 국가로의 귀속

가. 서설

국가책임법상 귀속 문제는 국제법의 가장 중요한 현안 중 하나이다. 동시에 여러 분쟁의 주요 쟁점으로 자리매김하고 있기도 하다. 특히 **국가기관과 비국가기관의 구별, 그리고 비국가기관의 행위가 언제 국가로 귀속되는지**에 대한 문제는 끊임없는 논의의 중심에 있다. 이러한 기존의 문제와 쟁점은 그대로 남아있는 상태에서, 최근 인공지능(Artificial Intelligence: AI)의 등장으로 국가책임 영역에서도 새로운 쟁점이 제기되고 있다. 바로 '비국가' 주체가 아닌 **'비인간' 주체의 행위에 대한 국제법적 규율** 문제이다.

국가들은 이미 비자 발급 여부를 비롯한 여러 사안에 있어서 AI 시스템을 통해 결정을 내리고 있다. 또한 드론과 킬러로봇을 활용한 군사 활동이 가능해짐으로써 이미 이러한 기술이 군사작전에서도 광범위하게 활용되고 있다. 국가책임 분야에서 그간의 주요한 법적 쟁점이 '국가기관과 비국가기관의 구별' 내지는 '비국가기관의 행위를 언제, 어떻게 국가의 행위로 간주할 것인지'의 문제였다면, 앞으로의 쟁점은 '새롭게 등장하는 '비인간' 주체의 행위를 언제, 어떻게 국가의 행위로 간주할 것인가(또는 간주하지 않을 것인가)'의 문제이다.

지금은 비국가 주체의 행위라고 하더라도 그러한 의사결정을 내리는 주체 자체는 '인(人)' —자연인이든 법인이든— 이다. 예컨대 법인이 의사결정을 내리더라도 그러한 의사결정을 내리는 자는 법인으로부터 권한을 위임받은 책임자 내지 담당자이다. 결국 '사람'들의 결정이 '법인'의 결정이 되는 것이다. 그런데 앞으로 등장이 예견되는 **'비인간' 주체의 의사결정은 그 주체 자체가 '인'이 아니라는 점에서 그간의 법적 쟁점과 구별된다.**

AI의 판단, 결정 및 행위로 인하여 국가책임이 발생할 수 있다는 점은 이미 논의되고 있는 사안이다. 가령 국가기관이 AI를 활용하여 적극적으로 국제법 위반 행위를 행하였거나(이를테면 AI 장비를 활용한 인권침해 행위), 또는 국가기관이 자신이 사용하는 AI의 판단·결정 및 행위를 적절히 규율하지 못하고 그 결과로서 국제법 위반 행위가 발생하였다면(이를테면 인근 민간인에 대한 위험을 인지한 상황에서 무인 공격 장비의 배치) 각각의 상황에서 모두 국가책임이 발생할 수 있을 것이다. 지금까지는 주로 국가가 AI를 수단으로 활용하여 적극적으로 국제법 규범을 위반하는 경우의 '개별 국제법 규범 위반(AI를 통한 1차 규범의 위반)' 문제를 논해 왔다면, 앞으로는 **AI를 통한 작위 또는 부작위가 어떻게 국가로 '귀속'되는지**(또는 귀속되지 않는지)에 대한 검토 또한 이루어져야 할 것이다. 이와 같은 문제의식을 바탕으로 국가의 행위에 관한 국가책임법 초안을 이해해 보도록 하자.

나. 국가책임법 초안 규정

어떤 작위 또는 부작위가 국가의 행위인지 여부는 어떻게 판단하게 되는가? 크게 1) **국가기관의 행위**, 2) **법령에 의해 정부의 권한을 위임받은 개인이나 단체의 행위**, 3) **국가의 통제 하에 놓인 사인의 행위는 국가로 귀속된다.**

먼저 **국가기관의 행위**는 언제나 국가로 귀속된다(초안 제4조). 국가기관이기만 하면 행정·입법·사법 등 **기능**, 고위공무원·말단공무원 등 **지위**, 중앙정부기관·지방자치단체 등 **영토적 단위를 불문**한다. 앞서 본 **라그랑드 사건**(LaGrand Case)**에서는 애리조나 주지사의 국제사법재판소**(ICJ) **잠정조치 미이행이 미국에 귀속**되어 미국에 대한 국가책임이 발생하였다. 간단한 것 같지만, 앞에서 본 Murphy v. KAMCO 사건에서도 확인할 수 있듯이 어디까지가 국가기관인지 모호한 경우도 많다.

초안 제4조 (국가기관의 행위)

1. 모든 국가기관의 행위는 국제법상 그 국가의 행위로 간주된다. 이는 그 기관이 입법, 행정, 사법 또는 기타 다른 기능을 수행하는지 여부, 그 기관이 국가조직상 어떠한 위치를 차지하고 있는지 여부, 그 기관의 성격이 중앙정부기관 또는 지방정부기관인지를 불문한다.
2. 기관은 당해 국가의 국내법에 따라 그 같은 지위를 가진 모든 개인 또는 단체를 포함한다.

다음으로, **법령에 의해 정부의 역할을 수행할 권한을 부여받은 개인이나 단체의 행위**도 국가로 귀속된다(초안 제5조). 이러한 단체에는 공기업, 준공공단체, 국가의 대리인, 경우에 따라서는 사기업도 포함될 수 있다. 즉, 민간인이나 민간단체라도 국내법상의 근거를 갖고 정부 권한을 행사한다면 이 역시 국가의 행위가 된다.[4]

> **초안 제5조 (정부권력 요소를 행사하는 개인 또는 실체의 행위)**
>
> 제4조에 의한 국가기관은 아니지만 당해 국가의 법에 의하여 정부권한(공권력)을 행사할 권한을 부여받은 개인 또는 실체의 행위는 국제법상 당해 국가의 행위로 간주된다. 다만, 이는 그 개인 또는 실체가 구체적 경우에 있어서 그러한 자격으로 행동하는 경우에 한한다.

앞서 보았듯이 민간군사기업(PMC)가 국가와의 계약에 따라 군사 행동을 수행하는 경우, 법령상 근거가 있다면 제5조에 해당한다. 또 길거리를 가다 보면 '모범운전자(2년 이상 사고를 내지 않고 택시 등 사업용 차량을 운전한 사람 중 경찰서장의 임명을 받은 사람[5])'의 자격을 가진 민간인이 교통경찰을 대신해 교통정리를 하기도 하고, 해병전우회(해병대 출신 전역자들이 결성한 단체)가 지역 축제에서 경찰과 협조하여 질서유지 활동을 하기도 한다. 이때 모범운전자와 해병전우회의 행위는 국가의 행위로 간주된다.

이때 우리 정부기관, 혹은 우리 정부의 권한을 국내법에 따라 위임받은 기관의 행위더라도 우리나라에 귀속되지 않는 경우가 있다. 다른 나라 정부의 역할을 수행하도록 해외에 파견된 경우이다. 파견국 기관이라도 **파견국의 업무 지시를 받지 않고, 통제국의 배타적 지휘 하에 그 국가의 기관으로서 기능한다면 통제국의 행위로 본다**(초안 제6조).[6]

---

4 정인섭, 앞의 주 5, 412면.

5 송우영, ""경찰도 아니고 뭐하는 사람?"⋯도로 속 '모범운전자'들", 『중앙일보』, 2018. 4. 14., <https://www.joongang.co.kr/article/22535538#home> (최종방문: 2023. 8. 31).

6 정인섭, 앞의 주 5, 412면.

초안 제6조 (타국에 의하여 한 국가의 통제 하에 놓여진 기관의 행위)

타국에 의하여 한 국가의 통제 하에 놓여진 기관의 행위는, 그 기관이 자신이 그 통제에 놓여진 국가의 정부권한(공권력)의 행사로서 행동하는 경우, 국제법상 통제국의 행위로 간주된다.

가령 가상의 상황으로 필리핀에 쓰나미가 닥치면 우리나라 긴급구조대가 필리핀에 파견된다. 우리나라 긴급구조대가 필리핀 해양경비대(우리나라로 치면 해양경찰청)의 통제 아래 작업하는 경우 구조대의 행위는 필리핀의 행위가 된다. 이때 우리 정부가 마닐라에 있는 구조대에게 계속 연락하고 지시를 내린다면, 우리 정부의 통제권이 배제되지 않았으므로 구조대의 행위는 한국에 귀속된다는 점에 유의하자.

UN 평화유지군(PKO)이 있다. UN 평화유지군은 주요 분쟁지역이나 재난지역에 파병되는 UN 소속 부대로, 필요할 때마다 UN 소속 국가들의 군대를 차출하는 형태로 조직된다. 평화유지군은 UN과 본국의 통제를 모두 받는다. 우리나라에서 차출된 평화유지군은 UN군사령관뿐만 아니라 한국에 있는 우리나라 지휘관의 구체적인 지시를 받고, 이들 모두에게 진행 상황을 보고해야 한다. 이 때문에 평화유지군의 행위에 대해 누가 책임을 져야 할지에 대한 복잡한 문제가 흔히 제기된다. 우리나라와는 상관없는 이야기이지만 일부 다른 국가의 PKO 파견 병사들은 현지에서 부패를 비롯한 불법행위에 연루되는 경우도 있다. 그럴 때마다 UN이 책임져야 하는지, 파견국 정부가 책임져야 하는지에 대한 논란이 벌어진다.

이때 국가기관 혹은 공권력을 행사하도록 권한을 위임받은 개인·단체가 부여 받은 권한을 초월하여 행동하면 어떻게 되는가? 상식에는 조금 어긋나지만, **월권행위에 해당하더라도 국가의 행위로 간주된다**(초안 제7조).

초안 제7조 (권한초과 또는 지시위반)

국가기관 또는 정부권한(공권력)을 행사하도록 권한을 위임받은 개인 또는 실체의 행위는 그 기관, 개인 또는 실체가 그 자격으로 행동하는 경우, 그 행위자가 자신의 권한을 넘어서거나 또는 지시를 위반한다 하더라도, 국제법상 그 국가의 행위로 간주된다.

ILC 초안은 왜 이런 조항을 두었는가? 국내법에서 정한 구체적인 권한 범위를 외국 정부나 사람들은 알기 어렵기 때문이다. 예컨대 관악경찰서 소속 경찰관 A가 관할 지역인 관악구를 벗어나 방배동에서 죄 없는 외국인을 체포하였다고 해 보자. 나아가 그 체포 행위에 인권침해 등 조약 위반 소지가 있음이 밝혀져 그 외국인의 국적국이 우리나라를 국제법원에 제소했다고 가정해 보자. 우리나라는 해당 경찰관 A가 관할 지역을 벗어나 행동하였으므로 사인의 행위에 불과하다고 항변하려 할 것이다. 하지만 그의 행위는 한국으로 귀속될 가능성이 크다.

세세한 국내 법령을 근거로 월권행위라고 주장함으로써 국가책임을 면할 수 있다면 어떤 일이 벌어지는가? 우선 월권을 이유로 국가책임을 회피할 길이 지나치게 넓어진다는 문제가 발생한다. 현실적으로 공무원이 융통성을 발휘하여 일을 처리하는 경우도 많기 때문에 국내법을 입맛에 맞게 해석하여 '귀에 걸면 귀걸이 코에 걸면 코걸이' 식으로 주장할 여지가 많다. 피해국으로서는 기껏 소를 제기하였다가 빈손으로 돌아오는 일을 피하기 위해 가해국의 법령을 일일이 살피며 월권 여부를 확인해야 한다. 이는 현실적이지 않다. 또한 이는 국가들이 국제청구를 망설이는 결과로 이어질 가능성도 크다.

나아가 재판부도 행위자의 월권 여부를 판단하기 위해 씨름해야 한다. 권한을 넘어섰는지 여부는 많은 경우 딱 떨어지는 문제가 아니며, 가해국의 세세한 법령을 이해해야 판단할 수 있다. 오류나 오판의 소지가 커짐은 물론이다. 이처럼 피해자와 피해국, 국제사회가 행위자의 월권 여부를 외관상 파악하기 어렵기 때문에 판단이 지나치게 복잡해지거나 가해국이 교묘하게 법망을 빠져나가는 문제가 발생한다. 단적으로 앞에서 예로든 경찰관 A가 경찰복을 입은 채로 관악구에서 1m 벗어나 외국인을 체포했다고 생각해 보라. 국가 간 분쟁의 소지 역시 증가한다.

초안 제7조는 위와 같은 문제점을 입법적으로 해결하려 한 것이다. 제7조에 따라 외관상 합리적인 연결점만 있으면 월권행위더라도 국가의 행위로 귀속된다. 다만 해군 장교 B가 해군 정복을 입은 채 주거지역에서 신분증 검사를 하고 있으면 누가 봐도 이상할 것이다. 이 경우 국가의 행위로 귀속되지 않는다. 그러나 경찰관 A가 경찰복을 입고 방배동에서 사람을 체포하는 것처럼 외견상 권한 내라고 보는 것이 합리적인 행위라면 정부의 행위로 귀속된다. 제7조는 제반 피해국 보호에 유리한 조항이다.

세 번째는 조금 복잡하다. **정부의 통제를 받는 민간인 또는 민간기관의 행위는 국가로 귀속된다.**

초안 제8조 (국가에 의하여 감독되거나 통제된 행위)
개인 또는 집단이 사실상 국가의 지시에 의하거나 국가의 감독 또는 통제에 따라 행동한 경우, 그 개인 또는 집단의 행위는 국제법상 국가의 행위로 간주된다.

여기에서 '통제'라는 개념이 상당히 주관적이고 상대적이라 국가 간 다툼이 많다. 어느 정도 수준으로 쥐락펴락할 수 있어야 '통제'가 있다고 인정되는가? 교사의 학생에 대한 통제 정도면 충분한가? 아니면 꼭두각시를 조종하듯 일거수일투족을 모두 지시하는 수준에 이르러야 통제인가?

담당 교수가 수강생에 대해서 갖는 정도의 느슨한 통제를 **일반적 통제**라고 한다. 담당 교수는 학생들을 평가하고 과제를 낼 수도 있지만, 언제 어떠한 행위를 할 것인지에 대한 일거수일투족을 통제할 수는 없다. 추상적인 통제권은 있으나, 구체적인 통제는 불가하다. 일반적 통제권자가 세세한 부분까지 통제하려고 하는 순간 여러 국내법적 문제(인권침해, 직권남용 등)가 생길 수도 있다.

반면, **구체적 통제**는 직속상관으로서 모든 행위를 통제하는 경우이다. 군대에서 장교가 일반 병사에 대해, 직장에서 차장이 대리에 대해, 장관이 담당 국장에 대해, 검찰총장이 지방검찰청장에 대해 갖는 권한을 생각하면 된다. 가령, 직장 상사는 부하직원에게 "파워포인트 이 부분을 수정하고 이걸 **빼세요**"라고 지시할 수 있고, 은행 지점장은 직원에게 "이 사람은 재무 리스크가 높으니 대출해 주지 마세요"라고 지시할 수 있다.

보통 제소국은 일반적 통제만으로도 '통제'가 인정된다며 피제소국에게 국가책임을 지우려 하고, 피제소국은 어떻게든 구체적 통제가 있어야 한다고 주장한다. Murphy v. KAMCO 사건을 상기해 보자. 이 사건에서는 개인인 'Murphy'가 '캠코'를 상대로 미국 국내법원에 소를 제기하였다. 그런데 이번에는 '미국'이 'Murphy'와 똑같은 이유로 '한국'을 ICJ에 제소하였다고 생각해 보자. 미국이 '캠코가 AK캐피탈을 상대로 진행된 거래에서 한미 FTA에 위반되는 행위를 하였다'라고 주장한다고 할 때, 캠코의 행위를 대한민국에 귀속시킬 수 있는가? 이때 대한민국의 국가책임이 성립하는가? (일단 캠코가 국가기관 그 자체는 아니라고 해 보자.)

국가책임 귀속을 위한 '통제'가 일반적 통제로 충분하다면 캠코의 행위를 한국에 일단 귀속시킬 수 있다. 캠코의 경우 한국 정부가 사장을 임명하고, 기획재정부가 자금을 제공하며, 감사원이 감사도 한다는 점에서 정부의 일반적 통제가 존재하기 때문이다. 그러나 구체적 통제가 요구된다고 보면 캠코의 행위를 한국에 귀속시킬 수 없다. 정부가 캠코의 계약 상대방을 일일이 결정하지는 않으므로 문제의 거래 행위에 대해 구체적 통제가 이루어진다고 보기 어렵기 때문이다. 이상의 논의는 캠코뿐 아니라 국립대학교에 대해서도 마찬가지다. 국가책임법 초안에서의 '통제'를 어떻게 해석하는지에 따라 전혀 다른 결론이 도출된다.

제8조가 존재하는 이상, 사인의 행위가 있다는 이유로 국제분쟁이 아니라고 곧바로 단정할 수 없다. 정부의 '통제'라는 연결고리가 있다면 얼마든지 개인이나 기업의 행위가 돌고 돌아 국가책임으로 이어질 수 있기 때문이다.

판례 **Nicaragua Case**

앞서 제2장에서 본 니카라과 사건이 기억나는가? 니카라과에 사회주의 정권이 수립되자 미국이 친미 우익 세력인 콘트라 반군을 지원하며 사회주의 정권을 붕괴시키려고 했던 사건이다. 니카라과 사건에서 제기된 중요한 쟁점 중 하나는 **'과연 콘트라 반군의 행위를 미국의 행위로 볼 수 있는지'**였다. 즉, 이는 **국가로의 책임 귀속에 필요한 '통제'의 정도**를 묻는 문제이다.

니카라과는 콘트라 반군에 대한 미국의 통제를 인정할 수 있다고 주장하였지만, ICJ의 생각은 달랐다. 재판부는 미국이 콘트라 반군에게 자금을 지원하고 일반적인 지시를 내렸을 뿐, 공격의 시점과 공격의 방법 등과 같은 구체적인 군사 활동을 하나하나 지시한 바는 없다고 판단했다. 이에 재판부는 여기에서 말하는 '통제'란 **일반적 통제만으로는 불충분하므로, 구체적 통제가 없는 이상 콘트라 반군의 행위를 미국의 행위로 귀속시킬 수 없다**고 결론 내렸다. 니카라과 사건 자체는 미국이 패소한 사건이지만(다른 쟁점에 의해 국가책임이 인정되었다), 이 쟁점에 대해서만큼은 미국에 유리한 판단이 내려졌다.

역설적으로 미국은 현재 중국에 대해서 전혀 반대의 입장을 취하고 있다. 미국은 중국의 (ⅰ) 국책은행, (ⅱ) 국영기업, (ⅲ) 민간기업 중 정부가 지분을 갖고 있는 기업의 행위에 대해서 모두 중국에 국가책임을 묻고 싶어 한다. 이에 미국은 국가에게 책임을 귀속시키기 위해서는 국가가 기업에 대해 지분을 갖는 정도의 일반적 통제로도 충분하다고 주장하고 있다. 반면, 중국은 구체적 통제가 없는 이상 중국에 책임을 묻는 것은 국제법 규범을 벗어나는 논리라고 주장하고 있다.

이제 조금 특수한 케이스들을 보자. **민란, 자연재해 등으로 정부가 부재하거나 마비된 상황에서 개인이나 집단이 정부 대신 권한을 행사한 바 있다면 그 행위는 국가로 귀속된다**(초안 제9조). 왜 그런가? 공공당국이 마비된 것 자체가 국가의 책임이 어느 정도 있다고 보기 때문이다. 개인이나 집단이 나서야 하는 상황이 발생한 것 자체가 어찌보면 어느 정도 국가의 책임이라는 것이다. 가령 서울에 자연재해가 발생하여 대혼란이 발생하였고 이에 따라 서울시청이 마비되었다고 해보자. 어떤 민간단체가 나타나 서울시민들을 이리저리로 대피시키던 와중에 조약에 어긋나는 행위를 하면(가령, 외국인 차별 내지 보호 미흡), 마치 서울시청이 해당 행위를 한 것처럼 취급되어 한국이 국가책임을 진다.

초안 제9조 (공적기관의 부재 또는 직무수행이 불가능한 상태에서 수행된 행위)

공공당국의 부재 또는 마비 상태로서 정부권한의 행사가 요구되는 상황에서 개인 또는 집단이 사실상 그러한 권한을 행사하였다면, 그 행위는 국제법상 국가의 행위로 간주된다.

소위 성공한 쿠데타, 즉 **국가의 새 정부를 구성하는 데 성공한 반란단체의 행위는 그 국가의 행위로 간주된다**(초안 제10조).[7] 새 정부를 구성한 후의 행위는 물론이고 정부 수립 전 투쟁 중에 범한 행위도 국가로 귀속된다.

초안 제10조 (반란단체 또는 다른 단체의 행위)

1. 한 국가의 신정부를 구성하게 되는 반란단체의 행위는 국제법상 그 국가의 행위로 본다.
2. 기존 국가의 영토의 일부 또는 그 국가의 관할하의 영토에서 신생국 수립에 성공한 반란단체 또는 기타 단체의 행위는 국제법상 그 신생국의 행위로 본다.
3. 본 조는 문제된 단체의 행위와 어떻게 관련되었든, 제4조 내지 제9조에 의하여 그 국가의 행위로 간주될 수 있는 모든 행위가 국가로 귀속되는 것에 영향을 미치지 않는다.

이상의 조항들에 따라서는 국가로 귀속될 수 없는 행위라고 하더라도, **국가가 그 행위를 자신의 행위로 승인하고 채택하면 국가로 귀속된다**(초안 제11조).

---

7 상게서, 418면.

초안 제11조 (국가에 의하여 자신의 행위로 승인·채택된 행위)

위 조항들에 의하여 국가로 귀속될 수 없는 행위도 국가가 문제의 행위를 자신의 행위로 승인하고 채택하는 경우, 이 같은 범위 내에서는 국제법상 그 국가의 행위로 간주된다.

판례 **Tehran Hostage Case**

주이란 미 대사관 인질 사건은 승인에 따른 국가행위로의 귀속을 보여주는 대표적인 사례이다. 1970년대 이란의 통치자였던 팔라비 왕조는 친서방 정책을 펼치며 미국의 지원을 받았다. 그러나 이슬람 운동권은 탈종교화를 지향하는 팔라비 체제를 마음에 들어 하지 않았고, 이란 국민 역시 개발 독재에 따른 빈부격차 심화 등으로 불만이 많았다. 미국의 팔라비 왕조 지원은 이란 대중들에게 반미 감정을 확산시킬 뿐이었다. 결국 1979년 이란 혁명으로 팔라비 왕정은 타도되었다. 이후 호메이니가 이슬람 공화국을 수립하자, 본격적으로 반미 감정이 표출되기 시작했다. 이러한 배경 속에서 **이란 과격파 학생 시위대는 1979년 11월 4일 테헤란 주재 미국 대사관과 지방 도시의 미국 영사관을 점거하고 수십 명의 미국인을 인질로 삼았다.** 이 점거는 444일간 지속되었다.[8]

미국은 곧바로 이란을 ICJ에 제소하였다. 미국과 이란은 모두 외교관계에 관한 비엔나협약의 당사국이었는데, 동 협약과 관련된 분쟁에 대해 ICJ의 관할권을 인정하는 의정서가 있었으므로 관할권은 따로 문제되지 않았다. 다만 이란은 학생 시위대가 정부와 관련이 없다고 주장하였다. ICJ의 판단은 어떠하였는가? 재판부는 호메이니가 학생 시위대에게 미국 대사관 점거를 계속하라고 발표한 점에 주목하였다.[9] 재판부는 **이란이 학생 시위대의 행위를 자국의 행위로 승인하고 채택한 이상, 그 행위가 이란에 귀속된다**고 판단하였다. 나아가 앞선 논의와는 별개로, 재판부는 **이란 정부가 시위 정부를 미리 알고도 미국 대사관을 적극적으로 방어하지 않은 것 자체로 부작위에 따른 책임을 진다**고도 설시하였다. 결국 ICJ는 이란의 국가책임이 성립한다고 결론지었다.

다. 비인간주체의 행위와 국가로의 귀속

1) AI 행위의 귀속 여부

AI가 인간이 담당하던 역할을 대신하는 현상은 이미 여러 분야에서 감지되고 있다. 가령, 의료행위를 담당하는 AI(Robo-Doctor), 당사자 간 분쟁을 중재하는

---

8 상게서, 419면.

9 상게서.

AI(Robo-Arbitrator)는 아직 초창기이기는 하나 그 활용이 구체적으로 논의되고 있다.[10] 이에 따라 새로운 의료 및 법률서비스 제공에 대한 적절한 규율 방안 역시 검토되고 있다. 위와 같은 현상은 국가사무 영역에서도 마찬가지로 확인된다. 이미 디지털 기술 발전으로 인해 세금 부과, 교통 법규 집행 등 일부 영역에서는 정부의 업무가 AI를 통해 이루어지고 있다. 일각에서는 이미 AI의 판단과 결정이 인간의 그것보다 정확하다는 평가도 나온다.[11] 이러한 추세라면 정부의 여러 업무를 검토하고 판단하는 AI(일종의 'Robo-regulator') 역시 머지않은 미래에 도입될 것으로 보인다.

정부의 업무를 담당하는 AI의 의사결정과 이에 따른 행위가 국제법상 국가책임 문제를 초래하기 위해서는 먼저 당해 행위가 국가의 행위로 귀속되어야 한다. 아래에서는 AI가 활용되는 구체적인 상황을 나누어 AI 행위의 귀속 여부를 살피고자 한다. 크게는 AI가 국가기관의 '도구'로 활용되는 경우와 AI가 독자적인 판단을 내리고 이러한 판단에 기해 행위가 이루어지는 경우로 나누어 볼 수 있다.

먼저 국가기관이 AI를 자신의 업무를 위한 도구 내지 **보조자** 수준으로만 활용하는 경우를 살펴보자. 지금도 정부의 업무처리에 컴퓨터 등 전자장비가 다량 활용되고 있는데, 보다 진일보한 컴퓨터나 전자장비가 동원되는 경우를 생각해 보면 된다. 이 경우 장비의 진화와 관계없이 최종적인 의사결정은 여전히 담당 공무원에 의하여 행하여진다. 정부 담당자가 AI의 제언을 의사결정에 참고만 하는 상황이라면. 그러한 의사결정에 따른 행위는 정부 담당자 스스로의 행위로 보아야할 것이므로 국가로 귀속시키는 데 특별한 문제가 없다. 요컨대 아무리 새로운 장비와 기계가 도입된다 하더라도 최종적인 결정 및 행위의 주체가 여전히 정부 담당자로 남아 있다면 국가책임의 맥락에서 근본적인 변화는 발생하지 않는다.

그런데 AI가 도구 내지 보조자를 넘어 스스로 정부의 역할을 일정 부분 대신

10　Al Tamimi&Company, "Artificial Intelligence and International Arbitration: Going Beyond E-mail". *Lexology, available at https://www.lexology.com/library/detail.aspx?g=a74e7701-92aa-4293-8157-02a6c8165a7c.* (최종방문: 2023. 8. 31).

11　Thomas Burri, "International Law and Artificial Intelligence", *German Yearbook of International Law,* Vol. 60, Issue 1 (2017), pp. 2-3, *available at* https://ssrn.com/abstract=3060191. (최종방문: 2023. 8. 31).

하게 된다면 어떻게 되는가? 가령 AI가 이민 수속을 진행하고 인터뷰를 담당하며, 비자발급 문제를 결정하는 경우를 생각해 보자. AI가 빅데이터를 활용하여 **독자적인 결정**을 내리는 상황은 다시 다음 두 가지로 크게 나누어질 수 있다. 먼저 그러한 결정이 해당 AI으로부터 그대로 처분대상인 개인에게 전달되는 경우이고, 다음으로 그 내용이 일단 형식적으로는 정부 담당관을 거친 뒤 처분대상인 개인에게 통보되는 경우이다.

물론 후자의 경우에도 여전히 여러 문제가 제기될 수는 있다. 담당관이 AI의 결정을 실체적인 심사 없이 그대로 전달하기만 한다면 정부 담당관의 독자적 행위가 존재한다고 볼 수 없기 때문이다. 그러나 초안 제4조가 말하는 "국가기관의 행위"는 행위자의 지위라는 외관에 초점을 두며, 해당 기관의 내부적인 의사결정 과정이나 업무분장에 대하여는 별도의 검토를 요구하지 않는다. 그러므로 어떤 행위가 외관상 담당 공무원의 결정에 해당한다면 해당 공무원이 얼마나 꼼꼼히 검토하였는지는 중요한 변수가 아니다. 이상을 종합하여 볼 때, **AI의 결정이 정부담당관을 거쳐 개인에게 통보**되는 경우에는 국가책임을 인정하는 데 어려움이 없다. 설사 제4조에 따라 국가책임을 묻기 어렵다고 하더라도 제11조에 따라 담당 공무원의 전달 행위를 국가행위로의 사후 승인으로 볼 수도 있다.

그러므로 주로 문제가 되는 것은 **AI와 처분대상인 개인이 직접 접촉**하게 되는 상황이다. 여기에서 '직접 접촉'을 담당하는 AI의 지위를 어떻게 파악할 것인가? 정부에 '**고용**'되어 정부업무를 수행하는 주체로 파악하는 것이 하나의 방법이다. 자연인이 아니며 급여를 받지는 않지만 정부의 권한을 행사할 수 있는 하나의 주체로 보는 것이다. 이 경우 AI는 전속적으로 정부업무에 투입되며, 정부 스스로도 특정한 사항에 대한 AI의 결정 권한을 인정한다. 이때 AI는 노동법이 규정하는 근로자에 해당하지는 않지만 행정법이 규정하는 행정처분의 주체에 비견할 만하다. 위와 같은 경우라면 AI의 행위는 **초안 제4조**에 따라 국가로 귀속된다. 일종의 '자동화된 공무원(Robo−regulator 또는 Robo−government employee)'으로 이해할 수 있겠다.

그 다음으로 '직접 접촉'의 상황이지만 AI와 국가 간 고용관계를 인정할 수 없는 경우를 생각해 보자. 이때도 법률, 시행령, 규칙 등의 법령을 통해 AI의 결정 권한에 대한 근거가 마련되어 있다면 해당 AI는 정부권한을 '**위임**'받아 대신 수행하는 주체로 간주될 수 있다. 이러한 경우 AI의 행위는 **초안 제5조**에 따라 국가로 귀속되며, AI가 법령상 위임받은 권한을 초과하여 의사결정을 한다고 하더라도 그러한 월권행위는 **초안 제7조**에 따라 국가로 귀속된다.

한편 AI가 정부에 전속되거나 '고용'되지 않았을 뿐더러, 법령상 위임마저 부재한 경우는 어떠한가? 여전히 국가책임으로 이어질 가능성은 남아 있다. AI에 대하여 정부의 **'구체적 통제'**가 인정된다면 **초안 제8조**에 따라 국가로 귀속될 수 있기 때문이다.[12] 이 부분은 특히 주목을 요한다. 오늘날과 같이 정부기관이 개인정보를 관리·감독하는 체제 하에서는 정보를 토대로 활동하는 AI 전부가 국가의 통제 하에 있다고 볼 수 있기 때문이다. 오늘날 여러 국가는 개인정보 영역에서 프라이버시 보호 등을 위해 새로운 규제를 도입하고 있다. AI의 행위는 빅데이터를 매개물로 하므로, 정보에 대한 규제 강화는 AI에 대한 정부의 '통제' 강화로도 이해할 수 있다. 따라서 최근의 규제 강화 추세는 AI의 행위가 국가로 귀속될 가능성을 시사하고 있다.

마지막으로, 고용·위임관계는 물론 구체적 통제마저 부재하여 정부와 전혀 관련이 없는 AI의 의사결정과 행위도 국가기관이 이를 그대로 **승인**하는 경우에는 **초안 11조**에 따라 국가로 귀속된다.[13] 명시적인 의사표시가 없더라도 AI의 행위에 기초해 국가의 작위·부작위가 이루어진다면 승인이 있는 것으로 해석될 것인바, AI의 행위를 국가로 귀속시키는 데에 문제가 없다.

지금까지 AI 행위의 국가로의 귀속 문제를 여러 방면에서 살펴보았다. 그러나 경우에 따라서는 AI의 행위를 **국가로 귀속시키기가 불가능한 경우**도 있을 수 있다. 대표적으로 **민간영역에서 민간주체에 의하여 순수하게 사적 내지 영리적 목적으로 AI가 사용되는 경우**이다. AI의 결정과 행위가 국가로부터 분리된 경우에는 국가가 책임으로부터 자유로워진다. 다만 앞서 살펴본 바와 같이 AI의 신경망

---

[12] *See* International Law Commission, Draft Articles on Responsibility of States for Internationally Wrongful Acts, with Commentaries, Yearbook of the International Law Commission, Vol. II, Part Two (2001) (이하, "국가책임 초안"), Article 8; International Court of Justice, Military and Paramilitary Activities in and against Nicaragua (Nicaragua v. United States of America), Merits, *ICJ Reports* 1986, p. 41.nst Nicaragua (Nicaragua v. United States of America), Merits, *ICJ Reports* 1986, p. 41.

[13] *United States Diplomatic and Consular Staff in Tehran*, ICJ Reports 1980, p. 35, para. 74.

을 구성하는 정보와 네트워크에 대한 정부의 통제가 있다면 AI가 정부와 완전히 분리되었다고 보기는 어려울 것이다.

다음으로 생각해 볼 수 있는 상황은 앞으로 **기술이 더욱 발전된 환경에서 AI가 독자성을 구비하고 의사결정을 직접 내리는 경우**이다. 국가들은 관리·감독 의무를 완수하였음을 이유로 그 후 AI의 독자적인 의사결정에 대해서는 법적 책임을 부인하려 들 수 있다. 마치 국가가 1) 최선의 노력으로 검증을 한 자동차를 구매하여 2) 운행과정에서도 주의의무를 다한 경우, 해당 차량으로 파견국 외교관을 운송하는 과정에서 교통사고가 발생하여 외교관이 사망하더라도 국가책임을 부담하지 않는 것과 유사하다. 여기에서 국가책임이란 1961년 외교관계에 관한 비엔나협약상 '자국 주재 외교관의 신변을 보호할 의무'를 의미한다.[14] 앞서 든 예시에서 자동차를 '완전한 자율주행자동차'로 치환하더라도 그 결과는 동일하다. 다만 이러한 논리는 자동차, 전자장비, 컴퓨터와 같이 국가기관이 AI를 도구 내지 보조자로 활용하는 경우에만 적용할 수 있다. AI가 독자적 결정을 한다면 해당 AI는 외교관을 운송하는 자동차에 불과한 것이 아니라 그러한 운송을 책임지는 접수국 관료에 가깝기 때문이다. 이러한 경우 AI의 운항 경로 및 방법 선택에 문제가 있다면 접수국이 책임을 져야 할 것이다.

2) AI의 법인격

AI의 활용이 증가함에 따라 대두되는 가장 큰 법적 논점은 AI의 법인격(legal personality)을 인정할지 여부이다. 이는 법규범의 적용 대상을 확정하는 문제로서 아주 핵심적인 쟁점이지만, 관련된 논의는 여전히 초기 단계에 머물러 있다.

일각에서는 현재의 법체계가 인간을 중심으로 형성되어 있으므로 법체계의 일관성을 위해서는 **AI에 법인격을 부여해서는 안 된다**고 주장한다.[15] 미 국방부 간행 전쟁수행법규(Law of War Manual)에서 로봇 무기는 법인격을 가질 수 없다고 명시하고 있는 것은 위와 같은 맥락이다.[16] 이러한 논리에 의하면 AI의 발전 정도

---

14 1961년 외교관계에 관한 비엔나 협약 제36조 참조.

15 Joanna Bryson, Mihailis E. Diamantis, Thomas D. Grantm "Of, for, and by the People: The Legal Lacuna of Synthetic Persons", *Legal Studies Research Paper Series – University of Cambridge* No.5, (2018), p.6.

16 *See ibid.*

에 관계없이 AI가 내린 결정에 대해서는 여전히 그 결정에 관여한 인간에게 법적 책임을 묻게 된다. AI는 인간에게 봉사하는 도구로 '법적으로 의제'되기 때문이다.

다른 한편에서는 **AI 자체의 독자성을 인정하고 별도의 법규범을 도입하자는** 주장이 제기된다.[17] 요컨대 일정한 수준에 이르게 되면 AI 자체에 일종의 제한적인 법인격을 인정하자는 의미이다. 구체적인 인정의 조건에 대해서는 추가적인 검토가 필요할 것이다. 그러나 일단 AI에 대해서도 법인격을 인정할 수 있다는 인식은 AI에 법적 책임이 귀속될 가능성을 암시하고 있다. 이러한 인식의 변화는 국가책임 법리에도 중요한 영향을 미칠 것이다.

현재 법적 책임에 대한 논의는 '인(人, person)'을 전제로 진행되고 있다. 국가책임에 대한 논의도 마찬가지다. 현재 **초안**에 포함된 여러 조항들도 '자연인(natural person)'이든 '법인(juridical person)'이든 모두 **'인'의 개념을 토대로 구성**되어 있다. 어떠한 방식으로든 자연인(가령 공무원 개인) 또는 법인(가령 민간기업 또는 정부기관)의 행위가 있어야 국가책임이 발생할 수 있는 것이다.

초안 제4조 제1항은 모든 국가기관의 행위는 국가의 행위로 간주된다고 규정하고 있다. 초안의 주석[18]에 의하면 "국가기관"은 당해 국가의 조직을 구성하고 국가를 위해 행동하는 모든 "개인 또는 집합적인 단체(any person or entity)"를 포함한다. 마찬가지로 제4조 제2항에 규정된 "개인 또는 단체" 역시 기본적으로 모든 자연인과 법인을 포함하는 것으로 이해된다. 실제 제4조가 적용되는 국면을 살펴보아도 자연인과 법인을 전제로 검토가 이루어지고 있다. 예를 들어 Moses 사건에서 Liber 중재재판관은 "공무원 또는 권한 있는 자는 자신의 권한 범위 내에서(pro tanto) 모든 공무원 및 권한 있는 자의 총합체의 자신의 정부를 대표한다"라고 언급하였다. 이는 특정한 지위를 가진 자연인을 염두에 둔 언급이다. 다만 초안 제4조 제2항에서 "국내법에 따라 그러한 지위를 가진 개인 또는 단체"라고 규정하고 있다는 점에서, 국내법 규정이 AI에 부여하는 법적 지위에 따라 국가기관 해당 여부가 달라질 여지도 있다.

---

17 예를 들어 최근 EU에서 이러한 논의가 전개되고 있다.
18 국가책임 초안의 국문본은 "'국제위법행위에 대한 국가책임'에 관한 국제법위원회 주석"『서울국제법연구』제8권 제2호 (2001) 참조.

한편 **초안 제5조**는 국내법에 의해 공권력 행사의 권한을 위임받은 "개인 또는 단체(a person or entity)"의 행위가 국제법상 국가의 행위로 간주된다고 규정한다. 초안 주석에 의하면, 위 제5조의 '단체'라는 일반적 용어는 반드시 기관(organ)은 아니더라도 공권력을 행사할 수 있도록 국내법에 따라 권한을 위임받은 다양한 기구를 의미한다. 예를 들어 공기업, 공공단체, 여러 종류의 국가대리인, 나아가 특별한 경우에는 민간기업까지 포함하는 것으로 이해된다. 이에 따라 국내법에 의해 공권력의 행사를 위임받은 자연인 또는 단체의 행위도 국가에 귀속될 수 있다. 이 조항 역시 기본적으로 자연인 또는 법인을 그 기저에 두고 있음을 알 수 있다.

나아가 **초안 제7조**는 국가기관 또는 공권력의 위임을 받은 "개인 또는 단체(a person or entity)"가 부여된 권한을 넘어서서 또는 주어진 명령에 반하는 행위를 하더라도 그러한 기관 또는 단체의 행위는 국가로 귀속될 수 있다고 규정한다. 이 조항이 도입된 배경에 대하여 주석은 "대리인" 또는 "공무원"을 논의하고 있어 이역시 기본적으로 자연인을 전제로 하고 있음을 보여준다. 또한 제7조는 국가기관 또는 공권력 행사의 위임을 받은 단체의 행위에도 적용되는 바, 결국 이 경우에도 자연인과 법인을 전제로 한다는 점에서는 동일하다. 단체의 행위라 하더라도 결국 그 행위가 자연인에 의하여 —"공권력을 위임받은 개인에 의하여"— 행하여진 것인지 여부가 중요하다는 점은 Petrolane, Inc. v. Islamic Republic of Iran (1991) 사건에서 미−이란 청구권 법원(U.S.−Iran Claims Tribunal)이 언급하고 있기도 하다.

한편 민간주체가 정부기관의 통제 하에 있는 상황을 전제로 하고 있는 **초안 제8조**는 이와 관련하여 "개인 또는 개인들의 집단(a person or group of persons)"이라는 용어를 사용하고 있다. 혁명, 무력충돌 또는 외국 점령과 같이 공권력이 정상적으로 작동될 수 없는 경우를 전제로 하는 **초안 제9조** 역시 마찬가지이다. 여기서도 그 주체는 "개인 또는 개인들의 집단(a person or group of persons)"이라는 용어가 사용되고 있다. 이들 조항 역시 개인 또는 단체, 즉 자연인 또는 법인을 그 출발점으로 하고 있음을 알 수 있다.

요컨대 현재의 **국가책임법은 '자연인'이나 '법인'이 어떠한 행위를 하게 되면 이 행위가 국가로 귀속되는지 여부를 따지는 것을 기본 골격으로 한다.**[19] AI와 관

---

19 이와 관련하여 니카라과 사건에서 다음과 같은 ICJ 언급도 이러한 부분을 보여주고 있다.

련한 국가책임 문제를 살펴봄에 있어서도 현재의 규범이 자연인과 법인을 전제한다는 점을 인식할 필요가 있다.

앞으로 일정 수준의 기술진보가 달성된 시점에 AI를 '인(자연인)'에 준하는 것으로 간주한다면 지금의 국가책임법이 그대로 적용될 수 있다. 반면 **AI를 '인'의 개념에 포함되지 않는 제3의 주체로 파악한다면 기존의 국가책임법이 커버하지 못하는 공백이 발생한다.** '인'이 아닌 주체의 행위를 국가로 귀속시키는 규정이 없고, 국가로의 귀속이 부재하다면 국가책임이 발생하지도 않기 때문이다. 그렇다면 현재의 체제하에서는 국가가 국제법상 의무를 회피 또는 경감하기 위해 AI를 내세우는 상황을 충분히 생각해 볼 수 있다.[20] 이는 마치 현재 일부 국가들이 비정부기관을 활용하여 국가와의 관련성을 부인함으로써 국가책임 문제를 우회하고자 하는 상황에 비견된다.

위와 같은 법적 공백이 발생하면 국가 간 분쟁 소지가 커지므로, 결국 법적 공백을 메우기 위한 새로운 규범을 도입하는 것이 필요하다. 그 방법 중 하나는 **AI를 활용하는 순간 그로부터 발생하는 모든 상황에 대하여 국가로의 귀속을 인정**하고 이에 대하여 국가책임을 부담하도록 하는 방안이다. 일종의 **결과책임**인 것이다. 설사 정부기관이 선량한 관리자의 주의의무를 다하였다고 하더라도 책임을 지도록 하는 것이다. 피해자 구제에 초점을 둔다면 나름의 정책적 타당성은 인정된다. 특히 AI가 활용되는 경우 국가 귀속성을 입증하는 것이 한층 더 어려워질 수 있다는 측면에서,[21] 결과책임 원칙에 따라 법리를 구성하는 것이 현실적 대안일 수 있다.

AI의 작동에는 프로그래밍 작업, 도입 결정, 판단 과정, 행동 결정, 인간 참

[D]espite the heavy subsidies and other support provided to them by the United States, there is no clear evidence of the United States having actually exercised such a degree of control in all fields as to justify treating the *contras* as acting on its behalf. *Military and* Paramilitary *Activities in and against Nicaragua (Nicaragua v. the United States)*, 1986 I.C.J. 14, at para.109. The ICJ took a similar view in *In Armed Activities on the Territory of the Congo (Democratic Republic of the Congo v. Uganda)*. Armed Activities on the Territory of the Congo (Democratic Republic of the Congo v. Uganda), ICJ Reports 2005, at 168.

20 Joanna Bryson, Mihailis E. Diamantis & Thomas D. Grant, *supra* note 125, pp. 15-16

21 Denise Garcia, "Future arms, technologies, and international law: Preventive security governance", *European Journal of International Security*, Vol. 1, No. 1 (2016), p. 106.

여 정도 등 여러 복잡한 변인이 직·간접적으로 결부된다.[22] 특히 일련의 행위가 사전적으로 프로그래밍 된 것이 아니라 '기계적 학습(machine learning)' 또는 '정보화 의사결정 기술(Intelligent Decision-making Techniques)'을 기반으로 작동하는 상황에서는 AI가 특정 시점에서 어떻게 반응할 것인지를 사전에 예측할 수 없다.[23] 1972년 우주활동에 대한 손해배상협약에서 고도의 과학기술 적용을 이유로 결과책임을 도입한 것과 같이, AI 행위의 경우에도 인과관계를 파악하는 것에 상당한 과학적 전문성과 기술적 이해가 필요함을 감안한다면 결과책임이 합리적 대안일수도 있다.

반면, AI의 의사결정과 최종 결과 간의 인과관계를 보여주는 것이 가능하다면 결과책임을 택할 논리적 근거는 불분명하다. 또한 AI는 처분대상자와 직접 접촉하게 되고, 그 과정이 추적 가능하다는 측면에서 오히려 결과책임이 적합하지 않을 수도 있다. 이러한 문제는 지금 진행되는 국제사회의 논의과정에서 검토되어야 할 문제이다.

3. 타국의 행위와 관련된 국가책임

국가책임법 초안 제4장은 국제위법행위를 한 국가의 배후에 다른 국가가 있는 경우의 국가책임에 대하여 다룬다. 이하에서 'A국'은 국제위법행위를 직접 실행한 국가를, 'B국'은 그 배후국을 의미한다.

초안에 따르면 A국뿐만 아니라 **A국의 국제위법행위를 지원하거나 원조한 B국도 국가책임을 진다**(초안 제16조). 다만 B국이 A국의 행위가 국제위법행위에 해당한다는 것을 알고 A국을 도왔어야 하고(주관적 요건), A국이 한 행위를 B국이 실행하였더라도 국제위법행위에 해당하여야 한다(객관적 요건).

---

22 Alan L. Schuller, "At the Crossroads of Control: The Intersection of Artificial Intelligence in Autonomous, Weapon Systems with International Humanitarian Law", *Harvard National Security Journal*, Vol. 8 (2017), p. 391.

23 Jack M. Beard, "Autonomous Weapons and Human Responsibilities", *Georgetown Journal of International Law*, Vol. 45 (2014), p. 651.

초안 제16조 (국제위법행위의 실행에 대한 지원 또는 원조)

국제위법행위를 실행하는 타국을 지원하거나 원조하는 국가는 다음의 경우 그러한 행위에 대하여 국제적으로 책임을 진다.

(a) 당해 국가가 그 국제위법행위의 상황을 인식하고 그렇게 행동하고

(b) 그 행위가 당해 국가가 실행하였더라도 국제적으로 위법할 경우

B국이 A국을 지시하고 통제한 경우에도 마찬가지로 B국은 A국과 함께 국가책임을 진다(초안 제17조). 역시나 B국이 국제위법행위에 해당한다는 것을 알고 도왔을 것, B국이 실행했더라도 국제위법행위에 해당할 것이 요구된다.

초안 제17조 (국제위법행위를 실행하는데 행사한 지시 및 통제)

타국이 국제위법행위를 실행하도록 타국을 지시하고 통제한 국가는 다음의 경우 그 행위에 대하여 국제적으로 책임을 진다.

(a) 당해 국가가 그 국제위법행위의 상황을 인식하고 그렇게 행동하고

(b) 당해 국가가 실행하였더라도 그 행위는 국제적으로 위법할 경우

B국이 A국의 국제위법행위를 강제한 경우에는 A국이 아닌 B국만이 국가책임을 진다(초안 제18조). 이때 강제가 없었다면 해당 행위가 A국의 국제위법행위가 되고, B국은 그 사실을 인식하고 강제하였어야 B국의 국가책임이 성립한다.

초안 제18조 (타국에 대한 강제)

타국으로 하여금 어떠한 행위를 실행하도록 강제한 국가는 다음의 경우 그 행위에 대하여 국제적으로 책임을 진다.

(a) 그러한 강제가 없었다면 그 행위는 강제 당한 국가의 국제위법행위가 되고

(b) 강제를 한 국가는 그 행위의 상황을 인식하고 그렇게 행위하였을 것

초안 제4장은 국제위법행위를 직접 실행한 A국에 부과되는 국가책임에 영향을 미치지 않는다(초안 제19조). 즉, B국이 국가책임을 진다고 해서 A국이 면책되는 것은 아니다.

초안 제19조 (본 장의 효과)

본 장은 문제의 행위를 실행한 국가 또는 기타 국가들에게 본 조항들의 타 규정에 의하여 부과되는 국제책임에 영향을 미치지 않는다.

4. 위법성조각사유

ILC 국가책임법 초안 제5장은 위법성조각사유를 다룬다. 위법성조각사유란 어떤 국가의 행위가 국제의무 위반으로 판단되더라도 국가책임의 성립을 막을 수 있는 특별한 사유다. 위법성조각사유는 분쟁에서 피제소국의 마지막 방어선이라고 할 수 있다.

첫 번째 위법성조각사유는 **피해국의 동의**이다(초안 제20조).

초안 제20조 (동의)

한 국가가 타국의 행위실행에 대해서 한 유효한 동의는 그 행위가 그 동의의 범위 내에서 실행되는 한, 전자의 국가와 관련하여 그 행위의 위법성이 조각된다.

일례로 일국의 군대는 타국 영토로 진입할 수 없지만, 해당 국가의 동의 하에 주둔하는 것은 위법하지 않다. 마찬가지로 타국의 동의에 따라 그 국가에 경찰을 파견하는 것도 위법이 아니며, 타국의 동의에 따라 그 영토를 빌려 쓰는 것도 위법이 아니다. 다만 **동의의 범위 내에서 행위가 이루어져야 위법성이 조각된다.** 상대국은 경찰 10명을 파견하여도 좋다고 했을 뿐인데 경찰 100명을 파견하거나 군대를 주둔시키면 안 된다. 가령 상대국이 3년간 군대를 주둔시켜도 좋다고 한 상황에서 5년간 군대를 주둔시킨 경우, 마지막 2년간의 주둔은 위법하다.

두 번째 위법성조각사유는 **자위권 행사**이다(초안 제21조). 한 국가가 외국으로부터 불법적인 무력 공격을 받았을 때, 자국을 보호하기 위해서 이에 상응하는 무력행사를 할 권리를 자위권이라 한다.

초안 제21조 (자위)

국가의 행위가 국제연합헌장과 합치되는 합법적 **자위조치**에 해당한다면, 그 국가행위의 위법성이 조각된다.

UN 헌장 제2조 제4항은 무력행사를 금지하고 있지만, 동 헌장 제51조에서 규정하는 자위권 행사의 한도 내에서는 무력행사가 정당화된다. 무력 분쟁 발생 시 모든 국가가 상대방이 먼저 공격하였다고 주장하는 이유이다.

UN 헌장 2조

4. 모든 회원국은 그 국제관계에 있어서 다른 국가의 영토보전이나 정치적 독립에 대하여 또는 국제연합의 목적과 양립하지 아니하는 어떠한 기타 방식으로도 무력의 위협이나 무력행사를 삼간다.

UN 헌장 제51조

이 헌장의 어떠한 규정도 국제연합회원국에 대하여 무력공격이 발생한 경우, 안전보장이사회가 국제평화와 안전을 유지하기 위하여 필요한 조치를 취할 때까지 개별적 또는 집단적 자위의 고유한 권리를 침해하지 아니한다. (후략)

세 번째 위법성조각사유는 **대응조치**(countermeasures)이다(초안 제22조).

초안 제22조 (국제위법행위에 대한 대응조치)

국가의 행위가 제3부 제2장에 따른 타국에 대한 **대응조치**에 해당하는 경우, 그 범위 내에서는 타국에 대한 국제의무와 합치되지 않는 국가행위의 위법성이 조각된다.

상대방이 먼저 국제위법행위를 한 경우 1) 그 위법행위를 중단시키고 피해배상을 받기 위한 범위 내에서(비례성의 원칙), 2) 비무력적으로, 3) 기본적인 인권을 침해하지 않으면서 진행된 대응조치는 정당화된다. 쉽게 풀어 말하자면, 1) 상대방이 100만을 위반한 상황에서 이에 대응하기 위해 200에 달하는 위반을 하여서는 안 된다. 2) 대응조치로 군대를 동원하는 등 무력을 행사하여서는 안 되며, 3) 상대국 국민을 구금하거나 재산을 몰수하는 방식을 통해 기본적 인권을 침해하여서도 안 된다. 대응조치는 최근 자주 원용되기 때문에 아주 중요하다. 2022년 2월 러시아의 우크라이나 침공 당시에도 푸틴 러시아 대통령은 러시아가 우크라이나의 선제공격에 대응한 것이라고 주장하였다. 하지만 어차피 무력 보복은 대응조치라 주장하더라도 허용되지 않으므로 수용되기 어려운 논변이다. 국제법상 합법적으로 무력을 사용할 수 있는 길은 1) 자위권 행사, 2) UN 헌장 제7장상의 강제조치 행사 두 가지뿐이다. 따라서 러시아의 주장은 대응조치로는 인정되지 않을 것이다. 하지만 만에 하나 자위권 행사 요건을 충족한다면 자위권으로 인정될 수는 있을 것이다. 그러나 이도 우크라이나가 선제공격을 감행하거나 그러한 계획을 추진하지 않은 상황에서는 수용되기 어렵다.

판례 **Gabcikovo Case**[24]

제8장에서 살펴본 Gabcikovo Case가 있다. 헝가리가 다뉴브강 공동개발에 관한 조약의 이행을 일방적으로 중단하겠다고 선언하자, 상류국인 슬로바키아가 다뉴브강의 흐름을 봉쇄시킬 수도 있는 새로운 C 계획에 착수한 분쟁이다. ICJ는 **C 계획이 헝가리의 조약 위반에 대한 대응조치로서 정당화될 수 있는가**를 검토하였다. 재판부는 이 조치가 **비례성을 위반**하는 과도한 결과를 초래할 수 있으므로 **합법적인 대응조치가 아니라고 판단하였다.**

네 번째 위법성조각사유는 **불가항력**(force majeure)이다(초안 제23조).

초안 제23조 (불가항력)

1. 행위가 **불가항력**, 즉 그 상황에서는 의무의 이행을 실질적으로 불가능하게 만드는 국가의 통제를 넘어서는 저항할 수 없는 힘 또는 예상하지 못한 사건의 발생에 기인한 경우라면 국제의무와 합치되지 않는 국가행위의 위법성이 조각된다.
2. 제1항은 다음의 경우에는 적용되지 아니한다.
   (a) 불가항력의 상황이 이를 원용하는 국가의 행위에서만 기인하거나 또는 다른 요소와 결합된 행위에서 기인하는 경우; 또는
   (b) 국가가 그 같은 상황 발생의 위험을 수용한 경우

---

24 가브치코보-나기마로스 프로젝트 사건에 대한 설명은 정인섭, 앞의 주 5, 445면 참조.

자연재해, 반란으로 인한 자국 영토 일부에 대한 통제권 상실, 외국 군대의 자국 영토 점령 등 **국가가 통제할 수 없는 상황**으로 인해 국제위법행위를 저지르게 된 경우에는 위법성이 조각된다.[25] 예를 들어 태풍으로 인해 민간 항공기가 타국 영공을 침범한 상황을 생각하면 쉽다.

다섯 번째 위법성조각사유는 **조난**(distress)이다(초안 제24조). 사람의 생명을 구하기 위해서 국제위법행위를 하는 경우이다.

초안 제24조 (조난)

1. 행위자가 **조난 상황**에 처하여 **자신이나 그의 보호 하에 맡겨진 다른 사람들의 생명을 구하기 위한 다른 합리적 방법이 없는 경우**, 그 국가의 국제의무와 합치되지 아니하는 국가행위의 위법성이 조각된다.
2. 제1항은 다음의 경우에는 적용되지 아니한다.
   (a) 조난상황이 이를 원용하는 국가의 행위에서만 기인하거나 또는 다른 요소와 결합된 행위에서 기인하는 경우; 또는
   (b) 문제의 행위가 그에 상당하거나 또는 더욱 커다란 위험을 야기시킬 우려가 있는 경우

국가가 조난을 원용하기 위해서는 1) **조난 상황에 있을 것**, 2) **자신이나 자신의 보호 하에 있는 사람들의 생명을 구하기 위한 행위일 것**, 3) **다른 합리적인 방법이 없을 것**이 요구된다. 원용 배제 사유는 위 (a), (b)와 같다.

여섯 번째 위법성조각사유는 **긴급피난**(necessity)이다(초안 제25조).

초안 제25조 (긴급피난)

1. **긴급피난**은 다음의 경우를 제외하고는 국가의 국제의무와 합치되지 아니하는 행위의 위법성을 조각시키기는 근거로 원용될 수 없다.
   (a) 그 행위가 중대하고 급박한 위험으로부터 국가의 본질적 이익을 보호하기 위한 유일한 방법인 경우; 그리고
   (b) 그 행위가 의무이행의 상대국(들)이나 국제공동체 전체의 본질적 이익을 심각하게 해하지 않는 경우

---

[25] 상게서, 427-428면.

2. 다음의 경우에는 어떠한 상황에서도 긴급피난이 위법성을 조각시키는 근거로 국가에 의해 원용될 수 없다.
   (a) 문제된 국제의무가 긴급피난의 원용 가능성을 배제하는 경우; 또는
   (b) 그 국가가 긴급피난 상황의 발생에 기여한 경우

긴급피난은 국제분쟁에서 매우 자주 원용되므로 잘 알아두어야 한다. 초안 제25조는 긴급피난의 원용을 원칙적으로 금지하고, 예외적으로만 허용하는 형태를 취하고 있다. 이는 긴급피난 인용 빈도가 높은 만큼 남용을 방지하기 위함이다.

긴급피난은 네 가지 조건을 모두 갖춰야만 원용될 수 있다. 첫째, **국가의 본질적 이익을 보호하는 유일한 방법**이어야 한다. 본질적 이익이 요구되므로 단순히 국익이 보호된다거나 국가에 유리하다는 정도로는 안 된다. 다른 대안도 존재하지 않아야 한다. 둘째, **다른 국가의 본질적 이익을 심각하게 침해하면 안 된다.** 셋째, **조약 자체에서 긴급피난의 원용 가능성을 차단하고 있지 않아야 한다.** 가령 GATT는 국가안보 예외 조항과 일반적 예외 조항을 두고 있는데, 이는 이들을 이유로만 GATT 위반을 정당화할 수 있을 뿐 긴급피난을 원용할 수는 없다는 취지다. 넷째, **그 국가가 긴급피난 상황의 발생에 기여하지 않았어야 한다.**

긴급피난의 요건을 모두 충족하기는 대단히 어렵다. 특히 국제화된 사회에서는 마지막 요건을 충족하기가 더욱 힘들다. 모든 국가가 서로 연결되어 있어서 어떤 사건이 특정 국가만의 책임인 경우를 찾기 어렵기 때문이다. 예컨대 코로나19도 중국에서 발원한 것으로 추측되지만, 그렇다고 모든 책임을 중국에 묻기는 애매하다. 다른 국가도 방역이나 백신 접종 등을 소홀히 한 책임이 있기 때문이다. 금융 문제든 환경 문제든 국가 간 책임의 크기가 다를 수는 있지만 유독 한 국가만 책임을 면할 여지는 예전보다 훨씬 줄어들었다.

판례 **Gabcikovo Case**[26]

Gabcikovo Case를 다시 살펴보자. 1989년 헝가리는 다뉴브강 공동개발에 관한 조약의 이행을 일방적으로 중단하겠다고 선언하였는데, 이때 헝가리가 공사 중단 및 포기 근거로 제시한 것이 환경상의 긴급피난이었다.

ICJ는 긴급피난 주장의 당부를 판단하였다. 재판부는 먼저 **긴급피난이 관습국제법에 근거한다**고 설시한 후, 이를 매우 **예외적인 경우에만 원용할 수 있다**고 밝혔다. 당시 ILC가 제시하고 있었던 긴급피난의 네 가지 요건을 검토한 결과, ICJ는 헝가리가 그 요건들을 모두 충족했다고는 볼 수 없어 긴급피난을 원용할 수 없다고 판단하였다.

5. 고의·과실 또는 손해발생

과거에는 국가책임의 성립에 고의·과실 또는 손해발생이 요구된다는 주장이 있었다. 그러나 국가책임법 초안은 **국가책임의 성립요건**으로 1) **국가의 행위**, 2) **국제의무 위반**의 두 가지만을 규정하고 있다. 이는 **고의·과실 또는 손해발생의 여부는 1차 규범에 달려 있기 때문**이다.[27] 따라서 1차 규범이 입법 의무만을 부과하는 경우처럼 고의·과실 또는 손해발생을 별도로 요구하지 않는 때에는 '조약을 위반할 의도가 없었다' 또는 '손해가 없다'는 이유로 국가책임을 면할 수 없다. 사실 국가에는 고의가 있을 수 없다. 해당 업무를 처리한 공무원의 고의가 있을 뿐이기 때문이다. 또, 애초에 '손해가 아예 없는 경우'도 상정하기 어렵다. 조약을 위반하는 순간 아주 작은 추상적인 손해라도 이미 존재하기 마련이기 때문이다.[28]

이처럼 국제법상 국가책임이 국가의 고의·과실을 요하지 않는다는 점은 국내법상 법적 책임이 적어도 과실을 요하는 것과는 구별되는 부분이다.

AI의 행위에 대해 법적 책임을 물을 수 있는지와 관련하여 국내법상 논의는

---

26 가브치코보-나기마로스 프로젝트 사건에 대한 설명은 상게서, 431면 참조.

27 상게서, 432면.

28 상게서에는 "어느 국가가 자국 내 모든 외국인 재산의 보상없는 몰수를 규정한 법률을 제정하는 행위만으로는 곧바로 국가책임이 성립하지 않는다. 실제로 외국인 재산을 몰수하고 보상을 거부해 손해를 발생시켜야만 비로소 국가책임이 성립한다."라는 서술이 있는데, 이는 정확하지 않은 서술이다. 수용에 관한 관습국제법이 손해발생을 요건으로 한다고 보기 어려울 뿐만 아니라, 애초에 입법 행위만으로도 추상적인 손해는 발생한다고 할 것이기 때문이다.

고의·과실이 존재하는지, 존재한다면 누구에게 있는지에 집중되어 있다. 이를테면 'AI의 오판에 대해서는 누가 책임을 져야 하는가?'의 문제에 대해 '킬러로봇이 엉뚱한 사람을 쏜 경우 이는 전투에 참전한 부대장의 과실인가, AI를 만든 연구소의 과실인가, 현장에서 이를 작동시키던 병사의 과실인가, 아니면 그 누구의 과실도 아닌가? AI의 과실이라면, AI에게 책임을 추궁하는 것이 가능한가?'를 생각하는 것이다.

그러나 국제법에서는 국가기관 또는 담당 관료의 고의·과실을 요구하지 않고 작위나 부작위의 발생 여부에만 초점을 두는 바, 이를 AI 논의에 그대로 적용하면 '국가책임 발생에 AI 자체 또는 그 운영자의 고의·과실을 요구하지 않는다'는 것으로 귀결된다. 요컨대 AI와 관련하여 가장 복잡하고 민감한 문제인 고의·과실의 존부 및 그 귀속 주체의 문제가 국가책임에서는 제도적으로 배제되어 있는 것이다. 나아가 국가책임법은 손해의 존부를 따지지 않고 작위·부작위의 발생에만 초점을 두고 있기 때문에 'AI의 행위로 말미암은 손해를 누가 부담하여야 하는가' 하는 문제 역시 논의에서 배제되고 있다.

6. 코로나19와 국가 책임

코로나19는 실로 우리 삶의 모든 부분에 걸쳐 전례 없는 충격을 여전히 가하고 있다. 2023년 10월 현재 여전히 일부 구체적 사실관계에 대한 다툼이 있기는 하나, 이 바이러스가 중국에서 최초로 발생하여 다른 국가로 전파되었다는 점은 일단 큰 그림에서는 정리된 것으로 보인다. 이에 대해 미국 기원설, 이탈리아 기원설 등 다른 설명이 제시되고 있기는 하나 객관적 증거와 함께 일반적으로 수용되는 내용으로 보기는 어렵다.[29]

---

29 중국 관영 매체와 과학자들은 중국 우한보다 미국에서 코로나19가 먼저 발생했을 가능성을 지속적으로 제기하였다. 특히 중국 과학자 및 방사선 전문가 의견을 인용한 관영 "글로벌 타임스"는 2019년 미국에 출현한 전자담배 관련 폐 질환(EVALI)환자 중 일부가 코로나19 확진자일 가능성을 제기한 바 있다. WHO는 우한이 아닌 이탈리아에서 최초 코로나19 환자가 발생하였을 수 있다는 주장을 재검증 하고 있다. Jonathan Powell, "Blood samples point to early COVID-19 infections in Italy", China Daily Global (July 22, 2021), *available at* https://global.chinadaily.com.cn/a/202107/22/WS60f856b4a310efa1bd6637f6.html. (최종방문: 2023. 8. 31); Nector Gan & Steve George, "China doubles

그렇다면 일단 현재 다수가 수용하고 있는 사실관계에 기초할 때 중국의 국가책임은 어떻게 평가하여야 할 것인가? 이 문제에 대한 그간의 논의는 코로나19 바이러스가 처음 중국에서 발원하여 다른 나라로 확산되었다는 점에 초점을 두고, 그 과정에서 발생한 일련의 상황에 대해 중국의 국가책임을 확인하고 추궁하고자 하는 방식으로 진행되었다. 그러나 현재까지 알려진 사실관계를 모두 수용한다 하더라도 중국이 온전히 국가책임을 져야 하는지에 대해서는 면밀한 검토가 필요하다.

이는 두 가지 측면에서 그러하다. 먼저 **기존의 국제법 법리가 이러한 전례 없는 상황에 그대로 적용될 수 있는지** 여부가 불명확하다. 그 다음으로 기존 법리가 그대로 적용된다 하더라도 관련 **요건 충족 문제**를 따지기 위해서는 보다 심층적인 분석이 수반되어야 한다. 이러한 검토는 코로나19 사태의 정리를 위해서만이 아니라 앞으로 또 다른 팬데믹이 도래하는 상황에 대비하기 위해서도 필요하다.

아래에서는 코로나19 바이러스 확산에 대한 중국의 국가책임 성립 여부를 살펴보기 위해서 우선 중국이 어떠한 국제위법행위를 했다고 볼 수 있는지 살펴볼 것이다. 또한 이러한 국제위법행위가 과연 중국에게만 귀속된다고 볼 수 있을지에 대하여 의문을 가져본다.

가. 관습국제법상 의무: 자국 영토 관리와 위험 통보

중국에 국제보건규칙(International Health Regulations: IHR)상의 책임을 묻기에는 근거가 부족하다. IHR은 질병의 국제적 확산을 최소화하기 위해 세계보건기구(World Health Organization: WHO)의 주도로 체결된 조약이다. 하지만 중국이 코로나19의 발원지인지 불분명할 뿐더러, 설령 발원지라 하더라도 감염병의 국제적 확산에 따른 타국의 피해 문제를 직접 다루는 조약이 없다. 현재 제기되는 국가책임 관련 논의의 핵심은 사실 IHR 규정을 넘어서는 문제들이다. 바로 **중국이 관습국제법상 부과되는 자국 영토 관리 의무와 통보 의무를 충실히 이행하였는지** 여부이다.

down on baseless 'US origins' Covid conspiracy as Delta outbreak worsens", CNN (Aug. 6, 2021), *available at https://edition.cnn.com/2021/08/06/china/china-covid-origin-mic-intl-hnk/index.html.* (최종방문: 2023. 8. 31).

먼저 **각국은 자국 영토가 인접국에 위해(危害)를 초래하는 방식으로 사용되지 않도록 관리하여야 한다**는 점은 트레일 제련소 중재 사건(Trail Smelter Arbitration)에서부터 확인되었다.[30] 이러한 관리는 국가가 "상당한 주의(due diligence)"를 기울일 것을 요하며[31] 그 과정에서 "가용한 모든 수단을 동원하여야(to use all the means at its disposal)" 한다.[32] 더불어 국가는 **타국에 대한 위해 사실을 인지하게 되면 그 국가에 이를 통보하여야 한다.** 이 법리는 특히 국제환경법 분야에서 초국경적 피해 방지를 위한 원칙으로 자리 잡게 되었다. 어느 국가도 자신의 관할권 내에서의 활동으로 다른 국가에 대해 환경 피해를 야기하지 말아야 한다는 원칙이다.

이러한 **손해 방지**(no-harm) **원칙**은 2001년 위험한 활동에서 야기되는 초국경적 손해의 방지에 관한 규정 초안(이하 "초국경적 손해방지 규정 초안")에 규정되어 있다. 이 초안에 따르면 **"원인국**(State of origin)**은 중대한 국경 간 손해를 방지하여야 하고 어떠한 경우에도 그 위험을 최소화하기 위해 모든 적절한 조치를 취해야 한다."** 여기에서 말하는 "손해(harm)"는 '사람, 재산 혹은 환경에 야기된 손해'이다. 국경 간 피해 방지 및 기타 적절한 조치를 취해야 하는 주체인 "원인국"은 '관련 활동이 자국 영토 내에서 또는 자국 관할권이나 통제 하에서 계획되거나 수행되는 국가'를 말한다. 또한 "중대한 손해(significant harm)"는 그 자체로 애매함을 내포하고 있고 구체적인 사안별로 평가되어야 하나, 단순히 '감지 가능한 수준을 넘고 또한 심각하거나 상당한 수준에 이를 필요는 없는' 두 기준 사이에 위치하는 것으로 설명되고 있다.[33]

이 문제를 다룬 최근 사례로 **코스타리카와 니카라과 간 산 후안**(San Juan)**강 개발과 관련된 상호 제소 분쟁**이 있다.[34] 이 분쟁에서 ICJ는 환경영향평가 실시와

---

30 *See Trail Smelter Case (United States, Canada), 16 April 1938 and 11 March 1941*, United Nations, Reports of International Arbitral Awards, Vol. III, p. 1965.

31 *See Corfu Channel (United Kingdom* v. *Albania)*, Merits, Judgment, I.C.J. Reports 1949, p. 22.

32 *See Pulp Mills on the River Uruguay (Argentina* v. *Uruguay)*, Judgment, I.C.J. Reports 2010 (I), pp. 55-56, para. 101.

33 초국경적 손해 방지에 관한 규정 초안 Article 2, 3 참조.

34 *See Certain Activities Carried Out by Nicaragua in the Border Area (Costa Rica* v. *Nicaragua)* and *Construction of a Road in Costa Rica along the San Juan River (Nicaragua* v. *Costa Rica)*, *Judgment, I.C.J. Reports 2015* (이하 "Certain Activities & Construction of a Road"), p. 665.

그 결과에 따른 인접국에의 통보 의무를 본격적으로 다루었다. 이 분쟁에서 양 당사국은 모두 관습국제법상 국가는 국경을 넘는(transboundary) 중대한 손해를 초래할 수 있는 행위에 대해 인접국에 통보하고 협의를 진행하여야 하는 의무가 존재함에 동의하였다. 이는 상기 2001년 초국경적 손해방지 규정 초안의 기본 원칙을 그대로 수용한 것으로 볼 수 있을 것이다. ICJ 역시 이러한 원칙을 기본적으로 수용하는 전제 하에서 관련된 분석을 진행하였다.

ICJ는 더 나아가 트레일 제련소 사건 이래 확인된 **초국경적 피해 방지를 위한 이러한 법리가 국경을 넘어 중대한 손해를 초래하는 사안에 전반적으로 적용될 수 있다**고 보고 있다. 이 사건에서 ICJ는 특정 국가가 상당한 환경 침해가 초래되는 활동을 수행하는 경우 환경영향평가를 실시하여야 하고, 그 연장선상에서 그러한 활동에 대해 상대국에 통보하고 상대국과 협의할 의무가 있음을 확인하였다. 다만 ICJ는 환경영향평가 진행의 의무가 있는지를 먼저 판단하여, 만약 그러한 의무가 없다면 그로부터 도출되는 통보와 협의의 의무도 존재하지 않는다는 접근 방식을 취했다. 요컨대 환경에 대한 침해가 미미하여 환경영향평가를 실시할 의무가 없다면, 인접국에 대한 통보와 협의의 의무도 없다는 것이다. 이러한 판단은 2001년 규정 초안 제3조가 부과하는 의무와 일맥상통한다. 이 조에 따르면 각국이 부담하는 의무는 "중대한 손해(significant harm)"에 국한되기 때문이다. 여기서 말하는 '중대성(significance)'을 충족하지 못하는 미미한 국경을 넘는 손해는 관습국제법이 된 2001년 초안의 적용대상에서 배제된다. ICJ 판단 역시 이러한 부분을 반영한 것으로 볼 수 있을 것이다.

나. 관습국제법 규범의 코로나19 사안에의 적용

그렇다면 국경을 넘어 발생하는 중대한 손해와 관련한 이러한 관습국제법상 의무는 코로나19 사태에는 어떻게 적용될 것인가? 이 문제에 대한 검토는 그리 간단하지만은 않다. 코로나19로부터 초래되는 일련의 국내외 상황이 국경을 넘어 발생하는 심각한 손해와 관련한 기존의 상황과는 상당한 거리가 있는 까닭이다.

먼저 **영토 관리 의무**를 살펴보자. 이는 중국이 자국 영토를 주변국에 손해를 야기하는 방법으로 사용하지 말았어야 할 관리 의무를 위반했는가의 문제이다. 이 원칙은 코로나19 바이러스와 같이 지극히 전염력이 높은 질병의 확산으로 인한 손해에도 적용될 여지가 있다. 앞서 보았듯이 2001년 초국경적 손해방지 규정 초안의 '손해(harm)'는 환경뿐 아니라 '사람과 재산에 대한 손해'도 포함하기 때문이다. 초국경적 손해방지 규정 초안의 주석 역시 그 적용 범위를 미래에 발생할 모든 형태의 손해 상황을 모두 규정할 수 없음을 덧붙이고 있다.[35] 즉, 초안에서는 '손해'의 판단에 다양한 상황을 포섭하는 광범위성을 전제하고 있다고 볼 수 있다. 코로나바이러스가 초래한 건강상의 위협과 인명 손실, 경제활동 중단에 따른 각국의 막대한 경제적 피해를 감안하면 이 요건은 충분히 충족될 수 있을 것으로 보인다. 정리하자면 이 기본 틀에 따르면 **코로나19 바이러스로 인한 각국의 피해 역시 이 규정 초안에서 말하는 '손해'에 해당**할 것이다.

또한 규정 초안에 따르면 중국은 손해 발생의 책임, 손해 발생 원인의 적법성과 무관하게 인접국에 손해를 막기 위해 필요한 조치를 취해야만 한다.[36] 규정 초안 제3조 주석은 이러한 의무는 국가가 손해나 위험의 존재를 알았거나 알았어야 하는 때로부터 발생한다고 설명한다.[37] 바이러스 전파 억제의 '골든타임'인 초기에 중국이 **바이러스 관련 정보를 은폐**함으로써 바이러스가 더욱 확산되는 원인을 제공하였다면[38] 이는 초국경적 피해 방지 의무의 위반이라고 볼 수 있을 것이다. 그간 여러 논의를 거쳐 중국 당국의 **조치 지연**이 피해 증가에 중요하게 기여하였음이 어느 정도 밝혀졌다.[39] 물론 위생 관리가 제대로 이루어지지 않은 야생 동식물 시장 운영 및 도축 허용은 그 자체로 국제위법행위에 해당하는 것은 아니

---

[35] 초국경적 손해 방지에 관한 규정 초안, pp. 152-153, Article 2, paras. 8-9 참조.

[36] 초국경적 손해 방지에 관한 규정 초안, pp. 150-151, p. 153, Art. 3; Antonio Coco & Talita de Souza Dias, "Part I: Due Diligence and COVID-19: States' Duties to Prevent and Halt the Coronavirus Outbreak", EJIL:Talk!(Mar. 24, 2020), *available at* https://www.ejiltalk.org/part-i-due-diligence-and-covid-19-states-duties-to-prevent-and-halt-the-coronavirus-outbreak/ (최종방문: 2023. 8. 31).

[37] *See* Coco & Dias, *ibid.*

[38] *See* The quant, "COVID-19 Outbreak: Can China be Legally Made to Pay 'Damages'?" (Apr. 5, 2020), *available at https://www.thequint.com/voices/opinion/china-covid-19-who-responsibility-international-law.* (최종방문: 2023. 8. 31).

[39] University of Southampton, "Early and combined interventions crucial in tackling Covid-19 spread in China" (Mar. 11, 2020), available at https://www.southampton.ac.uk/news/2020/03/covid-19-china.page. (최종방문: 2023. 8. 31).

다. 그러나 그로부터 초래되는 위험을 인지하였음에도 불구하고 신속히 필요한 조치를 취하지 않았다면, 이러한 중국의 행위는 **초국경적 피해 방지 의무에 대한 위반**에 해당할 여지가 있다.[40]

이와 관련하여 기존의 '**제한적 영토주권설**'과 관련한 판례들은 국경을 넘는 물리적 영향을 초래하는 국가의 활동을 그 전제로 하고 있다. 제한적 영토주권설이란 한 나라가 자신의 영토 내에서 마음대로 모든 것을 할 수 있는 것이 아니라 그 과정에서 인접국에 피해를 초래해서는 안 된다는 법리를 말한다. 모든 것을 자신의 영토 내에서 마음대로 할 수 있다는 절대적 영토주권설에 대응하는 법리이다. 제한적 영토주권설에 해당하는 사례에는 어떠한 것이 있는가? 가령 국제하천의 상류국이 독자적으로 하천 개발을 하여 하류국에 피해를 주거나, 또는 생산 과정에서 분출된 환경 오염물질이 국경을 넘어 다른 나라에 피해를 초래하는 상황 등이 여기에 해당한다. 여기에는 두 나라를 관통하는 하천의 흐름과 배출가스를 날려 보내는 대기의 움직임이 존재한다. 다시 말해 한 국가의 영토에서 시작하여 국경을 넘어 다른 나라의 영토로 이어지는 모종의 '**물리적 움직임**'이 존재하는 것이다.

이러한 '물리적 움직임'은 2001년 초국경적 손해방지 규정 초안에서도 중요한 요소로 언급되고 있다. 초국경적 손해가 "물리적 파급효과를 통하여(through their physical consequences)" 발생한 경우를 전제하고 있기 때문이다. 그러므로 문제의 손해가 물리적 파급효과에 의해 발생한 것인지 다른 원인에 의해 발생한 것인지 여부는 이 규정 초안 적용에 있어 중요한 변수이다. **물리적 파급효과가 수반되지 않은 초국경적 손해는 이 규정 초안의 적용대상이 아니며, 나아가 관습국제법의 규율대상에 해당하지 않는다**고 볼 수 있을 것이다.

초안에 '물리적 파급효과' 요건을 도입한 취지는 주석에서 확인된다. '물리적 파급효과' 요건은 국가의 "사회/경제적 영역 또는 이와 유사한 영역에서의 국가정책"에 따른 국경을 넘는 파급효과를 이 규정 적용 범위에서 배제하기 위한 것이

---

40 Tasha Bluewin Joseph, "China & WHO: Imputability for the pandemic", The Law Review Anthology, (Jun. 25, 2020), *available at* https://lawanthology.com/2020/06/25/china-who-imputability-for-the-pandemic/. (최종방문: 2023. 8. 31).

다. 규정 초안이 오로지 물리적 결과에 따른 영향만을 그 대상으로 하며 다양한 비물리적인 직/간접적 영향은 배제한다는 점을 보다 명확히 보여준다. 그렇다면 코로나19 사태에 대해서도 바이러스가 초국경적 손해를 발생시켰는지를 판단할 수 있는 궁극적인 법적 기준은 물리적 움직임이 존재하였는지이다.

코로나 바이러스의 국제적 확산과 관련하여 이러한 **물리적 움직임이 과연 존재하였는가?** 지금 논의되는 중국 책임론의 핵심은 한 마디로 중국이 코로나19 바이러스의 국외 전파를 효과적으로 차단하지 못했다는 점이다. 그런데 이러한 **바이러스의 전파는 하천이나 대기 오염물질의 국경을 넘는 이동과 달리 자연스러운 또는 통상적인 인간 이동의 결과로** 발생하는 것이다. 자국민의 해외 방문과 외국인의 국내 유입이라는 인적교류를 통해 다른 나라로 바이러스가 전파되고 또한 다른 나라에서 바이러스가 흘러 들어온 것이다. 이러한 상황은 자국 영토를 활용 내지 이용하는 과정(가령 생산, 개발 등)에서 실시된 활동으로 인하여 타국에 부정적 영향을 초래하는 상황과는 거리가 있다. 야생 동물 시장 운영 허용이 자국 영토 활용에 해당할 여지는 있지만 이 조차도 영토를 개발하거나 영토에서 적극적인 생산 활동을 벌인 기존의 사례들과는 구별된다.

설사 이러한 야생 동식물 시장 운영과 도축 허용이 영토 활용에 해당한다 하더라도, 과연 여기서 '물리적 움직임'이 수반되었다고 볼 수 있을 것인가? 생각건대 그렇게 보기는 어려울 것이다. 액체나 기체의 흐름 또는 영토의 이동이나 변형이 발생한 것이 아니라 바이러스가 인체를 통하여 다른 나라 영역 내로 유입된 것이기 때문이다. 이 경우 과연 객관적으로 볼 수 있거나 느낄 수 있는 국경 간 물리적 움직임이 있었다고 할 수 있을 것인가? 또한 그 결과로 초래된 바이러스의 전파가 물리적 파급효과에 해당한다고 볼 수 있을 것인가? 이는 오히려 사회/경제적 측면에서 채택된 정부 정책의 국경 이원의 영향에 더 가깝다고 볼 수 있지 않은가? 넓게 보더라고 코로나19의 전파는 정책적 영향과 물리적 영향의 중간 정도에 위치하는 것으로 볼 수 있을 뿐이지 않은가? 그렇다면 **초국경적 손해와 관련한 법리를 코로나19 사태에 그대로 적용하는 것은 쉽지 않다**고 할 수 있을 것이다.

이 사건에서 문제가 되는 중국의 여러 행위를 **'상당한 주의'를 통해 관리할 의무와 연결하기는 쉽지 않다.** 여기에서 말하는 '상당한 주의' 의무란 국경을 넘어 다른 나라의 이해관계에 부정적 영향을 초래하지 않도록 주의할 의무를 의미한다. 즉, 자국 내의 모든 활동에 대하여 상당한 주의를 기울여야 할 전반적인 의무를 지칭하는 것은 ―해당국의 국내법상 의무는 별도로 하더라도― 아닌 것이다. 시각적/후각적 감지로 환경 위해 요소의 국경을 넘는 전파가 객관화되는 상황에 요구되는 상당한 주의의무와, 신원을 특정할 수 없는 보균자가 국경을 넘어 여행하며 바이러스가 전파되는 상황에 요구되는 상당한 주의의무에는 차이가 있을 수밖에 없다. 결국 기존의 제한적 영토주권 이론에 따른 법리를 코로나19 상황에 그대로 적용하는 데에는 내재적 한계가 있는 것이다.

물론 기존의 초국경적 손해 방지 규범에 기초하여 작금의 코로나 팬데믹 상황에 대한 법적 책임을 구성하기 위한 시도를 해 볼 수는 있을 것이다. 하지만 이러한 시도의 성공 여부는 '팬데믹에 수반되는 국경을 넘는 손해는 현재 관습국제법상 규범이 말하는 국경을 넘는 손해와 구별된다'는 본질적인 문제를 어떻게 설명하고 장애물을 극복하는지 여부에 달려 있다. 현재 규범을 기계적으로 적용하고 발원국에 대하여 자동적인 책임을 논의하는 것은 이러한 법적 분석을 누락한 것이라는 비판을 피할 수 없을 것이다.

위에서 살펴본 것과 같이 기존의 영토 관리 의무의 법리를 통해서 코로나 상황에 대한 중국의 국제위법행위를 확인하는 데는 한계가 있다. 도리어 특정한 바이러스의 해외 전파를 어떠한 방식으로든 차단하여야 한다는 별도의 규범이 존재하면 좋을 것이다. 그런데 현재의 관습국제법에서 이러한 결론을 도출할 수 있을지는 분명하지 않다. 2005년 제정된 IHR에서도 이러한 의무는 별도로 확인되지 않는다. 요컨대 2020년 이후 확산 일로에 있는 전세계적 코로나19 바이러스 확산 사태에 대한 정치/외교적 책임과 비난 가능성은 별론으로 하더라도, 이를 단순히 **영토 관리에 대한 국제법 규범으로 포섭하는 데에는 무리가 있다**고 할 것이다.

그렇다면 **위험 통보의 의무**는 어떠한가? 위에서 살펴본 바와 같이 관습국제법에 따르면 국경을 넘는 심각한 피해의 가능성을 인지하고 있는 국가는 인접 피해국에 이에 대해 통보할 의무가 있다. 관습국제법상 통보의 의무가 존재한다는 점을 ICJ는 거듭 확인하였다.[41] 만약 중국이 자국에 대한 국제사회의 비난을 피하

---

41 *See Certain Activities & Construction of a Road*, paras. 104-109. (통보의무 관련).

고자 피해국에 바이러스에 대한 정확한 정보를 제공하지 않았거나 축소된 정보를 제공하였다면 이 의무에 대한 위반에 해당할 수 있다.

다만 ICJ는 통보의 의무와 관련하여 이 의무가 위에서 살펴본 관리의 의무에 연동된 것으로 파악하고 있다는 점에 주목할 필요가 있다. 즉, 국가는 **영토 관리의 책임을 부담하는 경우에 그에 따른 의무로서 상대국에 통보하고 협의할 의무**를 부담하는 것이다. ICJ가 코스타리카－니카라과 사건에서 환경영향평가 의무의 존부에 연동하여 통보/협의 의무의 존부를 판단한 것도 이러한 맥락이다. 따라서 위에서 살펴본 영토 관리 의무의 검토 결과에 따라 이 문제도 평가될 수 있을 것이다.

한편 ICJ는 '**위급한 상황(emergency situation)'에는 통보의 의무가 저감 내지 면제될 수 있음**을 시사하였다. 즉, 통보 의무의 면제는 합리적인 차원에서 통보를 기대할 수 없을 정도의 위급성이 존재한다는 점을 전제하고 있다. 그렇다면 본건 사안에서 코로나19 바이러스 사태가 중국의 통보 의무를 배제시킬 수 있는 위급한 상황에 해당하는지도 추가적으로 살펴볼 필요도 있다.

바이러스가 최초로 발생한 시점인 2019년 12월 말과 2020년 1월에 외국에 통보가 어려울 정도로 위급한 상황이 중국 내에 존재하였는지에 대해서는 명확하지 않다. 당시 국제사회의 집중적인 관심과 보도, WHO의 방문, 그리고 국내외 질의에 대한 중국 정부의 대응 등을 감안할 때 **어느 정도 혼란이 있었다고 볼 수는 있겠으나 전체적인 여건이 통보가 어려울 정도에 이르는 위급한 상황이었다고 볼 수 있을지는 의문**이다.

정리하면, 코로나19 바이러스 사태에 대한 국가책임을 성립시키기 위한 중국의 국제위법행위 확인 문제는 관습국제법 규범 하에서도 그렇게 간단하지는 않다. 현재 다수에 의해 받아들여지는 사실관계를 토대로 살펴볼 때 단순히 최초 발원지 관리 실패와 해외 전파 차단 실패라는 측면에만 기초하여 관습국제법상 국가책임 문제로 연결짓는 것은 현재 법리상 주요한 법적 연결고리가 빠져 있다고 볼수 있다. 즉, '물리적 이동'의 부재가 이 분석 과정에서 가장 큰 변수이다. 최초 발원지가 중국이며, 중국 정부가 적절한 조치를 취하지 못하였다는 단순한 결론과 쉬운 판단을 넘어, 보다 심층적이고 체계적인 분석이 필요한 이유이다.

한편 행위 귀속 문제를 살펴보더라도, 궁극적으로 **인과관계** 확인이 중요한 쟁점이다. ICJ는 **국제위법행위와 발생한 손해 간에 "충분히 직접적이고 명확한 인과관계(sufficiently direct and certain causal nexus)"의 존재가 필요**함을 확인하고 있다.[42] 여러 다른 요인이 중복적으로 겹쳐 피해 발생으로 이어지는 경우 인과관계의 확인은 더욱 어려운 과제이다. 예를 들어 앞에서 살펴본 중국의 관리 의무 미이행과 통보 의무 미이행이 어렵게 인정된다 하더라도, 과연 이러한 의무 위반이 현재 국제사회의 코로나19 바이러스 확산 사태와 이로 인한 여러 국가의 피해에 대한 모든 책임을 중국에 부담시킬 근거가 되는가? 이 바이러스의 전세계적인 확산에도 불구하고 **국가별 실제적 파급효과에 상당한 차이가 있다는 사실은, 각국의 개별적 대응이 중요한 영향을 초래하였다는 점을 방증**한다. 일부 국가들에서 보이는 상대적인 감염자 수의 폭증세는 그 국가들의 실책에 기인한 바도 적지 않다. 코로나19 바이러스 확산에 있어 개별 국가 정책의 중요성은 수차례 반복되는 재확산 사태를 통해서도 알 수 있다.

델타 변이 등장으로 코로나19 사태가 새로운 국면에 접어든 가운데 각국은 각자도생을 위한 다양한 대응책을 모색했다. 더욱 철저한 방역을 계획하는 국가부터 바이러스와의 공존을 도모하는 국가까지 폭넓은 정책 스펙트럼이 확인된다. 또한 국가별 백신 확보 및 접종 실적도 모두 상당한 차이를 보여주고 있다. 어쨌든 코로나 확산 이후 벌어진 일련의 상황은 최초 발원과는 거리가 있다고 할 수밖에 없다. 물론 최초 원인 제공한 국가의 책임은 여전히 중요하다. 그러나 코로나19와 관련한 일체의 상황에 대하여 최초 발원국으로만 책임을 돌리기에는 무리가 있다.

요컨대 현재 우리가 경험하고 있는 전례 없는 팬데믹인 코로나19 바이러스의 **모든 파급효과를 최초 발원국으로 돌릴 만한 직접적인 인과관계가 존재한다고 보기는 그렇게 쉽지는 않을 것**이다. 혹시 미래의 법적 절차에서 손해배상 문제가 다루어지더라도 이러한 바이러스 확산 대응에 대한 발원지 이외 국가의 자체적인 실책 부분은 중요한 고려 요소가 될 것이다.[43] 혹시나 추후 인과관계 문제를 본격적으로 따지는 단계에 들어선다면 지극히 복잡한 주장과 셈법이 동원될 수밖에 없다.

---

[42] *See Ahmadou Sadio Diallo (Republic of Guinea v. Democratic Republic of the Congo)*, Compensation, Judgment, I.C.J. Reports 2012 (I), p. 332, para. 14.

[43] 초국경적 손해 방지에 관한 규정 초안, Article 39 참조.

다. 코로나19 사태의 경험과 앞으로의 과제

2020년 1월 최초 발병 이래 근 4년이 흘렀지만 아직 코로나19의 최초 발생과 전파, 그리고 대응에 대해서는 사실관계가 분명하지 않은 부분이 적지 않다. 따라서 이 사태와 관련한 여러 법적 문제를 다루는 데에는 내재적 한계가 있다. 이러한 내재적 한계에도 불구하고, 이 사태의 유례없는 파급효과를 감안할 때 향후 제기 가능한 여러 법적 문제를 차분히 살펴볼 필요가 있다. 그동안 이 사건과 관련한 국가책임 문제가 일면 피상적으로 전개되어 온 부분이 없지 않았다. 중국이 바이러스 발원지이자 전파지이므로 그로 인한 법적 책임을 부담하여야 한다는 일반적인 시각 때문이다.

그러나 관습국제법상 영토 관리와 통보 의무라는 관점에서 현재의 상황을 평가하면, 이 사안이 그렇게 단순하게만 처리될 것은 아니라는 점을 알 수 있다. 특히 **관습국제법상 초국경적 활동에 수반되는 관리 의무와 통보 의무에 대한 논의는 기존 법리가 현 상황에 그대로 적용될 수는 없다는 점을 시사**하고 있다. 설사 그대로 적용하고자 하더라도 보다 심도 있는 검토와 분석을 요한다. 앞으로 정확한 사실관계 확인과 더불어 팬데믹의 독특한 상황을 염두에 둔 법리의 재검토가 필요하다. 만약 기존의 법리로 새로운 상황을 포섭하기 힘들다면 조약의 개정이나 체결을 통해 빈틈을 채울 수밖에 없을 것이다.

현재의 코로나19 바이러스 사태는 국제법적 측면에서 여러 과제를 아울러 제시하고 있다. 무엇보다 **IHR 2005가 이러한 새로운 형태의 팬데믹에 대한 충분한 대응 기제를 갖고 있지 않다**는 점이 확인되었다. WHO는 통계 공표와 상황 전파에 주력하고 있어 팬데믹 상황에서 중심적 역할수행을 기대하기 어렵다. 2020년 초 바이러스가 처음 확산되었을 때 많은 사람들의 관심이 WHO에 쏠려 있었지만 점차 WHO는 관심의 대상에서 멀어져 버렸다. 물론 이러한 상황이 WHO만의 책임이라고 보기도 어렵다. IHR 2005 자체의 내재적/구조적 한계에서 기인하는 바가 크기 때문이다. 앞으로 IHR 2005 개정 작업이 추진된다면 이러한 부분이 복합적으로 고려되어야 할 것이다.

전례 없는 팬데믹 상황은 국제사회의 여러 영역에서 새로운 도전과 과제를 제시하고 있다. 팬데믹 상황을 효율적으로 규율할 수 있는 새로운 국제법 규범 도입과 법리 발전이 선행되어야 한다.

Ⅲ 국가책임의 해제

국제재판이 목표하는 바는 국제위법행위가 있기 전의 균형 상태를 회복하는 것이다. 따라서 국제법상 국가책임이 성립하면 그것으로 끝이 아니라, 반드시 원상회복이나 손해배상 등의 조치가 뒤따라야 한다. 다시 말해 **국가책임은 반드시 해제되어야 한다.**

판례 **Factory at Chorzo Case**

호르죠(Chorzo) 공장 사건은 1920년대 상설국제법원(PCIJ)에 제기된 독일과 폴란드 간의 분쟁이다. 제1차 세계대전에서 독일이 패배한 후, 독일이 연합국과 베르사유 조약을 체결함에 따라 수많은 개별 조약이 잇따라 체결되었다. 그중 하나가 1922년 체결된 독일–폴란드간 실레지아 양도 협정(이하 "제네바 협정")이다. 이 조약은 '폴란드 영토로 편입된 지역의 독일계 재산을 국유화하지 않겠다'는 폴란드의 약속을 담고 있었다. '독일의 영토는 가져가지만, 독일 사람들의 이해관계는 보호하겠다'는 취지이다. 그러나 협정 체결 이후 폴란드는 국내법을 바꿔 독일계 재산을 국유화하였다.

첫째 폴란드는 '폴란드 법체계에서는 국내법이 조약보다 우위에 있으므로 국유화가 정당화된다'고 주장하였다. 이 주장이 받아들여질 수 없는 이유는 이미 앞에서 살펴보았다. 조약법에 관한 비엔나협약 제27조는 국내법을 이유로 국제법 위반을 정당화하지 못한다고 규정한다. 국내법과 국제법은 적용 영역이 다르므로, 국내법에 합치하게 행동해도 국제법 위반은 여전히 발생할 수 있다. 따라서 재판부는 폴란드의 국가책임이 성립한다고 판단하였다.

중요한 것은 지금부터다. **폴란드는 국가책임이 성립하더라도 제네바 협정에 국가책임의 해제 및 손해배상에 관한 구체적 조문이 없으므로 폴란드에게 배상할 의무가 없다고 주장하였다.** 쉽게 말해, '졌지만 그것으로 절차는 종결되었다'라는 논리다. 아마 독일은 당황했을 것이다. 재판부의 판단은 어떠했는가? 결론적으로 독일의 입장이 지지되었다. 재판부는 **조약에 명시되어 있지 않더라도 국제위법행위로부터는 언제나 국가책임이 발생하며, 국가책임은 반드시 해제되어야 한다**고 설시하였다. 이것이 국가책임에 대하여 PCIJ가 확인한 중요한 원칙이다.

국가책임을 해제하는 방법은 원상회복, 금전배상, 만족의 세 가지다(초안 제34조).

초안 제34조 (배상의 유형)

국제위법행위로 인한 피해에 대한 완전한 배상은 본 장의 규정에 따라 원상회복, 금전배상, 만족의 형식을 단독적으로 또는 복합적으로 취한다.

국가책임은 원칙적으로 **원상회복**을 통해 해제되어야 한다(초안 제35조).

초안 제35조 (원상회복)

국제위법행위에 책임이 있는 국가는 **원상회복**, 즉 그 위법행위가 실행되기 전에 존재하던 상황을 복구할 의무를 부담한다. 단, 이는 다음과 같은 경우에 한한다.

(a) 원상회복이 실질적으로 불가능하지 않은 경우

(b) 금전배상 대신 원상회복에 따른 이익에 비하여 원상회복이 현저히 불균형한 부담을 수반하지 않는 경우

원상회복에 한계가 있다면, 완전한 원상회복은 불가능하다는 것이다. 과거로 향해 모든 것을 바꿀 수 있는 타임머신이 없기 때문이다. 일정 부분 원상회복이 가능하더라도 추가로 손해배상을 하여야 하는 경우가 대부분이다. 누군가 여러분의 옷에 커피를 쏟았다고 가정해보자. 완전한 원상회복은 타임머신을 타고 가서 커피가 쏟아지지 않도록 막는 것이겠지만, 당연히 이는 불가능하다. 현실적인 원상회복 방법은 옷을 세탁해 주는 것이다. 그러나 세탁하는 기간 동안 여러분이 그 옷을 입지 못할 것이므로, 대여료 상당의 손해배상이 추가로 이루어져야 한다.

따라서 대부분의 경우 국가책임의 해제는 **손해배상**을 통해 이루어진다. 이에 대해서는 초안 제36조에서 규정하고 있다.

초안 제36조 (금전배상)

1. 국제위법행위에 책임이 있는 국가는 이로 인한 손해가 원상회복에 의하여 전보되지 않는 범위 내에서는 그 손해에 대하여 **금전배상**할 의무를 진다.

2. 금전배상은 확정된 범위 내의 일실이익을 포함하여 **금전적으로 산정될 수 있는 모든 손해를 포괄**한다.

손해배상액은 **공정한 시장가치**에 따라 산정되는데, 공정한 시장가치가 얼마인지 판단하기 어려워 손해배상액 산정(damage control)에 관해 국가 간 치열한 다툼이 벌어진다. 앞서 위법성조각사유가 분쟁에서 흐름을 뒤집을 수 있는 기회였다면, 손해배상액 산정은 승패가 결정된 상황에서 최대한 타격을 줄이는 작업이다.

만족(satisfaction)은 초안 제37조에서 규정하는데, 이는 가벼운 위반에 따른 국

가책임을 해제하는 방법이다. 만족은 사과, 책임자 처벌 등의 방법으로 이루어진다. 혹은 아래 Pulp Mill Case에서 보듯이 판결 자체로 충분히 '만족'되는 경우도 있다.

초안 제37조 (만족)

1. 국제위법행위에 책임이 있는 국가는 그 행위로 인한 피해가 원상회복이나 금전배상으로 전보될 수 없는 경우 이에 대하여 만족을 제공할 의무를 진다.
2. 만족은 위반의 인정, 유감의 표명, 공식사과 또는 기타 적절한 방식을 취한다.
3. 만족은 피해와 비례성을 상실해서는 아니 되며, 유책국에 대하여 굴욕적인 형태를 취해서는 아니 된다.

판례 **Pulp Mill Case**[44]

우루과이강은 우루과이와 아르헨티나의 국경을 이루는 국제하천이다. 우루과이는 강가에 제지공장을 짓기 시작하였는데, 아르헨티나는 수질 오염 등을 이유로 제지공장 건설에 반대하였다. 아르헨티나는 제지공장 건설이 양국이 1975년에 체결한 우루과이강의 이용에 관한 조약에 위반된다며 ICJ에 소송을 제기하였다. 소송에서 아르헨티나는 우루과이의 제지공장 건설 중단 및 이미 지어진 공장의 해체, 부지의 원상회복과 피해배상 등을 요구했다.

재판부는 우루과이가 공장의 건설계획을 사전에 아르헨티나에 통고하고 협의하여야 할 조약상 절차적 의무를 위반했을 뿐, 공장 건설로 인해 조약의 실체적 의무까지 위반했다고는 볼 수 없다고 판단하였다. 그러면서 ICJ는 **절차적 의무 위반에 불과한 사안에 대해 원상회복 요구는 부적절하며, 재판소가 우루과이의 의무 위반을 확인하는 판결을 내림으로써 만족이 성립된다**고 결론지었다.

한편, **강행규범의 중대한 위반**에 대해서는 위반국뿐만 아니라 다른 모든 국가에 대해서도 특별한 책임이 부과된다. 중대한 위반이란 대규모적이거나 조직적인 의무 불이행을 의미한다(초안 40조).[45] 모든 국가는 강행규범 위반 행위를 종료시키기 위해 협력하여야 하며, 그러한 행위를 승인하거나 지원해서도 안 된다(초안 41조).

---

44 Pulp Mill Case에 대한 설명은 정인섭, 앞의 주 5, 439면 참조.
45 상게서, 441면.

초안 제40조 (본 장의 적용)

1. 본 장은 일반 국제법상의 **강행규범**에 의하여 부과된 의무에 대한 국가의 **중대한 위반**에 따른 국제책임에 적용된다.
2. 그러한 의무의 위반은 그것이 책임 있는 국가에 그 의무의 대규모적 또는 조직적인 불이행이 수반되는 경우에 중대한 것으로 본다.

초안 제 41 조 (본 장상의 의무의 중대한 위반의 특별한 결과)

1. 국가들은 제40조상의 의미에 해당하는 모든 중대한 위반을 합법적 수단을 통하여 종료시키기 위해 협력하여야 한다.
2. 어떠한 국가도 제40조상의 의미에 해당하는 중대한 위반에 의하여 발생한 상황을 적법한 것으로 인정한다거나 또는 그러한 상황의 유지를 위한 **원조나 지원**을 하여서는 아니 된다.
3. 본 조는 본 부에서 언급된 다른 결과 및 본 장이 적용되는 위반이 발생시키는 결과에 영향을 미치지 않는다.

> 판례 **Palestinian Wall 권고적 의견**[46]
>
> 이스라엘이 팔레스타인 점령지에 이스라엘 지역과 팔레스타인 지역을 나누는 장벽을 건설하자, UN 총회는 ICJ에 장벽 건설의 법적 의미에 대한 권고적 의견을 요청하였다. ICJ는 **이스라엘이 팔레스타인인들의 자결권을 존중해야 할 '대세적 의무'를 위반했다**고 판단하였다.[47] 그러면서 **모든 국가가 이러한 이스라엘의 행위를 승인 혹은 원조하지 않을 의무가 있으며, 이스라엘이 위법 상태를 종료하도록 유의해야 한다**고 판시하였다. ICJ는 이 판결에서 이스라엘의 행위가 강행규범의 중대한 위반이라는 표현을 직접 사용하지는 않았으나, 그 내용은 국가책임법 초안 제41조의 내용과 궤를 같이한다.

---

[46] Palestinian Wall 권고적 의견에 대한 설명은 상게서 441-442면 참조.

[47] 대세적 의무(*erge omnes*)란, 한 국가의 국제공동체에 대한 의무이다. 대세적 의무를 위반한 행위에 대해서는 직접적인 피해를 입지 않은 국가도 이의를 제기할 수 있다. 강행규범이랑 흔히 헷갈리는데, 강행규범의 경우 다른 국제법 규범보다 상위의 효력을 갖는다는데 초점이 맞춰진 개념이다. 즉, 규범의 중요도에 따른 위계 설정에 대한 개념이다. 반면, 대세적 의무는 의무의 차원에 속하는 것으로 국제사회 전체가 위반의 중단을 요구할 수 있다는 점에서 규범의 절차적 범위가 관련된 개념이다.

Ⅳ 외교적 보호권

1. 의의

외교적 보호권이란 무엇인가? **국제위법행위로 인해 자국민**(법인 포함)**이 외국에서 피해를 입은 경우, 피해자의 국적국이 가해국의 책임을 직접 나서서 추궁할 수 있는 관습국제법상의 권리다.**[48] 국가가 직접 손해를 본 경우가 아니라 개인이 본 손해 때문에 국가가 나서게 되는 상당히 독특한 상황이다.

이때 외교적 보호권은 **국가 자신의 권리**이지, 개인의 권리를 대신 행사하는 것이 아니다. 따라서 외교적 보호권 행사를 개인이 포기할 수는 없다. 물론 가해국에 밉보이기 싫은 개인이나 법인이 국적국 정부에 외교적 보호권을 행사하지 말아 달라고 요청할 수는 있겠지만, 정부는 그 요청에 따를 필요가 없다.

> **판례 Mavrommatis Case**[49]
>
> 그리스 국적자인 마브로마티스는 팔레스타인의 통치국이던 오토만제국으로부터 팔레스타인 지역의 철도 개발 등에 관한 특허를 부여받았는데, 이후 영국이 팔레스타인을 위임통치하면서 같은 특허를 다른 사람에게 다시 부여하였다(이중계약). 이후 마브로마티스가 영국에 대해 계약 불이행에 따른 손해배상을 청구하였으나 거절당하자, 마브로마티스의 국적국인 그리스가 PCIJ에 영국을 제소하였다. 이 사건에서 PCIJ는 **외교적 보호권 행사란 국가가 자신의 권리를 주장하는 것**이라고 판단하였다.

> **판례 Barcelona Traction Case**[50]
>
> 제3장에서 Barcelona Traction Case를 살펴보았다. 벨기에 정부가 바르셀로나 전기전력회사의 주주인 자국민이 입은 손해를 배상받기 위해 스페인을 ICJ에 제소한 사건이다. 이 사건에서 ICJ는 **외교적 보호권이란 국가의 권리이므로, 국가는 이를 실제로 행사할 것인지 여부는 물론 어떠한 수단으로 어느 정도까지 행사할 것인지에 대해서도 재량권을 갖는다**고 설시하였다.

---

48 정인섭, 앞의 주 5, 466면 참조.
49 Mavrommatis Case에 대한 설명은 상게서 448-449면 참조.
50 Barcelona Traction Case에 대한 설명은 상게서 449-450면 참조.

앞으로의 논의를 큰 틀에서 이해하기 위해 외교적 보호권의 행사 요건을 미리 정리해 보자. 국가가 외교적 보호권을 행사하기 위해서는 1) 개인의 손해가 가해국의 국제위법행위에 의한 것이어야 하며, 2) 피해자인 개인이 피해 발생 시부터 국제청구를 제기할 때까지 청구국의 국적을 계속 유지하고 있어야 하고(국적계속의 원칙),[51] 3) 피해자가 가해국에서 이용할 수 있는 권리구제수단을 모두 시도하였음에도 불구하고 구제받을 수 없었어야 한다(국내구제완료의 원칙).[52] 여기에서 1)이 국가책임이 성립하기 위한 당연한 조건이라면, 2)와 3)은 외교적 보호권 행사에 요구되는 특유한 요건이다.

첫 번째 요건부터 살펴보자. 외교적 보호권은 국민이 외국에서 피해를 본 모든 상황에 적용되는 것이 아니고 국제위법행위가 발생한 경우에만 예외적으로 적용된다. 자국민이 외국에서 피해를 당하는 일은 소매치기, 도난, 사기, 폭행 등 무수히 많다. 모든 경우에 국가가 나서서 보호해 주는 것은 불가능할 것이다.

미국인 A가 서울에서 한국인 B에게 폭행을 당하였다고 해 보자. B의 폭행만으로는 대한민국의 국제위법행위가 발생하지 않는다. 폭행 행위가 대한민국에 귀속되지 않기 때문이다. 그렇다면 A는 어떻게 구제받을 수 있는가? 한국 법·제도 내에서 112에 신고하여 처벌받게 하거나 한국 법원에 A를 상대로 손해배상을 청구함으로써 구제받으면 된다.

그런데 한국 경찰이나 법원이 합당한 근거 없이 ―가령 미국인 A의 국적이나 종교를 이유로― A를 돕지 않는다면 이야기가 달라진다. 모든 국가는 인권협약 및 관습국제법에 따라 자국 내에 있는 외국인을 보호할 의무를 부담하기 때문이다. 대한민국 경찰 및 법원이 제임스를 이유 없이 구제하지 않는다면 그 순간 대한민국의 인권협약 및 관습국제법에 대한 위반이 발생하고, 그 이후 제반 조건이 모두 충족된다면 미국은 외교적 보호권을 행사할 수 있게 된다.

---

51 상게서 467면.
52 상게서 474면.

2. 국적에 관한 행사원칙

자연인이나 법인의 피해에 대해서는 국적국만이 외교적 보호권을 행사할 수 있다. **누가 자국민인가는 일차적으로 해당 국가의 국적법에 따라 결정된다.** 가령, 김갑동 씨에 대해 대한민국이 외교적 보호권을 행사할 수 있는지는 대한민국 국적법에 따라 결정된다. 이때 국가가 외교적 보호권을 행사하기 위해서는 **피해자가 피해 발생 시부터 국제청구를 제기할 때까지 청구국의 국적을 계속 유지하고 있어야 한다.**[53] 중간에 국적을 변경하거나 포기하면 안 된다. 이를 **국적계속의 원칙**이라고 한다.

국적에 관해서는 1) 형식적으로 국적을 보유한 자에 대해서도 외교적 보호권을 행사할 수 있는지, 2) 이중국적자의 국적국이 서로에 대해 외교적 보호권을 행사할 수 있는지, 3) 기업이 피해를 당한 경우 주주의 국적국이 외교적 보호권을 행사할 수 있는지와 같은 특수한 문제들이 제기된다. 아래에서 관련 사례를 살펴볼 것이다.

판례 Nottebohm Case

노테봄은 과테말라에 살던 독일 국적자이다. 제2차 세계대전의 전운이 감돌던 시기, 노테봄은 자신의 재산이 곧 몰수당할 것임을 직감하였다. 노테봄이 살던 과테말라는 친미 국가였는데, 미국이 참전하면 친미 국가들이 미국의 요청에 따라 적국 재산을 몰수할 것이었기 때문이다. 노테봄은 재빨리 유럽의 작은 나라인 리히텐슈타인으로 떠났다. 리히텐슈타인 국적을 취득하기 위해서였다. 노테봄은 형식적 요건만 갖춘 채 리히텐슈타인 국적을 취득하고는 곧바로 과테말라로 돌아왔다.

노테봄의 예상은 모두 적중하였다. 제2자 세차 대전이 벌어지고, 미국이 참전하였으며, 미국이 친미 국가들에게 적국 재산 몰수를 요청하고, 과테말라가 독일계 재산을 몰수하기 시작하였다. 그런데 과테말라는 노테봄의 재산까지 몰수해버렸다. 노테봄은 자신이 리히텐슈타인 국적자라고 주장하였지만, 과테말라는 노테봄을 독일 국적자로 취급하였다. 리히텐슈타인은 자국민인 노테봄의 재산을 몰수한 데 대해 과테말라가 위법 행위를 했다고 보아 이에 대해 외교적 보호권을 행사해 ICJ에 제소하였다.

앞서 외교적 보호권은 국적국만이 행사할 수 있다고 하였다. 노테봄은 리히텐슈타인 국적자이니 일견 리히텐슈타인이 외교적 보호권을 행사하는 데 아무런 문제가 없을 것처럼 보인다. 그런데

---

53 상게서 464, 467면 각각 참조.

ICJ는 다소 의외의 판결을 내렸다. **노테봄과 리히텐슈타인 사이에 진정한 유대(genuine linkage) 가 없으므로 리히텐슈타인이 외교적 보호권을 행사할 수 없다**고 판단한 것이다. 이는 원래 독일 인이던 노테봄이 리히텐슈타인에 일시 방문해 형식적으로 국적을 취득한 점에 주목한 판시이다. 이 판결은 국적이라는 사회적 사실을 잘 파악한 판결이라는 찬사도 받았지만, '진정한 유대론'과 같이 불명확한 개념을 국적 판단에 적용하면 유책국의 책임 회피 수단으로 악용될 우려가 있다는 비판도 받았다.[54]

판례 **Mergé Case**[55]

Mergé Case는 미국과 이탈리아 간의 조정(Conciliation) 사건이다. Mergé는 미국 국적과 이탈 리아 국적을 모두 보유한 이중국적자였는데, 피해자의 국적국인 미국이 또 다른 국적국인 이탈리 아를 상대로 외교적 보호권을 행사할 수 있는지 문제되었다.

원칙은 1930년 국적법 저촉에 관한 헤이그 협약에 따라 **이중국적자의 국적국 상호 간에는 외 교적 보호권을 행사할 수 없다**는 것이었다. 그러나 **두 국적 중 한 국적만이 실효적 국적 ―진정 한 유대가 있어 지배적이거나 우세한 국적― 인 경우에는 위 원칙이 적용되지 않는다**고 보는 판 례가 적지 않았다. 이 사건도 그중 하나다. 다만 조정위원회는 Mergé의 **미국 국적이 실효적 국적 으로 확인되지 않아 미국이 외교적 보호권을 행사할 수 없다**고 결론내렸다.

판례 **Barcelona Traction Case**[56]

제3장에서 본 Barcelona Traction Case의 사실관계를 다시 짚어보자. 캐나다 국적의 '바르셀 로나 전기전력회사'가 스페인에서 파산하였는데, 파산절차에서 **회사**에 대해 스페인 정부가 취한 일련의 조치로 인해 주주들이 막대한 손실을 보게 되었다. 벨기에 정부는 회사의 주주였던 자국 민들이 입은 손해를 배상받기 위해 스페인을 ICJ에 제소하였다.

본 사안에서는 **주주**의 국적국인 벨기에가 바르셀로나 전기전력회사에 대해 외교적 보호권을 행사할 수 있는지가 문제되었다. ICJ는 회사와 주주가 구별되는 법적 주체라고 판단하면서, **주주 의 국적국에 불과한 벨기에가 바르셀로나 전기전력회사에 대해 외교적 보호권을 행사할 수 없다** 고 보았다. 회사의 국적국인 캐나다만이 외교적 보호권을 행사할 수 있다는 것이다.

---

54 상게서 464-465면.
55 Mergé Case에 대한 설명은 상게서 468-469면 참조.
56 Barcelona Traction Case에 대한 설명은 상게서 471면 참조.

3. 국내적 구제 완료

국가가 외교적 보호권을 행사할 수 있기 위해서는 **피해자가 현지에서 이용할 수 있는 모든 권리 구제 수단을 시도하였음에도 불구하고 구제받을 수 없었어야 한다.**[57] 이를 **국내구제완료의 원칙**이라고 한다. 국내구제완료의 원칙은 상당히 엄격하게 적용된다. 사법 절차뿐만 아니라 행정 절차까지도 모두 거쳤을 것이 요구되기 때문이다. 예를 들어 대한민국처럼 헌법소원이 보장되는 국가에서는 헌법소원까지 거치고 와야 한다. 유일하게 이 원칙으로부터 면제되는 경우는 남은 권리 구제수단을 통해 권리를 구제받을 수 없음이 명백하게 입증되는 경우다. 예컨대 대법원장이 언론에 직접 나와 재판 결과가 절대로 바뀌지 않을 것이라고 이야기 하는 정도가 되어야 한다. 이런 일은 거의 발생하지 않을 것이다.

가해국 내의 권리구제절차를 모두 소진해야 한다는 원칙으로 인해 국가들은 외교적 보호권을 행사하기까지 너무나 오랜 시간을 기다려야 한다. 이 때문에 오늘날 국가들은 통상협정이나 투자협정 등에 권리 구제 방식을 별도로 마련한 후, 그 문제에 있어서는 서로 외교적 보호권을 행사하지 않기로 합의하기도 한다. 예컨대 가해국의 부당한 대우나 급격한 정책 변화 등으로 손해를 입은 외국인 투자자는 ISDS 절차를 통해 직접 국가를 상대로 소송을 제기할 수 있다.

판례 Interhandel Case

Interhandel 사건은 1957년 ICJ에 제기된 스위스와 미국 간 소송이다. 스위스 회사인 Interhandel 은 미국 회사인 GAF사의 주식 90%를 소유하고 있었다. 그런데, 제2차 세계대전 도중 미국은 독일 회사가 Interhandel을 통해 GAF사를 소유, 통제하고 있다고 생각하고 GAF사의 주식 대부분을 몰수하였다. 스위스는 자국 법인인 Interhandel이 피해를 입었다는 이유로 미국에 대해 외교적 보호권을 행사하고자 했다.

그런데 문제는 **Interhandel이 미국 법원에 제기했던 소송이 여전히 진행중이었다**는 점이다. 패색이 뚜렷하긴 했지만 소송은 계류 중임이 명확했다. 미국은 이 점을 적극적으로 피력했다. 재판부는 **스위스가 국내구제완료의 원칙을 충족하지 못하여 외교적 보호권을 행사할 수 없다**는 미국의 항변을 수용하였다. 결국 스위스는 패소하였다.

---

[57] 상게서 474면.

판례 **Diallo Case**[58]

디알로 사건은 이미 제3장에서 살펴본 바 있다. 디알로는 아프리카 중부의 콩고에 거주하면서 회사를 경영하던 기니 국적의 사업가인데, 콩고 정부와 사이가 틀어져 추방을 당하고 말았다. 기니는 추방 행위가 B규약에 위반된다며 콩고를 ICJ에 제소하였다. 콩고의 B규약 위반행위로 자국민 디알로가 피해를 입었으니 외교적 보호권을 행사하겠다는 것이었다. 이에 대해 콩고는 디알로가 콩고 내 권리구제수단을 모두 거치지 않았다고 항변했다. 디알로가 추방에 대해 이의제기 신청을 하였다면 새 정부가 들어선 만큼 이의제기가 수리될 가능성이 컸다는 것이다.

ICJ의 판단은 어떠했는가? 재판부는 우선 추방령에 대한 콩고 국내법상의 시정 수단의 존재가 입증되지 않는다고 판단하였다. 나아가 콩고가 주장하는 바는 정권이 교체되었으므로 이의를 신청할 시 번복 가능성이 있었다는 것인데, 재판부는 **국내 구제 절차란 자신의 권리를 주장할 수 있는 공식적인 절차를 의미하는 것**일 뿐 당국의 호의를 막연히 기대하는 행위를 의미하지 않는다고 설시하였다. 재판부는 디알로가 추방령의 철회를 청원하여 총리의 은사를 기대하는 행위는 소진해야 할 구제 절차라고 볼 수 없다고 확인하고, 국내 구제 절차 미소진을 근거로 한 콩고의 항변을 기각하였다.

이상에서 확인할 수 있듯이, **일반적인 사법 절차나 행정 절차에 속하지 않는 각종 특별 절차나 사면 절차는 소진해야 할 국내 구제 절차에 해당하지 않는다.**

---

[58] 디알로 사건에 대한 설명은 김승호, "Ahmadou Sadio Diallo 사건 (Guinea v. Congo, 2012. 6. 19. 판결)", 『국제법 판례·통상법 해설 포털』, 2019. 10. 16., <https://disputecase.kr/80> (최종방문: 2023. 8. 31).

제9장

국제분쟁의 평화적 해결

국제분쟁의 평화적 해결

법적 분쟁과 관련하여 '무엇이 법인가'도 중요하지만, 분쟁을 '어떻게' 해결할지도 중요한 문제이다. 오늘날 국가들 간에는 무수한 분쟁이 발생하고 있으며 여러 분쟁을 효과적으로 해결하기 위해 국제법원이 설립되어 있다. 최근에는 국제법원 외에서 분쟁을 해결하는 대안적 분쟁해결제도가 떠오르고 있는 모습이다.

I 국제분쟁의 사법적 해결

1. 개관

대부분의 국제분쟁은 크게 3단계로 전개된다. **1단계는 법원에 관할권이 있는지에 대한 다툼이다.** 앞서 이중의 동의(double consent)가 있어야 관할권이 인정된다고 언급한 바 있다. 규범 형성에 대한 동의뿐만 아니라 분쟁해결절차로 나아가는 데 대한 동의까지 있어야 관할권이 인정된다. 관할권이 인정되면 비로소 다음 단계로 나아갈 수 있다. **2단계는 본안에 관한 다툼이다.** 본안 심리에서 피제소국은 조약이나 관습국제법 위반이 없다고 주장한다. 그럼에도 피제소국의 국제법 위반이 인정되면, 마지막 단계로 넘어가게 된다. **3단계는 손해배상 액수에 관한 다툼이다.** 피제소국은 피해가 작다고 주장하며 손해의 범위를 최대한 줄이려 할 것이다.

국제분쟁의 사법적 해결 방식은 크게 두 가지가 있다. 하나는 국제사법재판소(ICJ)와 국제해양법재판소(International Tribunal for the Law of the Sea: ITLOS)를 비롯한 **상설적 국제재판소**를 통한 해결이다. 이곳에서는 우리나라 국내 법원처럼 판사, 판사를 돕는 재판연구관, 또 그들을 돕는 행정 직원이 매일같이 출근하며 분쟁 해결에 힘쓰고 있다. 또 다른 하나는 **중재재판**(arbitration)을 통한 해결이다. 중재재판은 '국제법에 따라 재판받고 싶지만 굳이 상설적 국제재판소까지 가고 싶지는 않다'고 느끼는 국가들이 택하는 제도이다. 국가들이 어떤 분쟁에 대해 중재재판을 받기로 마음먹으면 그때서야 비로소 합의에 따라 재판관을 임명한다는 점에서 상설적 국제재판소와 다르다. 상설적 국제재판소를 통한 해결과 중재재판을 통한 해결은 상설적인지 임시적 인지에서만 차이가 있고, **법적 구속력을 갖는다**는 점에서는 양자가 동일하다.

사법적 해결기관의 대표주자인 ICJ에 대해 더 자세히 알아보자. ICJ는 다른 분쟁해결절차와 마찬가지로 1심제이다(현재 상설적 국제분쟁해결절차 중 유일하게 WTO 분쟁해결절차에만 항소심이 있다). ICJ의 재판관은 총 15명이며, 지역적 균형을 고려해 선출된다. 현재 동아시아 출신으로는 중국, 일본 국적의 재판관이 활동하고 있다. 현실적으로 동아시아 지역에서만 세 명의 재판관이 선출되기는 어려우므로 한국인이 ICJ 재판관으로 진출하기 위해서는 두 자리 중 한 자리에 들어야 할 것으로 보인다. 만약 분쟁 당사국이 되었는데 재판관 15명 중 자국 국적자가 없다면, 재판관 한 명을 임시로 선임할 수 있다. 이렇게 선임된 재판관을 **임시재판관**(judge *ad hoc*)이라고 부른다. 두 당사국 모두 자국 출신 재판관이 없다면 최대 17명의 재판관이 재판에 참여하게 된다.

앞서 제1장에서도 언급한 바 있듯이, ICJ가 관할권을 갖는 경우는 총 네 가지이다. 먼저, 그 사건을 ICJ에 회부하기로 하는 **특별한 합의**, 즉 조약이 있는 경우이다. 둘째, 분쟁의 원인이 되는 조약에 **재판조항**이 있어 그 조약에 관한 분쟁을 ICJ에 가져가게끔 되어 있는 경우이다. 셋째, 분쟁의 양 당사국이 **강제관할권**에 관한 선택조항(ICJ 규정 제36조 제2항)을 수락한 경우이다. 제소국이 선택조항을 수락하지 않은 경우, 피제소국은 선택조항을 수락한 국가이더라도 '관할권 없음' 항변을 할 수 있다. 넷째, 피제소국이 관할권 불성립 항변을 포기하고 소송에 참여할 의사를 표하여 **확대관할권**이 인정되는 경우이다. 피제소국이 명시적으로 참여의사를 표시하지 않더라도, 본안에 대한 주장을 하는 등 응소를 하면 '묵시적 관할권'이라는 이름으로 확대관할권이 인정된다.

2. 국제분쟁을 위한 준비

가. 우리나라의 ICJ 소송 가능성

사실 ICJ는 우리나라에 가깝고도 먼 존재로 여겨진다. ICJ는 러시아의 우크라이나 침공 등 국제분쟁이 발생할 때마다 언론에 오르내릴 만큼 친숙한 국제법원이다. 하지만 우리나라와의 관계에 있어서는 우리나라가 ICJ 규정 제36조(강제관할권에 관한 선택조항)을 수락하지 않은 관계로 '향후 갈 일이 없는 국제법원'으로 여겨지기도 한다. 가령 우리나라와 다른 나라 간 현안이 대두하거나 국제분쟁이 발생하면 ICJ로 회부하자는 논의가 흔히 전개되면서도, 곧이어 '현재 분쟁 당사국 간 법원 관할권에 대한 동의가 없으며 동의에 이를 가능성도 희박하다'는 이유로 흐지부지되곤 한다. '우리 마음대로 분쟁을 ICJ에 회부할 수 없다'는 실망감과 동시에 '다른 나라도 우리 의사에 반해 분쟁을 ICJ로 회부할 수 없다'는 안도감이 공존하는 부분이다. 실제로 우리나라는 그간 한 번도 ICJ 소송절차에 당사국으로 참여해 본 적이 없다.

그러나 사실 이러한 평가는 정확하지 않다. 우리나라는 이미 여러 국제조약에 가입하며 해당 조약 관련 분쟁을 ICJ로 회부하는 데 동의한 바 있기 때문이다. 그러므로 만약 앞으로 이들 조약과 관련된 분쟁이 발생하면 **ICJ로 진행하는 것은 언제든 가능하다**고 보아야 할 것이다. 보다 구체적으로 최근 ICJ에 회부된 사건들 중 일부는 분쟁 당사국 간 정치/외교적 분쟁이 **해당 분쟁을 직접 다루는 조약이나 관습국제법이 아니라** 외관상으로는 선뜻 이해하기 힘든 **다른 조약상 분쟁의 모습으로 변화하여 진행**되고 있다. 바로 조약에 포함된 ICJ 관할권 합의를 활용하기 위함이다.

가령 2010년 이후 카타르의 친이란 정책에 대한 주변국의 집단 제재로 촉발된 카타르와 아랍에미리트연합(UAE) 간 분쟁, 2022년 러시아의 우크라이나 전면 침공으로 시작된 우크라이나와 러시아 간 분쟁은 각각 인종차별철폐협약과 집단살해방지협약을 근거로 ICJ에 회부되어 현재 소송절차가 진행 중이다. 한편 2014년 러시아의 크림 반도 합병 이후 동부 우크라이나 지역에서 러시아의 친러시아 민병대 군사지원을 둘러싸고 개시된 우크라이나와 러시아 간 분쟁은 인종차별철폐협약에 더해 테러자금지원금지협약이 ICJ 회부의 근거가 되어 여전히 소송절차가 진행 중이다. 해묵은 영토분쟁이 2020년 전면적인 무력충돌로 비화된 이후 그 연장선상에서 2021년 각각 서로를 ICJ에 제소한 아제르바이잔과 아르메니아 간의 분쟁도 인종차별철폐협약에서 ICJ 관할권을 찾고 있다. 현재 2건이 ICJ에 계류 중인 미국과 이란 간 분쟁도 체결한지 70여년에 가까운 양국 간 1955년 영사우호조약에 근거하고 있다. 양국 간 오랜 군사/외교적 분쟁이 과거에 체결된 전혀 성격이 다른 영사우호조약을 ICJ 관할권의 근거로 삼고 있는 것이다. 카타르와 주변국 간의 갈등을 배경으로 한 사우디아라비아·바레인·이집트와 카타르 간 분쟁은 국제민간항공협약에 근거하고 있기도 하다.

요컨대 **실제 분쟁은 다른 사유에 근거하고 있으나, ICJ 관할권 확보 차원에서 관련 협약을 찾아 나름의 연결점을 제시**하는 일이 빈번하다. ICJ는 '설사 실제 분쟁의 본질은 다른 데에 있더라도, 형식적으로 특정 협약의 관할권 요건을 충족한다면 관할권 확인에 특별한 문제가 없다'는 입장을 취하고 있다.[1] 이러한 점을 감안하면 특히 일본, 중국 등 인접국과 진행 중인 여러 건의 **분쟁이 다양한 경로를 통해 우리 의도와 상관없이 ICJ로 진행**하는 상황을 상정할 수밖에 없다.

예를 들어 아래의 협약들과 관련한 분쟁에서 미래에 일본과의 분쟁 가능성을 생각해 볼 수 있을 것이다. 이들 협약은 우리나라와 일본이 동시에 체약 당사국이며, 분쟁 발생 시 **ICJ로 이행하기로 한 합의가 해당 협약에 이미 존재**하는 경우이다. 즉, 한일 관계가 경색 국면에 이르거나 여러 국내외 상황 변화가 수반되면 양국 간 분쟁이 ICJ로 진행할 법적 단초가 존재하는 것이다. 아래 각각의 협약 뒤에 포함된 조항들은 이들 협약의 ICJ 강제 관할권 조항들이다. 그리고 이 조항들에 대해 한국이나 일본은 별다른 유보를 첨부하지는 않았다.

- 민간항공의 안전에 대한 불법적 행위의 억제를 위한 협약 (Convention for the Suppression of Unlawful Acts against the Safety of Civil Aviation) − 제14조
- 외교관계에 관한 비엔나협약 분쟁의 강제적 해결에 관한 임의의정서 (Optional Protocol to the Vienna Convention on Diplomatic Relations concerning

---

1 *See Certain Iranian Assets, (Islamic Republic of Iran v. United States of America)*, Preliminary Objections, Judgment, I.C.J. Reports 2019, para. 45.

the Compulsory Settlement of Disputes) ― 제1조

◦ 영사관계에 관한 비엔나협약 분쟁의 강제적 해결에 관한 임의의정서 (Optional Protocol to the Vienna Convention on Consular Relations concerning the Compulsory Settlement of Disputes) ― 제1조

◦ 모든 형태의 인종차별 철폐에 관한 국제협약 (International Convention on the Elimination of All Forms of Racial Discrimination) ― 제22조

◦ 여성에 대한 모든 형태의 차별철폐에 관한 협약 (Convention on the Elimination of All Forms of Discrimination against Women) ― 제29조

◦ 고문 및 그 밖의 잔혹한, 비인도적인 또는 굴욕적인 대우나 처벌의 방지에 관한 협약(Convention against Torture and Other Cruel, Inhuman or Degrading Treatment or Punishment) ― 제30조

이러한 사실을 감안하면 앞으로 **한일 간 분쟁**이 이들 협약상 분쟁의 모습으로 외관을 갖추고 불현듯 우리에게 다가올 가능성을 아예 배제할 수 없다. 그러므로 ICJ 소송절차에서 우리가 어떻게 소송 전략을 수립하고 국내적으로 어떠한 대응 방안을 마련할 것인지에 대해 진지한 고민과 현실적인 준비를 개시해야 한다.

이러한 맥락에서 지난 2019년 우리 정부가 여러 고민 끝에 차고스 군도 분쟁 **권고적 의견 절차에 참여하여 의견서를 제출한 것은 의미 있는 전환점**이다. 비록 정부의 의견서가 소송절차가 아닌 권고적 의견 절차에서 제출되었고, 그 내용도 조심스러운 입장을 담은 단출한 의견서였지만 우리 정부가 처음으로 ICJ 심리 과정에 공식적인 참여를 단행했다는 점에서 의미 있는 첫걸음으로 평가할 수 있다.

앞으로 우리나라는 여러 **ICJ 절차에서 보다 적극적인 참여를 모색해야** 할 것이다. 그리고 이를 통해 우리나라의 국제분쟁 대응 역량, 특히 당사자로서 ICJ 소송절차 참여 역량을 강화해야 한다. 일본이 최근 남극해 포경 분쟁에서 ―비록 패소 판결로 귀결되었으나― 당사자로서 소송절차에 처음으로 참여하고, 그 경험을 반추하여 내부 역량을 강화하고 있는 움직임을 감안하면, 우리 정부도 더욱 ICJ 소송절차 대응 역량 강화에 노력을 경주해야 할 것이다.

나. 일본의 ICJ 참여와 시사점

일본과의 ICJ 소송 전개 가능성을 염두에 둔다면 **일본 정부가 어떠한 방식과 전략으로 ICJ 분쟁에 임하는지에 대한 기본적인 검토가 선행되어야** 한다. 특히 아직 한 번도 ICJ 소송절차에 참여해 보지 않은 우리나라와 달리 일본은 최근 호주와의 ICJ 분쟁을 경험한 바 있다. 바로 **남극해 포경 분쟁**이다.2 이는 일본이 아직 국제포경위원회(International Whaling Commission)의 회원국이던 당시, 일본의 과학조사 목적의 포경프로그램이 국제포경규제협약에 위반된다며 호주가 일본을 ICJ에 제소한 사건이다. 결과적으로 이 분쟁에서 **일본은 패소**하였으나, 이후 일본 국내적으로 **다양한 반성과 대책을 모색**하는 계기가 되었다. 이러한 부분을 우리나라도 면밀히 살펴보고 국제 분쟁을 위한 전략 수립 과정에서 참고해야 할 것이다. 그리고 그 중 일부는 우리가 반면교사로 삼아야 할 부분도 있을 것이다.

2010년 5월, 호주가 일본을 제소한 이후 곧바로 일본 외무성은 **포경 담당 연구회**를 조직하였다.3 이 연구회를 통해 이 분쟁에서 제기되는 법적 쟁점을 외무성 내부적으로 일별하였다. 나아가 일본 외무성은 포경분쟁대응과(ICJ Whaling Case Division)를 별도로 신설하였다. ICJ 소송절차에 대응하기 위해 정식 직제에 따른 **담당과**를 둔 것이다. 과의 담당 서기관(Deputy Director)이 구두심리에서 변론에 참여하는 등 포경분쟁대응과는 소송 전반에 걸쳐 외무성 내 핵심적인 역할을 담당한 것으로 보인다.

일본은 패소 이후에도 제도적 보완에 상당한 노력을 기울였다. 향후 새로운 국제분쟁에 대응하기 위해 2015년 4월 외무성 국제법국에 '**국제재판 준비실**'을 설치하였다.4 또한 외무성과 법무성이 국제재판 준비를 위해 2015년 12월 공동으로 연구회를 결성하기도 하였다.5 패소 이후 오히려 제도 개선에 적극적으로 나선 모

---

2 *See Whaling in the Antarctic (Australia v. Japan : New Zealand invervening),* Judgement, I.C.J. Reports 2014, p. 214.

3 *See* 日本經濟新聞, "まさかの敗訴…捕鯨協会会長の驚きといらだち" (May. 13, 2014), *available at* https://www.nikkei.com/article/DGXNASFK0703B_X00C14A5000000/. (최종방문: 2023. 8. 31).

4 정민정, "한반도 수역 경계미획정 수역에 대한 국제법적 쟁점과 대응과제", 『국회입법조사처 입법정책보고서』, 제57권 (2020), 44면. <https://www.nars.go.kr/_upload/attFile/CM0130/20200918153705_gmfia.pdf> (최종방문: 2023. 8. 31).

5 윤희일, "일본과 고래와 국제법", 『경향신문』, 2015. 12. 8., <https://m.khan.co.kr/opinion/correspon

습이다. 이러한 모습은 남극해 포경 분쟁 패소 판결에 대한 일본의 놀란 반응을 간접적으로 시사하고 있다.

일본 **법무성의 적극적인 활동** 역시 주목해야 할 부분이다. 남극해 포경 분쟁 이후 일본 법무성도 독자적으로 새로운 시도를 하고 있다. 패소 직후인 2015년 4월, 국가가 당사자인 분쟁을 담당해 온 법무성 기능을 강화하고자 일본은 '송무국'을 설치하였다.[6] 물론 일본 법무성은 국가가 당사자인 소송을 담당해왔으나 이는 주로 국내 분쟁에 대한 것이었다. 송무국 설치는 국제분쟁에서도 법무성의 역할을 확장하고자 하는 계획이 일부 포함된 것으로 관측된다. 이 과정에서 일본 법무성은 ICJ 소송절차의 기본 구조가 국내법원의 그것과 공통되는 점이 있다는 점을 언급하였다. 이에 일본 법무성이 일본 국내 학자, 변호사, 각 부처의 담당자, 소송에 참여하는 외국 변호인들과의 가교 역할을 담당하여야 한다는 의견을 표출하기도 하였다.[7]

다만 이러한 **법무성 노력에 대한 비판적 시각**도 존재했다. 법무성의 국내법 분야 전문성이 국제사회에는 통용되지 않는다는 것이다. 그간 국제법원 소송절차에 관여하지 않았던 법무성의 참여에 실효성이 있을지 의문이 든다는 것이다. 특히 국제재판은 외교 전략의 연장선상에서 채택되는 경우가 많아 앞으로도 외무성이 주도적으로 이를 이끌어 가는 것은 불가피하다는 점도 언급되었다.[8]

이러한 현실론에도 불구하고, '지금까지 국제재판에서 법적 논리 및 법정 변론 훈련을 받지 않은 외교관이 주도적으로 나선 것은 나름의 한계가 있으며, 법무

---

dent-column/article/201512082032035#c2b> (최종방문: 2023. 8. 31).

6 *See supra* note 171.

7 *See* The Sankei News, '国を相手取った訴訟相次ぐ…「国際裁判にノウハウ生かす」法務省・舘内訟務局長インタビュー', (Sept. 17, 2017), *available at* https://www.sankei.com/article/20170917-DPTLB73RMRI4NKPR5JNHQP3CX4/ (최종방문: 2023. 8. 31); Nikkei, 'TPP見据え国際訴訟に備え 法務省、専門職増員しチーム', (Mar. 16, 2016), *available at* https://www.nikkei.com/article/DGXLASFS15H1V_W6A310C1EAF000/. (최종방문: 2023. 8. 31).

8 *See* The Sankei News, 「国際裁判もう負けない」外務省と法務省が勉強会 調査捕鯨中止判決が教訓', (Dec. 6, 2015), *available at* https://www.sankei.com/article/20151206-G4MEDMWMSZMAVCHAUYPDK46BRM/4/ (최종방문: 2023. 8. 31); Ministry of Foreign Affairs of Japan, 'International Legal Affairs Bureau', (Aug. 2020) *available at* https://www.mofa.go.jp/mofaj/annai/honsho/sosi-ki/joyaku.html (최종방문: 2023. 8. 31).

성이 함께 적극적으로 참여하여 이를 보완하여야 한다'는 의견은 여전히 존재한다. 어쨌든 앞으로 국제법원 소송절차에서 일본 법무성도 과거에 비해 적극적인 역할을 수행할 것으로 보인다.

이러한 국제법원 소송절차 전문성 함양 노력은 여러 영역에서 이루어지고 있는 것으로 관측된다. 국제경제분쟁에 대한 효과적 대응을 위해 외무성 경제국 '국제경제분쟁처리실'을 '과'로 승격하고 민간전문가를 적극 등용할 방침을 밝힌 것도 이러한 맥락이다.[9]

무엇보다도 남극해 포경 분쟁 과정에서 일본의 **부처별 협력**이 미흡하다는 점이 약점으로 자주 지적되었다. 따라서 분쟁 이후 이 부분에 대한 개선 움직임도 활발하게 전개되었다. 외무성의 주도로 소송절차를 이끌어 가더라도 실제 해당 사안에 전문성이 있는 관련 부처와 어떻게 협력을 구축하는지가 주요 과제이다. 특히 남극해 포경 분쟁에서 ICJ는 **과학 전문가**들의 의견에 상당 부분 의존하였다.[10] 이는 결국 앞으로 위와 같은 성격의 분쟁에서 소관 부처의 담당관이 적절한 자격 요건을 갖춘 국내외 전문가를 섭외하고, 소송 전 과정에서 해당 부처와 외무성 간 긴밀한 소통이 필요함을 보여준다. 요컨대 이는 분쟁 대상 쟁점은 국내 특정 부처의 소관 업무이지만, 이를 재판에서 설명하는 주체는 외무성이 됨에 따라 생기는 문제이다.

일본과 유사하게 현재 **우리나라는 각각의 부처가 파편적으로 국제법원의 소송절차를 담당**하고 있다. 가령 ICJ 소송절차와 중재재판 절차는 외교부가, 투자분쟁해결절차는 법무부가, 그리고 통상분쟁해결절차는 산업부가 각각 담당하고 있다. 나아가 국제분쟁이지만 특정 부처의 소관 업무에 해당하는 경우에는 그 부처가 직접 소송절차에 나서기도 한다.[11]

---

9 *See* Nikkei, '国際訴訟の体制強化、外務省が課新設 韓国に敗訴契機', (July. 30, 2020), available at https://www.nikkei.com/article/DGXMZO62039710Z20C20A7PP8000/ (최종방문: 2023. 8. 31); Ministry of Foreign Affairs of Japan, Diplomatic Bluebook, (2021), *available at https://www.mofa.go.jp/policy/other/bluebook/2021/en_html/chapter4/c040206.html* (최종방문: 2023. 8. 31); 박세진, '일본, 국제소송 대응 부서 외무성 신설…한국과 격돌 대비?', 『연합뉴스』, 2020. 7. 29., <https://m.yna.co.kr/amp/view/AKR20200729048100073> (최종방문: 2023. 8. 31).

10 *See* Shotaro Hamamoto, "Paradoxical Role of Experts in the Whaling in the Antarctic Case", *Japanese Yearbook of International Law*, Vol. 59 (2016), p. 345.

11 Panel of Experts Proceeding Constituted Under Article 13.15 of the EU-Korea Free Trade Agreement, 'Report of the Panel of Experts' (Jan. 20, 2021).

이러한 파편적 대응 체제는 특정 분쟁이 발생하여도 해당 부처만 관심을 기울이고 다른 부처는 소극적으로 대응하는 상황으로 이어질 가능성을 초래한다. 나아가, 상호 협조가 제대로 이루어지지 않는 경우도 적지 않다. 이러한 파편적 대응 방식으로 우리 정부의 모든 역량을 모으기 어려운 것은 당연하다. 특히 ICJ 소송절차에서는 국가적으로 민감한 사안이 검토되는 만큼, 범부처 차원에서 총력적인 대응이 제대로 이루어지지 않는다면 성공적인 결과를 보장하기가 어려워진다.

따라서 최소한 ICJ 소송절차에서는 모든 부처가 **협조 체제**를 구축하고 유기적으로 대응에 나가는 기제를 구비해야 할 것이다. 그리고 여러 주요 쟁점에서 최종적으로 어느 부처가 '최종 결정권'을 가질 것인지, 그리고 실제 소송과정에서는 누가 주도적인 역할을 담당하고 현장에서 결정을 내릴 것인지에 대해서도 사전에 대략적으로 정해져 있어야 한다.

실제 분쟁이 발생한 연후에는 각 부처의 입장 대립이 시작되기 때문에, 분쟁 발생 이후에 이를 조율할 만한 절차를 도입하는 것은 적절하지 않다. 부처 간 이견이 발생할 경우 최종적인 결정 과정과 권한을 두고 시간만 흐를 뿐, 부처 간 반목은 깊어질 것이다. 그리고 최종적으로 불리한 판결이 내려진다면 책임 소재를 두고 부처 간 갈등은 더욱 깊어질 것이다. 또한 정리되지 않은 이러한 내부적 상황은 국내적으로 정부를 합리성 없이 비판하는 목소리를 강화하는 데 일조하기도 할 것이다. 따라서 일련의 작업들이 사전에 이루어져 실제 분쟁에서는 부처 간 일치된 목소리가 효과적으로 제시되어야 한다.

다. 인력 활용 문제

ICJ 소송절차에서 분쟁 당사국을 대표하는 사람은 오로지 그 당사국 정부가 지명하는 **대리인**(agent)이다.[12] 모든 공식 문서의 전달 및 절차 관련 통보는 대리인을 통해 이루어진다. 그리고 분쟁 당사국을 구속할 수 있는 언급과 발언 역시 대리인에게만 허용된다.[13] 대리인은 국제협상에서와 같이 분쟁 당사국을 단지 정

---

[12] ICJ 규정 제42조; ICJ 규칙 제31조 및 40조 참조.

[13] *See* Andreas Zimmerman *et al.*, *The Statute of the International Court of Justice: A Commentary*, (Oxford Univ. Press, 2019), p. 969.

치적으로 대표하는 데에 그치지 않는다. 대리인은 해당 분쟁에서 그 국가를 '법적으로' 대표하는 최고위 변호인의 지위에 있다.[14]

대부분의 경우 분쟁 당사국 정부의 고위 관료가 대리인의 역할을 담당한다. 가령 외무장관이나 외무부 고위 관리, 또는 법무장관이나 법무부 고위 관리가 대표적이다. 남극해 포경 분쟁에서 일본 정부 대리인은 외무성 고위 관리였다. 참고로 호주는 법무부 고위 관리였다. 그렇다면 우리나라도 언젠가 ICJ 소송절차에 참여하게 된다면 외교부 장관이나, 외교부 고위 관리 또는 법무부 고위 관리가 대리인으로 임명되어 우리나라를 대표할 가능성이 가장 높다.

사실 ICJ 규정상 대리인에게는 자격이나 국적 요건이 없다. 따라서 대리인에는 정부 관료가 아니라 민간인도 임명 가능하며, 심지어 외국인도 임명이 가능하다.[15] 그러나 대리인이 국가를 대표하는 위치에 있다는 점에서, 일반적으로 민간인이나 외국인을 임명하는 것을 상정하기는 쉽지 않다. 분쟁에서 대리인이 갖는 중요성에 비추어 볼 때, **대리인을 어떻게 임명하고 그 자격 요건을 어떻게 판단할 것인지에 대해 사전 검토가 이루어지고 매뉴얼이 준비되어 있어야 한다.** 더불어 공동대리인을 임명할 것인지, 임명한다면 어떠한 사람을 임명할 것인지에 대해서도 검토가 필요하다.

국가를 대표하는 대리인은 변호인(counsel or advocates)의 도움을 받을 수 있다(may have assistance).[16] 그러나 변호인의 임명, 자격 등의 구체적인 내용에 대해서 ICJ 규정이나 규칙(Rules of the Court)은 침묵하고 있다. 일응의 자격 요건으로 흔히 언급되고 있는 것은 가령 자국의 상급법원에서 일방을 대리할 수 있는 자격과 능력을 보유하거나, 대학에서 국제법을 강의하는 경우 등이다.[17] 그러나, 그렇다고 하여 대리인의 자격을 갖기 위해 반드시 변호사 자격을 보유하고 있거나 혹은 국제적으로 저명한 학자여야 한다는 의미는 아니다.[18] 그리고 이러한 자격 요

---

14 *See* Makane Moise Mbengue, "Scientific Fact-finding at the ICJ: An Appraisal in the Aftermath of the Whaling Case", *Leiden Journal of International Law*, Vol. 29 (2016), p. 539. (대리인도 변호인과 함께 전문가에 대한 심문 등을 직접 담당함).

15 김대순, 『국제법론』, 제21판, 삼영사, 2022, 1519면 참조.

16 ICJ 규정 제42조 참조.

17 *See supra* note 181, p. 973.

18 *See ibid.*

건을 구비한 인사인지는 기본적으로 해당 분쟁 당사국이 판단하게 된다.

이에 따라 ICJ 소송절차에서 분쟁 당사국은 대리인과 달리 **변호인은 외국 국적자를 선임하는 경우도 많다.** 그런데 문제는 이들이 주로 서방국가 국적의 변호인들이라는 점이다. 국제법 분야에 대한 전문성과 함께 실제 ICJ 소송절차에서 중요한 요인으로 작용하는 언어적 능력에서 이들이 유리한 위치에 있기 때문이다. 그리고 이러한 부분은 남극해 포경 분쟁에서 일본 정부 역시 실감한 것으로 보인다.

선임할 수 있는 그룹이 제한적이다 보니 실제 ICJ 소송절차에 참여하는 외국 변호인들은 지역별로 편중되어 있다. Kumar/Rose의 연구에 따르면 1999년부터 2012년까지 ICJ에서 진행된 41건의 분쟁의 구두심리에 참여한 변호인은 모두 205명이었다. 이 중, 해당 분쟁에 한 번만 참여한 142명을 제외한 63명은 전문적으로 ICJ 소송절차에 나서는 소위 ICJ 분쟁 전문 변호사들이다. 그리고 이들의 발언 시간이 전체 구두심리의 73.6%에 달하였다. 이들 63명의 국적을 보면 미국 20.6%, 영국 17.5%, 프랑스 16.4%, 독일 7.9%, 벨기에 6.4%, 네덜란드 4.8%, 스페인 4.8%였다. 결국 서방국가 출신 변호인들이 전체의 78.6%에 이른다.[19]

아마 2013년 이후의 상황도 크게 바뀌지는 않았을 것이다. 특히 개발도상국들은 국내 법률 인프라가 열악하고 전문가 선택지가 적어, 분쟁 발생 시 외국 국적 변호인에 의존하는 빈도가 더 높다.[20] 자국 법률 전문가 인프라가 충분한 서방국가들이 ICJ 소송절차에서 자국 변호인을 주력으로 활용하는 것과 대비된다.[21]

ICJ 소송절차는 해당 분쟁 당사국에 대해 지극히 민감한 정치적/외교적 파장을 초래하는 내용을 다룬다. 그렇다면 해당 분쟁에 법률 전문가의 자격으로 참여하는 **외국 변호인들은 설사 법률 분야에서는 전문성을 보유하고 있다 하더라도**

---

[19] *See* Shashank P. Kumar & Cecily Rose, "A Study of Lawyers Appearing before the International Court of Justice, 1999-2012", *European Journal of International Law*, Vol. 25, No. 3 (2014), p. 893, pp. 902-907.

[20] *See* Catherine A. Rogers, *Ethics in International Arbitration*, (Oxford Univ. Press, 2014); Marc L. Busch, Eric Reinhardt & Gregory Shaffer, "Does legal capacity matter? A survey of WTO Members", *World Trade Review*, Vol. 8, No. 4 (2009), pp. 572-573; Malcolm Langford, Daniel Behn & Runar Hilleren Lie, "The Revolving Door in International Investment Arbitration", *Journal of International Economic Law* (2017), p. 328.

[21] *See* Johan G. Lammers, "The Role of the Legal Adviser of the Ministry of Foreign Affairs: the Dutch Approach and Experience", *Hague Yearbook of International Law*, Vol. 22 (2009), p. 50.

분쟁 당사국이 직면한 여러 국내외 제약조건이나 정치/외교적 고려 사항 등 법률 외적 부분은 충분히 이해하지 못하는 경우도 많을 것이다. 또한 어떤 법적 쟁점은 오랜 기간에 걸친 정부 정책이나 외교 활동과 밀접하게 연결되어 있기도 하다. 최근 ICJ 분쟁은 이러한 현상을 잘 보여준다. 심지어 때로는 외국 변호인들은 자신들의 이익을 염두에 둔 소송 전략을 택하기도 한다는 우려도 있다. 이를 고려하면 결국 아무래도 분쟁 당사국 국적의 변호인이 분쟁을 가장 제대로 이해하고 대처할 수 있을 것이다. 어쨌든 궁극적으로는 대리인이 최종적인 판단을 하여 외국 변호인을 적절히 지휘, 감독해야 하는 문제이다.

우리나라의 경우에도 장래에 ICJ 소송절차에 참여하게 된다면 외국 변호인을 어떤 식으로든 활용할 수밖에 없을 것이다. 그러나 **외국 변호인을 활용하더라도, 이들에게는 구체적인 임무를 부여함으로써 그들의 역할을 적절한 범위 내로 제한해야 한다.** 외국 변호인이 소송의 전반적인 주도권을 쥐도록 하고, 우리 대리인이나 변호인은 단순히 이들의 조력자의 지위에 머무르게 된다면 본말이 전도된 것이다. 남극해 포경 분쟁에서 일본의 소송 전략이 이처럼 본말이 전도된 것이라고 판단하는 것은 성급하지만, 분명 이러한 모델이 가지는 문제점은 충분히 보여주었다고 생각한다. 특히 ICJ 소송절차가 갑자기 개시되는 경우 현실적으로 이러한 방향으로 진행하지 않을 방법이 없다. 그러므로 대리인과 외국 변호인의 역할이 한쪽으로 지나치게 경도되지 않고 균형감을 유지하며 소송절차가 진행될 수 있도록 우리 내부적으로 사전에 충분한 논의와 준비가 이루어져야 할 것이다.

국가의 사활이 걸린 중요한 국제분쟁을 외국 변호인에게 의존하는 것이 추후 국내적으로 어떠한 정치적 파장을 초래할지에 관한 문제도 중요한 고려 사항이다. **역사적/정치적으로 민감한 분쟁에 외국 변호인을 활용한다면 우리 정부의 효과적 대응 여부 및 준비 태세 등에 대하여 국내적으로 정치적 공방이 발생할 가능성이 있고, 혹시 패소로 이어진다면 그 파장은 상당할 것이다.** 이러한 점을 감안하면 외국 변호인을 활용하더라도 이들의 도움을 받는 것으로 성격 규정을 하여야지 이들이 해당 분쟁을 이끌어 가 주기를 기대한다면 득보다 실이 클 것이다. 그러므로 **전체적인 소송 전략 및 운영은 '대리인'으로 임명되는 우리 정부 담당관의 주도로 진행되어야 한다.** 전체적인 소송 전략 수립 및 의사 결정 역시 핵심 법적 쟁점에 대한 이해가 전제되지 않으면 어렵다는 점에서 결국 법적 전문성을 갖춘 대리인을 임명하는 것이 최선의 방안이다. 따라서 ICJ 소송절차 참여를 준비함에 있어 일단 분쟁이 발생한 이후 외국 변호인을 고용하여 대처하면 된다는 단순한 접근 방법은 위험할 뿐 아니라 현실성도 떨어진다. 최종 결과는 결국 대리인과 우리 변호인의 역할이 결정적 변수임을 인지하고 어떻게 이들을 양성하고 확보할 것인지에 방점을 두어야 한다.

또한 소송절차에서 제시되는 다양한 증거자료에 대한 정확한 평가를 위해서는 자료와 관련된 당시 **정부 담당자의 설명과 정책 결정 배경을 이해해야 한다.** 그러나 외국 변호인은 이러한 부분에서 아무래도 부족할 수밖에 없다. 그 결과 외국 변호인은 이전 분쟁에서의 경험과 법리적 해석에만 기초하여 우리가 참여하는 ICJ 소송절차에서 중요한 결정을 내릴 가능성이 적지 않다.

남극해 포경 분쟁에서 외국 변호인은 아니나, 외국 과학 전문가 활용과 관련한 일본의 상황은 이러한 부분을 간접적이나마 시사하고 있다. 물론 과학 전문가의 역할은 정확한 과학적 정보와 판단을 재판부에 전하는 것이다. 그러나 이 분쟁에서 호주 정부의 입장을 과학적으로 정확하게 뒷받침한 호주 정부 지정 과학 전문가와 달리, **일본 정부 지정 과학 전문가는 때로는 중요한 쟁점에서 일본 정부의 입장과 반드시 부합하지 않는 의견을 개진하기도 했다.** 어떠한 배경과 논거로 해당 전문가가 일본 입장과 거리가 있는 입장을 개진하게 되었는지에 대한 정확한 판단은 어렵다. 다만 구두심리 전후로 이 부분에 대해 일본 정부와 의견 조율이 제대로 되지 않은 결과임을 유추해 볼 수는 있을 듯하다.

따라서 이를 외국 변호인에게 유추해 보면 **외국 변호인을 활용하는 경우에도 이들과 우리 정부 대리인 간 의견 조율과 원활한 협조가 무엇보다 중요하다**는 점을 알 수 있을 것이다. 이러한 의견 조율과 협조체제 구축이 확보되지 않을 경우, 설사 이론적으로는 완비되었다고 하더라도 우리 정부의 이해관계를 제대로 반영하지 않은 법적 주장이 전개되거나 또는 반드시 우리에게 유리하지만은 않은 증거자료 등이 제출되는 상황이 발생하게 될 것이다.

그간 우리나라가 참여한 국제법원 소송절차는 WTO 분쟁해결절차와 ISDS 절차가 있고, 소송절차와 유사하나 협정에 따른 국가 간 조정절차에 참여한 것은 FTA 분쟁해결절차가 있다. 이들 절차에서 **우리나라는 외국 변호인을 활용하는 경우가 빈번하였고 이들이 실제 소송 과정에서 주도적이고 핵심적인 역할을 수행하**

는 경우가 대부분인 것으로 알려지고 있다. 국내적으로 민감한 사안을 다루고 그 내용이 국내적/국제적으로 모두 전파되는 ICJ 소송절차에서는 이러한 모델을 그대로 따르기는 어려울 것이다.

　　나아가 우리나라가 ICJ 소송절차에 참여하게 되면 **임시 재판관**(judge *ad hoc*)을 임명하게 된다. 현재 ICJ에는 우리 국적의 재판관이 없기 때문이다. 그렇다면 임시 재판관을 임명함에 있어 우리 국적자를 임명할지 혹은 외국 국적 전문가를 임명할지, 그리고 임명한다면 구체적으로 누구를 임명할 것인지 등의 다양한 문제가 제기된다. 특히 임시 재판관의 성격, 역할 등에 대해서 다양한 평가가 나오고 있기 때문에 이러한 부분을 고려하여 한국의 입장을 객관적인 지위에서 효과적으로 설파해 줄 수 있는 전문가가 누구인지에 대하여 기본적인 조사가 진행되어야 한다. 물론 이 작업은 분쟁이 개시된 이후 본격적으로 진행될 수밖에 없을 것이지만 최소한 대략적인 방향과 선임에 대한 기본 절차는 사전에 마련해 둘 필요가 있다. 정부 내 비공개 자료의 제출과 다양한 자료들에 대한 번역과 감수 문제도 국제분쟁이 발생할 때마다 우리가 어려움을 겪는 부분이다. ICJ 분쟁에서는 이러한 부분이 한층 더 부각될 것이다. 이에 대해서도 사전에 도상훈련이 필요할 것이다.

Ⅱ 국제분쟁의 재판 외 해결

　　사법적 분쟁해결절차는 매우 효과적이지만, 두 당사국 간의 관계가 파탄에 이른다는 단점이 존재한다. 한때 죽마고우였던 자들도 법정 다툼을 하다 보면 원수가 되는 경우도 있다. 이에 **대체적 분쟁해결수단**(Alternative Dispute Resolution; 이하 'ADR')이 점점 떠오르고 있다. ADR은 사법적 분쟁해결절차에 비해 당사자 간 교섭과 타협에 비중을 두고 결론을 도출함으로써, 당사자들이 보다 미래지향적이고 건설적인 관계를 이어갈 수 있도록 한다.

1. 싱가포르 협약과 국제 조정의 확산

　　ADR의 대표적 예시는 **조정**(mediation)이다. 조정은 법원이나 중재판정부의 개입 없이 분쟁 당사자가 선임하는 **제3자인 전문가가 양측 입장을 듣고 서로의 잘잘못을 따지며 이견을 조율하여 상호 원만한 합의를 도출**하는 ADR을 통칭한다.

　　최근 조정을 통한 분쟁 해결이 갖는 **장점**이 새롭게 부각되면서 조정에 대한 관심이 점증하고 있다. 법원을 통한 사법절차나 이에 준하는 엄격성을 요하는 중재절차에 비해 조정은 유연하고 탄력적이다. 또한 상대적으로 적은 비용으로 신속한 분쟁 해결이 가능하다. 무엇보다 필요하다면 기존 틀에서 벗어나 사안별 맞춤형 해결방안 모색도 가능하다. 이 과정에서 분쟁 당사자가 주도적인 역할을 수행할 수 있다. 특히 조정은 분쟁 종결 이후에도 **분쟁 당사자들이 기존의 관계를 계속 유지해 나갈 가능성이 높다**는 측면에서 큰 호응을 얻고 있다. 사법절차나 중재절차는 당사자 간 승패를 갈라 분쟁은 해결되나 기존 관계는 파탄에 이르거나 상당한 타격을 받는 경우가 빈번하기 때문이다. 시간이 지나고 보면 이긴 쪽과 진 쪽 모두 결국에는 패자가 되는 경우도 심심찮게 있다. 이처럼 치열한 대결구도를 거쳐 승패가 갈리는 구속적 분쟁 해결 절차에 대한 대안으로 조정이 최근 각광을 받고 있다.[22] 제3자의 도움을 얻어 분쟁을 해결하되, 가능한 한 그간의 관계 역시 지속적으로 유지할 수 있는 방안이 있다면 국가들 입장에서도 그쪽으로 관심이 쏠릴 수밖에 없는 것이다. 이러한 움직임은 국내 분쟁과 국제 분쟁에서 공히 확인되고 있다. 또한 기업 간 분쟁뿐 아니라 국가 간 분쟁에서도 비슷한 흐름이 나타나고 있다.

　　조정에 대한 최근 국제사회의 관심을 보여주는 대표적인 결과물은 **싱가포르 협약**(Singapore Convention)이다.[23] 국제연합 국제무역법위원회(United Nations Commission

---

22　조선비즈, "[국제중재 허브, 싱가포르를 가다]② '소송'보다 '조정' 택하는 글로벌 기업… 年 분쟁 가액만 3조원", 2022.01.04., <https://biz.chosun.com/topics/law_firm/2022/01/04/SOO4GVY6VVBGXARJEKK7BK3WHY/> (최종방문: 2023. 8. 31).

23　싱가포르 협약 성안 과정에서 조정 절차를 'conciliation'으로 표기할지 아니면 'mediation'으로 표기할지 오랜 논의가 있었다. 그 결과 현재 국제사회에서 상대적으로 광범위하게 사용되는 'mediation'을 선택하기로 하였다. 실제로 민간기업 간 분쟁이든 국가 간 분쟁이든 ADR 성격을 갖는 분쟁해결절차를 이제 'mediation'으로 부르는 경우가 상대적으로 빈번해졌다. 보다 정확히는 conciliation과 mediation 두 절차 중 하나가 사라진 것이 아니라 mediation이라는 이름 하에 하나로 통합하여 지칭하고 있는 것으로 이해할 수 있을 것이다.

　그간 설명되어 온 양자의 차이는 주로 제3자 개입의 정도와 절차적 엄격성의 강도에 있다. 가령 conciliation은 제3자 개입이 적극적으로 이루어지는 경우인 반면, mediation은 그러한 개입이 상대적으로 경미한 경우이다. 이에 따라 mediation은 때로 제3자가 분쟁 내용에는 개입하지 않고 사무적 편의만 제공하는 '주선(good offices)'과 구별되기 어려운 경우도 발생하게 된다. 반면 conciliation은 이를 담당하

on International Trade Law: UNCITRAL) 주도로 3년간의 협상을 거쳐 2018년 12월 UN 총회에서 채택되고, 2019년 8월 싱가포르에서 서명된 후 이듬해 발효한 이 협약의 정식 명칭은 "조정으로부터 도출된 국제적 화해합의에 관한 UN 협약"이다.[24] 싱가포르 협약에는 2022년 9월 20일 현재 55개국이 서명하였고 10개국이 비준하였다.[25] 우리나라도 2019년 8월 이 협약에 서명하였고 현재 비준을 위한 준비작업이 진행 중이다. 앞으로 이 협약이 본 궤도에 오르면 조정은 국제사회에서 더욱 활발하게 활용될 것으로 보인다.

싱가포르 협약은 조정의 결과(mediation settlement agreement)를 모든 체약 당사국 영역 내에서 집행하기 위한 시도이다. 협약은 주로 기업 간 조정을 그 대상으로 하지만 국가기관이 분쟁 당사자인 조정, 나아가 국가 간 조정도 일부 조건을 충족한다는 전제 하에 국가도 그 대상으로 포섭하고 있다. 그러므로 싱가포르 협약 발효와 이로 인한 **조정의 확산은 국가 간 분쟁 해결에도 중요한 함의**가 있다. 싱가포르 협약 자체에 국가 간 분쟁 해결에 이 협약이 제한적이나마 적용될 가능

는 conciliator가 사실조사에 나서고 분쟁 당사자의 입장을 청취하며, 나아가 이를 토대로 나름의 해결방안도 제시한다는 점에서 보다 적극적인 역할을 수행한다. 복수의 전문가를 임명해 위원회(conciliation commission)를 구성하는 경우도 빈번하다. 이제 이러한 정도의 차이에 큰 의미를 두기 보다는 제3자가 개입하되 구속력 있는 결정을 내리지는 않고 적절한 타협안을 제시하며 이를 토대로 당사자 간 합의를 통해 분쟁을 해결하는 방식을 mediation으로 통칭하게 된 것이다. 즉, 이 개념은 기존의 conciliation도 포섭한다. 이러한 광의의 mediation이라는 용어를 사용하는 경우가 점차 증가하고 있다.

그 다음 제기되는 문제는 mediation을 우리말로 어떻게 옮길지 이다. 그간 일반적으로 conciliation을 '조정'으로, mediation은 '중개'로 각각 옮겨 왔다. 그런데 이러한 용어 사용은 실제 우리 국내법제와는 부합하지 않는 측면이 있다. 현재 다양한 ADR 수단을 포괄하는 개념으로 논의되는 mediation에 해당하는 절차를 그간 우리 국내법에서는 '조정'이라는 이름으로 부르고 있다는 점을 감안하면 이제 mediation에 대응하는 우리말 용어로 그간 사용하던 '중개' 대신 '조정'이 적절하지 않을까 생각한다. 실제 이러한 절차를 실무에서 관장하는 법원, 법무부, 대한상사중재원 등도 이 절차를 '조정'이라는 용어로 설명하고 있다. 또한 '중개'라는 용어는 우리 법제에서 양 당사자의 거래를 연결시켜준다는 맥락에서 주로 사용되며 지금 논의되는 바와 같이 ADR적 분쟁 해결이라는 맥락에서 사용되는 예를 찾아보기는 어렵다. 이러한 점을 감안하여 이 글에서는 mediation에 대응하는 용어로 '조정'을 사용한다.

[24] United Nations Treaty Collection, .*United Nations Convention on International Settlement Agreements Resulting from Mediation*, adopted by the General Assembly Resolution 73/198 on 20 December 2018 [on the report of the Sixth Committee (A/73/496)], and entered into force on 12 September 2020 (이하 "싱가포르 협약").

[25] See *Singapore Convention on Mediation*, Background to the Convention, *available at* https://www.singaporeconvention.org/convention/about. (마지막 방문: 2023. 8. 31).

성을 담고 있을 뿐 아니라, 국가 간 분쟁에 조정을 도입하는 국제사회의 최근 움직임이 싱가포르 협약에 터 잡은 조정 친화적 분위기로 더욱 탄력을 받을 가능성이 엿보이기 때문이다.

아래에서는 싱가포르 협약 성안 과정에서 논의된 주요 쟁점이 국가 간 분쟁 해결 수단으로서 조정이 활용되는 데에 어떠한 시사점을 제시하고 있는지 살펴본다. 나아가 조정이 국가 간 분쟁 해결에 어떻게 기여할 수 있는지 검토하고, 이를 활성화하기 위한 제도적 보완 과제를 일별한다. 먼저 조정 결과에 대한 국제적 집행 기제 확보의 중요성을 설명한다. 이 과정에서 이를 위해 도입된 싱가포르 협약의 작동 기제를 살펴본다. 또한 조정이 분쟁 해결 수단으로서 국가 간 분쟁 해결에 어떠한 함의를 갖는지 검토한다. 이를 토대로 앞으로 국가 간 조정 활성화를 위한 제도적 보완 과제가 무엇인지 분석한다.

2. 조정 결과의 국제적 집행: 싱가포르 협약의 작동 기제

조정에는 결정적인 문제가 있다. 바로 그 결과에 대한 **실효성 확보**이다. 분쟁 해결 수단으로서 조정이 그 의도한 바를 달성하려면 조정 절차 결과 도출된 당사자 간 합의가 효과적으로 이행되어야 한다. 그 합의가 효과적으로 이행되지 않는다면 결국 분쟁은 원점으로 돌아가게 될 것이다. 그리고 당사자들은 다시 구속적 분쟁 해결 절차 —사법절차 또는 중재절차— 로 나아가야 할 것이다. 결국 조정 절차를 거치느라 시간과 비용만 추가로 투입되는 상황으로 이어지게 된다. 그러므로 조정의 성공을 위해서는 조정으로 도출된 합의를 어떻게든 효과적으로 집행할 수 있는 기제를 마련하는 것이 시급하다. 이 전제조건이 충족되어야 조정의 장점에 대해 널리 설명할 수 있을 것이기 때문이다.

이 목표를 달성하기 위한 방안 중 하나는 조정 결과 도출된 합의를 여러 곳에서 집행 가능하도록 보장하는 것이다.[26] 요컨대 조정 **합의가 분쟁 당사자의 국내 관할지뿐 아니라 제3국에서도 동시에 집행 가능하다면 합의의 효과는 배가될 것**

---

[26] *See* Chang-fa Lo & Winnie Jo-Mei Ma, Draft, "Convention on Cross-Border Enforcement of International Mediated Settlement Agreements", *Contemporary Asia Arbitration Journal,* Vol. 7, No. 2 (2014), p. 387.

이다. 물론 기존의 체제하에서도 집행의 가능성은 열려 있다. 조정을 통한 당사자 간의 합의를 일종의 계약으로 파악하여 관할권 있는 제3국 법원에서 집행할 수 있을 것이다. 그러나 이 경우 해당국 법원의 민사절차를 모두 거쳐야 하는데, 여기에는 적지 않은 시간과 비용이 소요된다. 무엇보다 당사자 일방이 합의 내용에 대해 이 절차에서 다툴 경우 시간과 비용은 더욱 늘어나게 된다. 따라서 조정의 국제적 확산을 위해서는 각국 국내법원을 통한 민법상 계약 이행 문제가 아닌 오로지 조정의 결과라는 사실을 근거로 국제적 집행을 확보하는 방안을 도입하는 것이 필수적이다. 특히 분쟁 당사자 간 국적을 달리하는 국제적 성격의 조정이 늘어나는 상황에서 이에 대해 여러 국가에서 자동적인 집행력을 부여한다면 조정 제도의 장점은 배가될 것이다.

조정 결과의 국제적 집행력 확보라는 목표를 달성하기 위한 첫 시도는 싱가포르 협약이다. 특히 이 협약의 핵심 기제는 앞으로 국가 간 조정을 위한 별도의 조약이 채택되거나 기존 조약에 새로운 조항이 추가되는 경우 그 대략적인 모습을 그려볼 수 있다는 측면에서 그 시사점이 있다. 아울러 이 협약은 조정의 장점과 단점을 압축적으로 보여주고 있다.

싱가포르 협약은 모두 16개 조항으로 구성되어 있다. 이에 따르면, 협약이 규정하는 요건을 구비한 **조정의 결과물**인 당사자 간 합의는 이제 **원칙적으로 모든 싱가포르 협약 체약 당사국 법원에서 형식 요건에 대한 검토 후 자동적으로 집행** 가능하다. 이 협약 적용의 출발점인 조정의 존재 여부는 탄력적으로 판단한다. 실제 사용된 명칭이나 절차와 상관없이 본질을 토대로 결정한다. 요컨대 특정 결과나 해결 방안을 당사자에게 강제할 권한이 없는 제3자가 관여하여 진행된 분쟁 해결 절차 일체를 조정으로 보고 이 협약을 적용한다. 제3자가 결과를 강제할 권한이 없으니 결국 분쟁 당사자가 주도적으로 분쟁 해결 절차를 이끌어 갈 수밖에 없다.[27] 그렇다면 제3자의 역할은 무엇인가? 제3자는 당사자 간 협의 및 합의를 지원하는 촉진자(facilitator)의 역할을 담당하는 것으로 파악한다.[28] 바로 이러한 측

---

27 박노형, "조정의 활성화를 위한 제언", 『법률신문』, 2020. 3. 26., <https://m.lawtimes.co.kr/Content/Opinion?serial=160406> (최종방문: 2023. 8. 31).

28 *See* United Nations Commission on International Trade Law, *International CommercialMediation: Draft UNCITRAL Notes on Mediation*,A/CN.9/1075 (April 8, 2021); *Settlementof commercial dis-*

면에서 조정은 법원절차 내지 중재절차와 결정적으로 구별된다.

싱가포르 협약은 조정이 무엇인지에 대해 유연한 입장을 취한 다음, 협약 적용을 위한 구체적인 요건을 추가적으로 제시하고 있다. 첫 번째 요건은 **조정의 결과 당사자 간 합의가 도출되고 그러한 "합의가 서면으로 체화(agreement in writing)"되어야 한다**는 점이다. 그리고 여기에 당사자와 조정인이 서명하여야 한다.

두 번째로 이 협약은 **"상사분쟁(commercial disputes)"**에만 적용된다.[29] 그런데 여기에서 말하는 "상사(commercial)"는 광범위한 개념이다. 합리적인 수준의 상업적 연관성만 있다면 이를 충족한다. 그리고 상사분쟁이기만 하면 그 당사자가 누구인지는 묻지 않는다. 기업과 개인은 물론 정부가 당사자인 조정도 이 협약의 적용 대상이다. 다만 체약 당사국은 유보를 통해 정부기관이 당사자인 분쟁을 배제할 수 있다. 현재까지 비준한 10개국 중 3개국이 이러한 취지의 유보를 첨부하였다. 유보가 첨부되지 않는다면, 정부와 외국인 간 분쟁은 물론 정부 간 분쟁 중 상사적 성격을 갖는 분쟁이면 이 협약이 적용될 수 있다.

세 번째 요건은 **해당 분쟁이 "국제적(international)" 성격이어야 한다**는 점이다. 분쟁 당사자가 서로 국적을 달리하거나 또는 국적이 동일하더라도 합의의 대상이 외국에 소재한다면 '국제성'을 충족한다. 그러므로 한국 기업 간 조정도 그 합의의 주된 이행이 외국에서 일어나는 것이라면 싱가포르 협약 적용 대상이다. 순수한 국내적 성격의 조정은 해당국 국내절차와 국내법원을 통해 정리되는 것이 합리적이라는 이해가 바탕에 깔려 있다.

네 번째 요건은 조정의 결과물인 합의가 **다른 루트를 통해 집행 가능성이 보장되지 않아야 한다.** 예를 들어 법원에 의해 승인되거나 법원의 개입에 따라 진행

---

putes International commercial mediation: draft UNCITRALMediation Rules, A/CN.9/1074 (April 8, 2021); 이석용, 『국제법』, 제5판, 세창출판사 (2017), 303면 참조.

[29] 그러나 정부 간 분쟁 중 상사적 성격을 갖는 경우는 제한적일 것이다. 예를 들어 정부 기관 간 차관 제공과 그 상환조건에 대한 분쟁이 있다면(우리나라 상황에서는 대외경제협력기금(Economic Development and Cooperation Fund: EDCF에 대한 공여 및 상환 분쟁) 여기에 해당할 수 있을 것이다. 마찬가지로 공공기관 간 거래에 관한 계약이 있다면 역시 이에 해당할 것이다. 주요 공공기관이 때로 정부기관으로 취급되기 때문이다. 그러나 일반적으로 조약 내지 관습국제법 위반과 관련하여 전개되는 정부 간 분쟁이라면 여기에 해당하기는 어려울 것이다. 대신 투자협정에 따라 정부와 외국인 투자자 간 전개되는 투자분쟁은 상대적으로 상사적 성격이 강해 사안에 따라서는 여기에 해당할 가능성이 있다.

된 조정은 때로는 판결로써 집행 가능하다. 마찬가지로 조정이 중재의 일환으로 진행되어 중재판정으로 집행될 수 있는 경우도 있다. 이러한 조정은 모두 이 협약 적용에서 배제된다. 이미 집행 수단이 존재하는 데 굳이 새로운 협약으로 중복적인 강제력을 부여할 필요는 없기 때문이다.

다섯 번째로 **조정 절차 자체, 그리고 그 결과물인 합의에 중대한 하자가 없어야 한다.** 예를 들어 의사능력 결여 상태에서 도출된 합의, 이행불능 내용을 담고 있는 합의는 중대한 하자로 집행이 거부된다. 조정인(mediator)이 부적절한 행위를 하였거나 공정성에 영향을 초래할 수 있는 중요한 정보를 공개하지 않은 경우도 마찬가지이다. 또한 조정결과를 담고 있는 합의가 '공서양속에 반하는(contrary to the public policy)' 경우에도 집행이 거부된다. 이러한 중대한 하자가 존재하는지 여부는 집행이 신청된 체약 당사국 법원이 판단한다. 각국 법원들이 상이한 입장을 취하고 이에 따라 체약 당사국 간 이견이 발생할 가능성은 있다. 그러나 나열된 하자들은 대부분 나름의 객관적 평가가 가능하다.[30]

분쟁 당사자 간 조정이 이루어지고 그 결과물인 합의가 위에서 나열한 다섯 가지 요건을 충족한다면, 싱가포르 협약 체약 당사국 법원을 통해 합의가 집행된다. 체약 당사국의 숫자가 늘어날수록 그 집행 가능성도 더욱 높아지게 되고 연이어 체약 당사국 숫자도 함께 늘어날 것이다. 반대로 체약 당사국 숫자가 적다면 그 효용 가치도 그만큼 줄어들 것이다. 싱가포르 협약에 구현된 작동 기제와 그 바탕을 이루는 여러 국가의 다양한 입장은 앞으로 국가 간 분쟁 해결 수단으로서 조정을 활용하는 과정에서도 유사하게 제기될 것으로 판단된다.

---

30 문제는 '조정인의 부적절한 행위 내지 공정성에 영향을 초래하는 행위를 어떻게 판단할지'이다. 법원절차 내지 중재절차와 달리 조정은 그 속성상 다양한 형태와 방식으로 탄력적으로 진행된다. 따라서 조정인이 당사자와 자유롭게 소통하며 때로는 일방 당사자와 회동하여 자신의 의견을 제시하기도 한다. 사법절차나 중재절차에서는 생각할 수 없는 융통성이다. 그렇다면 실제에 있어서는 과연 언제, 어떠한 상황에서 조정인의 행동이 경계선을 넘는 것인지 판단이 쉽지 않을 것이다. 이에 대한 기준을 도입하기 위해 여러 국가의 조정기관(mediation institution)들이 논의를 시작하고 있으나 아직 그 구체적 내용은 명확하지 않다. 앞으로 이 부분을 어떻게 다루고 어떻게 국제적 공감대를 이끌어 내는지 여부가 싱가포르 협약의 성공적 정착을 위한 결정적 관건이라 할 수 있을 것이다. 나아가 이 문제를 어떻게 다룰 것인지는 결국 국제 분쟁 해결 수단으로서 조정의 정착과 성공을 위해서도 앞으로 핵심적인 과제이다.

3. 국가 간 분쟁 해결 절차에의 함의

싱가포르 협약 발효를 매개로 한 조정에 대한 최근 국제사회의 관심은 '국가 대 국가' 간 분쟁해결수단으로서 조정의 기여 가능성 역시 재조명하고 있다. 정치/외교적으로 민감한 분쟁들이 조정에 회부되는 경우가 늘어나고 있다. 통상협정에서도 민감한 쟁점을 다루기 위해 조정을 다양한 방식으로 도입하고 있다. 가장 대표적으로는 한국과 유럽연합(EU) 간 자유무역협정(한-EU FTA) 제13장(무역과 지속가능한 개발)이 규정하고 있는 분쟁 해결 절차를 들 수 있다. 이 절차는 최근 실제 발동되기도 하였다. EU는 한국의 국제노동기구 (International Labour Organization: ILO) 헌장 원칙 위반 및 핵심협약 비준 지연과 관련하여 2019년 7월 이 절차를 개시하였다. 이에 따라 2021년 1월까지 한-EU 간 조정 절차가 진행되었다. 한국과 중국 간 FTA서도 비관세 무역장벽 문제를 다루기 위한 조정 절차를 도입하고 있다. 나아가 현재 국제사회의 첨예한 관심을 끌고 있는 투자자 대 국가 간 분쟁해결절차(ISDS)에서도 조정 절차를 기존의 ISDS 절차의 보완재로 심도 있게 검토하고 있다.[31]

해당 사안에 이해관계를 갖는 제3국이 직접 조정인으로 나서는 경우도 있다. 이러한 맥락에서 미국은 여러 차례 조정인의 역할을 수행해온 바 있다. 러일전쟁을 마무리하기 위해 체결된 포츠머스 강화조약은 당시 미국 시어도어 루스벨트 대통령의 조정으로 진행되었다.[32] 이집트와 이스라엘 간 분쟁을 종식시킨 1979년 캠프 데이비드 협정 역시 미국의 조정의 산물이다.[33] 1995년 보스니아 평화협정 (Dayton Accords)은 당시 미국 클린턴 행정부의 조정으로 합의에 이르렀다.[34] 가장 최근에는 미국이 2020년 이스라엘과 아랍에미리트연합 간 분쟁을 조정해 "아브라함 합의(Abraham Accords)"를 도출한 바 있다.[35] 미국이 당사자인 분쟁으로 조정이

---

31 *See* Harvard Law Review, "Mediation of Investor-State Conflicts", *Harvard Law Review,* Vol. 127, No. 8 (2014), pp. 2552-2553.

32 김대순, 앞의 주 183, 1452-1453면 참조.

33 정인섭, 앞의 주 5, 1048면 참조.

34 김대순, 앞의 주 183, 1453-1454면 참조.

35 *See* Council on Foreign Relations, "What Is U.S. Policy on the Israeli-Palestinian Conflict?", (July 20, 2022), *available at https://www.cfr.org/backgrounder/what-us-policy-israeli-palestinian-conflict.*

진행된 사례로는 테헤란 미국 대사관 인질 사건으로 인하여 촉발된 미국과 이란 간의 분쟁을 들 수 있다. 1981년 알제리가 이 분쟁에 대해 조정을 진행하여 미국 −이란 중재재판소(U.S. −Iran Claims Tribunal)를 출범시켰다.[36]

유사한 맥락에서 소련은 1965년 인도와 파키스탄 간 카슈미르 분쟁을 조정하였다.[37] 1978년 칠레와 아르헨티나 간 비글 수로(Beagle Channel) 분쟁은 교황이 지명한 추기경이 조정에 나섰다.[38] 전자에서는 당시 소련이 해당 역내 영향력이 있었고, 후자에서는 양국 모두 카톨릭 국가로 교황의 영향력이 상당하였기 때문이다.

때로는 **국제기구가 조정에 나서기도 한다.** 1969년 엘살바도르와 온두라스 간 분쟁을 해결하기 위해 미주기구(Organization of American States: OAS)가 조정을 진행하였다. OAS는 2002년 벨리제 사태, 그리고 2009년 온두라스 사태에 대해 각각 분쟁 당사국 간 입장을 반영하여 중간에서 조정을 진행하였다.[39] 아랍에미리트연합, 바레인, 사우디아라비아, 오만, 카타르, 쿠웨이트가 참여하는 걸프협력기구(Gulf Cooperation Council: GCC)는 1981년 출범 이후 당사국 간 분쟁을 조정으로 해결해 오고 있다. GCC 헌장은 조정에 관한 상세한 규정을 두고 있기도 하다. 최근에는 카타르와 사우디아라비아, 오만, 바레인 간 2017년부터 진행되고 있는 분쟁에서 GCC의 위임으로 쿠웨이트가 조정에 나서고 있다.[40] 이 분쟁은 카타르의 친 이란 정책으로부터 발생한 역내 국가들과의 갈등에서 비롯한다. 이들 분쟁은 ICJ, WTO에서 각각 사법절차로 비화되기도 하였다. 구속적 분쟁 해결 절차와 더불어 조정도 진행된 것이다.

1977년 케냐, 우간다, 탄자니아 역시 조정을 통해 구 동아프리카 공동체(East

(최종방문: 2023. 8. 31).

[36] *See ibid*, para. 25 ; 정인섭, 앞의 주 5, 1048면 참조.

[37] 이석용, 앞의 주 196, 298면 참조.

[38] 상게서, 297-298면 참조.

[39] *See* OAS, "OAS Fully Supports Mediation of President Arias in Honduras", (2009), *available at* https://www.oas.org/en/media_center/press_release.asp?sCodigo=E-221/09. (최종방문: 2023. 8. 22); OAS, "Conclusion of Facilitation Process for Belize-Gutemala Territorial Dispute", (2002), *available at* https://www.oas.org/en/media_center/press_release.asp?sCodigo=AVI-013/02. (최종방문: 2023. 8. 31).

[40] *See* Mohammed Nuruzzaman, "Gulf Cooperation Council (GCC), Qatar and Dispute Mediations: A Critical Investigation", *University of California Press*, Vol 8, No. 4(2015), pp. 535-549.

African Community: EAC)의 자산 분배 문제를 해결하였다.[41] 때로는 UN 차원에서 조정 절차가 추진되기도 하였다. 팔레스타인 난민 송환 지원 및 재산 보상책을 강구하기 위해 UN 팔레스타인 조정위원회(UN Conciliation Commission for Palestine)가 1948년 3차 총회 결의 제194호로 설립된 바 있다.[42] 콩고 사태를 해결하기 위한 UN 콩고 조정위원회 (UN Conciliation Commission for the Congo) 역시 1960년 결의 제1474호로 설립되었다.[43] 한편 인도네시아 정부와 수마트라 아세(Aceh) 지역 독립을 추진하던 '자유 아세 운동(Free Aceh Movement)' 간 무력 분쟁도 2005년 전 핀란드 대통령의 조정으로 해결된 바 있다.[44] 1994년 이스라엘과 팔레스타인해방기구(PLO) 간의 분쟁은 노르웨이의 조정으로 종식되었다.[45]

때로는 당사국 간 **영역 관련 분쟁**에 조정이 적용되기도 하였다. 1932년 무력 충돌로 이어진 볼리비아와 파라과이 간 차코 지방 국경분쟁은 조정으로 해결되었다.[46] 1947년 프랑스령 인도차이나와 태국 간 분쟁도 조정으로 다루어졌다.[47] 아이슬란드와 노르웨이는 1980년 Jan Mayen 섬과 아이슬란드 사이의 대륙붕 경계 획정 분쟁을 조정을 통해 해결한 바 있다.[48] 최근에는 호주와 동티모르 간 해양경

---

[41] *See ibid.*, p.555.

[42] *See* Malcolm Shaw, *International Law*, (Cambridge University Press, 9[th]ed, 2021), p.891; 외교부, "2017 UN개황" (2017), 38면. <https://www.mofa.go.kr/www/brd/m_3874/view.do?seq=367421&srchFr=&srchTo=&srchWord=&srchTp=&multi_itm_seq=0&itm_seq_1=0&itm_seq_2=0&company_cd=&company_nm=&page=2> (최종방문: 2023. 8. 31).

[43] *See* Malcolm Shaw, *ibid.*, p.891.

[44] *See* Hanspeter Neuhold, "The Law Of InternationalConflict: Force, Intervention And Peaceful Dispute Settlement", *CollectedCourses of the Xiamen Academy of International Law*, Vol. 5 (2015), p. 184.

[45] 이석용, 앞의 주 196, 297면 참조.

[46] *See* Ellis Robert Maas, "The role of Uruguay in the Mediation of the CHACO WAR", *The University of Nebraska - Lincoln* (1958), *available at* https://www.proquest.com/docview/301948234?parentSessionId=Ti8ZQlVzytyTJxRn4ef82BPK8Z5lcb+fHE3AQk7Yc/A=&parentSessionId=CeulWnD0wpHvnea6A5hTWUl1cHTMAXbWUmatD6fAK98%3D. (최종방문: 2023. 8. 31).

[47] *See* Shane Strate, "The lost territories: Franco-Thai relations after WWII", *available at* http://www.endofempire.asia/0827-the-lost-territories-franco-thai-relations-after-wwii-3/. (최종방문: 2023. 8. 31).

[48] *See* Malcolm Shaw, *supra* note 210; Jan Klabbers, *International Law*, (Cambridge University Press, 3[rd]ed, 2021), p.157; Malcolm D. Evans, *International Law*, (Oxford University Press, 5[th]ed, 2018), p. 555.

계획정 분쟁이 조정을 통해 원만히 해결되었다.[49]

한편 국가 주권이 미치는 새로운 영역이라 할 수 있는 **사이버 공간에서 발생하는 분쟁에 대한 조정**의 역할은 새롭게 주목받고 있기도 하다. 디지털 분야에서 발생하는 다양한 분쟁에 대해서도 조정이 중요한 역할을 할 여지가 있다. 기존의 조약이 명확한 법적 규범을 제시하고 있지 않은 경우도 빈번하고, 기술 발전과 현실 간 괴리도 상당하여 조정을 통해 분쟁을 해결하는 것이 적절한 선택지인 경우가 상대적으로 많을 것이기 때문이다.

통상분쟁 역시 조정 제도를 다양하게 모색하고 있다. 먼저 WTO 협정은 조정 제도를 염두에 두고 있다. 분쟁 해결 절차에 관한 양해(Understanding on the Procedures Governing the Settlement of Disputes: DSU) 제5조는 주선 및 조정 절차(good offices, conciliation or mediation procedures)를 규정하며 분쟁 당사국들이 필요하다면 이들 제도를 이용하여 탄력적으로 분쟁을 해결할 가능성을 열어 두고 있다. 이러한 내용은 대부분의 FTA에서도 동일하게 발견된다. 그러나 WTO 분쟁 해결 절차의 맥락에서 이 제도는 한 번도 사용되지 않았다. 추측컨대 그간에는 WTO 패널 및 항소기구 절차가 활발하게 작동하였기 때문인 것으로 보인다.

하지만 최근에는 **비관세 무역장벽** 문제와 관련하여 조정 제도에 대한 논의가 활발하게 이어져 오고 있다. 비관세 무역장벽 문제는 단순한 교역 쟁점을 넘어 국가 주권의 정당한 운용범위에 대한 국가 간 기본적인 시각 차이에 기초하고 있는 경우가 적지 않다. 이러한 상황에서 분쟁 당사국은 치열하게 자국의 입장을 제기할 수밖에 없으며 설사 분쟁이 WTO 분쟁 해결 절차 또는 국내 행정/사법절차를 통해 해결되더라도 패소국 입장에서 이를 궁극적으로 수용하기 곤란한 상황도 발생하고 있다. 이러한 인식에 기초한 새로운 제도 도입에 대한 논의는 처음 WTO 도하개발 라운드(Doha Development Agenda: DDA)에서 시작되었으나 그 이후 국가 간 FTA 협상에서 일부 성과를 도출하였다. 이에 따라 우리나라도 중국 및 EU와의 FTA에서 비관세 무역장벽 조정제도를 도입하였다. 이들 제도는 조정을 통해

---

49 *See Timor-Leste v. Australia* (Timor Sea Conciliation), PCA, Case No. 2016-10; Yoshifumi Tanaka, *The Peaceful Settlement of International Disputes* (Cambridege University Press, 2018), p.69.

신속히 비관세 무역장벽을 해결하는 것을 목표로 한다.

　조정에 대한 이러한 전향적인 시각은 비단 비관세 무역장벽뿐 아니라 다른 영역으로도 확산되고 있다. 특히 환경, 노동 등 새로운 무역규범이 도입되는 영역에서 조정 제도가 활발하게 채택되고 있다. 조정에 대한 이러한 전향적인 시각의 확산은, 협정 문안 자체가 실험적 성격이 강하고 내용 자체도 다른 조약이나 협정과의 접촉점이 넓어 관련 분쟁을 조정을 통해 해결하는 것이 적절하다는 인식에 기반하고 있다.

4. 최근 국가 간 분쟁 해결에 대한 기여 가능성

　지금 국제사회는 혼돈의 상황으로 접어들었다. 다자주의 체제가 약화되고 자국 우선주의와 민족주의에 기초한 국가 간 경쟁은 더욱 격화하고 있다. 국제사회에서 리더십을 보여야 할 미국과 중국은 신냉전의 대결을 이어가고 있다. 2020년 1월부터 시작된 코로나19 팬데믹은 국제사회의 기본적인 기능을 한동안 마비시켰고 그 여진은 지금도 이어지고 있다. 급기야 2022년 2월 러시아의 우크라이나 침공으로 2차 세계대전 이후 처음으로 유럽 본토에서 국가 간 무력 충돌이 전개되고 있다. 2022년 8월에는 대만 해협에서 미국과 중국의 군사적 긴장이 고조되고 있기도 하다. 그야말로 국제사회는 2차 세계대전 이후 가장 심각한 위기에 봉착하였다.

　그렇다면 작금의 상황에서 전개되는 여러 형태의 국제분쟁의 해결에 조정 제도가 기여할 수 있는 가능성은 어디에서 찾아볼 수 있는가? 최근 국제분쟁들이 내포하는 다음의 특성으로 인해 특히 지금 시점에서 조정이 국가 간 분쟁 해결에 기여할 수 있는 가능성을 점쳐 볼 수 있을 것이다. 이들은 크게 (1) **조약의 해석**, (2) **법적 쟁점의 융합**, (3) **민관협력의 확대**, 그리고 (4) **분쟁 해결 절차의 내재적 한계**와 관련된다. 아래에서 이를 각각 살펴본다.

가. 조약의 해석 문제

　먼저 살펴볼 부분은 조약의 해석 측면이다. 최근 기술 발전과 사회 변화가 급속히 일어남에 따라 **조약 문언과 현실 간의 괴리**는 점점 커지고 있다. 개인정보와 인공지능을 토대로 한 디지털 사회의 도래는 국내외를 막론하고 인간 생활의 양상을 크게 바꾸었고 지금도 계속 바꾸어 나가고 있다. 그럼에도 불구하고 조약은 수십 년 전 상황 그대로 남아 있다. 조약 문언과

◑ 이 제품들은 1980년대 널리 이용되었으나, 현재는 자취를 감추었다. 그만큼 기술의 발전이 급격하게 이루어진다는 것을 보여준다.

실제 상황의 간극이 점점 벌어질 수밖에 없는 구조인 것이다. 또한 **처음에는 문제가 없는 것으로 이해되었던 조약 문언도 시간이 지남에 따라 애매모호**한 상황에 처하게 되는 경우도 있다. 이 역시 국내사회와 국제사회가 급격히 변화함에 따라 발생하는 현상이다.

◎ 조약 문언의 변천: '국가안보(national security)'의 경우

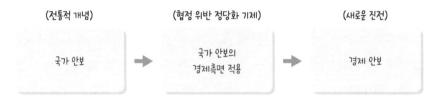

그러나 조약법에 관한 비엔나협약 제31조가 규정하는 **조약의 해석 원칙은 여전히 조약 문언에 큰 비중을 둔 해석을 요구**하고 있다. 현실과 괴리가 커지는 조약 문언임에도 불구하고 일단 그대로 적용될 수밖에 없는 구조이다. 그렇다고 이를 적용하는 국제법원 판사나 중재판정관이 탄력적으로 이러한 문언을 해석할 수 있는 것도 아니다. 이들에게는 제31조의 해석원칙을 엄격히 따를 것이 요구된다. 이러한 문제를 근본적으로 해소할 수 있는 것은 조약의 개정일 것이다. 그러나 **조약의 개정은 쉽지 않고 개정되더라도 상당한 시간이 소요**된다. 대부분의 조약은 일단 체결되면 개정되지 않고 그대로 유지되는 경우가 대다수이다. 이는 정기적으로 개정 절차를 거치는 국내법의 모습과 대비된다.

물론 이러한 괴리와 모호함으로부터 발생하는 문제는 체약 당사국 간 상호 협조 정신과 신뢰가 있을 때에는 원만한 해결이 가능하다. 그러나 서로 첨예한 갈

등의 길로 들어선 오늘날의 국제 환경에서는 이러한 **조약-현실 간의 괴리와 조약 문언의 애매모호함**은 오히려 자기확신과 상대방에 대한 불신을 조장하는 촉매제가 되었다. 작금의 미중 분쟁이 대표적이다. 그렇다면 이러한 분쟁을 해결함에 있어서 때로는 **조약 해석 원칙의 엄정한 틀에만 얽매이지 않는 탄력적인 방식을 모색할 필요도** 있다.[50] 이를 통해 조약 문언과 현실 간의 괴리를 어느 정도 좁힐 수 있는 타협안 도출이 가능할 수도 있을 것이다. 이러한 목표를 달성하는 데에 조정이 기여할 수 있을 것이다.

나. 다양한 법적 쟁점의 융합

한편 이처럼 급격한 변화를 거치고 있는 최근 국제 환경은 여러가지 영역에 걸쳐 접촉점을 가지는 새로운 쟁점들의 등장을 촉진하고 있다. 노동, 인권, 환경, 통상, 투자, 보건, 안보 등의 여러 영역에 걸쳐진 새로운 쟁점들은 대거 등장하고 있으며, 이들은 모두 입체적 검토와 평가를 필요로 한다.[51] 이러한 사안은 각각의 영역에 적용되는 개별 규범의 경계선상에서 또는 이들의 교차점에서 대두하고 있다.[52] 최근 우리 국내적으로 주요 논의의 대상이 된 '경제안보' 문제도 그 중 하나이다. 따라서 이들 이슈를 다루는 분쟁들은 단순히 **하나의 조약이나 협정에 대한 단편적 평가가 아닌 여러 조약과 협정에 대한 종합적, 통섭적 검토를 요구**하고 있다.[53]

그러나 **현재 분쟁 해결 절차들은 때로는 특정 협정에 연동되어 있거나 또는 특정 협정만을 기준으로 당사국 간의 분쟁을 평가하도록 요구**되고 있다. 그렇다면 이러한 접근법으로는 새로운 쟁점들에 대해 의미 있는 결론을 도출하기는 어려울

---

50 당사국들이 '형평의 원칙'에 따라 해당 분쟁을 해결해 줄 것을 요청하는 경우 조정이 유용하다는 평가도 이와 궤를 같이 하는 설명이다. 이석용, 앞의 주 196, 306-307면 참조.

51 남궁준, "자유무역협정 내 노동조항 분석", 『한국노동연구원』, (2019), 3-5면; KITA, "코로나19 이후 통상 축의 이동", 『KITA 통상리포트』, 제16권 (2020), 7-9면, 21면 각각 참조.

52 KITA, 상게서, 7-9면 참조.

53 KITA, 상게서, 20-23면 참조; KIEP, "FTA 신통상규범에 관한 통상법적 쟁점과 경제적영향 – 환경과 노동을 중심으로", 『KIEP』, 연구보고서 20-30, (2020), 123-128면, 159-167면 각각 참조; 이지혜, '선언 아닌 현실 '신통상규범'…노동, 환경 빼고는 무역도 없다', 『한겨레』, 2021. 6. 14., <https://www.hani.co.kr/arti/economy/economy_general/999298.html.> (최종방문: 2023. 8. 31).

것이다. 결국 이러한 쟁점에 대한 검토와 해결을 위해서는 여러 영역을 보다 포괄적이고 입체적으로 검토할 수 있는 분쟁 해결 수단이 필요하다. 양측의 입장에 대한 허심탄회한 논의와 현실친화적 타협안을 목표로 하는 조정은 이에 대한 효과적인 대안 중 하나로 볼 수 있을 것이다.

다. 민관협력의 확대 현상

최근 국제사회에서 목도되는 또 다른 중요한 현상은 **민관협력의 심화**와 확대이다. 특히 국제사회가 혼돈상태에 빠지고 국가적 위기가 증폭됨에 따라 정부 영역과 민간 영역이 협력하여 총력전으로 나서고 있는 상황이 전방위적으로 확산하고 있다. 또한 지구 온난화, 팬데믹 대응, 디지털 사회 구축, 우주개발 등의 새로운 현안에 대응하기 위한 민관협력은 더욱 심화되고, 때로는 새롭게 요구되고 있다. 이러한 민관협력은 물론 정도의 차이는 있으나 오늘날 대부분의 국가에서 최근 공통적으로 발현되는 현상이다. 이때 **어디까지 정부의 행위로 국가에 귀속**(attribution)**되어 조약의 적용 대상이 되며, 또한 어디서부터가 그 영역 이원에 위치하여 조약 적용 바깥에 위치하는지 때로는 불명확**하다.

무엇보다 이러한 상황은 **국제 분쟁의 해결**에 장애물로 등장하고 있다. **조약의 적용 범위와 적용 대상이 가변적이고 유동적인 상황**에서는 어떤 사안에 대해서도 당사국 간 갈등이 커질 수밖에 없기 때문이다. 설사 조약을 통해 어떠한 사항에 대해 서로 합의하더라도 그러한 합의의 적용 대상이 가변적이거나 모호하다면 협정 합치와 협정 위반 주장이 맞설 수밖에 없다.

그렇다면 **문제가 된 상황이 초래된 여러 사실관계와 배경 —정부 영역 및 민간 영역을 포괄하는— 을 종합적으로 검토하고 정부 영역과 민간 영역의 이해관계자들을 일정한 방향으로 이끌어 갈 수 있는 타협안의 도출이 필요**하다. 이러한 작업은 정부기관에 대한 통제, 민간기관에 대한 통제, 민간기관의 자발적 참여, 그리고 다양한 인센티브의 제공 등을 망라해야 할 것이다. 나아가 이러한 해결 방안을 모색하기 위해서는 관련국 정부의 협조와 협력도 필요하다. 결국 이러한 부분 역시 조정을 통한 타협안 도출에서 그 대안을 찾을 수 있을 것이다.

라. 분쟁 해결 절차의 내재적 한계

나아가 분쟁 해결 절차의 내재적 한계 역시 무시할 수 없다. **현실과 유리된 규범과 애매한 문언**, 그리고 **상충하는 다양한 국제규범의 존재**는 분쟁 당사국의 분쟁이 기존의 분쟁 해결 절차를 통해 해결되더라도 지속적인 불만을 초래할 가능성을 제기한다. 특히 **패소국 입장에서는 그 결과를 궁극적으로 수용하기 어려울 것**이다. 조약 조항에 대한 형식적 위반이 있더라도 최종적인 위반 결정이 자국의 정당한 주권을 침해하며 궁극적인 정당성이 결여된 것으로 간주될 가능성이 높은 까닭이다. 그렇다면 패소국의 신속하고 충실한 이행을 기대하기는 점차 어려워질 것이다.

또한 **패소국 정부는 자신의 핵심적인 정책의 국제적 위법성을 인정함에 따라 대내외적인 위상 추락**에 직면하게 되고, 또한 관련 정책의 폐기/변경으로 인하여 피해를 입는 국내 이해 당사자들의 반발에도 노출되어 문제의 조치를 개선하고 싶어도 개선하기 힘든 상황에 직면하게 된다. 이러한 상황에서는 패소하는 경우에도 일단 형식적인 이행조치만 취할 가능성이 크고 문제가 된 조치는 명목만 바꾼 채 다른 새로운 조치로 존속하거나 또는 위장된 형태로 재현될 가능성이 농후하다.

이처럼 서로 상대방의 조치를 분쟁 해결 절차에 회부하였으나 그 종결에 시간이 오래 걸릴 뿐만 아니라 실제 **분쟁이 '공식적'으로는 해결되어도 근본적인 문제는 해결되지 않는 상황**이 지속된다. 관련 당사국의 실망과 갈등은 깊어질 수밖에 없다. 이에, 문제의 본질을 다루고 그 해결을 위한 **실질적인 방안을 당사국 간 협의로 도출한다는 측면에서 조정 제도는 문제에 대한 의미 있는 대안**을 제시할 수 있을 것이다.

이처럼 최근 국제 사회의 새로운 현상은 조정 절차의 유용성을 새삼 부각하고 있다. 현실과 규범간의 간극, 조약의 기계적 해석, 특정 영역에 국한된 국제기구의 권한, 판결/판정에 대한 효과적 집행 수단의 미흡 등 국제규범 체제에 존재하는 구조적인 문제들은 다자주의 체제의 약화와 자국 우선주의 강화의 흐름 속에서 그 한계를 더욱 노정하고 있다. 이러한 상황에서는 기존의 구속적 분쟁 해결 절차를 거쳐 결과가 도출되더라도 국가 간 분쟁이 원만한 수준으로 해결되는 것이 때로는 어려워진다.

그렇다면 기존의 분쟁 해결 절차에 대한 대안으로, 또는 이와 더불어 병렬적인 차원에서 조정을 적극 모색해 볼 수 있을 것이다. 기존 분쟁 해결 절차를 변경하거나 약화시키는 것이 아니라 당사국들에게 새로운 선택지를 하나 더 제시하자는 것이다. 국가들은 조정의 장단점과 구속적 분쟁 해결 절차의 장단점을 따져본 후 하나를 선택할 것이다. 때로는 두 절차를 순차적으로 거치는 방식을 택할 수도 있다.

다만 이러한 국가 간 조정의 활성화를 위해서는 몇 가지 법적 쟁점에 대한 검토와 준비작업이 선행되어야 한다. 먼저 **기존의 분쟁 해결 절차와 관계 설정을** 어떻게 할 것인지의 문제가 대두된다. 서로 유기적 관계를 유지하며 절차적 정합성을 확보해야 조정이 원활하게 진행될 수 있다. 조정의 추가로 인해 발생할 수 있는 **시간과 비용 증가** 문제를 어떻게 다룰 것인지도 중요한 쟁점이다. 조약 내 사무국을 설치하거나 공동위원회를 확대하는 등 인적/물적 시설의 구비가 전제되어야 시간과 비용 증가를 제어할 수 있을 것이다. 또한 조정 제도의 특성인 탄력성과 융통성을 살리며 동시에 **절차적 정당성**을 어떻게 보장할 것인지도 심층적인 논의가 필요한 핵심 과제이다. 조정 절차와 조정인에 적용되는 규칙을 수립하여 관련 조약이나 협정에 포함시켜야 한다. 가장 중요한 부분은 싱가포르 협약과 같은 **집행 기제**를 국가 간 분쟁에도 도입하는 문제이다. 여기에는 별도의 조약 체결이 필요하다.

국가 간 분쟁 해결 수단으로서 조정을 활성화하기 위한 국제사회의 제도적 논의가 빠른 시일내 개시될 것을 기대해 본다. 이를 통해 낮은 단계의, 그러나 객관성을 담보한 분쟁 해결 제도가 국가 간 분쟁에도 적용되어 장기적인 우호관계 형성 및 유지에 도움을 줄 수 있다면 작금의 국제사회의 급격한 변화와 혼란을 극복하는 데에 의미 있는 기여를 할 수 있을 것이다.

5. 분쟁해결절차에 관한 새로운 쟁점

현재 국제사회에는 상사중재, 투자중재, FTA 분쟁해결절차, WTO 분쟁해결절차가 국제경제 분야에서 다양하게 적용되는 상황이다. 이와 같은 상황은 국제경제체제에 참여하는 여러 정부와 기업에 새로운 기회와 함께 복잡한 쟁점을 아울러 제시하고 있다.

그간 이 분야에 대한 논의는 각각의 이슈와 쟁점에 대하여 파편화된 방식으로 진행되어 왔다. 그러나 실제 분쟁 발생 시 정부와 기업들은 다양한 분쟁해결절차를 두고 그 장단점과 특징을 검토하여 하나를 선택하거나, 순차적으로 다양한 분쟁해결절차로 진행한다. 따라서 분쟁해결절차를 입체적으로 큰 틀에서 조망할 필요성이 크다.

아래에 분쟁해결절차에 관하여 새롭게 떠오르는 쟁점들을 제시하였으니 함께 고민해 보도록 하자.

- 다양한 분쟁해결절차의 도입은 어떤 효과를 야기하는가? 재정적 능력 및 전문가 풀을 가진 선진국과 다국적기업이 개발도상국이나 중소기업에 비해 유리해지지는 않는가? 국가 간 또는 기업 간 격차를 벌리는 효과가 있다면, 이를 극복하거나 완화하기 위한 방안으로는 무엇이 있는가?
- 조정을 비롯해 최근 새롭게 주목받고 있는 비구속적 분쟁해결절차의 기여와 한계를 어떻게 평가할 수 있는가?
- 국제사회에서 적용되는 국가 간 분쟁해결절차와 기업 간 분쟁해결절차는 서로 성격을 달리하는 분쟁해결절차로 파악해야 할 것인가? 아니면 법치주의를 확립한다는 차원에서 동일하게 보고, 서로 같은 종류로 취급할 수 있을 것인가?
- 성공적인 국제분쟁해결절차를 도입하고 운용하기 위해서 가장 중요한 요소는 무엇인가?
- 최근 국제사회에서는 WTO 개혁 논의에서 보듯이 지나친 사법화(judicialization)에 대한 '우려'가 제기되는 동시에, 투자법원 설립 논의에서 보듯이 사법화 강화(further judicialization)의 움직임도 아울러 목도되고 있다. 이러한 상반된 움직임이 국제경제 분야에서 동시에 발생하고 있는 상황을 어떻게 이해하면 좋을지, 이러한 상황이 앞으로 분쟁해결절차의 발전 또는 퇴행에 어떠한 함의가 있을지에 대해 다양하게 검토할 필요가 있다.

   2018년, 미국은 세 번에 걸쳐 총 2,390억 달러에 이르는 중국 수입물품에 10~25%의 추가관세를 부과했다. 이는 2017년 중국의 대미 수출총액의 절반가량이다. 중국 역시 미국에 맞서 동일한 수준의 관세를 부과했다. 이는 전례 없는 관세 부과 조치이며 WTO 협정에 대한 위반소지가 상당히 높다. 양국의 사활을 건 분쟁 양상은 2023년 11월 현재에도 이어지고 있다. 앞으로도 크게 달라지지 않을 것이라고 평가된다.

   미중 무역 분쟁은 (1) 조약의 해석 문제, (2) 정부기관 행위로의 귀속 문제, 그리고 (3) 분쟁해결절차의 운용 문제가 종합적으로 연관되는 사안이다. 우리가 배운 국제법의 주요 쟁점이 실제 사례에서 어떻게 나타나는지 이 글을 통해 확인해 보자.

   I. 급격한 기술발전과 시대의 변화

   먼저 조약 해석의 측면에서 이 문제를 살펴보자. 미중 무역 분쟁이 대두된 이면에는 **WTO 협정문의 애매모호함**이 자리하고 있다. WTO 협정을 출범시킨 우루과이 라운드는 무려 8년간 진행되었으나, 모든 이슈를 완벽하게 합의하는 데에는 물리적인 한계가 있었다. 당시 합의되지 못한 부분은 의도적이든 아니든 '공백'으로 남겨졌다. 예컨대 GATT 제21조는 '국가안보 예외' 조항으로 '국가들이 필수적인 안보이익의 보호를 위해 예외적으로 수입 제한 조치를 취할 수 있다'는 취지를 담고 있는데, '필수적인 안보이익'의 의미와 범위가 불명확하다.

   ∞ **조약규범의 진화(evolution)와 국제분쟁: 국가안보의 경우**

   또, 80년대 후반의 상황을 반영한 현재의 WTO 협정문은 급격한 기술과 시장의 변화 쫓아가지 못하고 있다. 예컨대 WTO 협정 전체에 산재해 있는 소위 '시장연동' 조항은 해당 조항의 위반 여부를 실제 시장에서의 파급효과와 연계하고 있다. 문제는 '시장(market)' 자체가 이제는 복잡하고 다층적이라는 점이다. 디지털 경제와 4차 산업혁명은 우루과이 라운드 당시 생각도 못해본 시장 환경이다. 새로운 상품·서비스가 등장하고, 처음 보는 거래방식이 나타나며, 이들은 나날이 변화하고 있다. 새로운 '시장'에 대한 정확한 평가는 그만큼 어렵게 되었다. 30년 전의 시장을 염두에 두고 도입된 현재의 조항들은 이제 여러 영역에서 현실과 괴리를 보인다.

II. 협정상 의무의 우회

미중 갈등을 촉발한 두 번째 이슈는 바로 **비정부기관의 행위를 어디까지 정부의 행위로 '귀속 (attribution)'시킬 수 있는지**의 문제이다. 민간기업이 자국 정부와의 협력 하에 국제교역에 나서는 경우는 심심찮게 확인되는데, 이러한 행위 중 어디까지를 정부의 행위로 볼 것인지에 따라 통상협정의 적용범위가 크게 달라진다. 예컨대 우리나라와 관련해서도 우리 공기업, 국책연구기관, 국립대학 등이 통상협정의 적용 대상 여부인지에 대하여 교역상대국으로부터 지속적으로 문제가 제기되어 왔다.

귀속 문제가 가장 극명하게 나타나는 국가는 바로 중국이다. 미국의 시각에서 볼 때, 중국은 정부와 민간기업, 정부와 국영기업, 국영기업과 민간기업이 협업체제로 움직이는 국가이다. 특히 중국 GDP의 절반 이상을 차지하는 국영기업(State-Owned Enterprise)의 성격에 대한 미국의 불만이 두드러진다. 미국은 국영기업을 중국 정부의 일부로 보지만, 중국은 국영기업이 민간기업에 가깝다는 입장이다. 자연히 양국이 생각하는 통상협정의 적용 범위에도 차이가 있을 수밖에 없다. 미국은 중국 정부가 기업을 통해 행동함으로써 WTO 협정을 회피하고 있다고 주장한다. 반면, 중국은 기업의 행위에 대해 국가책임을 지우려 하는 미국의 태도에 불만을 표하고 있다. 이 문제가 해결되지 않는 한 미중 무역 분쟁의 해결은 요원하다.

이제 미국에게 국영기업 문제는 새로운 통상질서를 도입하는 데 있어 가장 중요한 현안이 되었다. 미국은 중국을 겨냥하여 국영기업 문제만을 다루는 별도의 국제규범을 도입하려고 한다. 정부와 국영기업, 그리고 국영기업과 민간기업 사이 칸막이를 세워 상호 지원과 협업을 막는 것이 새로운 규범의 골자이다. 앞으로 미국은 자신이 주도하는 여러 통상협정의 주요 항목으로 국영기업 챕터를 도입할 예정임을 거듭 확인하고 있다. 그러나 아마 자신의 경제운용체제의 핵심을 흔드는 규범을 중국이 수용하기는 어려울 것이다.

III. 분쟁 해결과 미해결의 차이

미중 무역 분쟁이 격화된 세 번째 이유는 **WTO 분쟁해결절차**에서 찾을 수 있다. 분쟁해결절차에 대한 여러 비판이 존재함에도 불구하고 분쟁해결절차는 현 WTO 체제의 가장 중요한 성과 중하나이다. 1995년 1월 WTO 출범 이후 2018년 11월 20일 현재 모두 571건의 분쟁이 WTO 분쟁해결절차에 회부되었다.

그러나 한편으로 그 '외형적' 성공의 이면에는 여러 문제가 내재하고 있다. 분쟁이 늘어남에도 신속한 판정과 효과적인 구제수단을 제공하지 못하고 있다는 평가가 대표적이다. 동일한 협정문이지만, 결국 선진국과 광대한 국내시장을 가진 국가들에게 유리하게 작동될 수밖에 없는 현실에 대한 개도국들의 불만도 날로 커지고 있다. 지금 미국이 언급하는 WTO 분쟁해결절차 '무용론'에 동의하는 국가는 거의 없을 테지만, 대폭적인 개선이 필요하다는 데에는 대부분의 국가가 공감하고 있다.

분쟁해결절차와 관련한 이러한 상황은 최근 미중 갈등을 부추기는 데 적지 않은 기여를 하였다. 양국은 1) 상대방이 도입한 '문제의 조치'를 분쟁해결절차에 회부해도 그 종결에 시간이 오래 걸리는 상황, 2) 실제 분쟁이 '공식적'으로 해결되었다고는 해도 정작 근본적인 문제가 해결되지 않는 상황에 실망하고 있다. 이제 미국과 중국은 서로 간의 문제가 분쟁해결절차에 회부되는 것을 크게 두려워하지 않을 뿐 아니라, 그 결과에 대해서도 과거와 같은 신뢰를 보여주지 않고 있다. 이러한 미중 갈등은 분쟁해결절차 판정관 선임과 제도의 운용에도 중대한 영향을 끼쳤다.

미중 갈등을 전후한 WTO 분쟁해결절차 운용의 경험은 앞으로 여타 국제제제에서 분쟁해결절차를 도입, 운용, 개선하는 데에도 중요한 시사점을 제시한다. 가령 최근 투자분쟁해결절차 개선 논의에서 WTO 분쟁해결절차를 차용한 제도를 도입하는 방안이 심도 있게 논의되고 있는데, 그 외형적 성과에만 매몰되지 않고 WTO 분쟁해결절차의 공과(功過)와 장단점이 함께 고려되어야 할 것이다.

국제법의 새로운 도전

디지털 시대의 급격한 도래로 기존 규범이 크게 흔들림과 동시에 새로운 규범의 도입이 적극 논의되고 있다. 최근 가장 활발하게 논의되는 국제규범 분야를 꼽자면 다음과 같다.

- 디지털 경제(전자 상거래 등)
- 개인정보와 프라이버시
- 국내법의 역외적용
- 디지털세 부과
- 새로운 형태의 경제활동과 이에 따른 분쟁
- 디지털과 관련된 하드웨어·소프트웨어 경쟁
- 미중 분쟁의 핵심(반도체, 배터리, 희토류)

⋔ 어둠, 즉 규범의 공백으로 인한 혼돈을 이겨내기 위해 '새로운 규범'이라는 등대가 필요한 시점이다.
(출처: 필자 소장)

제10장에서는 위 분야들과 관련하여 가장 대표적인 쟁점들을 예시하였다. 그간 배운 이론들을 상기해 보고, 변화하는 시대에 발맞추어 국제법 법리를 재정비하고 발전시킬 방안을 고민해 보자.

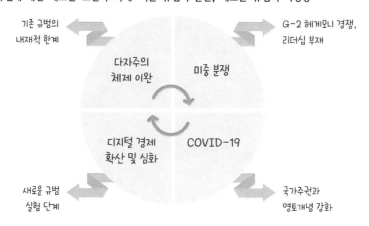

◎ 국제규범에 대한 새로운 도전과 과제: 기존 규범의 혼돈, 새로운 규범의 미형성

기존 규범의
내재적 한계

G-2 헤게모니 경쟁,
리더십 부재

다자주의
체제 이완

미중 분쟁

디지털 경제
확산 및 심화

COVID-19

새로운 규범
실험 단계

국가주권과
영토개념 강화

I 비인간주체(AI)의 등장

바야흐로 AI(Artificial Intelligence)가 우리 사회 곳곳에서 그 모습을 나타내고 있다. 단순히 인간의 생활을 도와주고 판단을 지원하는 조력자의 역할을 넘어, 스스로 판단하고 결정하는 AI(강인공지능)가 급속도로 사회 전 영역으로 확산되고 있다. 현재의 추세라면 머지않아 고차원적인 AI가 우리 생활의 상당 부분을 담당하게 될 것으로 보인다.

AI의 등장은 법적인 측면에서도 중요한 함의를 담고 있다. **의사결정의 전부 또는 일부를 인간이 아닌 다른 주체에게 위임 또는 허락함에 따라, 그로부터 발생하는 결과에 대하여 과연 누가 그리고 어느 정도까지 법적 책임을 부담하게 되는지**에 대한 의문을 제기하기 때문이다.

1. 철학적 쟁점

현재의 규범은 자유의사를 지닌 '인간'의 행위에 대해서만 법적 책임을 지울 수 있음을 전제로 한다(국가의 행위에도 결국 배후에는 사람이 있다). 따라서 AI의 등장은 과연 **의사결정 주체로서의 '인간'을 어떻게 정의할 것인지**에 대한 철학적 문제를 제기한다. 인간이 특별하게 대접받는 것은 다른 동물 및 사물과는 달리 스스로 사고하는 능력이 있고 그러한 사고를 통해 합리성을 추구할 수 있기 때문이다. 그런데 이제 **인간 이외에 스스로 생각하는 새로운 개체가 등장하게 된다면, 이들에게도 인간에 준하는 특별한 지위를 부여하여야 하는가?** 결국 인간이란 무엇이며, 인간을 특별하게 대우하는 근본 이유가 무엇인지에 대해 새로운 문제가 제기된다. 이러한 본질적인 문제가 지금 철학의 영역에서 심도 있게 다루어지고 있다.

그 연장선상에서 제기되는 법철학적 문제는, 그렇다면 '**법적 책임**'의 본질은 **무엇인가** 하는 점이다. 법적 책임은 오로지 인간만이 부담하는 것인가, 아니면 인간과 유사하게 생각하고 행동하는 개체가 있다면 그러한 존재 또한 부담할 수 있는 것인가? 인간과 유사하게 생각하고 행동하는 개체에 대해 법적 책임을 인정한다면 결국 침팬지와 오랑우탄에 대하여도 제한적이나마 그 능력에 비례하여 법적 책임을 인정할 수 있을 것인가? 이 문제 역시 앞으로 AI의 활용 및 확산과 관련하여 직접적으로 대두되는 질문이다. 이 문제에 답하기 위한 연구가 최근 여러 영역에서 활발하게 진행되고 있다. 특히 이 문제는 '개인'의 형사책임과 관련하여 집중적인 조명을 받고 있다.

가령 현재 논의되고 있는 부분은 **AI가 탑재된 기기**(로봇)**가 사고를 초래하면 제조업자, 사용자 그리고 해당 AI 기기 중 누가 책임을 지는가** 하는 문제이다. '의료현장이나 산업시설에서 인간을 보조하는 수준을 넘어 독자적인 판단과 결정을 행하는 고차원적인 AI가 등장할 경우, 제조업자나 사용자가 아닌 해당 AI 자체에 대하여도 형사책임을 물어야 하지 않겠는가' 하는 물음이 끊임없이 제기되고 있다.[1]

최근 언론을 통하여 보도되고 있는 **AI의 창작활동**에 대해서도 유사한 문제가 제기된다. 창작활동 과정에서 AI는 자신에게 제공된 여러 정보와 자료를 활용하게 되며, 그 과정에서 타인의 저작물이나 자료를 활용할 수도 있다. 반대로 AI의 창작물을 다른 사람이나 다른 AI가 활용하여 새로운 창작활동을 하게 되는 경우도 있을 수 있다. 이러한 각각의 경우에 지식재산권 침해 문제가 발생하는지, 발생한다면 그 법적 책임은 누구에게로 귀속되는지는 현재 불투명하다.[2] 위와 같

---

1 안성조, "AI 로봇의 형사책임 - 논의방향의 설정에 관한 몇가지 발전적 제언", 『법철학연구』 제20권 제2호 (2017), 77-78면 참조.
2 차상육, "인공지능(AI)과 지적재산권의 새로운 쟁점 - 저작권법을 중심으로", 『법조협회』 제66권 제3호

은 문제는 AI를 활용하는 모든 활동 영역에서 대두될 것이다. 국가기관이나 정부기관이 스스로의 필요와 목적으로 AI를 활용하게 되는 경우에도 마찬가지다.

2. 공공분야에서의 AI 사용

최근 공공분야에서 AI의 사용이 지속적으로 증가하고 있다. 몇 가지 사례를 살펴보자. 우리 행정안전부는 2019년까지 AI 행정비서와 같이 AI기술을 전자정부 시스템에 전면 적용할 계획을 밝혔다.[3] 2017년 말 금융위원회는 가상통화를 이용한 범죄, 핀테크를 이용한 자금 세탁 등을 방지하기 위해 AI 및 빅데이터 분석기술을 활용한 심사분석시스템을 구축할 계획을 제시하였다.[4]

이러한 추세는 해외에서도 마찬가지로 확인된다. 미 국토안보부의 이민국 (Department of Homeland Security's Citizenship and Immigration and Services)은 사람과 소통할 수 있는 AI(EMMA)를 도입하였다. 미 국토안보부는 비자 발급 및 공항 보안을 위해 얼굴 인식 프로그램을 사용하고 있기도 하다.[5] 미국에서는 치안 유지 활동에도 상당 부분 AI가 이미 활용되고 있다. 중국이 행정 및 치안 부분에서 AI 기반의 얼굴 인식 기술을 은행 신분 확인, 교통법 준수 감시 등에서 널리 적용하고 있다는 점은 잘 알려져 있다. 호주 정부는 이미 일부 공공분야에서의 의사결정을 컴퓨터 프로그램에 위임하고 있다.[6] 예를 들어 AI 기반의 입국 비자 심사가 바로 그것이다. 입국 비자 심사는 개인의 삶에 중대한 영향을 미치는 결정인데, 이

(2017), 211면; 류지웅, "인공지능(AI)로봇의 법적 문제에 관한 연구 – EU의 RoboLaw의 입법동향을 중심으로", 「토지공법연구」 제78권 (2017), 314면 참조.

3 김동현, "쓸까 말까 A.I. 카드", 「전자신문」, 2018. 9. 28., <http://naver.me/xmkqboLS> (최종방문: 2023. 8. 31).

4 연합뉴스, "AI으로 자금세탁 잡는다… 내년 시스템 구축", 2017. 12. 5., <http://www.yonhapnews. co.kr/bulletin/2017/12/05/0200000000AKR20171205042900002.HTML?input=1195m> (최종방문: 2023. 8. 31).

5 김경애, "얼굴인식 기술, 활용 확대 추세... 개인정보보호는?", 「보안뉴스」, 2018. 9. 18., <https://www. boannews.com/media/view.asp?idx=73085&kind> (최종방문: 2023. 8. 31).

6 *See* Eyal Benvenisti, "Upholding Democracy Amid the Challenges of New Technology: What Role for the Law of Global Governance?", *European Journal of International Law* Vol. 29, No. 1 (2018), pp.50-51.

를 AI에 위임한다는 것에 대한 거부감으로 인해 논란이 확산되고 있기도 하다.[7] 유사한 논란은 캐나다에서도 찾아볼 수 있다.

나아가 앞으로는 사법기관의 조사과정에서 심문, 거짓말 탐지, 설득 등의 역할을 AI가 진행할 것이라는 예측도 나오고 있다.[8] 지방정부에서도 이러한 현상이 확인된다. 미국의 일부 주에서는 고속도로 안전 관리에 빅데이터를 도입하였고,[9] 우리나라에서도 서울시, 부천시, 파주시 등에서 상하수도·지하철 등 인프라 관리 및 소방안전체제 운용을 비롯한 다양한 목적으로 AI와 빅데이터를 활용하고 있다.[10]

AI의 활용은 AI가 전반적으로 행정업무의 속도 향상, 비용 절감, 효율성 확대 등에 기여할 것이라는 판단에 기초하고 있다. 기술의 발전과 자동화의 향상에 비추어 볼 때 위와 같은 판단은 틀리지 않은 것으로 보인다. 그러니 AI를 활용하는 추세는 앞으로 다양한 국가와 다양한 영역에서 더욱 적극적으로 발현될 것이다. 이처럼 공공영역에서의 AI 활용이 증가할수록 국제법적으로도 여러 문제가 제기되고 있는데, 그 중요성에 비해서 아직은 해당 분야에 대한 검토가 미흡한 실정이다.

3. 국제법적 쟁점

먼저, AI라는 새로운 기술이자 판단 주체가 등장함에 따라 **새로운 규범의 도입과 기존 규범과의 충돌**이 문제로 대두된다. 무인 무기 체제의 등장에 발맞추어 전쟁법과 국제인도법이 어떻게 변화하여야 할지, 자율주행자동차의 기술적 표준

---

[7] *See* Justin Hendry, "Australia's new visa system could use AI to spot dubious applicants", itNews (Oct. 5th, 2018), *available at* https://www.itnews.com.au/news/australias-new-visa-system-could-use-ai-to-spot-dubious-applicants-481148. (최종방문: 2023. 8. 31); Teresa Wright, "Federal use of A.I. in visa applications could breach human rights, report says", The Canadian Press, (Sep. 26, 2018), *available at* https://www.cbc.ca/news/politics/human-rights-ai-visa-1.4838778. (최종방문: 2023. 8. 31).

[8] *See* Amanda McAllister, "Stranger than Science Fiction: The Rise of A.I. Interrogation in the Dawn of Autonomous Robots and the Need for an Additional Protocol to the U.N. Convention Against Torture", *Minnesota Law Review*, Vol. 101 (2017), pp. 2540-2544.

[9] 소윤서, "교통사고 예방 및 도로 안전 위해 빅데이터 도입한다", 『AI Times』, 2018. 8. 7., <http://aitimes.co.kr/news/view/47526> (최종방문: 2023. 8. 31).

[10] 이한재, "시민의 생활 속 불편과 위험 '빅데이터'가 해결한다", 『AI Times』, 2018. 8. 22., <http://aitimes.co.kr/news/view/47534> (최종방문: 2023. 8. 31).

을 어떻게 설정할지가 대표적인 문제이다. 사이버 공간의 법적 성격 및 관할권 행사와 관련하여 국가 간 입장 차이를 어떻게 정리할지도 또 다른 쟁점이다.

현재 제기되는 쟁점은 단지 기존의 규범을 AI 시대와 디지털 환경에 맞추어 업데이트하거나 새로운 규범을 도입하는 것에 국한되지 않는다. 국가들은 보다 본질적인 질문을 마주하고 있다. 바로 **AI의 판단과 행위가 언제 어떻게 국가로 귀속되는지**의 문제이다. 이러한 문제는 AI의 본질을 어떻게 파악할 것인지에 대한 철학적·법철학적 문제와도 밀접하게 관련된다. 현재의 국가책임법 하에서 국가로 귀속되는 행위를 하는 주체는 기본적으로 자연인 또는 법인으로 전제되어 있다. 여기에 해당하지 않는 새로운 주체가 등장한다면 그 성격을 어떻게 규정할지 검토할 필요성이 크다. 이와 같은 국가책임 문제는 제8장에서 살핀 바 있다.

앞으로 AI가 국제사회의 여러 영역에서, 특히 국가 내지 정부기관에 의해 다양하게 활용됨에 따라 과거에는 경험하지 못하였던 법적 쟁점들이 새롭게 대두할 것이다. 우리나라는 AI와 사물인터넷(Internet of Things: IoT)으로 대표되는 디지털 사회에 본격적으로 참여하기 위하여 새로운 법적 기제와 제도를 적극 모색하고 있다. 이러한 과정에서 국내법과 함께 국제법에서의 주요 쟁점, 특히 국가책임법에 대한 검토가 이루어져야 한다.

Ⅱ 국가안보의 중요성 대두

디지털 사회의 도래로 국제사회는 하나로 통합되어 간다. 이에 대한 긍정적인 반응도 있는 한편, 글로벌화에 대한 반발로 민족주의적 흐름도 나타나고 있다. 자국 이익을 우선시하는 민족주의가 확산됨에 따라 일부 조약에 포함된 국가안보 예외 조항은 국가들의 새로운 관심사가 되었다. '국가안보'라는 애매모호한 개념을 통해 복잡한 법적 의무로부터 일탈할 수 있다는 측면이 조약 규정으로부터 벗어나고자 하는 국가에게 때로는 매력적이기 때문이다. 이러한 흐름 속에서 국가안보 예외 조항에 대한 법리 발전이 최근 조금씩 감지되고 있다. 이와 관련하여 국제법이 직면한 과제를 아래에서 살펴보도록 하자.

1. 국가안보 예외 조항의 부상

가. 국가안보 예외의 원용 사례

최근 국가안보 예외(security exceptions) 조항이 새로운 조명을 받고 있다. 통상협정과 투자협정에 포함된 이 조항들이 적극 원용되고 있기 때문이다. 그 시작은 **미국의 수입규제 조치**이다. 미국 정부는 2018년 6월 외국산 철강제품에 대한 수입 규제 조치를 발동하며 그 근거를 1994년 관세 및 무역에 관한 일반협정(General Agreement on Tariffs and Trade: GATT) 제21조[11]의 국가안보 예외에서 찾았다. 미국의 이러한 이례적인 조치는 곧바로 WTO 분쟁으로 이어졌다. 연이어 미국 정부는 수입 자동차에 대하여도 유사한 수입규제 조치를 검토하고 있다.

2019년 7월 시작된 **일본의 수출제한 조치에 따른 한일 간 분쟁**도 GATT 제21조의 안보상 예외를 배경으로 한다. 일본은 자국의 수출제한 조치를 국가안보 우려에 기초한 정당한 수출통제 조치로 설명하며 GATT 제21조에 따라 정당화된다는 논리를 펴고 있다. 이 조치에 대하여 2019년 9월 우리나라가 일본을 WTO에 제소하여 양국 간 몇 차례의 양자협의를 가졌다.[12] 그러나 2023년 3월 일본과의 정상회담을 가진 결과 대한민국은 WTO 제소를 취소하기로 결정했다. 이에 일본 역시 수출규제 조치를 해제하겠다고 밝혔다.

---

11 GATT 제21조 **안보상의 예외**
이 협정의 어떠한 규정도 다음으로 해석되지 아니한다.
(a) 공개시 자신의 필수적인 안보이익에 반한다고 체약당사자가 간주하는 정보를 제공하도록 체약당사자에게 요구하는 것 또는
(b) 자신의 필수적인 안보이익의 보호를 위하여 필요하다고 체약당사자가 간주하는 다음의 조치를 체약당사자가 취하는 것을 방해하는 것
　　(i) 핵분열성 물질 또는 그 원료가 되는 물질에 관련된 조치
　　(ii) 무기, 탄약 및 전쟁도구의 거래에 관한 조치와 군사시설에 공급하기 위하여 직접적 또는 간접적으로 행하여지는 그밖의 재화 및 물질의 거래에 관련된 조치
　　(iii) 전시 또는 국제관계에 있어서의 그밖의 비상시에 취하는 조치
(c) 국제 평화 및 안보의 유지를 위하여 국제연합헌장하의 자신의 의무에 따라 체약당사자가 조치를 취하는 것을 방해하는 것
12 *See Japan-Measures Related to the Exportation of Products and Technology to Korea*, Request for consultations by the Republic of Korea (G/L/1325; G/TFA/D3/1; G/TRIMS/D/45; IP/D/42. (Sept. 16, 2019).

국가안보 예외 조항에 대한 점증하는 관심은 다른 조약에서도 마찬가지로 발견되고 있다. 동부 우크라이나 지역에서 러시아의 친러시아 민병대에 대한 군사지원을 둘러싸고 전개되는 우크라이나－러시아 간 분쟁은 2017년 1월 시작되어 현재 ICJ에 계류 중이다. 이 분쟁에서도 러시아는 국가안보를 언급하고 있다. 2018년 5월 미국이 이란과의 핵개발 동결 합의를 파기한 이후 촉발된 양국 간 2건의 분쟁 역시 현재 ICJ에 계류 중이다.13 양국의 영사우호조약에서 규정하는 국가안보 예외 조항이 해당 분쟁에서도 주요 쟁점이다.14 또한 중동지역 헤게모니 다툼에 따른 외교적 갈등 고조로 촉발된 타방 국민에 대한 상호 추방과 입국 거부를 이유로 진행 중인 카타르와 UAE, 그리고 사우디아라비아·바레인·이집트와 카타르 간 ICJ 분쟁 역시 관련 조약의 국가안보 문제를 주요 쟁점으로 한다.

∞ 국가안보 개념의 확대와 국제법에의 영향

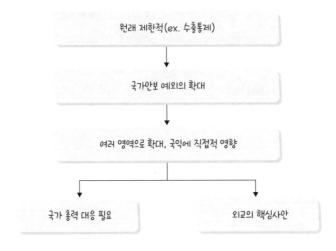

13　*See Certain Iranian Assets (Islamic Republic of Iran v. United States of America)*, Application instituting Proceedings (Jun. 14, 2016); *Alleged Violations of the 1955 Treaty of Amity, Economic Relations, and Consular Rights* (Islamic Republic of Iran v. United States of America), Application instituting Proceedings (Jul. 16, 2018).

14　*See ibid; Preliminary Objections, Judgment, I.C.J. Reports 2019*, Judgment of 13 February 2019, p. 7; *Ibid.*, paras. 39-44, paras 46-47; *Alleged Violations of the 1955 Treaty of Amity, Economic Relations, and Consular Rights (Islamic Republic of Iran v. United States of America), Provisional Measures, Order of 3 October 2018, I.C.J. Reports 2018 (II)*, p. 635, para. 41.

이와 같이 국가안보 문제는 최근 국가의 새로운 주목의 대상이 되었고, 그 연장선상에서 국가안보 예외 조항에 대한 활발한 검토가 이루어지고 있다. 그간 해당 조항에 대한 검토는 주로 국가안보를 이유로 체약 당사국 정부가 '협정상 의무와 상충하는 필요한 조치를 취할 수 있다'는 부분에 초점을 두고 전개되어 왔다. 또는 간혹 'UN 헌장상 의무 이행을 위해 필요하다면 협정에 상충하는 조치도 취할 수 있다'는 부분을 중심으로 전개되어 왔다.

그런데 사실 국가안보 예외 조항에 포함되는 또 다른 내용은 '**정보제공 거부**' 규정이다. 이 규정은 **국가안보를 이유로 체약 당사국은 어떠한 정보도 제공하지 않을 수 있다**는 취지를 담고 있다. 그러나 이 규정에 대한 검토는 국내외를 불문하고 거의 미미하였다. 간혹 일부 측면에서의 검토가 있었으나 소략한 언급에 그치고 있다.[15] 또한 국가안보 예외 조항을 전체적으로 다루어도 정보제공 거부에 초점을 두는 경우는 거의 없었다.[16] 위에서 지적한 바와 같이 주로 협정 위반 조치를 취할 수 있는 권한에 방점을 두었다.[17]

나. 조약상 국가안보 예외 조항의 '선별성'

이 장에서는 국가안보 예외 조항이 대체로 어떠한 조약에서 나타나는지, 그리고 주로 어떠한 방식으로 규정되는지 살펴보고자 한다. 이 조항은 일부 조약에서만 확인되고 있으며 특히 이 글에서 살펴보는 정보제공 거부는 다시 그 중의 일부 국가안보 예외 조항에서만 나타나고 있다.

국가안보 예외 조항은 조약에 흔히 포함되는 조항은 아니므로 몇몇 조약에서만 확인된다. 1969년 조약법에 관한 비엔나 협약도 국가안보 예외 조항은 포함하지 않는다. 또한 조약은 아니지만 관습국제법의 증거로 빈번히 원용되는 2001년 국가책임법 초안 역시 국가안보 예외 조항을 갖고 있지는 않다. 이 초안 제25조에

---

15 *See* M. J. Hahn, "Vital Interests and the Law of GATT: An Analysis of GATT's Security Exception", *Michigan Journal of International Law*, Vol. 12, Issue. 3 (1991), pp. 582-584.

16 *See ibid*; D. Akande & S. Williams, "International Adjudication on National Security Issues: What Role for the WTO?", *Virginia Journal of International Law*, Vol. 43 (2003), p. 368.

17 *See* D. Akande & S. Williams, "International Adjudication on National Security Issues: What Role for the WTO?", *43 Virginia Journal of International Law* (2003), p. 385. ("focus[ing] on paragraph (b), which is the most contentious aspect of Article XXI…").

긴급피난(necessity)이 규정되어 있고 여기서 말하는 '핵심 이익(essential interest)'에 국가안보 관련 사항도 포함될 수 있으나, 그 원용에 다양한 조건이 병기되어 있어 국가안보를 이유로 상당히 자유로운 원용을 허용하는 조약상의 국가안보 예외 조항과는 거리가 있다.

다른 주요 국제협약을 살펴보아도 국가안보 예외 조항의 이러한 '선별성' 내지 '예외성'을 알 수 있다. 예를 들어 1961년 외교관계에 관한 비엔나 협약 및 1963년 영사관계에 관한 비엔나 협약도 국가안보 예외 조항을 포함하지 않는다. 내용상으로 국가안보와 밀접한 관련을 갖는 테러분야 국제협약도 크게 다르지 않다. 1999년 테러자금조달 억제협약, 1970년 항공기 불법납치 억제를 위한 협약(헤이그 협약), 1971년 민간항공의 안전에 대한 불법적 행위 억제를 위한 협약(몬트리올 협약), 그리고 2010년 국제민간항공과 관련되는 불법행위 억제를 위한 협약(베이징 협약)도 국가안보 예외 조항을 포함하지 않는다.

2011년 1월 1일부터 2020년 3월 1일까지 10년의 기간 동안 우리나라가 체결·발효한 515건의 조약(일반 조약 335건 및 고시류 조약 180건) 가운데 국가안보 예외 조항을 포함한 경우는 125건(일반 조약 124건 및 고시류 조약 1건)에 불과하다.[18] 대략 24.3%의 비중이다. 이들 125건의 조약들을 영역별로 구분하면 대체로 다음과 같다:

- 외교관 및 관용 여권 사증면제협정
- 취업관광 프로그램 관련 (한국해외봉사단사업 포함) 협정
- 세관분야 협력 협정
- 이중과세방지협약 / 조세정보교환협정
- 범죄인인도조약 / 형사사법공조조약 / 수형자이송조약 / 민사사법공조조약
- 통상협정 (FTA) / 투자협정 (BIT)
- 기타: 영사협정 (중국) / 해상운송협정 (이란) / 운전면허상호인정협정 (리투아니아)

---

18 대한민국 외교부, "조약정보", <https://www.mofa.go.kr/www/wpge/m_3834/contents.do> 참조. (최종 방문: 2023. 8. 31). 외교부 조약체결 현황자료를 토대로 필자가 확인하였다. 공식적으로 조항 자체에 "국가안보 예외"라는 명칭을 채택하고 있는 경우와 그러한 명칭을 채택하고 있지는 않지만 실질적으로 국가안보 예외 내용을 담고 있는 조항을 채택하고 있는 경우를 합한 수치이다.

영역별로 살펴보면 **국가안보 예외 조항은 주로 특정 분야에서 집중적으로 나타나는 모습**을 보인다. 물론 이는 우리나라의 최근 10년 통계로, 다른 국가 전체로 일반화하는 데에는 한계가 있을 것이다. 그래도 조약은 상대방이 있는 작업이며 시기별로 국가들이 집중하는 조약이 유사성을 보인다는 점을 감안하면 국제사회의 대략적인 모습은 제시하여 줄 수 있을 것으로 보인다.

때로는 **특정 영역의 조약이 주로 국가안보 예외 조항을 포함하는 경향이 있으나 그 논리적 이유를 반드시 찾기 어려운 경우도 있다.** 가령 동일한 국제형사 분야 조약이어도 상당수의 범죄인인도조약에는 국가안보 예외 조항이 없으나[19], 형사사법공조조약에는 이 내용이 주로 포함되어 있다.[20] 또한 국가안보 예외 조항의 포함 여부는 시기적으로 변화하는 모습을 보이기도 한다. 가령 최근 체결되는 범죄인인도조약은 과거와 달리 선별적으로 국가안보 예외 조항을 포함하기도 한다. 우리나라가 이란(2018. 3. 8. 발효), UAE(2017. 5. 17. 발효), 말레이시아(2015. 4. 15. 발효), 남아프리카공화국(2014. 6. 20. 발효) 및 카자흐스탄(2012. 9. 10. 발효)과 체결한 범죄인인도조약이 그러하다. 어쨌든 여러 다양한 모습에도 불구하고 국가안보 예외 조항이 '선별적'으로 조약에 포함된다는 것은 이 조항이 해당 조약에서 중요한 위치를 차지한다는 점을 시사한다.[21]

시기적으로 국가안보 예외 조항은 대체로 2차 세계대전 이후에 나타난 현상이다. GATT가 국가안보 조항을 도입한 것이 1947년이다. 미국의 우호통상항해조약 체결 관행을 보아도 그러하다.[22] 원래 미국의 우호통상항해조약에는 국가안보 예외 조항이 없었다. 그런데 2차 세계대전 이후인 1946년 대만과의 우호통상항해

---

19 대한민국 외교부, "대한민국과 캐나다간의 범죄인인도조약(1994)", <http://www.mofa.go.kr/www/wpge/m_3834/contents.do> (최종방문: 2023. 8. 31); "대한민국과 미합중국간의 범죄인인도조약", <https://www.mofa.go.kr/www/wpge/m_3834/contents.do> (최종방문: 2023. 8. 31) 각각 참조.

20 대한민국 외교부, "대한민국과 미합중국간의 형사사법공조조약(1993)", 제3조 참조. <http://www.mofa.go.kr/www/wpge/m_3834/contents.do> (최종방문: 2023. 8. 31); 대한민국 외교부, "대한민국과 캐나다간의 형사사법공조조약(1994)", 제3조 참조. <http://www.mofa.go.kr/www/wpge/m_3834/contents.do> (최종방문: 2023. 8. 31).

21 *See* C. Wilcox, *A Charter for World Trade* (New York: The Macmillan Company, 1949), p. 183.

22 미국이 체결한 우호통상항해조약은 미국 상무부의 "국제협정 집행 및 준수 (Enforcement and Compliance)" 웹사이트에서 확인 가능하다. <https://tcc.export.gov/Trade_Agreements/All_Trade_Agreements/index.asp> (최종방문: 2023. 8. 31).

조약이 해당 조항을 최초로 포함한 이후 이 관행이 지속되었다.

또 국가안보 예외 조항은 때로는 '국가안보 예외'라는 명칭을 직접적으로 사용하지 않더라도 사실상 동일한 취지의 내용을 담고 있는 조항으로 존재하는 경우도 있다. 예를 들어 한미 형사사법공조조약은 "협조의 제한(Limitation on Assistance)"이라는 조항을 두고 국가안보를 이유로 형사사법공조조약에 따른 협조 제공 요청을 거부할 수 있도록 규정한다. 나아가 다자협약에서는 일방 체약 당사국의 유보(reservation)의 형태로 발현되기도 한다. 또한 별도의 유사 개념을 도입하고 국가안보 예외를 규정하는 경우도 있다. 1966년 시민적 및 정치적 권리에 관한 국제규약)이 그러하다.

반면 국가안보를 언급하고는 있으나 단순히 국가안보를 조건으로 제시하고 이를 협정의 '일반적' 예외사유로 취급하지 않는 내용들은 국가안보 예외 조항으로 보기 어렵다. 예를 들어 1961년 외교관계에 관한 비엔나 협약과 1963년 영사관계에 관한 비엔나 협약에 규정된 이동과 여행의 자유 조항이 그러하다. 1966년 경제적, 사회적 및 문화적 권리에 관한 국제규약의 결사의 자유에 대한 조항과 시민적 및 정치적 권리에 관한 국제규약의 집회의 자유에 대한 조항, 그리고 1982년 UN 해양법 협약상 무해통항권 규정은 또 다른 사례들이다.

이와 같이 국가안보 예외 조항은 조약별로 상이한 모습을 띠지만 전체적인 부분에서는 공통점을 갖고 있다. **국가안보를 이유로 협정상 위반되는 조치를 '일반적'으로 취할 수 있다**는 취지와, 그 연장선상에서 **UN 헌장상 의무 이행을 위해 필요한 조치 역시 협정에 위반되더라도 허용한다**는 취지가 그러하다. **국가안보 예외 조항의 이러한 공통분모에서 벗어나는 부분이 바로 아래에서 살펴보는 '정보제공 거부' 규정**이다. 국가안보 예외 조항은 구조와 내용 측면에서 크게 정보제공 거부 조항을 배제하는 형태와 이를 포함하는 형태로 대별된다고 볼 수 있다. 아래에서 이를 각각 살펴본다.

다. 정보제공 거부

정보제공 거부 규정은 **국가안보 예외 조항에 대한 그간의 논의의 사각지대에 위치한다.** 정부제공 거부 규정에 따르면, 국가는 핵심 안보이익에 저해된다고 판단될 때 어떠한 정보의 제공도 거부할 수 있다. 또한 그러한 거부는 모든 절차와 상대방을 대상으로 한다.

GATT 제21조 (a)항은 이러한 정보제공 거부 규정을 담고 있다. GATT 출범 초기인 1949년 미국의 수출통제 체제가 GATT 제1조와 제13조 위반이라고 체코슬로바키아가 항의하는 일이 있었는데, 이러한 주장에 대해 미국은 국가안보 예외 조항으로 항변하였다.[23] 특히 수출통제 제도의 구체적 정보를 요구하는 체코슬로바키아의 요청에 대해 미국은 제21조 (a)항의 정보제공 거부 조항을 근거로 거절하였다. 미국은 "자신이 지극히 전략적이라고 간주하는 품목 명을 공개하는 것은 자국과 우방국의 안보 이익에 저해된다(contrary to its security interest - and to the security interest of other friendly countries - to reveal the name of commodities that it considers to be most strategic)"는 입장을 개진하였다.[24]

구체적으로 (a)항을 원용하지는 않았으나 포클랜드 전쟁 당시 아르헨티나에 대해 금수조치를 취한 유럽경제공동체(European Economic Community: EEC), 호주, 캐나다의 입장도 정보제공 관련 부분을 간접적으로 언급하고 있다. 이들에 따르면 제21조에 따른 조치는 정당화(justification)와 승인(approval)은 물론 통보(notification)도 필요 없다는 것이다.[25] 제21조를 원용하였다는 그 사실만으로 충분하고 이에 대한 통보, 설명 등이 요구되지 않는다는 주장은 (b)항과 함께, 정보제공과 관련한 (a)항과도 밀접하게 맞닿아 있다.

국가안보 예외 조항과 관련된 분쟁이 ICJ 절차에서 간혹 다루어지기는 하나 이들은 주로 정보제공 거부를 제외한 다른 항목을 다루었다. 그간 조약 자체에 정보제공 거부가 포함되는 사례가 많지는 않았기 때문이다.

정보제공 거부 문제를 다루는 유일한 ICJ 판결은 프랑스와 과거 식민지였던 지부티 간 분쟁이다. 1995년 지부티 사법부에 기술고문으로 초빙되어 활동하던 프랑스 국적 Bernard Borrel 판사 살해 사건이 발생하자 지부티와 프랑스는 각각

---

23 *See* Contracting Parties to the GATT, Third Session; GATT/CP.3/33 (May 30, 1949) (Statement by the Head of the Czechoslovak Delegation); GATT/CP.3/38 (Jun. 2, 1949) (Reply by the Vice Chairman of the U.S. Delegation); GATT/CP.3/39 (Jun. 8, 1949) (Reply of the Head of the Czechoslovak Delegation).

24 *See* GATT/CP.3/38.

25 *See* General Agreement on Tariffs and Trade Council, *Minutes of meeting held in the Centre William Rappard on 7 May 1982*, C/M/157, pp. 10-11.

수사를 진행하였다. 지부티는 프랑스 측의 수사기록 확보를 위해 1986년 체결된 양국 간 형사사법공조조약에 따른 자료 제공 요청을 하였다. 그러나 프랑스(담당 수사판사)는 자료 제공을 거부하였다. 양국 형사사법공조조약 제2조는 "요청의 이행이 주권, 안보, 공공질서 또는 다른 본질적 이익을 침해할 우려가 있는 경우 요청을 거절할 수 있다."고 규정하고 있어, 프랑스 수사판사는 이를 원용하였다. 형사사법공조조약의 대상이 형사절차에서 요구되는 증거와 증언이라는 점에서 이 역시 일종의 '정보'에 해당한다. 그러므로 형사사법공조조약에 따른 자료 제공 요청이란 결국 정보에 대한 요청을 말한다. 이러한 요청을 거부할 수 있다는 프랑스의 주장은 정보의 제공을 거부할 수 있다는 것으로 GATT 제21조 (a)항과 일맥상통하는 부분이다.

이후에도 양국 간 분쟁은 이어져 2006년 1월 9일 지부티는 프랑스를 ICJ에 제소하였다. 지부티는 프랑스의 자료제공 거부는 제공 의무를 규정하는 형사사법공조조약 제1조를 위반하는 것이라고 주장했다. 이에 대해 ICJ는 프랑스의 자료제공 거부는 국가안보 예외를 규정하고 있는 이 조약 제2조에 포섭된다고 결정하였다. 다만 거부의 근거를 명확하게 제시하지 않음으로써 이 조약 제17조를 위반한다고 결정하였다. 즉 프랑스가 위반한 것은 국가안보 예외에 관한 제2조가 아니라 설명의무를 규정한 제17조였다. 요컨대 정보 미제공은 문제가 없으나 미제공에 대한 근거를 제시하지 않은 것이 문제라는 것이다. 만약 그 근거를 제대로 제시하였다면 정보 미제공은 특별한 문제가 없었을 것이라는 입장이다.[26]

위에서 살펴본 GATT 제21조 (a)항은 설명 의무 자체를 규정하고 있지 않다는 점에서 이 ICJ 판결의 대상이 된 프랑스-지부티 형사사법공조조약과 구별된다. **설명의무가 별도로 규정되어 있지 않고, '어떠한 정보도 제공하지 않을 수 있다'는 (a)항 문구를 감안하면 정보 제공 거부의 이유에 대한 추가적 설명을 제공하지 않더라도 정부제공 거부 조치가 정당화될 가능성을 시사**한다. 지부티-프랑스 분쟁은 이러한 (a)항의 규정 방식의 문제점을 보여준다.

나아가 직접적으로 국가안보 예외 조항에 따른 정보제공 거부 문제를 다루는

---

[26] *See Certain Questions of Mutual Assistance in Criminal Matters (Djibouti v. France), Judgment, I.C.J. Reports 2008*, paras. 148-152, pp. 57-58.

것은 아니나 중요한 시사점을 제시하는 최근 판결이 두 가지 있다. 먼저 2017년 5월부터 2019년 7월까지 진행된 **인도와 파키스탄 간 분쟁**이다. 파키스탄이 인도 국적자에 대해 사형판결을 내리자 인도는 영사관계에 관한 비엔나 협약 제36조에 따른 통보의무 위반을 주장하며 ICJ에 제소하였다. 이 분쟁에서도 국가안보 문제가 다루어졌다. 확인된 사실관계에 따르면 파키스탄은 인도 국적자를 체포한 이후 영사면접권을 고지하지 않았고 그러한 사실을 인도에 곧바로 통보하지도 않았다. 미통보 부분만 따로 분리해서 보면 결국 파키스탄은 필요한 '정보'를 인도에 제공하지 않은 것이다. 그런데 파키스탄은 문제의 인도인을 스파이라고 주장하며 이 분쟁을 국가안보 침해사건으로 규정하였다. 그리고 국가안보 사건에 대하여는 이 협약 제36조에 따른 의무가 적용되지 않음을 주장하였다. 반면 인도는 그러한 예외는 이 협약 및 해당 조항에 존재하지 않는다고 반박하였다.[27]

이에 대해 ICJ는 인도 입장을 지지하며 파키스탄이 주장하는 그러한 예외는 해당 협약에 존재하지는 않음을 확인하였다. 파키스탄은 더 나아가 양국은 이 협약 제73조 2항에 따라 양국 간 별도의 협정을 2008년 체결하였고, 여기에 국가안보를 이유로 한 별도의 고려 근거가 있다고 주장하였다. 그러나 ICJ는 이 주장 역시 배척하였다. 양국 협정이 별도로 존재하기는 하나 제36조가 제시하는 원칙에서 벗어나고자 하는 의도를 담은 것으로 해석되지는 않는다는 이유에서다. 결국 ICJ는 파키스탄의 정보 미제공은 이 협약 제36조 제1항 (b)호를 위반한다는 판결을 내렸다. 이 판결을 뒤집어 보면 만약 **양자협정에 그러한 취지가 명기되어 있다면 정보를 제공하지 않은 사실이 국가안보 사안과 관련되는 경우에는 정당화될 수도 있다**는 것으로 읽을 수 있을 것이다.[28]

또 다른 최근 사건은 **2013년 동티모르**(Timor−Leste)**와 호주 간의 ICJ 분쟁**이다. 이 분쟁 역시 지금 살펴보는 문제에 대하여 중요한 시사점을 제시하고 있다. 양국 간에는 티모르해(Timor Sea) 경계획정 분쟁이 있었고, 동티모르는 UN 해양법 협약에 따라 이 분쟁을 2016년 4월 국제상설중재재판소(Permanent Court of Arbitration)

---

[27] *See Jadhav case (India v. Pakistan),* Judgment, (Jul. 19, 2019), *available at* https://www.icj-cij.org/case/168. (최종방문: 2023. 8. 31).

[28] *See ibid.,* paras. 82, 94-95, 149.

에 제소하였다. 이 경계획정 분쟁에서 동티모르를 자문하는 변호사의 사무실이 호주 캔버라 인근에 소재하고 있었다. 호주 정부는 이 사무실에 대해 2013년 12월 3일 압수수색을 실시하여 법률 자문과 관련되는 여러 '자료(materials)'를 확보하였고 여기에는 '문서, 데이터, 기타 소유물(documents, data and other property)'이 다수 포함되었다. 압수수색 영장을 발급받은 근거는 1979년 호주 국가안보정보기구법 (Australian Security Intelligence Organization Act)이었다. 요컨대 국가안보 관련 사안이라는 것이다.29

이 압수수색에 대해 동티모르는 2013년 12월 17일 주권 및 국유재산 침해를 이유로 호주를 ICJ에 제소하였다. 결론부터 말하자면, 이 ICJ 분쟁은 2015년 3월 6일 양국이 티모르해 경계획정에 합의함에 따라 취하되었다. 어쨌든 동티모르는 제소와 동시에 ICJ 규정 제41조에 따라 잠정조치(provisional measures) 신청을 하였고, ICJ는 이를 허용하였다. 잠정조치의 내용은 호주 정부는 문제의 압수수색으로 취득한 자료(material)는 이 분쟁이 진행되는 동안 어떠한 경우에도 그리고 어떠한 목적으로도 사용하지 못한다는 것이다. 그리고 ICJ는 이 자료를 봉인하여(under seal) 보관하도록 명령하였다.30

잠정조치 심리 과정에서 호주는 압수한 자료들을 앞으로 활용하지 않을 것이라는 약속을 하였으나, 다만 국가안보를 이유로 한 경우는 예외로 한다는 단서를 부기하였다. 즉, 국가안보상 필요한 경우에는 자료를 활용할 수도 있다는 것이다. 이에 대해 ICJ는 일단 자료가 누군가에게 제출되면 이에 대한 완벽한 비밀보호가 어렵다는 점을 지적하였다. 그리고 이를 토대로 국가안보 관련 상황을 포함하여 어떠한 경우에도 해당 자료에 대한 접근과 활용을 금지한다는 엄격한 잠정조치 결정을 내리게 된다.31 양국이 별도 협의를 통해 티모르해 경계획정에 합의한 이후 2015년 4월 호주는 잠정조치 변경 명령을 신청하였다. 압수한 자료를 동티모르에 반환하기 위함이었다. ICJ는 이 변경신청을 허락하였다.32 이후 양국은 사건

---

29 *See Questions relating to the Seizure and Detention of Certain Documents and Data (Timor-Leste v. Australia), Provisional Measures, Order of 3 March 2014, I.C.J. Reports 2014*, p. 147.

30 *See ibid.*

31 *Ibid.*

32 *See Questions relating to the Seizure and Detention of Certain Documents and Data*

종결에 합의하였고 이들의 공동신청을 받아들여 2015년 6월 ICJ는 이 사건을 사건목록에서 삭제(remove)하였다.[33]

　　이 분쟁은 **정보 제공 이후 피제공국이 해당 정보를 사용함에 있어서도 국가 안보가 고려될 수 있음을** 시사한다. 제공을 거부하는 근거뿐 아니라 일단 제공된 이후에 사용제한에 대한 예외로도 국가안보가 원용될 수 있다는 의미이다. 그리고 **일단 정보가 제공되면 그 특성상 이를 충분히 보호하기 힘들다**는 점도 아울러 시사한다.

라. 국가안보 예외 조항의 재검토

　　어느 국가도 국가안보를 훼손하며 조약 체결을 결정하지는 않았을 것이라는 점에서 국가안보 예외 조항은 중요하다. 또한 국가안보 보호와 조약 목적 달성이 때로는 충돌한다는 점을 감안하면 양자의 균형점 확보라는 차원에서도 국가안보 예외 조항은 중요하다. 최근 들어 국가안보 예외 조항이 포함되는 조약의 빈도가 점차 늘어나고 있는 상황은 이러한 인식을 반영하고 있는 것으로 보인다. 그런데 문제는 이 조항에 대한 심도 있는 검토나 분석은 아직은 거의 이루어지지 않았다는 점이다. 최근 국가안보 예외 조항에 대한 분쟁이 증가하며 이에 대한 새로운 관심이 경주되고 있으나 법리 검토나 선례는 아직 여러모로 미흡한 실정이다.

　　특히 일부 국가안보 예외 조항에 포함되는 **정보제공 거부 규정은 현재 문언상으로는 어떠한 정보의 제공도 거부할 수 있다는 것으로 해석될 여지가** 다분하다. 또한 그러한 거부는 **모든 절차와 상대방에 대하여 적용 가능**하다. 그렇다면 당 규정이 분쟁해결을 위한 논의 자체나 관할권 있는 **분쟁해결절차나 법원절차를 마비시키는** 수단이 될 수도 있다. 이미 이러한 가능성은 최근 분쟁에서 언급된 바 있기도 하다. 이러한 해석은 '법의 지배' 원칙을 형해화하고 분쟁을 악화시키는 것으로 적절하지 않음은 당연하나 현재 문언으로는 이러한 해석을 딱히 막을 방법이 없는 것으로 보인다.

(Timor-Leste v. Australia), Request for the Modification of the Order Indicating Provisional Measures of 3 March 2014, Order of 22 April 2015, I.C.J. Reports 2015, paras. 9, 18, p. 558.

[33] *See Questions relating to the Seizure and Detention of Certain Documents and Data (Timor-Leste v. Australia), Order of 11 June 2015, I.C.J. Reports 2015, p. 572, 574.*

그간의 논의와 이 조항 도입 당시의 기록을 살펴보면 현재의 정보제공 거부 조항은 충분한 검토가 이루어지지 않은 상황에서 도입되었을 가능성이 없지 않다. 어쨌든 현재 시점에서 이 조항은 다양한 국가안보 예외 관련 분쟁을 다루는 데에 장애물로 등장할 가능성이 높다. 이미 그러한 움직임의 단초가 최근 분쟁에서 감지되고 있다. 따라서 향후 적절한 계기에 이 **조항에 대한 조정 및 정비 작업이 필요**하다.

물론 이는 조약 체결 협상에 나서는 국가들이 결정할 부분으로 결코 쉬운 작업은 아니다. 또한 애매한 상황이라면 국가들 입장에서는 광범위하게 원용할 수 있는 예외상황을 그대로 유지하기를 희망할 수도 있을 것이다. 그러나 국가안보 예외 조항이 보다 체계적으로 정비된다면 그 남용 가능성을 줄여 국가들 간 분쟁을 효율적으로 해결하고 불필요한 분쟁을 회피할 수 있을 것이다.

2. 국가안보적 시각에서의 규범의 통합

미중 갈등 고조와 러시아−우크라이나 전쟁이 보여주는 바와 같이, 신냉전의 도래는 모든 국가로 하여금 국가안보를 핵심 과제로 파악하게 만들었다. 그 결과 여러 규범들이 국가안보라는 프리즘으로 다시 통합되는 현상이 벌어지고 있다. **관습국제법이나 조약을 준수하기 어려운 사정이 생기면, 국가들은 그 규범을 위반해 버린 후 국가안보 보호를 근거로 위반을 정당화**하고 있다. 정당화 작업은 관습국제

∞ 국제법 변화의 새로운 움직임: 규범 적용 영역 확대 및 통합 현상

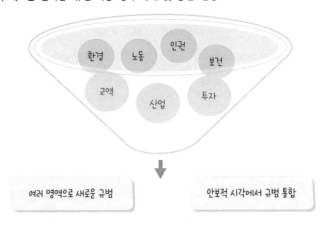

법에서는 긴급피난의 법리로, 조약에서는 국가안보 예외 조항을 통해 이루어진다.

이에 국제법 규범들은 국가안보라는 안경을 통해 재검토되며, 국가안보라는 루트를 통해 적용됨으로써 하나의 우산 아래로 수렴하고 있다. 국가안보를 중심으로 한 통합은 후술할 규범의 파편화 현상과는 외견상 반대의 흐름이다. 그러나 이러한 통합의 움직임이 건강하다고 하기는 어렵다. 규범의 통합이 아니라 규범 위반의 통합에 가깝기 때문이다. 규범은 여전히 쪼개진 상태로 남아 있고, 그 위반이 일어난 단계에서야 국가안보 논리가 동원된다. 이는 오히려 **규범의 위반이 상시화·구조화·일반화**되는 현상이라는 점에서 장기적으로 국제사회에서의 법의 지배를 약화시키지는 않을지 우려된다.

Ⅲ 디지털 교역과 개인정보

사물인터넷과 AI 시대의 도래로 인해 디지털 교역은 국제교역의 새로운 흐름을 이루고 있다. 디지털 교역은 현재 진행되는 여러 통상협상의 핵심적인 쟁점이자 여러 국가들의 이목이 집중되는 분야이다. 최근 발효하거나 마무리된 통상협정들은 디지털 교역에 관한 새로운 규범을 적극 도입하고 있다. 관련된 논의의 핵심은 바로 **개인정보의 이전과 활용** 문제이다.

개인정보 문제에 대한 각국의 입장이 상이하여 아직까지는 국가 간 입장 차이를 반영한 어정쩡한 조항들이 도입되어 있을 뿐이다. 현재 통상협정들에는 **개인정보 해외이전의 자유**와 **데이터 저장시설의 국내유지 요구 금지** 원칙을 확인하되 동시에 이들에 대하여 각각 구체적 **예외 조항**을 담은 규정들을 도입했다. 이에 따라 국가는 서버의 위치를 자유롭게 결정하고 개인정보를 가능한 한 해외로 자유로이 이전하여 디지털 교역의 자산과 촉매제로 활용하도록 하는 것을 본질로 하면서도, 때로는 개인정보의 해외이전을 제한할 수 있으며 데이터 저장시설의 국내유지 요건을 부과할 수도 있게 되었다. 이러한 개인정보 해외이전에 대한 '원칙-예외' 기본틀이 새로운 협정에도 터 잡아 가고 있다.

그런데 **새롭게 도입된 이들은 구체적 예외 조항의 의미가 불명확하고, 기존 예외 조항과의 관계도 불분명하여 혼란을 초래하고 있다.** 기존의 통상협정과 기본적으로 성격을 달리하는 디지털 교역 규범에 대한 큰 고민 없이, 기존 문안에 그대로 추가만 하였기에 발생한 결과이다. 디지털 교역이 활성화되고 개인정보가 본격적으로 논의되는 단계에서 다양한 이견과 분쟁이 불가피하리라 예상된다.

이와 관련하여 특히 우리의 주목을 요하는 것은 디지털 규범 및 여기에 포함된 구체적 예외와 **국가안보 예외와의 관계**이다. 바로 국가안보 예외에 '정보' 관련 조항이 포함되어 있고, 이는 개인정보도 아우르기 때문이다. 더구나 이미 여러 국가들은 개인정보 문제를 국가안보적 차원에서 접근하고 있기도 하다.

그렇다면 현재의 협정 체제로는 개인정보의 해외이전 제한, 서버 국내 위치 요건 부과 등 첨예한 대립을 현출하는 조치가 취해지더라도, 결국 **국가안보 예외의 '정보' 관련 조항을 통하여 그러한 제한 조치를 강행하거나 정당화할 가능성**이 열려 있다. 일종의 앞문을 단속하고 뒷문을 열어두는 상황에 비견할 수 있다. 특히 국가안보 예외에 대한 최근의 점증하는 관심을 고려하면, 그 가능성은 더욱 현실적이다. 국가안보 예외의 이러한 '정보' 관련 측면을 도외시한 디지털 협정 협상과 이를 반영한 디지털 규범은 체계적인 결과를 도출하기 어려우며 오히려 더 큰 혼선을 초래하고 있다.

앞으로 **디지털 규범을 도입함에 있어** 이러한 부분을 반영하여 **기존의 협정과의 제도적 합치성을 확보하는 데 중점을 두어야 한다.** 만약 그러한 작업이 어렵다면 디지털 규범은 기존 협정의 일부가 아니라 가능한 한 별도의 협정으로 체결하는 것이 차선책이 될 것이다. 어떠한 방식을 택하든 디지털 교역·개인정보와 국가안보 예외의 밀접한 상관관계는 피할 수 없으므로 이를 감안하여 국가안보 예외를 새로운 각도에서 조망하고, 향후 체결되는 통상협정 내지 디지털 특화 협정에서는 이를 반영한 조정과 추가적인 문구의 보완이 필요하리라 본다.

여기에서 보는 바와 같이 새로운 규범의 도입은 단순히 그러한 규범의 물리적 추가에 머물 것이 아니라 기존 협정의 전체적인 구조와 어떠한 접촉점이 발생하는지에 대한 입체적인 분석을 필요로 한다. 이러한 분석이 결여되면 현실과 동떨어진 규범이 도입되거나 남용이나 오용 가능성을 안고 있는 조항의 추가로 이어질 것이다. 이는 다자주의 체제가 위기에 처한 현 시점에서 위험한 선택이라 하지 않을 수 없다.

Ⅳ 국제법의 파편화

최근 코로나19 대응 과정에서 보건, 인권, 통상, 투자, 항공, 출입국 분야의 국제법이 따로 움직이는 모습은 **국제법의 파편화**(fragmentation) **현상**을 보여준다. 국제법의 파편화란, 현대 국제법의 다루는 영역이 확장되면서 분과 별로 국제법이 전문화되고 나뉘는 현상을 일컫는다. 문제는, 국제법이 파편화 되면서 국가가 한 분과의 조약상 의무를 따르기 위해서는 다른 분과의 조약상 의무를 위반하게 되는 상황이 초래된다는 것이다. 보건규범을 따르다가 통상규범을 위반하고, 통상규범을 따르다가 인권규범을 위반하며, 인권규범을 따르다가 투자규범을 위반하는 상황이 이어지는 것이다. 이처럼 여러 분야의 규범들이 상호 충돌하면 수범자는 혼란에 빠질 수밖에 없다. 세계정부가 부재한 상황에서 여러 규범을 통합하고 조율할 기제를 마련해야 한다. 이러한 문제의식을 잘 보여주는 또 하나의 사례가 **파리기후협정과 투자협정의 충돌** 문제이다.

2015년 12월 채택된 파리기후협정이 2016년 11월 발효함에 따라 이제 협정에 포함된 내용이 체약당사국에 대하여 적용되게 되었다. 협정에 포함된 여러 조항 중 특히 우리의 주목을 요하는 부분은 녹색기후기술에 대한 부분이다. 여기에서 말하는 녹색기후기술이란, '탄소저감기술', '탄소활용기술' 그리고 '기후변화적응기술'의 세 가지를 말한다. 이러한 녹색기술에 대하여 파리기후협정은 두 가지 항목에서 체약당사국에 대하여 구체적인 의무를 부과하고 있다. 바로 체약당사국으로 하여금 국내적으로 녹색기후기술 개발을 지원하도록 하는 의무와, 나아가 **체약당사국들이 개도국으로 기술이전을 지원하고 촉진하도록 필요한 조치를 취하도록 하는 의무**이다.

이 중 두 번째 의무는 중요하다. 파리기후협정이 의도하는 기후변화 대응 조치가 장기적 차원에서 그 목표를 달성하기 위해서는 모든 국가들이 필요한 조치를 취할 것이 요구된다. 특히 최빈개도국(Least Developed Countries: LDCs)과 개발도상국(developing states; 이하 '개도국'으로 통칭)도 각각 필요한 조치를 취하며 전 세계적 노력에 동참하는 것이 무엇보다 중요하다. 개도국들이 이러한 노력을 진행하는 데 있어 가장 큰 장애물은 바로 기술적 장벽이다. 선진국에 비하여 현저히 기술개발 능력에서 차이를 보이고 있기 때문이다. 바로 이러한 이유로 파리기후협정은 체약당사국들이 자신들이 보유하는 녹색기후기술을 개도국에 대하여 이전하기 위하여 필요한 조치를 취하도록 하는 구체적 의무를 부과하고 있다.

그런데 **문제는 이러한 기술은 정부의 소유물이 아니라 대부분 일반 민간기업 내지 연구기관의 소유물인 경우가 많다는 것**이다. 그리고 이러한 기술을 수용하는 개도국 역시 정부보다는 해당국의 민간기업이 그 기술을 사용할 가능성이 높다는 것이다. 정부가 기술을 개발하는 것이나 정부가 기술을 사용하는 경우는 상대적으로 드물기 때문이다. 결국 파리기후협정을 통해 민간기업의 기술을 다른 국가의 민간기업에 제공하도록 하는 조치를 체약당사국 정부가 추진할 의무를 부담하게 되었다. 이러한 조치는 곧바로 투자협정(양자 간 투자협정 및 FTA 협정의 투자챕터)에 포함된 여러 조항과 접촉점을 갖게 된다. 기술이전을 주선하거나 요구하는 선진국은 물론 이 기술을 수용하는 개도국 정부도 이러한 조치가 외국기업에 대하여 적용되는 한도에서는 투자협정의 적용범위 내로 들어오게 된다. 이들 외국기업의 일부는 외국인 투자자의 지위를 갖게 될 가능성이 높기 때문이다.

이러한 고민은 **투자협정이 환경보호조치에 대한 예외 조항을 일반적으로 포함하고 있지 않다**는 데에서 출발한다. 통상협정의 일반적 예외(general exceptions)가 환경보호조치에 대하여 예외를 인정하는 것과는 다른 부분이다. 대신 투자협정에는 안보상 예외와 최근 추세를 반영한 외국인 투자자에 대한 구체적인 예외 조항(가령, 과세조치에 대한 예외, 비상사태 시 송금의 자유에 대한 예외, 금융건전성 조치에 대한 예외 등)이 존재할 따름이다.

따라서 환경보호를 위한 조치라 하더라도 투자협정 위반 문제는 그대로 존재하게 된다. 요컨대 파리기후협정의 이행을 위한 조치라 하더라도 투자협정에 대한 위반 문제는 치유되지 않게 된다. 특히 투자협정은 일종의 자기완비적 체제의 개념을 따르고 있어 그 위반 여부를 평가함에 있어 투자협정의 조항을 통해서만 평가하고 분쟁이 발생하는 경우에도 해당 협정이 채택하고 있는 분쟁해결절차(ISDS)를 따르도록 하고 있다. 파리기후협정의 의무를 고려하여 종합적인 판단을 할 수 있는 가능성을 제한하고 있는 것으로 볼 수 있다.

투자협정의 적용과 관련하여 상정하여 볼 수 있는 문제를 우리나라에 특정하여 보다 구체적으로 살펴보면 다음과 같다. **외국 정부와 우리 기술이전 기업과의 이견/분쟁**과 반대로 **우리 정부와 외국 기술이전 기업과의 이견/분쟁**을 각각 상정하여 볼 수 있다. 현재 파리협정 체제를 통해 외국 정부가 우리 국내기업에 대한 해외기술이전을 (사실상) 강제하거나, 또는 합의 이전된 기술의 범위를 초과하는 활용/상용화를 추진하게 되면, 그리고 그 기업이 해당 외국에서 사업을 이미 진행하고 있는 상황이라면, 우리 기업이 해당 외국 정부에 투자협정 문제를 제기할 수 있는 근거가 된다. 해당 외국에서 우리 기업은 투자협정 적용대상인 외국인 투자자의 자격을 갖기 때문이다. 마찬가지로 우리 정부가 외국기업에 대한 우리 국내로의 **기술이전을** (사실상) **강제하는 조치를 취하게 되거나 합의 이전된 기술의 범위를 초과하는 활용/상용화가 이루어진다면, 우리 정부와 해당 외국 기업 간의 투자분쟁으로 비화될 가능성**도 존재한다. 그리고 이러한 분쟁들은 현재 여러 국제적 논란의 중심에 있는 ISDS 절차로 이행하게 될 것이다. 따라서 이러한 부분에 대한 좀 더 면밀한 검토와 준비가 필요하다. 특히 파리기후협정과 투자협정의 상관관계와 접촉점에 대하여 인식하고 이에 대한 준비를 진행하는 것이 무엇보다 시급하다.

가령 외국인 투자기업의 기술이전 및 이와 관련한 후속분쟁이 발생하는 경우 투자협정 조항 중 다음 조항에 대한 저촉 문제가 초래될 가능성이 존재한다. 내국민 대우 조항, 최혜국 대우 조항, FET 조항, 수용 관련 조항, 이행요건 부과 금지 조항 등이 바로 그러하다. 투자유치국 정부가 외국 기업에 대하여만 기술이전을 강화하는 조치를 취하게 되면 내국민 대우 조항을, 선진국 기업에 대하여만 이러한 조치를 취하면 최혜국 대우 조항에 위반하는 상황에 이른다. 외국인 투자자의 기술을 합의된 방식 이외로 확장하여 사용하거나 이전하게 되면 재산권 침해로 직접수용 내지 간접수용의 문제를 초래하게 될 것이다. 기술이전을 조건으로 투자를 허용하거나 투자를 유지하는 조치를 취한다면 이는 이행요건 부과금지 조항에 저촉되게 될 것이다.

이러한 **투자협정 위반 문제가 발생한다면** 상당히 곤란한 상황이 발생할 수밖에 없다. **파리기후협정의 목표를 달성하기 곤란해지는 것은 물론이고, 기후변화 대응조치에 나서기로 합의한 국제사회의 공감대도 그만큼 피해를 입게 될 것**이다. 따라서 이러한 위반 문제를 사전에 차단할 수 있거나 줄여나갈 수 있는 방안에 대한 검토가 필요하다. 가령 다음과 같은 방안을 생각해 볼 수 있을 것이다. 파리기후협정에 따른 해외기술이전 문제를 추진함에 있어 **우리 기업의 자발적 기술 이전을 중점적으로 추진하거나, 정부 소유의 기술이전에 초점을 두는 방안**을 생각해 볼 수 있다. 특히 기술을 제공하는 또는 기술의 소유권을 가진 해당 기업이 그 기술을 활용하여 수혜국 영역에서 향후 투자/사업계획이 존재하는지 여부를 확인하는 것도 필요할 것이다. 사업계획이 존재한다면 추후 분쟁으로 비화될 가능성은 그만큼 높아지게 된다. 또한 원천기술 소유권 및 사용권 범위도 가능한 한 명확하게 규정하거나 합의하여 두는 것이 필요할 것이다. 마찬가지로 외국기업의 기술이전을 우리가 수용함에 있어서도 외국 기술개발주체의 자발적 이전 의사를 확인하여 두거나, 무상이전과 유상이전 부분에 대한 구분을 명확하게 하고, 소유권 주체 및 사용권 범위도 명확하게 하는 것이 필요하다. 이 과정에서도 외국 기술 소유권자의 향후 한국 투자/사업계획 여부를 확인하는 것이 필요할 것이다.

기후변화 대응조치의 시급성에 대하여는 이제 모든 국가가 공감하고 있다. 이는 국제사회의 가장 중요한 과제 중 하나가 되었다. 그리고 국경 없이 움직이는 대기의 상황을 개선하기 위하여는 모든 국가가 함께 이 작업에 참여하는 것이 무엇보다 긴요하다. 바로 이러한 목적을 달성하기 위하여 파리기후협정이 체결되었고, 이에 따라 새로운 국제협력체제가 도입되고 구체적 의무가 부과되었다. 그리고 이 협정에서는 단순한 협력 의무를 넘어 구체적인 조치를 요구하는 내용도 포함되었다. 체약당사국들이 개도국에 대하여 녹색기후기술을 이전하도록 요구하는 조치도 그 중 하나이다. 이러한 기술이전이 전 세계적 공동 대응을 달성하기 위하여 핵심적 요소를 구성한다는 것은 물론이다. 다만 이 과정에서 발생하는 다른 협정, 특히 외국기업의 기술과 관련하여 발생하는 투자협정의 여러 조항에 대한 위반 문제가 제기될 가능성이 높다. 그러나 이에 대한 검토는 아직 미흡하였다. 향후 불필요한 분쟁을 예방하고 국제적 공감대와 선의를 계속해서 유지하기 위해서는 이러한 협정 간 파편화 문제에 대하여 면밀히 검토하고 이를 해결하기 위한 여러 방안을 검토하여 보는 것이 필요하다.

특히 최근의 투자분쟁은 정당한 목적으로 추진되는 정부 사업이라 하더라도 그 분쟁해결절차의 관할권에서 벗어나지 못한다는 점과 협정 위반 사항을 치유하여 주지 못한다는 점이 여러 차례 확인되었다. 그리고 바로 그러한 이유로 인해 투자협정과 투자분쟁해결절차에 대한 국제적 민감성과 개선을 위한 논의가 지속되고 있는 상황이다. 따라서 이러한 점을 염두에 두고 파리기후협정이 요구하는 여러 구체적 의무를 체약당사국들이 충실히, 그리고 불필요한 분쟁에 관련되지 않고 이행할 수 있는 법리적 검토와 이를 토대로 한 제도적 개선작업이 동시에 진행되어야 할 것이다.

V 디지털 경제와 과세권

'구글세(Google tax)' 논의가 최근 다양하게 논의되고 있다. 구글을 비롯해 국경을 초월해 활동하는 ICT 기업들이 증가함에 따라, '영업장의 위치'와 관계없이 '매출이 발생한 국가'에서도 이들에 대해 과세하려는 움직임이 나타나고 있다. 영토적 연관성은 종래 국제법상 과세권의 골격을 이루고 있었는데, **ICT 기업은 영토적 경계와 무관하게 활동하므로 이들에 대한 과세 문제가 새롭게 대두**된 것이다. 구체적으로 **과세권을 어떻게 행사할 것인지**, 또 **관련 국가 간에 과세권을 어떻게 배분할 것인지** 문제가 제기되고 있다.

ICT 기업의 새로운 활동은 기존 국제법 내지 국내법 규범으로 포섭이 힘든 부분이 적지 않은바, 디지털 산업의 등장에 따라 발생하는 '규범-현실 간 간극'을 좁히기 위한 노력이 진행되고 있다. 한 예로, 전 세계적으로 영향력을 확대해 가고 있는 **다국적 기업 그룹의 소득 이전을 통한 조세회피와 세원잠식을 차단**하고 **국가 간 무분별한 조세경쟁을 방지**하기 위하여 2019년 OECD와 주요 20개국 (G-20) 주도로 "소득이전을 통한 세원잠식 포괄적 이행체계(The OECD/G20 Inclusive Framework on Base Erosion and Profit Shifting: IF)"가 출범하였다. 연이어 2020년 9월 1일, 전 세계 137개국 참여하에 진행된 IF 논의에서 Pillar 1과 Pillar 2의 기본 골격에 대한 합의가 도출되었다. 이를 토대로 IF에서 지속적인 논의가 전개되어 2021년 10월 8일 "Base Erosion and Profit Shifting(BEPS) 디지털 경제 패키지"에 합의하기에 이르렀다.[34]

OECD는 2015년부터 "BEPS" 명칭 하에 ICT 기업에 대한 조세 문제를 다루

---

34 OECD, "Statement on a Two-Pillar Solution to Address the Tax Challenges Arising from the Digitalisation of the Economy" (Oct. 8, 2021) *availble at* https://www.oecd.org/tax/beps/statement-on-a-two-pillar-solution-to-address-the-tax-challenges-arising-from-the-digitalisation-of-the-economy-october-2021.htm. (최종방문: 2023. 8. 31).

기 위한 15가지의 기본 원칙(BEPS Action Plan)을 채택하였다. 이들 15가지 기본 원칙 중 "Action 1: 디지털 경제" 원칙은 급속한 **디지털 사회 및 디지털 경제의 도래를 반영한 새로운 과세 원칙** 도입을 천명하고 있다. Action 1에 대한 논의가 그 후 지속되어 2019년 말 "양대 축 접근법(two pillar approach)"이 채택되었다. 양대 축은 "**Pillar 1 과세연계와 과세권**"과 "**Pillar 2 글로벌 최저한세**"로 각각 구성되어 있다. 그리고 이에 대한 구체화 작업이 진행되어 2020년 9월 1일 기본적인 골격에 대한 합의가 도출되었고, 이를 토대로 2021년 10월 8일 이를 구체화한 향후 진행 방향에 대한 합의가 도출된 것이다.

이 중 Pillar 1은 연결 매출액이 200억 유로(약 28조원) 이상인 다국적 기업이 창출한 글로벌 이익 중 통상이익률 10%를 넘는 초과이익의 25%에 대한 세금을 매출 발생국 정부에 배분한다는 내용을 담고 있다. 한편 Pillar 2는 연결 매출액이 7억 5000만 유로(약 1조 원)를 초과하는 기업에 대해 15%의 법인세율을 최저한세로 도입하는 내용을 담고 있다. 요컨대 BEPS Action Plan은 **고정사업장이 없어도 매출이 발생한 시장 소재국에 과세권을 재배분**하는 Pillar 1을 도입하며 최근 각국이 일방적으로 도입한 기존 디지털 서비스세(DST) 및 이와 유사한 과세를 폐지하도록 유도하고 있다. 프랑스, 영국 등 일부 유럽 국가 중심으로 디지털 기업에 대해 기업의 순소득이 아닌 매출총액의 일정률(2~4%)로 과세하려는 최근 시도를 이제 일괄적으로 폐지하는 대신, 이를 '양성화'한 새로운 국제조세 규범을 도입하기로 합의한 것이다.

2023년 2월에는 BEPS 디지털 경제 패키지를 실제 현장에서 구현하기 위한 마무리 작업이 심도 있게 진행되었다. 상기 합의를 토대로 현재 디지털 분야 과세권 배분을 다루는 Pillar 1에 대하여 다자간 조약 체결을 위한 준비 작업이 진행 중이며, 2023년 중반까지 협상을 마무리하고 2024년 해당 협약 발효를 목표로 하고 있다. 한편 이 패키지 중 Pillar 2는 글로벌 최저한세 규칙(Global anti-Base Erosion Rules) 도입에 관한 것이다. 이를 위해 각국의 국내 입법 조치를 이끌어 갈 모델 규정과 주석서를 연이어 채택하였고 이에 따라 현재 각국은 관련 입법 조치를 진행 중인 상황이다.

다만 이러한 향후 일정에 대해 아직 여전히 불투명한 부분이 존재한다. Janet Yellen 미국 재무부 장관이 지난 2022년 7월 16일 인도네시아 발리에서 개최된

G-20 재무장관·중앙은행 총재 회의에서 '2021년 10월 합의대로 글로벌 최저한세가 시행될 수 있도록 모든 노력을 경주하겠다'는 취지의 언급을 한 바 있다. 그런데 사실 이 발언 이면에는 현재 합의대로 계획이 추진되고 있지는 않다는 점을 간접적으로 시사하고 있는 것으로 파악된다.[35] 즉, 2024년부터 전 세계적으로 BEPS 디지털 경제 패키지를 시행하고, 이에 따라 각국이 글로벌 최저한세 이행을 위한 국내 입법 조치를 마무리하여 2024년부터 적용하고자 하는 기본 계획이 일단 현재로서는 조금씩 지연되고 있는 것으로 관측된다.

BEPS 디지털 경제 패키지 가운데 구체적으로 Pillar 2 글로벌 최저한세 제도와 관련하여 2021년 12월 20일 OECD는 각국의 국내 입법 조치를 지원하기 위한 모델 규정과 주석서를 발표하였다.[36] 이는 **연결 매출액이 약 1조원 이상인 기업이 세계 어느 곳에서 사업을 하더라도 15% 이상의 최저 법인세를 관련국 정부에 납부하도록 강제함으로써, 다국적 기업이 낮은 법인세율 국가로 소득을 인위적으로 이전하여 세원을 잠식하지 못하도록 차단**하는 내용을 담고 있다.

요컨대 Pillar 2에 담긴 글로벌 최저한세의 핵심은 이 제도의 적용을 받는 **일부 법인들이 과거에 비해 세금을 더 많이 부담하게 된다**는 데 있다. 가령 법인세율을 지금 합의한 바와 같이 15% 이상으로 유지하도록 하면 전 세계 기업들의 법인세 부담액이 14% 가량 증가할 것이라는 전망이 국제통화기금(International Monetary Fund: IMF)으로부터 제시된 바 있다. 또한 2022년 4월 2일 블룸버그 통신은 IMF 자료를 토대로 글로벌 최저한세 도입으로 전 세계적으로 법인세 납부액이 1500억 달러 가량 증가할 것임을 예측하기도 한다. 이에 더해 IMF는 법인세 부담이 각국의 감세 경쟁 감소 여파에 더해 추가적으로 약 8.1% 증가할 것으로 전망하였다. 또한 이러한 변화로 인해 각국 정부가 해마다 약 1,250억 달러 규모의 추가 세수를 확보할 수 있을 것이라는 OECD 전망치도 제시되었다.[37]

---

35 글로벌이코노믹, "[초점] 글로벌 최저법인세 '2023년 시행' 빨간불 켜진 이유", 2022. 7. 17., <https://news.g-enews.com/ko-kr/news/article/news_all/20220717112229935829a1f309431_1/article.html?md=20220717115327_U> (최종방문: 2023. 8. 31).

36 기획재정부, "디지털세 필라2 모델규정 공개- 글로벌 최저한세 도입을 위한 입법 지침 합의", 2021. 12. 20., <https://www.moef.go.kr/com/synap/synapView.do;jsessionid=27SpmjUGHo1+JHeXbveMb4qO.node20?atchFileId=ATCH_000000000019376&fileSn=1> (최종방문: 2023. 8. 31).

37 아시아경제, IMF "글로벌 최저한세 도입으로 기업 법인세 14%↑", 2022. 4. 13., <https://view.asiae.

한편 기업들 입장에서는 2024년부터 글로벌 최저한세가 본격적으로 시행되면 지금에 비해 복잡하고 광범위한 신고 의무와 조세 납부 의무에 직면할 것으로 보인다.[38] 일단 기업들 입장에서는 세수 부담액이 상당히 늘어나게 되며 동시에 이를 처리하기 위한 부대비용도 크게 늘어나게 되었다. 이제 이들은 하나의 국가가 아닌 여러 국가에서 이러한 새로운 의무를 준수해야 하기 때문이다. 따라서 이러한 복잡한 새로운 규범을 여러 국가에서 동시에 준수하기 위한 기업의 비용 지출 역시 크게 늘어날 것으로 전망된다.[39] 개별 기업의 행정적 부담 역시 이와 함께 상당히 증가할 것으로 예측된다.

일단 각국은 2024년 1월 1일부터 BEPS 디지털 경제 패키지 발효를 위해 최선을 다해 노력하기로 합의한 바 있고, 이 중 자국의 국내 법령 개정을 목표로 하는 Pillar 2에 대해서는 이미 여러 국가가 필요한 입법 조치를 취하고 있는 상황이다. 이에 따라 우리나라를 포함한 여러 국가들은 2022년부터 다양한 형태로 국내 법령 정비 작업을 추진하고 있는 상황이다.

먼저 우리 정부는 **"국제조세조정에 관한 법률 일부개정법률안**(의안번호 17157)**"**을 2022년 9월 국회에 제출했고 법안은 국회 기획재정위원회 심의를 거쳐 2022년 12월 국회 본회의를 통과했다. 이에 2023년 1월 1일부터 개정 법률안이 적용되고 있다.[40] 이 개정 법률은 OECD와 G−20에서 합의한 BEPS 디지털 경제 패키지의 Pillar 2에 포함된 글로벌 최저한세를 국내에 도입하기 위한 입법 조치이다. 이번 개정 작업을 통해 상당히 상세한 조항을 도입하였는데, 이를 통해 글로벌 최저한세 운용을 위한 기본적인 법적 근거를 마련하게 되었다. 이 법률에 따라 실제 최저한세를 납부하는 시행일은 2024년 1월 1일부터이다. 이 역시 그간의 Pillar 2 합의 내용을 반영하고 있다.

구글세 도입 시도는 여러 측면에서 중요하다. 바로 디지털 시대에 여러 국가

---

co.kr/article/2022041309210732432> (최종방문: 2023. 8. 31).

38 서울경제, "136개국, 글로벌 최저한세 15%·디지털세 25% 도입에 합의", 2021. 10. 11., <https://www. sedaily.com/NewsView/22SP74GYWE> (최종방문: 2023. 8. 31).

39 한국세정신문, "글로벌 최저한세 도입, 납세협력비용 급증 예상", 2022. 8. 17., <http://www.taxtimes. co.kr/news/article.html?no=255974> (최종방문: 2023. 8. 31).

40 이 법률안의 자세한 내용은 [첨부 2] 참조.

들이 어떻게 자신들의 주권을 재조정·분배할 수 있는지 또는 그렇게 해야 하는지를 보여주는 첫걸음이기 때문이다. 국제법 규범 역시 이에 따라 앞으로 상당한 변화의 과정을 겪게 될 것이다. 국가의 주권이 어디까지 미치고, 또한 어떻게 행사되어야 하는지에 대해 디지털 시대는 새로운 질문을 던지고 있다.

제11장

맺는 말

국제사회가 혼란에 처하고 국가들간 갈등이 커질수록 이를 규율하는 규범의 중요성은 더욱 부각된다. 지금 우리는 2차 세계대전 이후 가장 심각한 국제적 위기 상황에 직면해 있다. 유럽과 중동에서 동시에 전쟁이 진행 중이며 다른 곳에서 새로운 전쟁이 일어날 가능성도 점차 높아지고 있다. 미국, EU, 일본을 중심으로 하는 진영과 러시아, 중국을 중심으로 하는 진영이 각각 나뉘어 신냉전 시대로 접어들었다. 선진국과 개도국의 갈등은 줄어들 기미가 보이지 않는다. 개도국 간에도 국제적 영향력을 행사하는 개도국과 최빈개도국 간 입장도 점차 벌어지고 있다.

기후변화로 인한 지구 온난화는 더욱 빨라지고 있어 과거에 겪어 보지 못한 자연재해와 환경변화를 세계 곳곳에서 경험하고 있다. 또한 지구 온난화의 진행으로 북극과 남극이 새로운 기회와 도전을 제공하고 있어 이를 둘러싼 국가간 경쟁도 새로운 단계로 접어들었다. 국제경제체제는 재조정의 단계에 들어섰다. WTO와 ICSID를 중심으로 운영되던 국제통상, 국제투자 체제는 근본 원칙에서부터 재검토 작업이 진행되고 있다. 근세에 겪어 보지 못한 팬데믹이 전세계를 휩쓴지 4년 째이지만 그 잔상(殘像)은 여전히 남아 있다. 앞으로 새로운 형태의 팬데믹이 언제 나타나 유사한 충격을 가할지 가늠하기 어렵다. AI가 급속히 우리 생활에 파고들어 새로운 산업, 새로운 교류, 새로운 분쟁, 새로운 사회, 새로운 무력충돌이 우리 주변에서 전개되고 있다. AI가 운용되는 영역에서는 누구의 책임인지를 둘러싸고 여러 의문점이 제기되고 있다. '인간'이 아닌 체제가 원래 '인간'이 하던 결정과 활동을 대신하니 이에 대한 법적 책임 문제가 이어질 수밖에 없다.

엘론 머스크가 시작한 민간 우주산업이 드디어 국가들도 움직여 이제 우주가 미지의 탐사의 대상에서 개발의 대상으로 변화하고 있다. 경제적 이해관계와 국익이 걸려 있으니 이를 둘러싼 국가간 경쟁도 한층 치열해지고 있다. 무력충돌에는 새로운 교전자가 등장했다. 러시아의 바그너 그룹으로 대표되는 민간군사회사가 여러 곳에서 국가를 대리하여 또는 국가와 연합하여 직접 무력충돌에 참여하고 있다. 국가 주권의 핵심인 군사력의 외주화, 상업화는 과거에는 생각해 보지 못한 현상이다. 단순히 용병을 고용하는 문제가 아니라 국가권력의 핵심도 민간영역에 위임이 가능하다면 국가와 비국가 주체간 경계선은 무엇인지 국가행위와 비국가 행위는 어떻게 구별되는지에 대해 근본적인 의문점을 제기한다. 국가행위에 적용되는 규범이라는 국제법의 본질에 대한 질문이다.

그런데 이러한 다양한 새로운 현상에 적용될 국제규범은 여러 모로 미흡하다. 기존의 규범이 존재하고 있으나 이미 시대에 뒤떨어졌거나 또는 현실과 유리된 내용을 담고 있다. 심지어 새롭게 전개되는 영역에서는 아직 규범 자체가 존재하지 않고 있다. 도로를 건설하지 않은 상황에서 자동차가 등장하고, 도로교통법과 신호등이 준비되지 않은 상태에서 자동차의 속도는 더 빨라지는 상황이 되었다. 접촉과 충돌의 가능성은 더욱 커지고 있다. 이러한 현실에도 불구하고 기존 국제규범 업그레이드 작업과 새로운 규범 형성 작업은 지지부진하다. 국가간 컨센서스 형성도 어렵고 이를 이끌어가야 할 국제기구도 현상 유지에 급급할 뿐 어려운 상황을 돌파할 동력을 창출하기에는 역부족이다. 국제기구의 한계와 문제점은 팬데믹 과정을 거치며 WHO, 무역분쟁을 목도하며 WTO, 무력충돌을 경험하며 UN의 역할을 통해 실감하게 되었다. 국제사회가 위기에 처해도 국제기구가 의미 있는 역할을 수행하는 것을 기대하기 어렵게 되었다. 국제사회를 구성하는 197개 주권국가와 이들이 구성하는 여러 국제기구의 권리와 의무에 대해 다시 한번 살펴봐야 할 계기가 되었다.

국제규범이 정비되지 못한 상황이 되니 이를 적용하여 분쟁을 해결하는 국제법원과 중재절차도 상당한 어려움에 직면하게 되었다. 규범이 애매한 상태에서 이를 적용하여 결론을 이끌어 내는 과정은 여러 모로 어려움을 겪을 수밖에 없다. 입법절차가 제대로 가동되지 않으면 사법절차가 원만히 운용되기 힘든 것은 일면 당연하다. 최근에는 기존의 사법절차를 사실상 마비시키는 경우도 경험하였고 새로운 사법절차를 도입하자는 제안도 다양하게 논의되고 있다. 사법절차 역시 새로운 재평가, 재조정 단계로 접어든 것이다.

이와 같이 지금 국제사회는 큰 위기에 직면해 있고, 이에 적용될 실체적 규범과 절차적 규범은 공히 어려운 상황에 직면해 있다. 현재의 난관을 극복하기 위해서는, 그리고 다시 과거와 같은 대규모 무력충돌의 시기로 회귀하지 않기 위해서는, 국제사회에서 "법의 지배(rule of law)" 원칙을 다시 한번 상기하고 이를 여러 영역에서 다시 한번 회복하여야 한다. UN 체제 출범 이후 78년간 발전시켜 온 법의 지배 원칙이 지금 큰 도전을 받고 있다. 현재의 도전을 성공적으로 극복하여 법의 지배 원칙의 탄력성(resilience)을 보여준다면 이에 대한 여러 국가들의 신뢰는 더욱 강해질 것이다. 비 온 뒤 땅은 더욱 굳어질 것이다. 반대로 이 작업이 제대로 진행되지 못한다면 지난 78년간의 경험이 오히려 인류사에서 예외적인 현상에 속하고 국제사회는 역시 약육강식이 지배하는 사회라는 점이 각인될 것이다. 만약 그러하다면 앞으로 다가올 국제사회의 미래는 암울할 수밖에 없다.

바로 이러한 이유로 역설적이지만 오히려 지금의 어려움과 혼란은 국제법의 중요성과 국제분쟁의 평화적 해결의 중요성, 그리고 이를 이끌어 가는 법의 지배 원칙의 중요성을 다시 한번 보여준다. 국제법 규범을 정확히 이해하고, 그 적용 사례를 현실적으로 파악하고, 그 기여와 한계를 명확히 인지하는 것은 현 시점에서 무엇보다 중요하다. 현재를 알아야 과거와 비교하고 미래를 계획할 수 있을 것이다. 현재 존재하는 국제법 규범의 그간의 성과를 앞으로 더욱 발전시켜 이어 나가고 한편으로 지금 확인된 문제점과 한계는 그 원인을 파악하여 이를 개선하기 위한 새로운 시도를 모색해야 한다. 이러한 측면에서 국제법 공부는 지금 더 필요하고 또한 중요하다.

특히 다자주의 체제와 국제사회의 평화를 통해 성장과 번영을 이끌어 온 우리나라 입장에서는 더욱 그러하다. 우리나라의 젊은 세대들이 국제법의 중요성을 인지하고, 또한 국제법이 바로 우리 일상생활에서 항상 살아 움직이는 법규범이라는 점을 실감하며 국제법 공부에 매진하기를 희망한다. 그리고 이를 통해 국제법적 실력과 식견을 갖춘 우리 젊은 세대가 여러 직역에서 국제적 활동과 경쟁에 참여하기를 기대하는 마음이 간절하다.

[저자 약력]

이재민

서울대학교 법과대학 졸업 (학사, 석사, 박사)

Boston College Law School, J.D.

Georgetown University Law Centre, LL.M.

한양대학교 법과대학/법학전문대학원 교수

서울대학교 법과대학/법학전문대학원 교수

Artificial Intelligence and International Law, Springer, ISBN 978−981−19−1495−9 (2022. 5.); *East Asia in a New Legal Landscape: FTAs and Dispute Settlement*, Seoul National University Press, ISBN 978−89−521−2993−2 (2022. 8.)외 저서, 논문 다수

新 국제법

초판발행	2024년 1월 3일
지은이	이재민
펴낸이	안종만 · 안상준
편 집	윤혜경
기획/마케팅	조성호
표지디자인	이은지
제 작	고철민 · 조영환
펴낸곳	(주) **박영사**
	서울특별시 금천구 가산디지털2로 53, 210호(가산동, 한라시그마밸리)
	등록 1959. 3. 11. 제300−1959−1호(倫)
전 화	02)733−6771
f a x	02)736−4818
e−mail	pys@pybook.co.kr
homepage	www.pybook.co.kr
ISBN	979−11−303−4574−1 93360

정 가   22,000원